AF825780

Sozialrecht

Schimanski, Kranken-,
Unfall- und Rentenversicherung

Sozialrecht
Lehrbuch für Fachhochschulstudenten

Herausgegeben von Horst Hartwig
Richter am Oberlandesgericht, Dozent an der Fachhochschule Dortmund

---

Kranken-, Unfall- und Rentenversicherung

Von
Werner Schimanski
Dozent an der Volkshochschule
der Freien Hansestadt Bremen

1975

J. Schweitzer Verlag · Berlin

ISBN 3 8059 0395 2

© 1975 by J. Schweitzer Verlag, Berlin.

Alle Rechte, insbesondere das Recht der Vervielfältigung und Verbreitung sowie der Übersetzung, vorbehalten. Kein Teil des Werkes darf in irgendeiner Form (durch Photokopie, Mikrofilm oder ein anderes Verfahren) ohne schriftliche Genehmigung des Verlages reproduziert oder unter Verwendung elektronischer Systeme verarbeitet, vervielfältigt oder verbreitet werden.

Satz, Druck: Sellier GmbH Freising. – Printed in Germany.
Bindearbeiten: Lüderitz & Bauer, Berlin 61

Vorwort

Die Bundesrepublik Deutschland ist ein demokratischer und **sozialer** Bundesstaat (Art. 20 Abs. 1 GG). Dieser Verfassungsgrundsatz wird durch eine Sozialgesetzgebung, die auf alte und gute Vorbilder zurückblickt, mit Leben erfüllt. Der Anteil der Sozialausgaben am Bundeshaushalt ist beeindruckend. Dem finanziellen Gewicht entspricht eine Vielzahl von Rechtsnormen. Sie regeln, unter welchen Voraussetzungen der einzelne vom Staat Sozialleistungen beanspruchen kann.

Wer sich in das verzweigte Sozialrecht einarbeiten muß, braucht die Leitlinien und Beispiele des praktischen Falles. Durch Vergleich mit anderen Sachverhalten sollen Parallelen aufgezeigt und Unterschiede deutlich gemacht werden; denn allein durch Unterscheiden gelangt der kritische Betrachter zum Entscheiden. Selbstverständlich gehört dazu ein gesichertes Wissen. Umfassende Kenntnisse sind unentbehrlich, nicht nur nützlich. Deswegen mußte das Buch darauf bedacht sein, gründliche und zahlreiche Kenntnisse zu vermitteln. Das wiederum machte es notwendig, im verstärkten Maße auf die Rechtsprechung hinzuweisen. Der Leser wird so in den Stand gesetzt, sich den Quellen zu widmen und aus eigenem Antriebe den Problemen nachzugehen.

Bei dieser Arbeit begleiten ihn alle guten Wünsche!

Altlünen, November 1974 — Der Herausgeber

Inhaltsverzeichnis

Fall *Gegenstand* *Seite*

Abkürzungsverzeichnis

AN	Amtliche Nachrichten des Reichsversicherungsamtes
AP	Arbeitsrechtliche Praxis
AV	Angestelltenversicherung, Mitteilungsheft der Bundesversicherungsanstalt für Angestellte
AVG	Angestelltenversicherungsgesetz
BAG	Bundesarbeitsgericht
BB	Betriebsberater
BFH	Bundesfinanzhof
BG	Die Berufsgenossenschaft
BGH	Bundesgerichtshof
BKK	Die Betriebskrankenkasse
Breith	Breithaupt, sozialrechtliche Urteilssammlung
BSG	Bundessozialgericht
BSGE	Entscheidungssammlung des Bundessozialgerichts
BVerfG	Bundesverfassungsgericht
BVerwG	Bundesverwaltungsgericht
DB	Der Betrieb
DBeitr	Die Beiträge
DOK	Die Ortskrankenkasse
EuM	Entscheidungen und Mitteilungen des Reichsversicherungsamtes
GE	Grundsätzliche Entscheidungen des Reichsversicherungsamtes
JW	Juristische Wochenschrift
KVRS	Die Krankenversicherung in Rechtsprechung und Schrifttum
LAG	Landesarbeitsgericht
LG	Landgericht
LSG	Landessozialgericht
MBKn	Mitteilungen der Bundesknappschaft
Meso	Medizin im Sozialrecht
MRKn	Mitteilungen der ehemaligen Ruhrknappschaft Bochum
NJW	Neue Justizwoche
OLG	Oberlandesgericht
OVA	Oberversicherungsamt
RAM	Reichsminister für Arbeit
RehaG	Gesetz über Angleichung der Leistungen zur Rehabilitation
RG	Reichsgericht
RVA	Reichsversicherungsamt
RVO	Reichsversicherungsordnung
SG	Sozialgericht
SGb	Die Sozialgerichtsbarkeit
SozE	Sozialrechtliche Entscheidungssammlung
SozR	Sozialrecht, Rechtsprechung und Schrifttum
SozSich	Soziale Sicherheit
SozSich-Kartei	Urteilssammlung der Sozialen Sicherheit
TSE	Taschenbuch sozialrechtlicher Entscheidungen
VersR	Versicherungsrecht
WzS	Wege zur Sozialversicherung

Teil 1: Krankenversicherung

A. Versicherungspflicht

Fall Nr. 1: Beschäftigte Arbeitnehmer

Der Schwiegersohn des Betriebsinhabers, der eine Bäckerei mit Kaffeewirtschaft und Lebensmittelverkauf betreibt, ist nach Auffassung der Krankenkasse als Arbeitnehmer pflichtversichert. Das wird mit dem Argument bestritten, der Schwiegersohn sei selbst Bäckermeister und daher als Selbständiger versicherungsfrei. Die Versicherungsfreiheit ergebe sich weiter aus dem Verwandtschaftsverhältnis.

Lösung

Für den Fall der Krankheit sind gemäß § 165 RVO Arbeiter, Angestellte und Auszubildende versichert, wenn sie – mit Ausnahme der Lehrlinge – gegen Entgelt beschäftigt werden. Zu den versicherten Arbeitern gehören nach § 165a RVO auch Gesellen, Hausgehilfen, Gehilfen und Lehrlinge, wenn sie einen Arbeiterberuf anstreben. Voraussetzung der Versicherungspflicht ist somit ein Beschäftigungs- oder Arbeitsverhältnis. Die Frage lautet, ob der Schwiegersohn des Betriebsinhabers im Rahmen eines entgeltlichen Beschäftigungsverhältnisses oder als selbständiger Handwerksmeister tätig oder allein wegen seiner Verwandtschaft mit dem Betriebsinhaber versicherungsfrei ist.
Wesentliches Merkmal eines versicherungspflichtigen **Arbeitsverhältnisses** ist die Leistung von abhängiger Arbeit (BSG vom 28. 8. 1961 [3 RK 57/57] = BSGE 15 S. 65 = AP Nr. 2 zu § 165 RVO). Diese zeigt sich vornehmlich an der Eingliederung des Arbeitenden in den Betrieb des Unternehmers, der **Direktionsrecht** besitzt.
Ob ein gültiger Arbeitsvertrag vorliegt, ist ohne rechtliche Bedeutung. Es genügt, daß der Arbeitnehmer fremdbestimmte Arbeit leistet und dafür entlohnt wird. Selbst wenn ein gesetzlich vorgeschriebenes Attest (wie bei der Beschäftigung von Jugendlichen, in der Lebensmittelbranche, Bergbau oder Seeschiffahrt) nicht eingeholt wurde und deshalb ein Beschäftigungsverbot besteht, hat das keinen Einfluß auf das versicherungspflichtige Beschäftigungsverhältnis (BSG vom 7. 9. 1961 [5 RKn 11/60] = BSGE 15 S. 89 = SozSich. 1961 S. 315).
Die geforderte **Arbeitnehmereigenschaft** setzt voraus, daß der Arbeitnehmer in der Lage ist, sich arbeitsrechtlich frei zu binden und wieder zu lösen. Die Arbeit von Strafgefangenen und in Sicherheitsverwahrung untergebrachten Personen wird hingegen auf Grund eines öffentlich-rechtlichen Gewaltverhältnisses als Gefangener geleistet. Fürsorgezöglinge aber sind versicherungspflichtig, wenn sie auf Grund eines Ausbildungs- oder Arbeitsvertrages beschäftigt werden (BSG vom 30. 1. 1963 [3 RK 36/59] = BSGE 18 S. 246 = AP Nr. 1 zu § 165a RVO).
Die **persönliche Abhängigkeit,** die als weiteres Kriterium der Arbeitnehmereigenschaft gefordert wird, ergibt sich notwendig aus der Verfügungsgewalt, die der Arbeitgeber über den in seinem Betrieb, Haushalt oder seiner Verwaltung tätigen Versicherten besitzt. Durch die Eingliederung in den Betrieb des Unternehmers

wird der Arbeitnehmer dem Direktionsrecht des Arbeitgebers unterworfen (BSG vom 21. 3. 1961 [3 RK 45/57] = SozSich. 1961 S. 154 = SGb 1961 S. 147). Weil dieses Weisungsrecht arbeitsvertraglich mehr oder minder stark eingeschränkt werden kann, widerspricht – wie im oben genannten Fall – eine erhebliche Freizügigkeit nicht unbedingt der Abhängigkeit. So stehen auch Lehrer an einer Privatschule in einem abhängigen Beschäftigungsverhältnis, wenn sie derart in den Schulbetrieb eingegliedert sind, daß Art und Umfang des Lehrstoffes und die vorgeschriebene Durchführung des Kursus nicht mehr von ihnen beeinflußt werden können (BSG vom 30. 4. 1968 [3 RK 91/65] = KVRS 1000/41 = SozSich. 1968 S. 213). Nicht gefordert wird eine **wirtschaftliche Abhängigkeit;** auch ein Vermögender kann grundsätzlich als Arbeitnehmer tätig werden. Die Qualität der Arbeit ist ebenfalls ohne Bedeutung (BSG vom 17. 10. 1969 [3 RK 67/66] = WzS 1969 S. 371 = AV 1970 S. 30). Fremdbestimmte Arbeit kann von ungelernter Arbeit bis zu einer künstlerischen oder wissenschaftlichen Tätigkeit reichen. Das Hauptargument für die Versicherungsfreiheit des Bäckermeisters, seine Verwandtschaft mit dem Betriebsinhaber, kann nicht durchdringen, weil auch nahe Verwandte grundsätzlich versicherungspflichtig sind, wenn sie wie ein Arbeitnehmer tätig werden. Versicherungsfrei wäre allenfalls eine **familienhafte Mitarbeit** von Kindern, die dem elterlichen Hausstand angehören und die nach zivilrechtlichen Bestimmungen für den ihnen gewährten Unterhalt (nicht Arbeitsentgelt) zur Arbeit im Hauswesen und Betrieb der Eltern verpflichtet sind; wird aber Entgelt gezahlt, liegt ein versicherungspflichtiges Arbeitsverhältnis vor. Ein Schwiegersohn ist hingegen nicht zur familienhaften Mitarbeit verpflichtet. Er wäre nur dann als selbständiger Bäckermeister versicherungsfrei, wenn er die Bäckerei gepachtet und selbstverantwortlich geführt hätte (BSG vom 5. 4. 1956 [3 RK 65/55] = BSGE 3 S. 30 = WzS 1956 S. 278). Da die Verhältnisse hier anders lagen, war er in versicherungspflichtiger Weise tätig.

Fall Nr. 2: Angestellte

Der versicherungspflichtige Angestellte H erhält am 1. 8. 1973 eine Gehaltserhöhung. Sein bisheriges Gehalt von DM 1712 erhöht sich auf monatlich DM 1893. Damit überschreitet sein Verdienst die für das Jahr 1973 geltende Jahresarbeitsverdienstgrenze von DM 20700, bis zu der ein Angestellter versicherungspflichtig ist. Wann scheidet H aus der Pflichtversicherung aus?

Lösung

Während Arbeiter seit jeher ohne Rücksicht auf die Höhe des Arbeitsentgelts versicherungspflichtig sind, gilt für Angestellte – außer auf Seefahrzeugen – eine **Jahresarbeitsverdienstgrenze.** Wird diese überschritten, so endet die Versicherungspflicht nach § 165 Abs. 5 RVO mit Ablauf des Kalenderjahres des Überschreitens, wenn die Jahresarbeitsverdienstgrenze auch im folgenden Jahr überschritten wird.

Bezogen auf den obigen Fall Tritt nur dann eine Beendigung der Versicherungspflicht ein, wenn der Angestellte die für das Jahr 1974 geltende Grenze von DM 22500 ebenfalls überschreitet. Bei einem monatlichen Gehalt von DM 1893 ab 1. 8. 1973 ist das der Fall. Damit scheidet H am 31. 12. 1973 aus der Kranken-

versicherungspflicht aus; ihm steht aber die freiwillige Weiterversicherung (vgl. Fall Nr. 8) offen.
Zum Jahresarbeitsverdienst zählen alle Bezüge aus dem Arbeitsverhältnis. Nur Zuschläge, die dem Angestellten mit Rücksicht auf seinen Familienstand gezahlt werden, finden keine Berücksichtigung. Ein Wohnungszuschlag zum Beispiel, der ledigen Versicherten ab Vollendung des 40. Lebensjahres wie den verheirateten Angestellten gezahlt wird, ist „mit Rücksicht auf den Familienstand gewährt" (BSG vom 26. 5. 1959 [3 RK 36/56] = BSGE 10 S. 21 = SozSich. 1959 S. 207).
Werden während eines Kalenderjahres mehrere Beschäftigungsverhältnisse vereinbart, zwischen denen Zeiten der Arbeitslosigkeit liegen, dann ist der maßgebende Jahresarbeitsverdienst zu schätzen (BSG, Großer Senat vom 30. 6. 1965 [GS 2/64] = BSGE 23 S. 129 = Breith. 1966 S. 1). Übt der Angestellte eine selbständige Nebenbeschäftigung aus, ist er versicherungspflichtig, wenn beide Einkünfte zusammen die jeweiligen Jahresarbeitsverdienstgrenze nicht überschreiten (BSG vom 27. 5. 1971 [3 RK 49/68] = SozSich. 1971 S. 281 = SGb. 1971 S. 351).

Fall Nr. 3: Mißglückter Arbeitsversuch

Ohne werksärztliche Untersuchung wird am Nachmittag des 11. 2. 1974 ein ungelernter Arbeiter eingestellt und beschäftigt. Nachdem der Unternehmer am folgenden Tag erfährt, daß der Neueingestellte Epileptiker und somit für die schwere Arbeit untauglich ist, kündigt er fristlos das Arbeitsverhältnis. Als nunmehr Arbeitsloser erkrankt er am 24. 2. 1974. Die Krankenkasse lehnt Leistungen ab, weil ein mißglückter Arbeitsversuch vorgelegen habe; ein versicherungspflichtiges Arbeitsverhältnis sei durch die eintägige Beschäftigung nicht begründet worden.

Lösung

Inhalt jedes Beschäftigungsverhältnisses ist die Arbeitsleistung. Wird trotz Bestehens eines Beschäftigungsverhältnisses keine Arbeit von wirtschaftlichem Wert erbracht oder wird die Arbeit unter der Gefahr der Verschlimmerung eines Leidens aufgenommen, dann entsteht kein versicherungspflichtiges Beschäftigungsverhältnis. Man spricht von einem **mißglückten Arbeitsversuch**.
Stand bereits bei der Arbeitsaufnahme objektiv fest, daß sie in kürzester Zeit wieder aufgegeben werden muß, entsteht keine Versicherungspflicht (BSG vom 7. 9. 1961 [5 RKn. 11/60] = BSGE 15 S. 89 = SGb. 1961 S. 338). Dabei kommt es nicht darauf an, ob der Arbeitnehmer seinen Krankheitszustand erkannte, als er die Arbeit begann (BSG vom 16. 10. 1968 [3 RK 8/65] = SGb. 1969 S. 176 = SozSich. 1968 S. 367). Ist die Beschäftigung nicht in den ersten Tagen, jedoch vor Ablauf einer wirtschaftlich ins Gewicht fallenden Zeit aufgegeben worden, weil der Beschäftigte zu ihrer Verrichtung von vornherein oder nur unter schwerwiegender Gefährdung seiner Gesundheit fähig war, liegt gleichfalls ein mißglückter Arbeitsversuch vor (BSG vom 10. 11. 1970 [3 RK 94/67] = Breith. 1971 S. 441 = SozSich.-Kartei Nr. 2473, IV/A zu § 165 RVO). Allerdings muß die Krankheit schon massiv sein, wenn überhaupt ein mißglückter Arbeitsversuch vorliegen soll.

Die Rechtsprechung hat es immer abgelehnt, eine bestimmte Frist von Tagen oder Wochen als äußerste zeitliche Grenze zu fixieren. Umfang und Dauer der tatsächlichen Arbeitsleistung sind maßgebend. Ein mißglückter Arbeitsversuch ist immer zu verneinen, wenn die Arbeit eine nicht unerhebliche Zeit verrichtet wurde, mochte das auch auf Kosten der Gesundheit gehen. Im oben genannten Fall ist eine Arbeit von wirtschaftlichem Wert geleistet worden, so daß auf Grund der versicherungspflichtigen Beschäftigung die Krankenkasse Leistungen erbringen muß. Hat der Versicherte eine vierwöchige Probezeit vereinbart und bereits für drei Wochen Lohn erhalten und Sozialversicherungsbeiträge entrichtet, liegt dennoch ein mißglückter Arbeitsversuch vor, wenn sich herausstellt, daß der Versicherte bereits vor der Arbeitsaufnahme arbeitsunfähig krank war (BSG vom 22. 2. 1974 [3 RK 30/73] = SozSich.-Kartei Nr. 2853, IV/A zu § 165 RVO).

Fall Nr. 4: Unterbrechung der Beschäftigung

Der spanische Gastarbeiter Miguel S nahm in der Zeit vom 4. 3. bis 31. 3. 1974 seinen Tarifurlaub. Mit Zustimmung seines Arbeitgebers verlängerte er diesen um weitere fünf Wochen bis zum 5. Mai 1974. Die Verlängerung galt als unbezahlter Urlaub. Als S am 30. 4. 1974 erkrankte, lehnte die Krankenkasse jede Leistung mit der Begründung ab, S sei nicht mehr bei ihr versichert.

Lösung

Während arbeitsrechtlich der Bestand eines Arbeitsverhältnisses selbst durch eine zeitlich unbeschränkte unbezahlte Beurlaubung nicht berührt wird (nur die Hauptpflichten des Arbeitsvertrages, die Arbeits- und Lohnzahlungspflicht ruhen), endet das Versicherungsverhältnis, wenn es für eine erheblich lange Zeit unterbrochen wird (RVA, GE Nr. 3102 vom 7. 12. 1926 = AN 1927 S. 581). Das gilt auch für Arbeitsunterbrechungen durch einen Streik oder eine Aussperrung (BSG vom 15. 7. 1971 [7 S 1/71] = SozSich. 1971 S. 339). Erheblich ist nach § 311 Nr. 1 RVO eine Unterbrechung, wenn sie den Zeitraum von drei Wochen überschreitet. Dann endet das Versicherungsverhältnis mit Ablauf der dritten Woche (BSG vom 13. 2. 1964 [3 RK 94/59] = BSGE 20 S. 154 = Breith. 1964 S. 738), im obigen Falle also am 21. 4. 1974. Weil S am 30. 4. 1974 nicht mehr Mitglied der Krankenkasse war, durfte sie die Leistungen verweigern. Es wäre gut gewesen, wenn der spanische Versicherte von der Möglichkeit der freiwilligen Weiterversicherung (vgl. Fall Nr. 8) Gebrauch gemacht hätte.

Fall Nr. 5: Auslandsbeschäftigung

Der bei der italienischen Niederlassung einer deutschen Firma beschäftigte Angestellte A wurde jährlich einmal am Hauptsitz der Firma in der Bundesrepublik unterwiesen und fortgebildet. Als er erkrankte, verlangte er von der für den deutschen Betrieb zuständigen Krankenkasse Leistungen. Mit Erfolg?

Lösung

In der gesamten deutschen Sozialversicherung gilt grundsätzlich das **Territorialprinzip,** nach dem die Versicherungs- und auch die Leistungspflicht sich auf das Gebiet der Bundesrepublik erstrecken. Der Versicherungsschutz endet an den politischen Staatsgrenzen, wenn nicht ausnahmsweise zwischenstaatliche Abkommen etwas anderes vorschreiben (LSG Niedersachsen vom 30. 5. 1958 [L 3 U 205/56] = BG 1959 S. 124).
Dieser Grundsatz gilt nicht, wenn eine deutsche Beschäftigung ins Ausland **ausstrahlt,** z. B. wenn eine deutsche Firma den Arbeitnehmer ins Ausland – z. B. auf eine Montagestelle – schickt (RVA vom 11. 6. 1942 in EuM 49 S. 265) und die Arbeiten im Ausland lediglich als unselbständiger Bestandteil eines inländischen Betriebes anzusehen sind. Ist die Entsendung ins Ausland voraussichtlich auf einen Zeitraum bis zu einem Jahr beschränkt, wird dadurch die deutsche Versicherungspflicht des Beschäftigungsverhältnisses nicht berührt (BSG vom 4. 7. 1962 [3 RK 53/58] = BSGE 17 S. 173 = SGb. 1962 S. 269). Da der italienische Angestellte in Italien von der deutschen Niederlassung eingestellt worden ist, hat keine Entsendung und damit auch keine Ausstrahlung der deutschen Versicherungspflicht ins Ausland stattgefunden (LSG Niedersachsen vom 24. 9. 1969 [L 6a U 217/69] = Breith. 1969 S. 930). Es bestanden weder Versicherungs- noch Leistungspflicht nach deutschen Gesetzen.

Fall Nr. 6: Rentenberechtigte und Rehabilitanden

Frau B, die über dreißig Jahre lang nicht mehr versicherungspflichtig tätig war und 173 Monatsbeiträge zur Rentenversicherung nachweisen konnte, beantragt Altersruhegeld. Obwohl das Versicherungsamt ihr erklärt, daß sie eine Anwartschaft von 180 Beitragsmonaten erfüllen müsse, besteht sie auf den Antrag. Mit ihm erfolgt die Anmeldung als Rentenberechtigte zur Allgemeinen Ortskrankenkasse. Diese lehnt eine Mitgliedschaft ab, weil der Rentenantrag offensichtlich unbegründet sei und nur Rentenberechtigte Mitglied der Krankenversicherung der Rentner werden können.

Lösung

Ohne daß ein entgeltliches Beschäftigungsverhältnis vorliegt, sind Rentenberechtigte – also Rentenantragsteller und -bezieher – gemäß § 165 Abs. 1 Ziffer 3 RVO pflichtversichert, wenn sie nicht nach anderen gesetzlichen Vorschriften pflichtversichert sind. Die Krankenversicherung der Rentner ist somit subsidiär.
Bereits mit der Rentenantragstellung beginnt die Pflichtmitgliedschaft (BSG vom 27. 8. 1965 [3 RK 6/65] = BSGE 23 S. 293 = SGb. 1965 S. 308). Das ist auch dann der Fall, wenn – wie hier – der Antrag von vornherein offensichtlich unbegründet ist. Nur wenn der Rentenantrag mißbräuchlich gestellt wird, um die Krankenkassenmitgliedschaft zu erwerben, kann die Krankenkasse die Versicherung verweigern (BSG vom 27. 4. 1966 [3 RK 10/62] = SozSich.-Kartei Nr. 1940, IV/A zu § 165 RVO = Breith. 1966 S. 664). Bis zur Zubilligung der Rente hat der Rentenantragsteller die Krankenkassenbeiträge selbst zu zahlen.

Nimmt der Rentenbezieher eine versicherungspflichtige Tätigkeit wieder auf, ruht die Mitgliedschaft zur Krankenversicherung der Rentner, mag auch weiterhin – z.B. an einen Berufsunfähigen – Rente gezahlt werden. Bei Einstellung der Arbeit lebt diese Versicherung, für die der Rentenversicherungsträger die Beiträge zahlt, wieder auf (BSG vom 30. 10. 1964 [3 RK 21/60] = BSGE 22 S. 71 = Breith. 1965 S. 277).
Ab 1. 10. 1974 gehören auch Personen, die wegen berufsfördernder Maßnahmen Rehabilitation **(Rehabilitanden)** erhalten, zum Kreis der versicherungspflichtigen Personen (§ 165 Abs. 1 Nr. 4 RVO). Der Rehabilitationsträger, der das Übergangsgeld zahlt, hat nach § 165 Abs. 7 RVO die Pflichten des Arbeitgebers, also die Melde- und Beitragspflichten, zu erfüllen. Der Rehabilitand gehört der Kasse an, bei der er vorher versichert war (§ 257b RVO).

Fall Nr. 7: Versicherungsberechtigte

Nach beendetem Ingenieurstudium verpflichtet sich der Absolvent, ab 1. 7. 1974 mit einem Gehalt von DM 1930 als Betriebsassistent in den Dienst der Firma G einzutreten. Weil das vereinbarte Gehalt sofort die Jahresarbeitsverdienstgrenze des Jahres 1974 (DM 22500) überschreitet, kann eine Versicherungspflicht als Angestellter nach § 165 Abs. 1 Ziffer 2 RVO nicht entstehen. Der Assistent versucht daher, freiwilliges Mitglied der gesetzlichen Krankenversicherung zu werden.

Lösung

Nach § 176 RVO können versicherungsfreie Arbeiter und Angestellte, die nicht als Arbeitnehmer beschäftigten Familienangehörigen des Unternehmers, Gewerbetreibende und andere Betriebsunternehmer, Personen, die nach Beendigung ihres Dienstverhältnisses als Zeitsoldat oder Polizeibeamter im Bundesgrenzschutz an einer Ausbildung oder Weiterbildung für den künftigen Beruf teilnehmen, der gesetzlichen Krankenversicherung freiwillig beitreten (RVA, GE Nr. 2780 vom 15. 12. 1923 = AN 1924 S. 31), wenn ihr jährliches Einkommen 75 von Hundert der jährlichen Beitragsbemessungsgrenze der Arbeiterversicherung (1974 = DM 30000), also den Jahresarbeitsverdienst von DM 22500 nicht übersteigt. Auch der überlebende oder geschiedene Ehegatte eines Versicherten sowie ab 1. 10. 1974 seine Kinder, für die Anspruch auf Familienhilfe erlischt, können binnen eines Monats nach dem Tode, der Scheidung oder dem Ende der Familienhilfe – ohne Rücksicht auf ihr Einkommen – der Krankenversicherung freiwillig beitreten (BSG vom 19. 1. 1968 [3 RK 52/65] = Breith. 1968 S. 637 und vom 28. 8. 1961 [3 RK 100/59] = BSGE 15 S. 78 = Breith. 1962 S. 104). Zu diesem Personenkreis zählt der Betriebsassistent nicht; außerdem übersteigt sein Einkommen die Verdienstgrenze nicht unerheblich.
Für ihn gilt § 176a Abs. 1 RVO. Nach dieser Bestimmung kann der Krankenversicherung freiwillig beitreten, wer durch Aufnahme einer Angestelltentätigkeit angestelltenversicherungspflichtig wird und wegen Überschreitung der Jahresarbeitsverdienstgrenze nicht krankenversicherungspflichtig wird. Dieses Beitrittsrecht besteht nur bei der erstmaligen Aufnahme einer Angestelltentätigkeit. Der Antrag ist binnen drei Monaten nach Aufnahme der Beschäftigung zu stellen.

Fall Nr. 8: Weiterversicherung

Durch eine Höhergruppierung überschritt der Techniker H die Jahresarbeitsverdienstgrenze und schied am 31. 12. 1973 aus der gesetzlichen Krankenversicherung aus. Seine Ermittlungen, ob die Privatversicherung für ihn günstiger sei, führten zu einem negativen Ergebnis, so daß er beschloß, möglichst weiterhin der Krankenkasse anzugehören. Am 28. 1. 1974 beantragte er die freiwillige Weiterversicherung. Wegen Fristversäumnis wurde dieser Antrag abgelehnt.

Lösung

Scheidet ein Mitglied, das in den vorangegangenen 12 Monaten mindestens 26 Wochen oder unmittelbar vorher mindestens 6 Wochen versichert war, aus der versicherungspflichtigen Beschäftigung aus oder wird es als Beamter von der Versicherung befreit, so kann es binnen **drei Wochen** nach dem Ausscheiden § 313 RVO beantragen. Das gilt auch für den Ehegatten des Mitglieds, das aus der versicherungspflichtigen Beschäftigung ausscheidet, um eine Auslandsbeschäftigung aufzunehmen, sofern das Mitglied nicht selbst seine Mitgliedschaft freiwillig fortsetzt. Für Erwerbslose, Arbeitsunfähige, Bezieher von Übergangsgeld und Rentner beginnt diese Frist erst mit der Beendigung der Arbeitslosenunterstützung, der Kranken-, Übergangsgeld- oder Rentenzahlung oder mit der endgültigen Ablehnung des Rentenantrags.
Die Frist von drei Wochen für die Anzeige der Weiterversicherung beginnt erst mit der Kenntnis von dem Ausscheiden aus der Versicherungspflicht, wenn der Versicherte ohne sein Verschulden erst nach Ablauf von 3 Wochen Kenntnis von seinem Ausscheiden erhält (RVA, GE Nr. 2615 vom 5. 11. 1920 = AN 1921 S. 177). Die Antragsfrist selbst ist eine **Ausschlußfrist** (BSG vom 19. 6. 1963 [3 RK 34/59] = BSGE 19 S. 173 = SGb. 1965 S. 238). Wird sie aus irgendeinem Grund nicht eingehalten (z.B. die Zustellung des Briefes durch die Post verzögert sich), ist eine freiwillige Weiterversicherung nicht mehr zulässig.

B. Versicherungsfreiheit

Fall Nr. 9: Selbständige

Als ein frei praktizierender Röntgenarzt auf unbestimmte Zeit erkrankte, bestellt er einen angestellten Röntgenarzt gegen ein festes Gehalt zu seinem Vertreter. Dieser leitet ein Jahr lang die Praxis. Die Krankenkasse vertritt die Auffassung, der Arztvertreter sei Angestellter des Praxisinhabers und somit versicherungspflichtig.

Lösung

Zu den versicherungspflichtigen Angestellten gehören nach § 165b RVO u.a. auch Angestellte in leitender Stellung, wenn sie die Jahresarbeitsverdienstgrenzen (vgl. Fall Nr. 2) nicht überschreiten. Den Krankenhausarzt oder der bei einem

Rechtsanwalt angestellte Anwalt sind grundsätzlich versicherungspflichtig als Arbeitnehmer beschäftigt, wenn sie fremdbestimmte Arbeit leisten.

Hier ist der Arztvertreter nicht als Arbeitnehmer beschäftigt. Zwar arbeitet er in den Räumen und mit dem Instrumentarium des Praxisinhabers; dieser ist aber nicht der Arbeitgeber des Arztes, folgerichtig bestand auch kein Beschäftigungsverhältnis. Vielmehr trägt der Arztvertreter allein die Verantwortung für die Behandlung der Patienten und die sachgemäße Fortführung der ihm anvertrauten Praxis; er unterliegt nicht dem Weisungsrecht des Praxisinhabers. Als frei praktizierender Arzt ist er versicherungsfrei (BSG vom 27. 5. 1959 [3 RK 18/55] = DOK 1961 S. 308 = BSGE 10 S. 41).

Schwierig ist die Frage zu beantworten, ob ein **Handelsvertreter** selbständiger Kaufmann oder versicherungspflichtiger Angestellter ist. In Zweifelsfällen muß die Verkehrsanschauung einen Anhalt geben, wobei stets die Gesamtheit aller für das Verhältnis zwischen Unternehmer und „Vertreter" maßgebenden Umstände und Vereinbarungen, keineswegs aber die benutzten Bezeichnungen, zu werten sind. Dabei ist allein wesentlich, ob der Betreffende bei der Ausführung der Tätigkeit den Weisungen des Unternehmers zu folgen hat (BSG vom 28. 10. 1960 [3 RK 13/56] = BSGE 13 S. 130 = AP Nr. 1 zu § 165 RVO). Wird ihm eine bestimmte Route vorgeschrieben, hat er über Erfolg oder Mißerfolg seiner Besuche zu berichten und behält sich der Unternehmer vertraglich das Recht vor, jederzeit eine Revision des gesamten Geschäftsbetriebes des Vertreters vorzunehmen, liegt keine selbständige kaufmännische Tätigkeit vor, mag der Vertreter nach dem Vertrag auch selbständiger Kaufmann sein und seine Steuern und sonstigen Abgaben selbst zahlen.

Bei dem **Geschäftsführer** einer GmbH ist für die Versicherungsfreiheit allein der Dienstvertrag maßgebend. Versicherungsfreiheit besteht, wenn er nach diesem Vertrag keinem eine persönliche Abhängigkeit begründenden Direktionsrecht unterliegt, auf eine Beteiligung am Stammkapital kommt es nicht an (BSG vom 13. 12. 1960 [3 RK 2/56] = BSGE 13 S. 196 = SozSich.-Kartei Nr. 1187, VI/C zu § 1 AVG). Auch ein **Stundenbuchhalter** ist selbständig, weil er keiner Bindung an eine bestimmte Arbeitszeit unterliegt. Die freie Verfügbarkeit über die Arbeitszeit, die Möglichkeit, sich durch Dritte vertreten zu lassen und außerdem noch andere Tätigkeiten auszuüben, sind Merkmale einer selbständigen Tätigkeit, wobei das Maß der persönlichen Abhängigkeit immer ausschlaggebend ist (BSG vom 22. 6. 1966 [3 RK 103/63] = BKK 1966 S. 324 = Breith. 1967 S. 1). Der Umstand, daß Lohnsteuerpflicht besteht, kann ein wichtiges Indiz für die sozialversicherungsrechtliche Beurteilung sein, muß es aber nicht. Die gesetzliche Krankenversicherung kennt – als Ausnahme – die Versicherungspflicht von Selbständigen. Nach § 166 RVO werden für den Fall der Krankheit versicherte Hausgewerbetreibende, Artisten und Hebammen mit Niederlassungserlaubnis, ferner selbständige Lehrer, Erzieher, Musiker und die in der Kranken-, Wochen-, Säuglings- und Krankenpflege selbständig tätigen Personen (BSG vom 21. 3. 1956 (7 RAr. 7/55) = BSGE 2 S. 67 = SGb. 1956 S. 123), wenn sie in Ihrem Betrieb keine Angestellten beschäftigen. Die hier genannten Selbständigen unterliegen ohne Rücksicht auf die Höhe ihres Einkommens der gesetzlichen Versicherungspflicht.

Fall Nr. 10: Nebenbeschäftigung

In einem ländlichen Bezirk Oberbayerns trägt eine Witwe die Zeitung aus. Sie benötigt dazu wöchentlich etwa 36 Stunden. Der Botenlohn übersteigt nie die jeweiligen Verdienstgrenzen. Als die Krankenkasse sie als pflichtversichert ansieht und Beiträge verlangt, wehrt sie sich mit dem Argument, allein die Tatsache, daß ihr Lohn die Versicherungspflichtgrenze nicht überschreite, beweise die Versicherungsfreiheit ihrer Tätigkeit.

Lösung

Nach §§ 168, 1228 RVO ist versicherungsfrei

a) wer **neben** einer regelmäßigen, die Versicherungspflicht begründenden Beschäftigung eine Nebentätigkeit bei einem **anderen** Arbeitgeber ausübt, in der Nebenbeschäftigung;
b) wer **berufsmäßig** eine die Versicherungspflicht begründende Beschäftigung oder Tätigkeit nicht ausübt, eine solche aber als Nebenbeschäftigung oder -tätigkeit übernimmt.

Nebenbeschäftigung und Nebentätigkeit liegen nur vor, wenn die Beschäftigung oder Tätigkeit

a) nur gelegentlich, insbesondere zur **Aushilfe** für eine Zeitdauer, die im Laufe eines Jahres seit ihrem Beginn auf nicht mehr als drei Monate oder insgesamt 75 Arbeitstage beschränkt ist oder
b) zwar **laufend** oder in regelmäßiger Wiederkehr, aber nur gegen ein Entgelt oder Arbeitseinkommen, das durchschnittlich im Monat ein Achtel der für Monatsbezüge in der Arbeiterrentenversicherung geltenden Beitragsbemessungsgrundlage oder bei höherem Entgelt ein Fünftel des Gesamteinkommens nicht überschreitet.

Im vorliegenden Fall besteht zweifellos keine Nebenbeschäftigung bei einem anderen Arbeitgeber, so daß zuerst die weitere Vorfrage zu klären ist, ob die Witwe **„berufsmäßig“** als Arbeitnehmerin tätig ist (LSG Nordrhein-Westfalen vom 5. 2. 1957 [LS I KV 36/55] = DBeitr. 1958 S. 30). Die Tatsache allein, daß sie als Witwe eine geringe Rente bezieht und daher grundsätzlich Mitglied der Krankenversicherung der Rentner ist (vgl. Fall Nr. 6), besagt nichts über die **berufsmäßige Arbeitnehmereigenschaft,** denn auch Rentner können durchaus noch als Arbeitnehmer „berufsmäßig“ tätig werden. Zu den nicht berufsmäßig als Arbeitnehmer Tätigen gehören vor allem Kinder, Schüler, Studenten, Selbständige, wenn sie durch die abhängige Arbeit nur geringfügig in Anspruch genommen werden und wenn das Gehalt nur von untergeordneter wirtschaftlicher Bedeutung ist, Erwerbsunfähige und gegebenenfalls auch Hausfrauen. Kommt man zu dem Ergebnis, daß die Zeitungsbotin berufsmäßige Arbeitnehmerin ist, besteht Versicherungspflicht auch dann, wenn sie die Tätigkeit auf drei Monate im Jahr beschränkt oder nur noch ein geringfügiges Entgelt erzielt. Die beiden letzten Fragen brauchen somit nicht mehr geklärt werden, wenn die berufsmäßige Arbeitnehmereigenschaft feststeht (BSG vom 21. 3. 1961 [3 RK 45/57] = AP Nr. 2 zu § 168 RVO = DOK 1961 S. 262).
Unterstellt man hingegen, die Witwe trete nicht berufsmäßig als Arbeitnehmerin in Erscheinung, so muß beachtet werden, daß auch in diesem Fall Versicherungsfreiheit nicht in einer Haupt-, sondern nur in einer Nebenbeschäftigung besteht.

Bei der heute fast obligatorischen Vierzigstundenwoche besteht ab 20 Wochenstunden praktisch keine Möglichkeit mehr, einen anderen Hauptberuf auszuüben. **Die Rechtsprechung hat den Grundsatz aufgestellt, daß eine versicherungsfreie Nebenbeschäftigung nur dann anzunehmen ist, wenn sie den Beschäftigten nicht mehr als 20 Stunden wöchentlich in Anspruch nimmt** (BSG vom 16. 2. 1961 [3 RK 34/60] = BSGE 14 S. 38 = SGb. 1961 S. 113 und [3 RK 70/58] = BSGE 14 S. 29 = SozSich.-Kartei Nr. 1208, IV/A zu § 168 [2] RVO). Da unsere Zeitungsbotin 36 Stunden in der Woche tätig wurde, liegt keine versicherungsfreie Nebenbeschäftigung, sondern eine versicherungspflichtige Hauptbeschäftigung vor. In diesem Fall ist es ohne Bedeutung, daß die für Nebenbeschäftigungen genannten Verdienstgrenzen nicht überschritten werden.
Hätte die Witwe das Arbeitsverhältnis auf höchstens drei Monate beschränkt, hätte Versicherungsfreiheit auch bei täglich 8 Stunden Arbeit und einem beliebig hohen Verdienst bestanden. Erst wenn die Dreimonatsfrist überschritten wird, beginnt die Versicherungspflicht von **Aushilfstätigkeiten** (BSG vom 28. 1. 1959 [1 RA 110/57] = Breith. 1959 S. 629 = SGb. 1959 S. 88).
Bei einer **laufenden** oder regelmäßig wiederkehrenden Beschäftigung, die zwanzig Wochenstunden nicht überschreiten darf, ist die jeweilige Verdienstgrenze (sie beträgt 1974 DM 312,50) zu beachten. Diese Grenze ist ohne Bedeutung, wenn ein Fünftel des Gesamteinkommens nicht überschritten wird. Der z. B. bei einem zweiten Arbeitgeber für täglich zwei Stunden beschäftigte Arbeitnehmer ist in der Nebentätigkeit versicherungsfrei, falls er in der Hauptbeschäftigung ein Entgelt von DM 1873 und in der Nebentätigkeit DM 426 erzielt. Ein Fünftel des Gesamteinkommens von DM 2299 = DM 459 werden durch die Nebentätigkeit nämlich nicht erreicht.

Fall Nr. 11: Beamte und Soldaten

Wegen mehrerer Dienstvergehen wird ein Postassistent unter Einbehaltung der Hälfte seiner Dienstbezüge des Dienstes vorläufig enthoben. Das Disziplinarverfahren endet mit seiner Entfernung aus dem Dienst. Als dieser Beamte während der Zeit seiner vorübergehenden Dienstenthebung eine Beschäftigung als Arbeiter in der Privatindustrie aufnimmt, beansprucht er auch für diese Tätigkeit die Versicherungsfreiheit als Beamter. Die Krankenkasse war anderer Ansicht.

Lösung

Beamte und **Berufssoldaten,** Geistliche, hauptamtliche Lehrer an privaten genehmigten Ersatzschulen, Verwaltungslehrlinge, Mitglieder geistlicher Genossenschaften wie z. B. Diakonissen, Schwestern vom Deutschen Roten Kreuz und Ordensschwestern sind nach §§ 169 bis 172 RVO von der Versicherungspflicht befreit, wenn ihnen eine Anwartschaft auf Ruhegehalt und Hinterbliebenenversorgung gegeben ist oder wenn sie aus überwiegend religiösen oder sittlichen Beweggründen beschäftigt werden und ihnen nicht mehr als freier Unterhalt oder Taschengeld gewährt wird. Das ist dann nicht der Fall, wenn Ordensschwestern als Lehrerinnen gegen das übliche Gehalt beschäftigt werden, das Gehalt aber bis auf ein geringes Taschengeld dem Orden verbleibt (BSG vom 20. 9. 1960 [7 RAr.

53/59] = BSGE 13 S. 76 = WzS 1960 S. 341). Andere Personen, denen gleichfalls Ruhegehalt, Wartegeld oder ähnliche Bezüge bewilligt sind und eine Anwartschaft auf Hinterbliebenenversorgung besitzen, können auf ihren **Antrag** von der Versicherungspflicht befreit werden (§ 173 RVO). Auf Antrag werden nach §§ 173a, b und c RVO auch Versicherte – ab 1. 10. 1974 auch Rehabilitanden – von der Versicherungspflicht befreit, die sich bei einer privaten Krankenversicherung, welche ihnen und ihren Angehörigen der Krankenhilfe entsprechende Leistungen gewährt, versichert haben.
Voraussetzung der Versicherungsfreiheit ist, daß der **Anspruch auf Versorgung** dem Betreffenden selbst zusteht. Es genügt nicht, daß er tatsächlich Versorgungsbezüge erhält. Eine Beamtenwitwe ist nicht versicherungsfrei, wenn sie als Arbeitnehmerin tätig wird (BSG vom 27. 4. 1961 [3 RK 62/57] = SozSich. 1961 S. 183 = BSGE 14 S. 185). Weil sich die Versicherungsfreiheit nur auf die Beamtentätigkeit bezieht, ist der vom Dienst suspendierte oder pensionierte Beamte, der als Arbeitnehmer tätig wird, pflichtversichert (BSG 18. 12. 1963 [3 RK 99/59] = BSGE 20 S. 123 = SGb. 1964 S. 46). Wird der im öffentlichen Dienst beschäftigte Angestellte rückwirkend zum Beamten ernannt, wird die bisherige Versicherungspflicht nicht rückwirkend aufgehoben (BSG vom 27. 4. 1966 [3 RK 17/61] = Breith. 1966 S. 897 = AP Nr. 1 zu § 169 RVO).
Versicherungsfreiheit besteht nach § 172 Abs. 5 RVO auch für Personen, die zu oder während ihrer **wissenschaftlichen Ausbildung** für den zukünftigen Beruf gegen Entgelt tätig werden. Voraussetzung ist nicht, daß der angestrebte Beruf ein wissenschaftlicher ist (RVA, GE Nr. 5132 vom 28. 4. 1937 = AN 1937 S. 296). Zwischen einer praktischen und wissenschaftlichen Ausbildung besteht kein grundlegender Unterschied. Ebenso wie eine praktische Berufstätigkeit, sofern sie (wie z. B. bei einem „praktischen" Arzt) die Beherrschung eines wissenschaftlichen Lehrsystems voraussetzt, zugleich als wissenschaftlich anzusehen ist, trägt auch eine praktische Ausbildungszeit wissenschaftlichen Charakter, wenn sie der Ergänzung und Vertiefung der auf der Hochschule erworbenen Kenntnisse dient und zur praktischen Ausübung des erstrebten Berufs befähigen soll (BSG vom 23. 7. 1959 [3 RK 58/58] = BSGE 10 S. 176 = Breith. 1960 S. 3).

C. Mitgliedschaft

Fall Nr. 12: Beginn und Ende

Als der Maurer K am Morgen des 3. 4. 1974 bei dem Bauunternehmer Sch vereinbarungsgemäß seine Arbeit aufnehmen wollte, kam er wegen eines Hexenschusses nicht aus dem Bett. Noch am gleichen Tag stellt der Arzt Arbeitsunfähigkeit fest. Die für den Betrieb des Bauunternehmers zuständige Krankenkasse lehnt die Zahlung von Krankengeld ab, weil K bei ihr noch nicht Mitglied sei. Stimmt das?

Lösung

Die Mitgliedschaft **Versicherungspflichtiger** beginnt nach § 306 RVO mit dem **Tage des Eintritts** in die versicherungspflichtige Beschäftigung, die der **Renten-**

berechtigten mit dem Tag der Rentenantragstellung, Rehabilitanden werden ab 1. 10. 1974 mit dem Tage, von dem an Übergangsgeld gezahlt wird, Mitglied, **Versicherungsberechtigte** mit dem Eingang ihres Antrages. Hat die Kasse zu Unrecht drei Monate lang seit der Anmeldung des Versicherten mindestens drei Monatsbeiträge unbeanstandet angenommen, liegt eine sogenannte **Formalversicherung** vor, die dem Versicherten die gleichen Mitgliederrechte und -pflichten gibt. Für die Pflichtversicherten entsteht der Anspruch auf Leistungen nach § 206 RVO mit ihrer Mitgliedschaft.
Die gesetzliche Regelung knüpft den Beginn der Mitgliedschaft an den Eintritt in das versicherungspflichtige Beschäftigungsverhältnis und nicht an die Arbeitsaufnahme. Mit null Uhr des Eintrittstages wird somit die Versicherungspflicht begründet und entsteht zugleich ein Leistungsanspruch. Der Maurer K ist somit bereits seit 0 Uhr des 3. 4. 1974 Mitglied der Krankenkasse.
Voraussetzung ist allerdings, daß der Arbeitnehmer im Laufe des Eintrittstages die Beschäftigung aufnimmt, die Erfüllung dieser Pflicht muß hinzukommen. Dabei genügt es, daß der Arbeitnehmer sich der Verfügungsgewalt des Arbeitgebers unterstellt (BSG vom 22. 11. 1968 [3 RK 9/67] = BSGE 29 S. 30 = Breith. 1968 S. 469). Wird er an diesem Tag arbeitsunfähig krank, so daß er seinen Arbeitsverpflichtungen nicht nachkommen kann, dann wird er – wenn kein mißglückter Arbeitsversuch wegen einer schweren Erkrankung vorliegt – Angehöriger des Betriebes und auch Mitglied der dafür zuständigen Krankenkasse. Gibt der Arbeitnehmer zu erkennen, daß er die vereinbarte Arbeit nicht aufnehmen will, so gilt das nicht (BSG vom 28. 2. 1968 [3 RK 17/65] = BSGE 26 S. 124 = Breith. 1967 S. 719). Mit der **Beendigung** des Beschäftigungsverhältnisses endet auch die Mitgliedschaft; der Rest des Ausscheidungstages ist – wenn man die im nächsten Fall geschilderte Nachwirkung des § 214 RVO nicht berücksichtigt – versicherungsrechtlich nicht geschützt (RVA, GE Nr. 2265 vom 14. 8. 1916 = AN 1916 S. 737). Für die Beendigung des Versicherungsverhältnisses reicht es aus, daß die Arbeit tatsächlich – vielleicht vertragswidrig ohne Einhaltung einer Kündigungsfrist – endgültig eingestellt wird. Bei Rentenberechtigten endet es mit der endgültigen Ablehnung des Antrags, wenn zweimal hintereinander die Beiträge nicht gezahlt wurden, mit dem Entzug der Rente oder dem Tod des Rentners. Mit der Aussteuerung endet die Mitgliedschaft der Arbeitsunfähigen, während Formalmitglieder durch Verweisung an die zuständige Kasse ausscheiden (RVA, GE Nr. 2685 vom 30. 10. 1921 = AN 1922 S. 182). Ersatzkassenmitglieder müssen kündigen, wenn ihre Mitgliedschaft enden soll. Ohne Kündigung bleiben sie selbst bei Aufnahme einer versicherungspflichtigen Tätigkeit z. B. als Arbeiter Mitglied der Ersatzkasse (LSG Nordrhein-Westfalen vom 26. 4. 1955 [I KV 113/54] = BKK 1956 S. 137).
Bei Angestellten endet die Versicherungspflicht am Ende des Kalenderjahres, in dem – wie im Fall Nr. 2 geschildert – die Jahresarbeitsverdienstgrenze überschritten wird, sofern auch im folgenden Jahr eine Überschreitung stattfindet.

Fall Nr. 13: Erwerbslose

Nach zweijähriger Betriebszugehörigkeit erkrankt der Arbeiter A am 23. 4. 1974. Obwohl die Arbeitsunfähigkeit am 7. 6. 1974 beendet ist, nimmt er seine Arbeit nicht wieder auf. Mit Wirkung vom 20. 5. 1974 wird A bei der Krankenkasse abgemeldet. Als er am 22. 6. 1974 einen Verkehrsunfall erleidet, weigert sich die

Kasse zu leisten. Nach dem „Bummelerlaß“ sei A nicht mehr Mitglied der Kasse. A hingegen pocht darauf, daß ihm nicht gekündigt worden sei. Wenn aber das Arbeitsverhältnis noch besteht, dann sei er auch noch versichert. Wer hat Recht?

Lösung

Personen, die **keine entgeltliche Beschäftigung** aus irgendeinem Grund ausüben und die innerhalb von drei Wochen nach ihrem Ausscheiden aus der versicherungspflichtigen Beschäftigung oder während dem Bezug von Übergangsgeld erkranken, haben nach § 214 RVO Anspruch auf die Regelleistungen. Voraussetzung ist, daß sie in den vorangegangenen 12 Monaten mindestens 26 Wochen oder unmittelbar vorher 6 Wochen lang versichert waren. Da die beim Arbeitsamt gemeldeten Arbeitslosen während des Unterstützungsbezuges pflichtversichert sind, fallen nur diejenigen Erwerbslosen unter diese Bestimmung, die sich nicht beim Arbeitsamt gemeldet haben. Warum sie das nicht taten, ist ohne Bedeutung (BSG vom 28. 8. 1961 [3 RK 65/56] = BSGE 15 S. 56 = Breith. 1962 S. 476).
Geht man hier davon aus, daß das Beschäftigungsverhältnis des Arbeiters A am 7. 6. 1974 durch Nichtaufnahme der Arbeit endete und ab diesem Tag Erwerbslosigkeit bestand, dann besteht Anspruch auf Regelleistungen nach § 214 RVO, wenn die Arbeitsunfähigkeit innerhalb von 3 Wochen nach dem Ausscheiden eingetreten ist. Diese Bestimmung gilt nicht für Rentner (BSG vom 27. 6. 1961 [3 RK 62/59] = BSGE 14 S. 276 = SozSich. 1961 S. 250). Das Versicherungsverhältnis wirkt somit bis zum 27. 6. 1974 nach. Der Verkehrsunfall fällt noch in die Zeit des Versicherungsschutzes. Trotzdem hat die Kasse zu Recht die Leistungen verweigert. Die Nachwirkung tritt ausnahmsweise nicht ein, wenn Erwerbslosigkeit durch unentschuldigtes Fernbleiben von der Arbeit entstanden ist. Der noch heute geltende **„Bummelerlaß“** vom 28. 1. 1942 bestimmt, daß das versicherungspflichtige Beschäftigungsverhältnis mit Ablauf von 14 aufeinander folgenden Kalendertagen endet und daß die Nachwirkung des § 214 RVO bei Bummelei über diesen Zeitraum hinaus ausgeschlossen ist (BSG vom 12. 12. 1972 [3 RK 74/70] = Breith. 1973 S. 436 = SGb. 1973 S. 171). A war somit ab 21. 6. 1974 nicht mehr versichert. Das RehaG hat den Bummelerlaß ab 1. 10. 1974 aufgehoben.

D. Beitragsrecht

Fall Nr. 14: Entgeltbegriff

Die Firma F beschließt von der wöchentlichen auf die halbmonatliche Lohnzahlung überzugehen. Um den Beschäftigten den Übergang zu ermöglichen, wird mit dem Betriebsrat vereinbart, jedem Arbeitnehmer ein zinsloses Darlehen in Höhe eines Wochenlohnes zu geben. Dieses Darlehen sieht die Krankenkasse als Entgelt an und fordert davon Beiträge. Die Firma hingegen beruft sich auf den Darlehenscharakter dieser Leistung. Wer hat Recht?

Lösung

Nach § 160 RVO gehören zum sozialversicherungspflichtigen Entgelt, das für die Beitragszahlung und für die Leistungen der Sozialversicherungsträger maßgebend ist, neben Lohn und Gehalt auch Gewinnanteile, Sach- und andere Bezüge, die der Versicherte – wenn auch gewohnheitsmäßig – statt des Gehalts oder Lohnes oder neben ihm vom Arbeitgeber oder einem Dritten erhält (z. B. Trinkgelder). Der Wert der Sachbezüge wird durch Rechtsverordnungen festgesetzt. Nicht zum Entgelt gehören Beiträge, die der Arbeitgeber den Heimarbeitern gemäß § 8 des Lohnfortzahlungsgesetzes zahlt.

Merke: Als Entgelt gilt alles Geldwertes, das der Arbeitnehmer auf Grund des bestehenden Arbeitsverhältnisses erhält, sei es in bar oder in Sachwerten. Entgelt ist somit der Oberbegriff für Gehalt, Lohn, Arbeitsverdienst, Provision, Gewinnanteile, Sachbezüge und Beihilfen, die der Arbeitnehmer als Gegenleistung für seine abhängige Arbeit erhält (RVA, GE Nr. 3991 vom 20. 2. 1929 = AN 1929 S. 162).

Voraussetzung ist, daß die Leistung des Arbeitgebers das Äquivalent für die Arbeitsleistung des Beschäftigten darstellt. Im oben genannten Fall ist das zu verneinen; denn Inhalt des Vertrages sind nicht die geleistete oder zukünftige Arbeitsleistung, sondern die Darlehensgewährung und die Tilgung. Damit ist der Entgeltcharakter dieser Leistung nicht gegeben (BSG vom 17. 12. 1964 [3 RK 51/60] = BSGE 22 S. 157 = Breith. 1965 S. 447).
Geschenke des Arbeitgebers an den Arbeitnehmer sind regelmäßig zu versteuern und damit zumeist Entgelt. Das gilt nicht für sogenannte einmalige Gelegenheitsgeschenke, die aus persönlichem Anlaß (z. B. Firmenjubiläum) gewährt werden, wenn sie nach Art und Höhe nicht ungewöhnlich und übermäßig sind (BFH vom 3. 5. 1963 [VI 116/62 U] = BB 1963 S. 759). **Gratifikationen,** Erfolgs- und Gewinnbeteiligungen sowie Prämien sind gleichfalls Lohn. Durchlaufende Gelder und **Auslagenersatz** sind kein Entgelt, sofern sie – von Ausnahmen abgesehen – einzeln abgerechnet werden (BFH vom 29. 10. 1965 [VI 49/65 U] = DBeitr. 1966 S. 255). **Zuschüsse** für verbilligte Mahlzeiten oder Wohnungen (Werkswohnungen) sind beitragsfrei, wenn sie die entsprechenden Steuerfreigrenzen nicht überschreiten (BFH vom 7. 7. 1961 [VI 196/60 S] = DBeitr. 1962 S. 28). Zulässig ist es, daß der Arbeitgeber z. B. die Fahrtkosten in Geld erstattet, statt dem Arbeitnehmer die Fahrkarten in natura zu übergeben. **Abfindungen** nach dem Kündigungsschutzgesetz sind kein Entgelt, wenn die Voraussetzungen dieses Gesetzes (Vollendung des 18. Lebensjahres und eine Beschäftigungsdauer von mindestens 6 Monaten) erfüllt sind (BFH vom 14. 4. 1967 [VI R 304/66] = NJW 1967 S. 1824 = DBeitr. 1967 S. 1249).
Nach dem heute noch geltenden Gemeinsamen Erlaß der Reichsminister für Finanzen und Arbeit vom 10. 9. 1944 **ist der versicherungspflichtige Entgeltbegriff mit dem steuerrechtlichen identisch** (BSG vom 15. 10. 1955 [3 RK 80/55] = BSGE 6 S. 47 = Breith. 1958 S. 203). Aus diesem Grund sind die Beiträge und Versicherungsleistungen grundsätzlich von dem Betrag zu berechnen, der für die Lohnsteuerberechnung maßgebend ist, es sei denn, das Gesetz bestimmt ausdrücklich etwas anderes. Steuer- und Sozialversicherungsfreiheit bedeuten somit: Bestimmte Bezüge, die dem Arbeitnehmer aus einem Beschäftigungsverhältnis als Entgelt zufließen, sind dennoch beitragsfrei (BFH vom 25. 5. 1962 [VI 162/60] = BKK 1962 S. 577 = DBeitr. 1963 S. 159).

Einmalige Bezüge sind beitragsfrei, wenn der Finanzminister die **Pauschalversteuerung** zugelassen hat oder die festen Sätze der Lohnsteuer angewandt werden (BSG vom 28. 10. 1965 [3 RK 91/63] = BSGE 24 S. 71 = Breith. 1966 S. 93 und vom 22. 8. 1969 [3 RK 85/66] = BSGE 30 S. 57 = Breith. 1969 S. 1004), z. B. Aufwendungen des Arbeitgebers für die Zukunftsicherung der Arbeitnehmer und für Erholungsbeihilfen.

Merke: Alle steuerpflichtigen Bezüge sind auch sozialversicherungspflichtiges Entgelt.

Fall Nr. 15: Beitragshaftung

Auf einem Schlachthof bilden die dort beschäftigten selbständigen Kopfschlachter eine Arbeitsgemeinschaft in Form einer Gesellschaft des bürgerlichen Rechts, deren Gesellschafter sie zugleich sind. Als die Arbeitsgemeinschaft der Krankenkasse Beiträge schuldet und die Forderung nicht eingetrieben werden kann, fordert die Kasse von jedem Gesellschafter die Beiträge. Haben die Schlachter Recht, als sie sich dagegen wehren?

Lösung

Die **Arbeitgeber** haben nach § 393 RVO die Beiträge für ihre Versicherungspflichtigen an den Tagen einzuzahlen, welche die Kassensatzung festsetzt. Dieser Einzahlungstag ist auch für die Versicherungsberechtigten maßgebend. Abweichend davon kann die Satzung bestimmen, daß die Beiträge bereits am jeweiligen Lohnzahltag einzuzahlen sind.
Der Arbeitgeber ist der **Beitragsschuldner** (BSG vom 10. 2. 1960 [1 RA 23/59] = BSGE 11 S. 278 = SozSich. 1960 S. 88). Beitragspflichtiger Arbeitgeber ist derjenige, zu dem die Arbeitnehmer in einem Verhältnis persönlicher und wirtschaftlicher Abhängigkeit stehen, der sie einstellt, über ihre Arbeitskraft verfügt und sie entläßt (RVA in EuM 25 S. 94). Hat er es freiwillig übernommen, die Beiträge der freiwillig Versicherten ebenfalls an die Krankenkasse abzuführen, dann haftet er auch für diese Beitragszahlung (BSG vom 11. 3. 1970 [3 RK 48/66] = BSGE 31 S. 59 = SozSich. 1970 S. 179).
Im vorliegenden Fall war die Arbeitsgemeinschaft der Arbeitgeber der bei ihr beschäftigten Arbeitnehmer, so daß ihre Gesellschafter für die Beiträge nicht nur – wie sie irrtümlich glaubten – mit dem Gesellschaftsvermögen, sondern auch persönlich mit ihrem eigenen Vermögen als Gesamtschuldner hafteten. Nach § 421 BGB konnte die Kasse von jedem Schuldner den Beitrag ganz oder teilweise fordern (LSG Niedersachsen vom 18. 12. 1968 [L 4 Kr 16/68] = Breith. 1968 S. 461). Erhält eine Bank sicherungsweise Gesellschaftsanteile einer GmbH übereignet, wird sie nicht zum Arbeitgeber der dort Beschäftigten, wenn sie keinen direkten Einfluß auf die einzelnen Arbeitsverhältnisse nimmt (BSG vom 20. 12. 1966 [3 RK 63/63] = SGb. 1967 S. 60). Die Mitglieder eines Gläubigerausschusses haften als Gesamtschuldner für die Nichtabführung der Sozialversicherungsbeiträge (OLG Hamm vom 5. 11. 1954 [6 U 185/54] = DOK 1956 S. 27), nicht aber der Vergleichsverwalter (OLG Koblenz vom 16. 12. 1954 [2 U 371/54]). Für die Erfüllung der Zahlungspflicht des Arbeitgebers haftet nach § 393 Abs. 3 RVO der Entleiher von Arbeitnehmern wie ein selbstschuldnerischer Bürge.

Die Beitragsschuld entsteht mit der **Fälligkeit** des Arbeitsentgelts (BSG vom 21. 3. 1961 [3 RK 7/57] = Breith. 1961 S. 792). Ihre Höhe richtet sich nach dem tatsächlich gezahlten und nicht nach dem geschuldeten Lohn. Das gilt auch dann, wenn die Arbeitnehmer untertariflich entlohnt worden sind (BSG vom 25. 11. 1964 [3 RK 32/60] = BSGE 22 S. 106 = Breith. 1965 S. 445).
Lohnnachzahlungen, die in einer Summe getätigt werden, stellen keine einmaligen Entgeltzahlungen dar. Bei einer **rückwirkenden Lohnerhöhung** wird die Nachzahlung dem Verdienst des betreffenden Lohnzeitraumes, in dem sie dem Versicherten ausgezahlt wird, hinzugerechnet. Eine **verspätete Zahlung geschuldeten Lohnes** ist dagegen auf die Lohnperioden zu verteilen, auf die die Nachzahlung entfällt. Nur in diesem Fall muß die Nachzahlung rückwirkend auf gewährte Kassenleistungen, wie z.B. Krankengeld, angerechnet werden (BSG vom 17. 12. 1964 [3 RK 74/60] = BSGE 22 S. 162 = Breith. 1965 S. 713).

Fall Nr. 16: Lohnabzugsverfahren

Der Obermeister K erhält neben seinem Gehalt einen Wohnungszuschuß. Seine Bezüge übersteigen damit die Jahresarbeitsverdienstgrenze. Der Arbeitgeber hält ihn für versicherungsfrei und meldet ihn nicht zur Krankenversicherung an. Beiträge werden nicht entrichtet. Eine Betriebsprüfung stellt die Versicherungspflicht fest, weil der Wohnungszuschuß nicht zum Entgelt zu zählen ist. Als der Arbeitgeber nun die Hälfte der nachzuentrichtenden Beiträge von K fordert, weigert sich dieser. Der Arbeitgeber verklagt ihn daraufhin – zu Recht? – und beruft sich auf ungerechtfertigte Bereicherung.

Lösung

Die Versicherungspflichtigen müssen sich nach § 394 RVO bei der Lohnzahlung ihre Beitragsteile – die Hälfte des Sozialversicherungsbeitrages – vom Barlohn abziehen lassen. Für Versicherte, deren Entgelt $^1/_{10}$ der für die Rentenversicherung geltenden monatlichen Beitragsbemessungsgrenze (1974 = 2500 DM) nicht übersteigt, hat der Arbeitgeber ab 1. 10. 1974 die Krankenversicherungsbeiträge allein zu tragen (§ 381 Abs. 1 RVO). Die Arbeitgeber dürfen die Beiträge nur auf diesem Wege wieder einziehen. Ist das Arbeitsverhältnis bereits aufgelöst, kann der Arbeitnehmer mit einer Beitragsnachzahlung nicht mehr belastet werden. Das gilt nicht, wenn der Versicherte das Arbeitsverhältnis allein aus diesem Grund aufgelöst oder seine Entlassung provoziert hat (BAG vom 3. 4. 1958 [2 AZR 469/56] = AP Nr. 1 zu § 394 RVO = NJW 1958 S. 1319 = DB 1958 S. 772).
Hat der Arbeitgeber für eine Lohnzeit keine Abzüge einbehalten, so darf er den Abzug nur bei der Lohnzahlung für die nächste Lohnzeit nachholen. Diese Möglichkeit entfällt, wenn die Verspätung auf seinem **Verschulden** beruht. Ein Verschulden ist immer dann gegeben, wenn der Arbeitgeber die nach der allgemeinen Verkehrsauffassung erforderliche Sorgfalt außer acht gelassen hat (Fahrlässigkeit, § 276 Abs. 2 BGB), indem er – wie oben geschildert – eine versicherungsrechtliche Frage selbst entschieden hat (LSG Baden-Württemberg vom 15. 12. 1961 [L 4 b Kr 1400/57] = Breith. 1962 S. 487).
Der Arbeitgeber handelt schuldhaft, wenn er sich bei der Einzugsstelle über die Versicherungspflicht einer bestimmten Gruppe seiner Arbeitnehmer oder den

Entgeltcharakter bestimmter Leistungen nicht – **schriftlich** – unterrichtet und die entsprechenden Anmeldungen (wenn auch vorsorglich) nicht tätigt (LAG Bremen vom 2. 11. 1966 [1 Sa 105/66) = DOK 1967 S. 601 = SGb 1967 S. 643). Hat er sich erkundigt und ist ihm von der Krankenkasse eine falsche Auskunft erteilt worden, dann kann er bei einer Beitragsnachforderung die Hälfte des Sozialversicherungsbeitrages vom Arbeitnehmer zurückfordern.
Es muß bei **Beitragsnachforderungen** immer unterschieden werden, ob es sich um Beiträge zur Kranken-, Arbeitslosen- oder Rentenversicherung handelt. Während in allen Zweigen der gesetzlichen Sozialversicherung der Grundsatz gilt, daß die Versicherungspflicht genügt, um auch ohne Beitragszahlung den Anspruch auf Sozialversicherungsleistungen zu erhalten (vgl. Fall Nr. 12), wird im Rentenrecht nur der tatsächlich gezahlte Beitrag berücksichtigt. Eine Ausnahme gilt für die nach dem 28. 6. 1942 fällig gewordenen Beiträge. Sie werden nach § 1397 RVO berücksichtigt, wenn der Versicherte glaubhaft macht, daß ihm die Arbeitnehmeranteile der Rentenversicherungsbeiträge vom Lohn oder Gehalt abgezogen worden sind. Diese unterschiedliche Rechtsfolge erklärt, warum z.B. bei einer unrichtigen Auskunft der Einzugstelle Beiträge zur Kranken- und Arbeitslosenversicherung nicht, daß aber selbst zu Unrecht erstattete Rentenversicherungsbeiträge nachgefordert werden können, es sei denn, sie sind verjährt (BSG vom 28. 4. 1964 [3 RK 9/60] = BSGE 21 S. 52 = Breith. 1964 S. 733).

Fall Nr. 17: Beitragszuschuß für Rentner und Rehabilitanden

Der pensionierte Oberlokomotivführer S bezieht neben seinem Ruhegehalt als Beamter eine Rente aus der Arbeiterrentenversicherung. Auf seinen Antrag wird er von der Pflichtmitgliedschaft zur Krankenversicherung der Rentner gemäß § 173 Abs. 1 RVO befreit. Da er privat gegen Krankheit versichert ist, beantragt er, ihm den Beitragszuschuß der Rentner auszuzahlen. Der Rentenversicherungsträger lehnt ab, weil er zu den pflichtversicherten Rentnern gehöre. Der Zuschuß stehe aber nur Rentnern zu, die versicherungsfrei seien. Irrt sich der Versicherungsträger?

Lösung

Die Rentenversicherungsträger haben nach § 381 Abs. 2 RVO die Krankenversicherungsbeiträge der pflichtversicherten Rentner zu tragen. Ab dem 1. 10. 1974 ist jeder Rehabilitationsträger verpflichtet, Beiträge für seine Rehabilitanden zu entrichten. Personen, welche die Voraussetzungen für den Bezug einer Rente erfüllen, aber nicht zu den pflichtversicherten Rentnern gehören, erhalten nach § 381 Abs. 4 RVO auf **ihren Antrag** von dem zuständigen Rentenversicherungsträger zu ihrem Beitrag zur privaten oder freiwilligen Mitgliedschaft in der Krankenversicherung einen Zuschuß, der dem Durchschnitt der für die Pflichtversicherten zur Verfügung gestellten Beiträge entspricht. Ab 1. 1. 1974 ist das der Betrag von DM 92. Dieser Zuschuß steht auch den Personen zu, die zwar die Voraussetzungen des § 165 Abs. 1 Ziffer 3 RVO erfüllen, jedoch trotzdem – wie oben gezeigt – nicht nach dieser Vorschrift versichert sind (BSG vom 21. 2. 1969 [3 RK 87/65] = Breith. 1969 S. 651 = SozSich.-Kartei Nr. 2776, IV/A zu § 381 RVO). Personen, die auf ihren Antrag von der Versicherung befreit sind, erhalten ab

1. 10. 1974 von dem Rehabilitationsträger einen Zuschuß zu ihrer privaten Krankenversicherung in Höhe des Betrages, der bei Krankenversicherungspflicht zu zahlen wäre.
Vom Tag der Rentenantragstellung an hat der Versicherte die Beiträge zur Krankenversicherung der Rentner selbst zu tragen. Erst vom Tag der Rentenbewilligung an besteht der gesetzliche Anspruch auf Übernahme der Krankenversicherungsbeiträge durch den Rentenversicherungsträger oder auf den Beitragszuschuß (BSG vom 21. 3. 1961 [3 RK 62/60] = BSGE 14 S. 112 = Breith. 1961 S. 694). Wird die Rente entzogen, endet die Zuschuß- und Beitragspflicht des Rentenversicherungsträgers. Das gilt nicht, wenn der Versicherte gegen den Entziehungsbescheid Klage erhebt. In diesem Fall endet die Zuschuß- und Beitragszahlung erst mit dem endgültigen Entzug der Rente (BSG vom 27. 8. 1965 [3 RK 38/62] = Breith. 1966 S. 105 = DBeitr. 1966 S. 256).

Fall Nr. 18: Beitragsfreiheit

Die Landesversicherungsanstalt gewährt dem Versicherten D Rehabilitationsmaßnahmen in Form einer Umschulung. In dieser Zeit erhält er vom Rentenversicherungsträger Übergangsgeld. Seine Ansicht, er sei in dieser Zeit ohne Beitragszahlung gegen Krankheit versichert, wird vom Krankenversicherungsträger nicht geteilt. Ist D beitragsfreies Mitglied der Krankenversicherung?

Lösung

Nach § 311 RVO in der ab 1. 10. 1974 geltenden Fassung bleibt die Mitgliedschaft **Versicherungspflichtiger** ohne Beitragszahlung erhalten, solange das Arbeitsverhältnis **ohne Entgeltzahlung** fortbesteht, längstens jedoch für drei Wochen. Warum kein Entgelt gezahlt wurde, ist unerheblich, es sei denn, geschuldeter Lohn wird nicht gezahlt.
Nach dieser Bestimmung bleibt die Mitgliedschaft weiterhin erhalten, solange der Versicherte Anspruch auf **Kranken-** oder **Mutterschaftsgeld** besitzt (BSG vom 11. 4. 1960 [3 RK 14/59] = WzS 1961 S. 371 = KVRS 3180/4). Da nach § 183 Abs. 2 RVO der Versicherte einen Krankengeldanspruch von 78 Wochen innerhalb von drei Jahren wegen derselben Krankheit besitzt, bleibt dieser bis zur Aussteuerung (vgl. Fall Nr. 33) Mitglied der Krankenkasse. Scheidet das Mitglied während des Bezuges von Krankenpflege aus der Versicherung aus, so endet nach § 183 Abs. 1 RVO die Krankenpflege spätestens 26 Wochen nach dem Ausscheiden. Gesetzt den Fall, das Arbeitsverhältnis wird bei Beginn der Arbeitsunfähigkeit am 27. 2. 1974 sofort beendet, bleibt der Versicherte bis zur Beendigung der Arbeitsunfähigkeit oder Schwangerschaft oder seiner Aussteuerung ohne Beitragszahlung Mitglied der Kasse, bei ununterbrochener Arbeitsunfähigkeit also bis zum 27. 8. 1975.
In unserem Fall erhielt D Übergangsgeld vom Rentenversicherungsträger. Seine Mitgliedschaft bleibt ab 1. 10. 1974 erhalten, solange er Übergangsgeld bezieht und ihm keine berufsfördernden Maßnahmen zur Rehabilitation gewährt werden. Der Gesetzgeber unterscheidet zwischen medizinischen und beruflichen Rehabilitationsmaßnahmen. Würde D Übergangsgeld wegen Berufsförderung erhalten, wäre er nach § 165 Abs. 1 Nr. 4 RVO ab 1. 10. 1974 pflichtversichert; für ihn

wären Beiträge vom Rehabilitationsträger zu entrichten. Bei medizinischen Rehabilitationsmaßnahmen, wie sie D in Form einer Kur gewährt wurden, besteht hingegen eine beitragsfreie Mitgliedschaft nach § 311 Nr. 3 RVO. Hatte die Rechtsprechung bisher für die Beitragsfreiheit bei Übergangsgeldzahlungen das Vorliegen der Arbeitsunfähigkeit verlangt (vgl. BSG vom 28. 8. 1968 [3 RK 17/67] = BSGE 28 S. 211 = Breith. 1969 S. 282), so gilt ab 1. 10. 1974 die gesetzliche Fiktion, daß diese Voraussetzung bei allen medizinischen Rehabilitationsmaßnahmen gegeben ist.
Während der **Schwangerschaft** bleibt die Mitgliedschaft Versicherungspflichtiger auch erhalten, wenn das Arbeitsverhältnis vom Arbeitgeber zulässig aufgelöst oder die Versicherte unter Wegfall des Arbeitsentgelts beurlaubt worden ist. Das gilt nicht, wenn eine Mitgliedschaft nach anderen Vorschriften besteht.

Fall Nr. 19: Beitragserstattung und -aufrechnung

Eine GmbH zahlt den bei ihr beschäftigten Arbeitnehmern eine Weihnachtsgratifikation in Höhe eines halben Monatseinkommens und zieht die Sozialversicherungsbeiträge davon ab. Weil ein Arbeitnehmer zum 31. 3. des folgenden Jahres das Arbeitsverhältnis kündigt, muß er die Weihnachtsgratifikation, die seinerzeit mit einer Rückzahlungsklausel versehen worden war, zurückzahlen. Als die Gesellschaft die zuviel entrichteten Beiträge zurückhaben will, weigert sich die Kasse. Bekommt die Firma vor Gericht Recht?

Lösung

Zu Unrecht gezahlte Beiträge sind von der Krankenkasse zu erstatten, obwohl § 223 RVO dies nicht ausdrücklich vorsieht. Die Kasse ist berechtigt, einem Erstattungsanspruch die Einrede der zweijährigen Verjährungsfrist (absichtlich hinterzogene Beiträge verjähren erst in 30 Jahren) entgegenzuhalten. Die Beitragserstattung kann nur der geltend machen, auf dessen Kosten die Kasse die Beiträge zu Unrecht erhalten hat. Das ist bei Pflichtversicherten in der Regel der Arbeitgeber. **Der Arbeitnehmer selbst hat keinen Erstattungsanspruch** (RVA, GE Nr. 3696 vom 15. 1. 1930 = AN 1930 S. 167).
Bestand im **Zeitpunkt der Beitragszahlung** die Beitragspflicht, kann bei einer rückwirkenden Unrichtigkeit der eingezahlte Beitrag nicht zurückgefordert werden. Zu hohe Entgeltzahlungen und die dadurch zu Unrecht gezahlten Krankenversicherungsbeiträge können rückwirkend nicht korrigiert werden. Es gibt somit zwar einen Lohnsteuer- aber **keinen Sozialversicherungs-Jahresausgleich** (BSG vom 28. 8. 1968 [3 RK 17/67] = Breith. 1969 S. 282). Dieser Grundsatz gilt nicht, wenn eine Lohn- oder Gehaltszahlung – hier in Form einer freiwilligen Weihnachtsgratifikation – von vornherein unter einer Rückzahlungsverpflichtung steht. Die Kasse muß daher die zu Unrecht erhaltenen Beitragsanteile zurückzahlen. Den Rentenbewerbern sind die Beiträge erst vom Beginn der Rente zu erstatten (BSG vom 27. 8. 1965 [3 RK 70/61] = BSGE 24 S. 1 = Breith. 1966 S. 107).
Die Leistungsansprüche des Versicherten können – wenn die Leistungen gleichartig sind und die Personen im Gegenseitigkeitsverhältnis stehen (RVA, GE Nr. 3650 vom 28. 11. 1929 = AN 1930 S. 72) – nur **aufgerechnet** werden gegen

Forderungen des Versicherten, die dieser gegen seinen Schädiger hat, gegen geschuldete Beiträge, gezahlte Vorschüsse, zu Unrecht gewährte Leistungen, Verfahrenskosten und gegen Geldstrafen, die die Kasse verhängt hat.

E. Krankenpflege

Fall Nr. 20: Ärztliche Behandlung

Wegen einer schweren Polyarthritis steht der Versicherte seit Jahren in kassenärztlicher Behandlung, ohne daß eine anhaltende Besserung erzielt wird. Daraufhin begibt er sich in privatärztliche Behandlung, die auch eine Besserung erbringt. Sein Antrag, die Kosten dieser Behandlung zu übernehmen, wird von der Kasse abgelehnt, weil Versorgung mit Arznei und ärztliche Behandlung ausschließlich im Rahmen der kassenärztlichen Versorgung zulässig sei. Kann nur in Notfällen ein nicht zugelassener Arzt konsultiert werden?

Lösung

Nach § 182 Abs. 1 RVO hat der Versicherte Anspruch auf Krankenpflege „vom Beginn der Krankheit an". Sie umfaßt ärztliche und zahnärztliche Behandlung, Versorgung mit Verband- und Heilmitteln, Körperersatzstücken, Arznei, Brillen und anderen Hilfsmitteln. Bereits die Tatsache, daß ein Versicherter behandlungsbedürftig erkrankt ist, läßt den Anspruch auf Krankenpflege entstehen. Dabei ist ohne rechtliche Bedeutung, ob die Erkrankung der Kasse gemeldet worden ist oder Krankenpflege überhaupt in Anspruch genommen wird.
Seit 1972 gehören nach §§ 181, 181a und b RVO auch **Maßnahmen zur Früherkennung** von Krankheiten zu den Kassenleistungen. Männliche Versicherte ab dem 45. und weibliche Versicherte und Angehörige ab dem 30. Lebensjahr haben einmal im Jahr Anspruch auf eine ärztliche Untersuchung auf Krebs. Auch Kinder besitzen bis zur Vollendung des 4. Lebensjahres einen Anspruch auf Maßnahmen zur Früherkennung von Krankheiten, die eine normale körperliche oder geistige Entwicklung in besonderem Maße gefährden. Ab 1. 10. 1974 besitzt der Versicherte einen zusätzlichen Anspruch auf Belastungserprobungen und Arbeitstherapie.
Die ärztliche Behandlung wird nach §§ 122, 368ff. RVO ausschließlich durch approbierte Kassenärzte und Kassenzahnärzte gewährt. Unter den von der Kasse zugelassenen Ärzten hat der Versicherte – außer bei Arbeitsunfällen – die **freie Arztwahl.** Abgesehen von Notfällen wird die Kasse zur Kostenübernahme nicht verpflichtet, wenn ein nicht zugelassener Arzt den Versicherten behandelt und Arzneimittel verordnet. Im obigen Fall hat daher die Kasse zu Recht die Übernahme dieser Kosten abgelehnt, denn die Hoffnung, dieser Arzt werde die Krankheit heilen oder lindern, stellt keinen Notfall dar. Das ist nur bei Gefahr im Verzuge anzunehmen, d.h. ein Kassenarzt kann in der gebotenen Eile nicht herbeigerufen oder aufgesucht werden (Erste Hilfe-Fälle) (BSG vom 31. 7. 1963 [3 RK 92/59] = BSGE 19 S. 270 = SozSich.-Kartei Nr. 1560, IV/A zu § 368d [1] RVO).
Die ärztliche Behandlung erfordert das Vorliegen einer behandlungsbedürftigen Krankheit und eine intensive **Beteiligung** des Arztes an den Verrichtungen einer

Hilfsperson. Es genügt noch, wenn sich der Arzt bei jeder einzelnen von einem Masseur durchgeführten Maßnahme und nicht erst nach einer Serie von mehreren solcher Heilmaßnahmen von der Wirkung der Therapie überzeugt (BSG vom 22. 8. 1963 [5 RKn. 46/63] = BSGE 19 S. 282 = Breith. 1964 S. 3). Auch wenn der Zustand des Kranken nur noch die Überwachung von Pflegemaßnahmen (z.B. künstliche Ernährung) erfordert oder das Leben des Kranken für eine bestimmte Zeit ohne jede Besserungschance verlängert werden kann, liegt ärztliche Behandlungsbedürftigkeit vor (BSG vom 27. 8. 1968 [3 RK 27/65] = BSGE 28 S. 199 = Breith. 1969 S. 554).
Nach § 368 Abs. 2 RVO umfaßt die kassenärztliche Versorgung die ärztliche Behandlung. Zu ihr gehören Früherkennungsmaßnahmen, ärztliche Betreuung bei Mutterschaft, die Anordnung der Hilfeleistung anderer Personen, die Versorgung mit Zahnersatz, die Verordnung von Arznei, Heilmitteln und Krankenhauspflege sowie die Ausstellung von Bescheinigungen und die Erstellung von Berichten, die die Krankenkasse und der Vertrauensärztliche Dienst benötigen.
Der Versicherte selbst hat nach § 368e RVO Anspruch auf die ärztliche Versorgung, **die zur Heilung oder Linderung nach den Regeln der ärztlichen Kunst zweckmäßig und ausreichend** ist; das **Maß des Notwendigen** darf aber nicht überschritten werden (§ 182 Abs. 2 RVO). Leistungen, die für die Erzielung des Heilerfolgs nicht notwendig oder unwirtschaftlich sind, kann der Versicherte nicht beanspruchen. Der Kassenarzt darf sie nicht verordnen und die Kasse darf sie nachträglich nicht bewilligen. Nicht die Krankenkassen, sondern die Kassenärztlichen Vereinigungen überprüfen die Wirtschaftlichkeit der ärztlichen Verordnungen. Wird gegen dieses Gebot verstoßen, hat der Kassenarzt Ersatz zu leisten.

Fall Nr. 21: Fahrt- und Transportkosten

Der 73 Jahre alte Rentner erleichtet während einer privaten Erholungskur in Österreich einen Schlaganfall. Die behandelnden Ärzte halten einen Rücktransport nach Berlin nur mit dem Rettungswagen für möglich und notwendig. Ein österreichischer Krankenwagen überführt ihn in ein Berliner Krankenhaus. Weigert sich die Kasse zu Recht, die Transportkosten in Höhe von DM 878,65 zu übernehmen?

Lösung

Die durch die ärztliche Behandlung **notwendigen** Fahrt- und Transportkosten sind als Nebenleistungen der Krankenhilfe von der Kasse zu übernehmen. Der Versicherte hat die Notwendigkeit zu beweisen, wenn er z.B. einen entfernten Arzt aufsucht, obwohl in seiner Nähe ein anderer Kassenarzt praktiziert. Unter Würdigung der örtlichen Verhältnisse ist zu prüfen, ob dem Erkrankten z.B. ein Fußweg zum Arzt zuzumuten war. Wurde ein eigener Wagen benutzt, kann nur die Erstattung der Fahrtkosten mit öffentlichen Verkehrsmitteln verlangt werden. Ab 1. 10. 1974 hat die Kasse nach § 194 RVO auch die notwendigen Fahr-, Verpflegungs- und Gepäcktransportkosten des Versicherten und einer erforderlichen Begleitperson zu übernehmen.
Das gilt grundsätzlich auch für Transportkosten. Ist der Versicherte trotz seiner Erkrankung transportfähig, so kann er grundsätzlich die Erstattung der Rückfüh-

rungskosten verlangen, mögen beide Orte auch verhältnismäßig weit voneinander entfernt liegen. Allerdings ist nur der Teil der Transportkosten zu erstatten, der ausschließlich **durch die Krankheit verursacht worden ist.** Die normalen Kosten, die durch die Rückreise an den Wohnort mit einem öffentlichen oder privaten Verkehrsmittel entstanden sind oder wären, sind nicht erstattungsfähig. Im oben genannten Fall hat die Kasse von den DM 878,65 die auf **innerdeutschem Gebiet** entstandenen normalen Transportkosten DM 78,30 abgezogen. Wird dem auswärts erkrankten Versicherten am Erkrankungsort die erforderliche Krankenhilfe zur Verfügung gestellt, so ist die Kasse nur dann zur Übernahme der Transportkosten verpflichtet, wenn der Versicherte einen **wichtigen Grund** hatte, diese Hilfe nicht in Anspruch zu nehmen. Dabei dürfen – vor allem bei älteren Menschen – keine zu strengen Maßstäbe angelegt werden (BSG vom 24. 2. 1971 [3 RK 82/70] = BSGE 32 S. 225 = Breith. 1971 S. 627).
Ist der Versicherte durch die Gewährung einer Kassenleistung (z. B. eines Kuraufenthaltes) länger als 8 Wochen von seiner Familie getrennt, kann die Kasse ab 1. 10. 1974 die Kosten einer **Familienheimfahrt** pro Monat übernehmen. Zulässig ist, an Stelle der Familienheimfahrt die Reisekosten für die Fahrt eines Angehörigen zum Aufenthaltsort des Versicherten zu tragen.

Fall Nr. 22: Arznei und Heilmittel

Auf Grund eines Arbeitsunfalls verordnete der Arzt zwanzig Unterwassermassagen und zehn Heißluftbäder, die ohne ärztliche Überwachung durchgeführt werden. Als die Krankenkasse diese Kosten von der Berufsgenossenschaft ersetzt haben will, lehnt diese ab. Die Gesamtheit der Heißluftbäder und Massagen stelle ein Heilmittel dar, zu dem die Kasse nur einen Zuschuß zu leisten habe. Ist eine Massage oder eine Serie von derartigen Maßnahmen ein Heilmittel oder eine Arznei?

Lösung

Zur Krankenpflege gehört nach § 182 Abs. 1 Ziffer 1 RVO auch die Versorgung des Versicherten und seiner Angehörigen mit Arznei, Verband- und Hilfsmitteln, Brillen und Heilmitteln. Unter **Arznei** werden alle die Stoffe verstanden, die den Zustand des Körpers und seelische Zustände erkennen lassen und/oder beeinflussen, die vom menschlichen oder tierischen Körper erzeugten Wirkstoffe und Säfte ersetzen oder Krankheitserreger beseitigen. Sie dienen primär der Heilung, Besserung und Linderung von Krankheiten und Schmerzen sowie der Beseitigung der Arbeitsunfähigkeit; sie wirken überwiegend von **innen** auf den Organismus ein. Der vom Arzt verordnete und mit Hilfe eines Inhaliergerätes eingeatmete konzentrierte Sauerstoff ist somit eine Arznei (BSG vom 16. 7. 1968 [9 RV 1070/65] = BSGE 28 S. 158 = SGb. 1968 S. 364). Ein **Heilmittel** hat die gleiche Wirkung wie eine Arznei; es wirkt aber überwiegend von **außen** auf den Körper ein.
Das Gesetz verpflichtet ab 1. 10. 1974 die Kassen, die Kosten aller Heilmittel zu übernehmen. Bis zu diesem Tag bestand diese Pflicht nur für kleinere Heilmittel, zu größeren konnte sie einen Zuschuß gewähren. Die Verabreichung von Massagen und Heißluftbädern gehört zu den Heilmitteln, wenn sie – wie oben ge-

schildert – ohne direkte ärztliche Anleitung, Aufsicht und Mitwirkung verabreicht werden. Wirkt der Arzt hingegen dabei mit, gehören sie zur ärztlichen Behandlung und müssen voll übernommen werden.

Fall Nr. 23: Hilfsmittel und Rehabilitation

Der Sohn Thomas des Versicherten G benötigt Krankenhauspflege. Er muß ständig destilliertes Wasser, das manchmal mit geringen chemischen Zusätzen angereichert ist, mittels eines Ultraschallverneblers inhalieren, weil nur dadurch die lebensnotwendige Verflüssigung seines Bronchialsekrets erreicht werden kann. Um eine häusliche Behandlung zu ermöglichen, möchte G einen Ultraschallvernebler kaufen. Weigert sich die Kasse zu Recht, die Kosten dieses Gerätes zu übernehmen?

Lösung:

Der Versicherte und seine Familienangehörigen haben ab 1. 10. 1974 Anspruch auf **Rehabilitationsmaßnahmen** gegenüber der Krankenkasse. Der Anspruch umfaßt nach § 182b RVO die Ausstattung mit Körperersatzstücken, orthopädischen und anderen Hilfsmitteln. Voraussetzung ist, daß sie erforderlich sind, um einer drohenden Behinderung vorzubeugen, den Erfolg der Heilbehandlung zu sichern oder eine körperliche Behinderung auszugleichen. Auch eine notwendige Änderung, Instandsetzung und Ersatzbeschaffung sowie die Ausbildung im Gebrauch der Hilfsmittel hat die Kasse kostenmäßig voll zu übernehmen. Die Mutter von Thomas, die im Krankenhaus die Bedienung des Ultraschallverneblers erlernt, hat gegen die Kasse einen Anspruch auf Übernahme dieser Kosten.
Da die Inhalation gerade ohne ärztliche Mitwirkung zu Hause erfolgen soll, ist sie kein Bestandteil der ärztlichen Behandlung. Sie ist auch keine Arznei. Selbst wenn man den Nebel als solche ansehen würde, könnte der Vernebler nicht als bloßes Zubehör betrachtet werden. Von der – maßgeblichen – wirtschaftlichen Bedeutung her ist die Apparatur, die etwa DM 2500 kostet, die Hauptsache, nicht aber der Nebel.
Der Ultraschallvernebler stellt aber ein Hilfsmittel wie ein Krankenstuhl, künstliches Auge oder ein Hörgerät dar. Es wird benötigt, um die körperliche Behinderung von Thomas auszugleichen. Der Anspruch von G, der sich auf § 182b RVO stützt, ist ab 1. 10. 1974 berechtigt.
Selbst wenn die Kasse die Auffassung, der Vernebler sei kein Hilfsmittel, vertreten würde, wäre sie zur Kostenübernahme gezwungen. Dazu erklärte das BSG in seinem Urteil vom 22. 2. 1974 (3 RK 79/72 = SozSich.-Kartei Nr. 2869, IV/A zu § 187 RVO), daß die häusliche Behandlung die Krankenhauspflege ersetzen solle. Aus dieser Funktionsgleichheit erwachse die Verpflichtung der Kasse zur Leistung. Ist die Kasse gehalten, Krankenhauspflege zu erbringen und läßt sich diese durch die Anwendung einer technischen Apparatur ersetzen, so kann an die Stelle der ursprünglich geschuldeten Krankenhauspflege die Ersatzleistung treten.
Am gleichen Tag lehnte das BSG unter dem Aktenzeichen 3 RK 27/73 (SozSich.-Kartei Nr. 2863, IV/A zu § 186 RVO) den Anspruch eines Versicherten gegen die

Kasse ab, einen Zuschuß für eine elektrische Schreibmaschine zu gewähren, obwohl der Arzt die Maschine für das Kind, das an einer Mißbildung der oberen Gliedmaßen litt, verordnet hatte.
Als ergänzende Leistungen kann die Kasse **Behindertensport** fördern, wenn dieser ärztlich verordnet und in Gruppen unter ärztlicher Betreuung ausgeübt wird. Sie kann nach § 193 RVO die Leistungen erbringen, wenn diese unter Berücksichtigung von Art oder Schwere der Behinderung erforderlich sind, um das Ziel der Rehabilitation zu erreichen oder zu sichern. Sie dürfen nicht zu den berufsfördernden Rehabilitationsmaßnahmen gehören. Grundsätzlich ist die Kasse nur leistungsverpflichtet, wenn sie zuletzt Krankenhilfe gewährt hat oder gewährt.

Fall Nr. 24: Zahnbehandlung

Für den Angestellten F wird im Sommer 1974 ein Zahnersatz angefertigt, der DM 936,40 kostet. Die Krankenkasse erstattet einen Betrag von DM 509,76, wobei sie einen „Vertragssatz" von DM 637,20 zugrunde legt. Der Erstattungsbetrag von 80% des Vertragssatzes setzt sich zusammen aus einer eigenen Krankenkassenleistung in Höhe von 46,66% des Vertragssatzes und einer Beihilfe der Angestelltenversicherung in Höhe von 33,34% dieses Satzes. Hatte F Recht, wenn er von der Kasse einen Zuschuß in Höhe von 80% – wie er nicht rentenversicherten Mitgliedern gezahlt wird – verlangt und die Auffassung vertritt, der fremde Zuschuß dürfte nicht angerechnet werden?

Lösung

Während die zahnärztliche Behandlung für den Versicherten kostenfrei ist, hat die Kasse die Kosten für Zahnersatz, Zahnkronen und Stiftzähne entweder ganz oder zum Teil nach § 182 Abs. 1 RVO zu übernehmen. Die **Verordnung** von Zahnersatz gehört zur ärztlichen Behandlung und ist daher keine Sachleistung, denn Zahnersatz stellt, wenn er zur Beseitigung oder Linderung einer bestehenden Krankheit oder zur Sicherung des Heilerfolgs erforderlich ist, ein **Heilmittel** dar (BSG vom 20. 7. 1966 [6 RKa. 11/63] = BSGE 25 S. 116). Nach dem Erlaß des Reichsarbeitsministers vom 2. 11. 1943 kann die Satzung bestimmen, wie hoch ihr Zuschuß ist. Sie ist auch berechtigt, den rentenversicherten Mitgliedern einen geringeren Zuschuß als den nicht rentenversicherten Mitgliedern zu gewähren (BSG vom 30. 10. 1964 [3 RK 15/60] = BSGE 22 S. 67 = Breith. 1965 S. 363). Das gilt ab dem 1. 10. 1974 nicht mehr. Das RehaG bestimmt, daß jeder Versicherungsträger im Rahmen seiner Zuständigkeit die nach Lage des Einzelfalles erforderlichen Leistungen so vollständig und umfassend zu erbringen hat, daß Leistungen eines anderen Trägers nicht erforderlich werden. Folgerichtig gewähren die Rentenversicherungsträger nur noch bis zum 31. 12. 1974 Zuschüsse zu den Kosten des Zahnersatzes, es sei denn, der Zuschuß wurde vorher bereits bewilligt.
Ist die Kieferanomalie eine Krankheit, hat die Krankenkasse die Kosten einer **kieferorthopädischen Behandlung** voll zu übernehmen. Das ist dann der Fall, wenn die Gebißfehlstellung die Kau-, Beiß- und Artikulierfähigkeit beeinträchtigt

und dadurch Behandlungsbedürftigkeit gegeben ist. Unter dem Gesichtspunkt der wahrscheinlichen Verschlimmerung muß aber auch der Umstand gesehen werden, daß diese Gefahr zwar nicht wahrscheinlich, andererseits jedoch keine entfernte Möglichkeit darstellt (BSG vom 20. 10. 1972 [3 RK 93/71) = BSGE 35 S. 10 = Breith. 1973 S. 177). Dabei ist weiter zu beachten, daß die Entwicklung des Gebisses nur in bestimmten Phasen des Kindesalters günstig beeinflußt werden kann. Eine kieferorthopädische Behandlung ist immer notwendig und von der Kasse kostenmäßig voll zu übernehmen, **wenn von den verantwortungsbewußt handelnden Eltern erwartet werden muß, daß sie ein derartig gefährdetes Kind behandeln lassen** (BSG vom 23. 2. 1973 [3 RK 82/72] = Breith. 1973 S. 603 = SozSich.-Kartei Nr. 2745, IV/A zu § 182 RVO).

Fall Nr. 25: Krankenschein und Verordnungsgebühr

Als der Zimmermann B den Kassenarzt mit einer Grippe aufsucht, kann er keinen Krankenschein vorweisen. Er verspricht, diesen unverzüglich nachzureichen. Als er das vergißt, erhält er einen Monat später die Rechnung des Arztes, in der eine Privatvergütung verlangt wird. Das lehnt B ab. Statt Geld schickt er dem Arzt den Krankenschein. Darf der Arzt den Krankenschein zurückweisen und privat abrechnen?

Lösung

Für die Inanspruchnahme von ärztlicher oder zahnärztlicher Behandlung hat der Versicherte einen **Krankenschein** zu lösen und dem Arzt **vor** Behandlungsbeginn unaufgefordert auszuhändigen. In dringenden Fällen kann der Schein nachgereicht werden. Die Krankenordnungen verpflichten in der Regel den Versicherten, den Krankenschein **spätestens innerhalb von zehn Tagen** nach der Inanspruchnahme des Arztes nachzureichen. Der Arzt ist grundsätzlich berechtigt, seine Leistungen mit dem Versicherten privat abzurechnen, solange ein gültiger Krankenschein nicht vorgelegt wird. Reicht ihn der Versicherte innerhalb der Zehntagefrist nach, muß der Arzt die erhaltene private Vergütung zurückzahlen. Bei Überschreitung dieser Frist ist der Arzt – wie hier – berechtigt, den Krankenschein zurückzuweisen und die private Liquidation seiner Bemühungen zu verlangen (§ 8 Bundesmantelvertrag Ärzte und Zahnärzte).
Stellt der Arzt im Krankenschein, der für den Gebrauch bei der Krankenkasse bestimmt ist, dem Versicherten ein falsches Gesundheitszeugnis aus, so erfüllt er den Straftatbestand der **Fälschung von Gesundheitszeugnissen** (BGH vom 23. 4. 1954 [2 StR 120/53] = DOK 1954 S. 550).
Bei der Abnahme von Arznei-, Verbands- und Heilmitteln hat der Versicherte ein Fünftel der Kosten, höchstens aber DM 2,50 als **Verordnungsblattgebühr** gemäß § 182a RVO zu zahlen. Rentenbewerber und -bezieher, die Kinder des Versicherten, Schwerbehinderte, Schwangere und Bezieher von Kranken-, Verletzten- und Übergangsgeld sind davon befreit.

F. Krankengeld

Fall Nr. 26: Krankheitsbegriff

Auf Veranlassung des zuständigen Amtsgerichts wird die Ehefrau Wilma G wegen Alkoholismus in einer Trinkerheilanstalt untergebracht. Der zuständige Landschaftsverband trägt die Kosten, weil sich die Kasse, bei der der Ehemann pflichtversichert ist, weigert, die Kosten zu übernehmen. Hatte die Kasse Recht, wenn sie behauptet, Trunksucht sei keine Krankheit und löse daher auch keine Krankenkassenleistungen aus?

Lösung

Der Versicherte und seine Angehörigen sind für den Fall der Krankheit versichert. Vom Beginn der Krankheit an (Eintritt des Versicherungsfalles) besitzt der Versicherte einen Anspruch auf Krankenpflege und auf Krankengeld (BSG vom 15. 10. 1968 [3 RK 1/66] = BSGE 28 S. 249 = Breith. 1969 S. 279), „wenn die Krankheit den Versicherten arbeitsunfähig macht (§ 182 Abs. 1 Ziffer 2 RVO). Rentenberechtigte haben grundsätzlich keinen Anspruch auf Krankengeld.
Der **Krankheitsbegriff** der gesetzlichen Krankenversicherung orientiert sich nach dem Leitbild des gesunden Menschen. Jede Abweichung von dieser Norm ist regelwidrig und damit Krankheit, wenn Behandlungsbedürftigkeit vorliegt (BSG vom 28. 4. 1967 [3 RK 12/65] = BSGE 26 S. 240 = Breith. 1967 S. 969). Demgegenüber wird unter einem **Gebrechen** ein stationärer Krankheitszustand verstanden, der keiner Behandlung, sondern nur noch der Pflege bedarf. Wenn durch eine Prothese bislang fehlende Körperfunktionen ganz oder teilweise ersetzt werden, wandelt sich das Gebrechen in eine Krankheit. Das zeigt folgendes Beispiel. Ein Versicherter ist nur mit Hilfe einer Prothese in der Lage, eine versicherungspflichtige Beschäftigung zu verrichten. Muß die Prothese repariert werden (sie ist krank!), so besteht während der Dauer der Reparatur Arbeitsunfähigkeit auf Grund einer Krankheit (LSG Nordrhein-Westfalen vom 19. 3. 1970 [L 16 Kr. 4/69] = SozSich. 1971 S. 81).
Auch bei **Dauerleiden** kommt es nicht darauf an, ob diese besondere Schmerzen oder Beschwerden auslösen. So ist der Dauerausscheider übertragbarer Krankheitskeime trotz körperlichen Wohlbefindens und objektiver Arbeitsfähigkeit krank (BSG vom 27. 5. 1971 [3 RK 28/68] = Breith. 1971 S. 883 = SozSich.-Kartei Nr. 2529, IV/A zu § 182 RVO). Auch die starke Einengung der Zeugungsfähigkeit eines Mannes sowie eine Trunk- und Rauschgiftsucht, also die Unmöglichkeit, aufhören zu können, ist regelwidrig und daher eine Krankheit (BSG vom 18. 6. 1968 [3 RK 63/66] = BSGE 28 S. 114 = Breith. 1968 S. 809). Neurosen können eine Krankheit sein, wenn die seelischen Fehlreaktionen solch ein Ausmaß angenommen haben, daß der Versicherte durch Anspannung seiner Willenskraft allein nicht mehr in der Lage ist, sie zu überwinden (BSG vom 28. 8. 1970 [3 RK 74/67] = BSGE 31 S. 279 = Breith. 1971 S. 182). Zahnlosigkeit ist eine Krankheit, wenn sie entweder Heilbehandlung erfordert oder Arbeitsunfähigkeit verursacht (LSG Nordrhein-Westfalen vom 11. 1. 1972 [L 15 Kn. 37/70] = Breith. 1973 S. 98). Der sozialversicherungsrechtliche Krankheitsbegriff setzt weiter voraus, daß die Krankheit eine Heilbehandlung notwendig macht oder zugleich oder aus-

schließlich Arbeitsunfähigkeit verursacht. Allein entscheidend ist, ob der regelwidrige Körper- oder Geisteszustand **behandlungsbedürftig** ist, ob er also nach den Regeln der ärztlichen Kunst einer Heilbehandlung mit dem Ziel der Heilung, zumindest der Besserung oder der Verhütung der Verschlimmerung des normwidrigen Zustandes oder der Linderung von Schmerzen zugänglich ist (BSG vom 28. 4. 1967 [3 RK 12/65] = BSGE 26 S. 240 = Breith. 1967 S. 909). Die Trunksucht von Frau G ist behandlungsbedürftig. Die Kasse mußte also leisten.

Fall Nr. 27: Arbeitsunfähigkeit

Am 31. 10. 1972 erleidet der Schlosser W einen Herzinfarkt. Die zuständige Krankenkasse zahlte Krankenhauspflege und Krankengeld. Ab 1. 7. 1973 wurde Rente wegen Berufsunfähigkeit gezahlt. Am 1. 3. 1974 stellte die Kasse die Krankengeldzahlung ein, weil W nicht mehr wegen einer Krankheit, sondern wegen eines Gebrechens arbeitsunfähig krank sei. Der Herzschaden habe ein festes Stadium erreicht und es bestehe auch keine Aussicht mehr, daß der Versicherte auf seinen alten Arbeitsplatz zurückkehre. Hatte die Kasse Recht, wenn sie daraus schloß, W sei noch arbeitsfähig für andere Arbeiten und somit nicht mehr arbeitsunfähig krank?

Lösung

Arbeitsunfähigkeit liegt vor, wenn der Versicherte nicht oder nur mit der Gefahr der Verschlimmerung seines Gesundheitszustandes **seine bisherige Erwerbstätigkeit** weiter ausüben kann (RVA, GE Nr. 1987 vom 1. 3. 1915 = AN 1915 S. 425). Diese Unmöglichkeit muß auf einer Krankheit beruhen; Arbeitsunfähigkeit aus anderen Gründen zählt nicht. Nur wenn und solange die Krankheit den Versicherten arbeitsunfähig macht, hat er Anspruch auf Krankengeld. Ein beschäftigter Schwerbeschädigter ist somit nicht arbeitsunfähig krank, wenn er arbeitslos wird (BSG vom 19. 6. 1963 [3 RK 37/59] = BSGE 19 S. 179 = KVRS 2300/7). Hingegen ist – wie oben geschildert – der Versicherte arbeitsunfähig, der den ihm verbliebenen Rest von Erwerbsfähigkeit nur noch außerhalb seines bisherigen Berufs verwenden kann, auch wenn ihm gerade wegen dieser Tatsache Rente wegen Berufsunfähigkeit gewährt wird. Erst wenn er eine neue Arbeit aufnimmt, endet seine Arbeitsunfähigkeit (BSG vom 18. 6. 1968 [3 RK 57/65] = SGb. 1968 S. 321 = KVRS 2300/11).
Eine **Verweisung** auf andere Erwerbstätigkeiten, wie sie im Rentenrecht gefordert wird, gibt es grundsätzlich nicht in der gesetzlichen Krankenversicherung. Hier ist immer zu fragen, ob der Versicherte trotz seiner Krankheit die vor der Arbeitsunfähigkeit geleistete Arbeit weiter verrichten kann. Hat der Versicherte aus gesundheitlichen Gründen seinen bisherigen Beruf aufgegeben, beurteilt sich seine Arbeitsunfähigkeit nach der neu aufgenommenen Tätigkeit (BSG vom 2. 10. 1970 [3 RK 6/70] = BSGE 31 S. 18 = Breith. 1971 S. 261). Der fußkranke Montagearbeiter ist arbeitsunfähig krank, wenn er keine Leitern und Gerüste besteigen und zu ebener Erde als Monteur nicht eingesetzt werden kann. Es kann von ihm nicht verlangt werden, daß er während seiner Krankheit z. B. im Montagebüro schriftliche Arbeiten verrichtet. Eine Ausnahme gilt nur dort, wo ungelernte Arbeiter zwar ihre vor der Arbeitsunfähigkeit ausgeübte schwere körperliche

Arbeit nicht mehr verrichten können, ihnen aber noch eine ganze Reihe anderer leichter Tätigkeiten zuzumuten sind. Ein ungelernter Arbeiter muß sich somit auch auf andere leichtere Hilfsarbeiten verweisen lassen (BSG vom 19. 1. 1971 [3 RK 42/70] = SozSich. 1971 S. 241).

Fall Nr. 28: Krankengeldanspruch

Am 12. 8. 1974 erkrankt der Versicherte während eines Urlaubsaufenthaltes in Polen und ist arbeitsunfähig krank. Als er am 29. 8. 1974 in die Bundesrepublik zurückkehrt, stellt der Kassenarzt die weitere Arbeitsunfähigkeit fest. Die Kasse zahlt ab 29. 8. 1974 Krankengeld. Weigert sie sich zu Recht, das Krankengeld bereits ab 12. 8. 1974 zu zahlen?

Lösung

Tritt ein Versicherungsfall (Krankheit, Schwangerschaft und Tod) ein, entsteht die Leistungspflicht der Krankenkasse. Die Arbeitsunfähigkeit selbst ist kein besonderer Versicherungsfall (BSG vom 21. 8. 1957 [3 RK 8/57] = BSGE 5 S. 283). Deswegen muß die Krankenkasse auch leisten, wenn der Versicherte im vertragslosen Ausland arbeitsunfähig erkrankt (BSG vom 19. 3. 1970 [5 RKn. 47/67] = BSGE 31 S. 100 = Breith. 1970 S. 731). Das Territorialprinzip ist in diesen Fällen nicht anwendbar.

Nach § 186 RVO besteht Anspruch auf Krankengeld, wenn dem Versicherten **Krankenhauspflege** gewährt wird. Ab 1. 10. 1974 gilt das auch, wenn die Kasse Behandlung mit Unterkunft und Verpflegung in einer Kur- oder Spezialeinrichtung oder Genesendenfürsorge in einem **Genesungsheim** gewährt. Das Vorliegen von Arbeitsunfähigkeit wird dabei nicht gefordert.

Arbeitslose haben Anspruch auf Krankengeld in Höhe des ihnen gewährten Arbeitslosengeldes oder der Arbeitslosenhilfe. Wird keine Arbeitslosenunterstützung bezogen, besteht auch keine Versicherungspflicht. Erkrankt ein Arbeitsloser z.B. während einer Sperrfrist, hat er weder einen Anspruch auf Krankengeld noch auf Übernahme der Krankenpflege durch die Krankenkasse (BSG vom 30. 10. 1964 [3 RK 42/61] = BSGE 22 S. 74 = Breith. 1965 S. 624).

Das Krankengeld selbst ist eine **Bringschuld.** Wird das Krankengeld an den Versicherten überwiesen, darf die Kasse die Überweisungsgebühren nicht vom Krankengeld abziehen (LSG Hessen vom 6. 8. 1969 [L 3 Kr. 917/68] = SozSich.-Kartei Nr. 2433, IV/A zu § 182 RVO = Breith. 1970 S. 734).

Fall Nr. 29: Zahlungsbeginn und -ende

Auf dem Weg zum Nachtdienst stürzt der Versicherte am 16. 8. 1974 um 23,20 Uhr und verletzt sich am rechten Knie. Bei seinem Eintreffen im Betrieb läßt er sich um 23,30 Uhr vom Heildiener behandeln, der anschließend den Transport ins Krankenhaus veranlaßt. Dort wird am 17. 8. 1974 um 0,15 Uhr die Arbeitsunfähigkeit vom Arzt festgestellt. Als die Kasse ab 17. 8. 1974 Krankengeld zahlt und sich weigert, auch für den Unfalltag zu leisten, ruft der Versicherte das Sozialgericht an. Hat er Erfolg?

Lösung

Nach § 182 Abs. 3 RVO beginnt die Krankengeldzahlung grundsätzlich einen Tag nachdem der Arzt die Arbeitsunfähigkeit festgestellt hat. Beruht, wie hier, die Arbeitsunfähigkeit auf einem Arbeits- oder Wegeunfall oder auf einer Berufskrankheit, beginnt die Zahlung mit dem Tag, an dem die Arbeitsunfähigkeit ärztlich festgestellt worden ist. Im vorliegenden Fall ist unbestritten, daß die Arbeitsunfähigkeit am 16. 8. 1974 um 23,20 Uhr durch den Sturz verursacht wurde und daß damit die Voraussetzungen eines Wegeunfalls gegeben waren. Maßgebend ist aber nicht der Beginn der Arbeitsunfähigkeit, sondern ausschließlich der Tag, **an dem der Arzt die Arbeitsunfähigkeit feststellt** (BSG vom 23. 2. 1967 [5 RKn. 112/64] = BSGE 26 S. 111 = Breith. 1967 S. 813). Das war der 17. 8. 1974, so daß erst ab diesem Tag Kranken- oder Verletztengeld zu zahlen war. Die Rechtsprechung hat es ausdrücklich abgelehnt, auch in Härtefällen Ausnahmen von dieser gesetzlichen Regelung zuzulassen (BSG vom 18. 3. 1966 [3 RK 58/62] = BSGE 24 S. 278 = BKK 1966 S. 414). Das gilt jedoch nicht, wenn ein Geisteskranker, der keinen Vertreter hat, trotz Arbeitsunfähigkeit keinen Arzt aufsucht (BSG vom 22. 6. 1966 [3 RK 14/64] = BSGE 25 S. 76 = Breith. 1967 S. 5). Wäre in unserem Fall die Arbeitsunfähigkeit nicht durch den Wegeunfall verursacht worden, hätte die Kasse erst ab 18. 8. 1973 Krankengeld zahlen müssen.
Das Krankengeld ist so lange zu zahlen, wie dem Versicherten der Eintritt der Arbeitsfähigkeit **nicht bekanntgegeben** wird (RVA, GE Nr. 2723 vom 31. 10. 1922 = AN 1923 S. 20).

Fall Nr. 30: Grund- und Regellohn

Am 3. 10. 1974 nahm der Schmied D die Arbeit bei der Firma K auf. Pro Woche leistete er 45 Stunden bei einer tariflichen Arbeitszeit von 40 Wochenstunden. Als er am 22. 11. 1974 arbeitsunfähig erkrankte, legt die Kasse eine wöchentliche Arbeitszeit von 40 Stunden der Krankengeldberechnung zugrunde. Lehnte die Kasse die Berücksichtigung der Überstunden zu Recht ab, weil diese keine drei Monate lang, also nicht „regelmäßig" gemacht worden waren?

Lösung

Die Barleistungen der Krankenkasse werden grundsätzlich – mit Ausnahme des Krankengeldes – nach dem **Grundlohn** berechnet. Als Grundlohn gilt nach § 180 RVO der auf den Kalendertag entfallende Teil des Arbeitsentgelts. Dabei ist die Woche zu 7, der Monat zu 30 und das Jahr zu 360 Tagen anzusetzen. Für die pflichtversicherten Rehabilitanden gilt ab 1. 10. 1974 als Grundlohn der Regellohn, der der Berechnung des Übergangsgeldes zugrunde liegt.
Nach § 182 Abs. 4 beträgt das Krankengeld 80 v. H. des wegen der Arbeitsunfähigkeit entgangenen Entgelts **(Regellohn);** es darf das Nettoarbeitsentgelt nicht übersteigen. Es wird ab 1. 7. 1974 nur noch für Kalendertage gezahlt; die Berechnung nach Arbeits- oder Werktagen ist entfallen. Pflichtversicherte Arbeitslose und Empfänger von Übergangsentgelt erhalten weiterhin das Krankengeld für Werktage.

Für die Berechnung des Regellohnes wird das von D im letzten **abgerechneten** Lohnzeitraum, mindestens jedoch während der letzten vier Wochen vor Beginn der Arbeitsunfähigkeit erzielte Entgelt durch die Stunden geteilt, für die es gezahlt wurde (BSG vom 21. 8. 1957 [3 RK 8/57] = BSGE 5 S. 283 = SozSich. 1957 S. 308); Stunden, an denen der Arbeitnehmer unentschuldigt der Arbeit ferngeblieben ist, werden rückwirkend ab 1. 7. 1974 nicht mehr berücksichtigt. Einmalige Zuwendungen bleiben außer Betracht.

Spätestens ab 1. 1. 1975 werden die **Angehörigen** des Versicherten bei der Krankengeldberechnung nicht mehr berücksichtigt; der sogenannte Familienzuschlag entfällt. Ledige und Verheiratete erhalten dann bei gleichem sozialversicherungspflichtigen Einkommen ein gleich hohes Krankengeld.

In unserem Fall hatte D, als er am 22. 11. 1974 erkrankte, die Abrechnung für den Monat Oktober 1974 in Händen. Das in diesem Monat erzielte sozialversicherungspflichtige Entgelt von DM 1549,80 und die 189 Arbeitsstunden sind für die Krankengeldberechnung maßgebend. Weil einmalige Zahlungen (wie z.B. Weihnachtsgeld) nicht berücksichtigt werden, wurde das unserem D gezahlte Kartoffelgeld von DM 50 von der Kasse ignoriert. Es errechnet sich ein Regel-**Stundenlohn** von DM 8,20 (DM 1549,80 : 189 Stunden).

Das Ergebnis ist mit der Zahl der sich aus dem Inhalt des Arbeitsverhältnisses ergebenden regelmäßigen wöchentlichen Arbeitszeit zu vervielfachen und durch 7 zu teilen. Dabei gelten auch im Sozialrecht als „regelmäßige wöchentliche Arbeitszeit" die individuell geleisteten Arbeitsstunden. Sollen Überstunden angerechnet werden, müssen sie regelmäßig – also mindestens drei Monate lang – geleistet worden sein. Gehört, wie in unserem Fall, der Arbeitnehmer dem Betrieb noch keine drei Monate an, ist die Arbeitszeit einer **Vergleichsperson** maßgebend (BSG vom 23. 1. 1973 [3 RK 22/70] = SozSich.-Kartei Nr. 2746, IV/A zu § 182 RVO). Es muß hier geprüft werden, ob ein anderer im Betrieb beschäftigter Schmied in den letzten drei Monaten vor der Erkrankung – also in der Zeit vom 22. 8. 1974 bis 21. 11. 1974 – ebenfalls Überstunden geleistet hat, wobei allerdings die Überstunden des D ab 3. 10. 1974 (Eintritt in die Firma) zu berücksichtigen sind. Da diese Voraussetzung hier erfüllt war, sind die Überstunden zu berücksichtigen. Aus dem Durchschnitt aller Überstunden ergab sich ein Durchschnitt von 45 Arbeitsstunden. Pro Kalendertag sind 6,4 Stunden anzusetzen. Der Regellohn beträgt DM 52,64 (6,4 Stunden × DM 8,20). Da das Krankengeld in Höhe von 80% des Regellohnes gezahlt wird, erhält D pro Kalendertag DM 42,11.

Wäre D bereits am 17. 10. 1974 erkrankt, stünden keine vier Wochen Lohnzahlung zur Verfügung. Nach dem Urteil des BSG vom 22. 6. 1973 (3 RK 90/71) sind in diesem Fall der tatsächliche Verdienst und die geleisteten Arbeitsstunden zu berücksichtigen, wobei die fehlenden Zeiten durch das Entgelt eines gleichartig Beschäftigten aufzufüllen ist. Das würde in unserem Fall bedeuten, daß der Lohn eines vergleichbaren Schlossers für die Zeit vom 19. 9. bis 2. 10. 1974 hinzuzuzählen wäre.

Ist das Entgelt – wie bei der **Gehaltszahlung** – nach Monaten bemessen oder ist eine Berechnung des Regellohnes nach den oben genannten Grundsätzen nicht möglich, so gilt ab 1. 10. 1974 der 30. Teil des in dem letzten vor Beginn der Arbeitsunfähigkeit abgerechneten Kalendermonat erzielte und um einmalige Zuwendungen verminderten Entgelts als Regellohn. Wäre D Angestellter, würde sein Gehalt von 1549,80 DM durch 30 Kalendertage geteilt. Das Ergebnis ist ein täglicher Regellohn von DM 51,66.

Für Versicherte, die **nicht Arbeitnehmer** sind, gilt als Regellohn der Grundlohn, der zuletzt vor Beginn der Arbeitsunfähigkeit für die Beitragsbemessung maßgebend war. Auch hierbei bleiben einmalige Zuwendungen außer Betracht.

Fall Nr. 31: Neuberechnung

A ist seit dem 16. Mai 1974 wegen eines Lungenleidens arbeitsunfähig krank. Die Kasse teilte ihm Ende September 1974 mit, daß sein werktägliches Krankengeld rückwirkend ab 1. 7. 1974 von bisher DM 54,94 auf DM 47,08 für den Kalendertag reduziert wird. Eine eventuelle Überzahlung werde nicht zurückgefordert. Dagegen wehrte sich A. Seiner Ansicht nach war eine Kürzung frühestens ab 1. 10. 1974 berechtigt, weil an diesem Tag sein Sohn, für den er einen Familienzuschlag erhielt, das 18. Lebensjahr vollendete. Hatte er Recht?

Lösung

Für laufende Fälle, bei denen über den 1. 7. 1974 hinaus Arbeitsunfähigkeit besteht, ist das Krankengeld nach den Bestimmungen des RehaG neu festzusetzen, und zwar nach Kalendertagen, wie es auch bei A geschah. Bei der Umstellung des Krankengeldes sind für die Versicherten, die einen steuerlichen **Kinderfreibetrag** erhalten, 82% und bei mehreren Freibeträgen 85% des Regellohnes bis zum 31. 12. 1974 als Krankengeld zu zahlen. Das bedeutet für A, daß hinsichtlich seiner Familienzuschläge bis Ende 1974 keine Änderung eintritt. Sein bisheriger werktäglicher Regellohn von DM 67 entspricht einem Wochenregellohn von DM 402 (DM 67 × 6 Werktage = DM 402) und einem kalendertäglichen von DM 57,42 (DM 402 : 7). Als Verheirateter mit einem Kinderfreibetrag hat er Anspruch auf 82% des auf Kalendertagen umgestellten Regellohnes von DM 57,42 = DM 47,08.
Wird das Krankengeld in Höhe des Nettogehalts gezahlt und ändert sich nach dem letzten Tag des Bemessungszeitraums die Zahl der Kinder, für die ein Familienzuschlag gewährt wird, so ist nach § 182 Abs. 7 RVO für die Zeit nach der Änderung das Krankengeld neu zu berechnen. Das wäre bei A der Fall, denn sein Sohn vollendet am 1. 10. 1974 das 18. Lebensjahr. Da aber der steuerliche Freibetrag bis Ende 1974 gewährt wird, wirkt sich die Vollendung des 18. Lebensjahres auf die Krankengeldhöhe bis zum Jahresende nicht aus. Würde allerdings ein Kind hinzukommen, müßte das Krankengeld vom Beginn des Monats an, in dem das Kind hinzukommt, neu berechnet werden. Unerheblich ist dabei, ob der Versicherte den Unterhalt des Kindes überwiegend bestritten hat. Der Wechsel der zu berücksichtigenden Kinderzahl wird nur bis Ende 1974 beachtet, weil es ab 1. 1. 1975 keine Steuerfreibeträge für Kinder mehr gibt.

Fall Nr. 32: Dynamisches Krankengeld

Am 10. 12. 1973 trat bei E Arbeitsunfähigkeit ein, die noch heute besteht. Das Krankengeld wurde nach dem im Oktober 1973 erzielten Entgelt berechnet und zwar in Höhe von werktäglich DM 46,94. Ende September 1974 teilte die Kasse E mit, daß das Krankengeld rückwirkend ab 1. 7. 1974 auf DM 40,23 pro Kalendertag und auf DM 45,73 ab 1. 11. 1974 festgesetzt worden ist. War das Krankengeld richtig berechnet worden und stand E eine Erhöhung des Krankengeldes zu?

Lösung

Durch das RehaG wurde die Dynamisierung des Krankengeldes in die gesetzliche Krankenversicherung eingeführt. Ab 1. 10. 1974 erhöht sich nach § 182 Abs. 8 RVO das Krankengeld nach Ablauf von 12 Monaten seit dem Ende des Bemessungszeitraumes um den Prozentsatz, um den die sogenannten „Bestandsrenten" (vgl. Fall Nr. 160) der gesetzlichen Rentenversicherung vor diesem Zeitpunkt angepaßt worden sind. Auch nach der Anpassung darf das Krankengeld 80% des Höchstbetrages des § 180 RVO (1974 = 80% von DM 62,50 = DM 50) kalendertäglich nicht übersteigen.
Voraussetzung der Anhebung des Krankengeldes ist, daß E am Anhebungstag noch arbeitsunfähig krank ist und daß seit dem Ende des Berechnungszeitraumes (hier ab 31. 10. 1973) **zwölf Monate vergangen sind.** Der Beginn der Krankheit (Eintritt des Versicherungsfalls) oder der Krankengeldzahlung ist ohne Bedeutung. E hat die Jahresfrist am 1. 11. 1974 erfüllt. Sein Krankengeld ist ab diesem Tag anzuheben.
Das 17. Rentenanpassungsgesetz hat die Bestandsrenten ab 1. 7. 1974 um 11,2% erhöht. Um diesen Prozentsatz muß das Krankengeld von E angehoben werden. Sein bisheriges werktägliches Krankengeld wurde – wie im vorherigen Fall geschildert – zuerst auf DM 40,23 für den Kalendertag neu berechnet. Dieser Zahlbetrag ist nun um 11,2% = DM 4,50 zu erhöhen, so daß ab 1. 11. 1974 ein Krankengeld in Höhe von DM 45,73 zu zahlen ist. Eine Kürzung findet nicht statt, da der Höchstbetrag von DM 50 pro Kalendertag nicht überschritten wird.

Fall Nr. 33: Aussteuerung

Auf Grund einer Nierenerkrankung wurde der Versicherte am 1. 2. 1971 zum ersten Male krank und arbeitsunfähig. Bis zum 31. 1. 1972 bezog er für 52 Wochen Krankengeld. Erneute Arbeitsunfähigkeit wegen derselben Krankheit trat am 30. 7. 1973 ein. Die Kasse teilte dem Versicherten Mitte Januar 1974 mit, daß er am 29. 1. 1974 ausgesteuert werde. Ist das richtig?

Lösung

Das Krankengeld wird nach § 183 Abs. 2 RVO **ohne zeitliche Begrenzung** gewährt, für den Fall der Arbeitsunfähigkeit wegen derselben Krankheit jedoch für **höchstens 78 Wochen** innerhalb von je drei Jahren, gerechnet vom Tage des Beginns der Arbeitsunfähigkeit an. Tritt während der Arbeitsunfähigkeit eine weitere Krankheit hinzu, wird die Bezugszeit dadurch nicht verlängert.
Bezogen auf unseren Fall hatte der Versicherte am 1. 2. 1971, als die Arbeitsunfähigkeit wegen der Nierenerkrankung begann, einen Anspruch auf Krankengeld für 78 Wochen. Als er am 1. 2. 1972 wieder arbeitsfähig wurde, waren bereits 52 Wochen verbraucht, so daß bei der erneuten Erkrankung am 30. 7. 1973 noch

ein Anspruch auf 26 Wochen Krankengeld vorhanden war. Am 29. 1. 1974 war der Krankengeldanspruch verbraucht. Die Kasse hat also den Tag der Aussteuerung richtig berechnet.
Wäre der Versicherte am 30. 7. 1973 wegen einer anderen Erkrankung arbeitsunfähig krank geworden (z.B. wegen eines Rückenleidens), hätte für dieses Leiden ein eigener Anspruch auf 78 Wochen Krankengeld bestanden, und zwar in dem gesonderten Dreijahreszeitraum vom 30. 7. 1973 bis zum 29. 7. 1976. Es ist durchaus möglich, daß ein Versicherter wegen unterschiedlicher Leiden in einem Dreijahreszeitraum jeweils einen neuen Krankengeldanspruch bis zu 78 Wochen erwirbt. Wenn während einer bereits bestehenden Arbeitsunfähigkeit ein neues Leiden hinzutritt, das ebenfalls Arbeitsunfähigkeit verursacht, wird nicht differenziert; die Bezugszeit verlängert sich nicht (BSG vom 24. 6. 1969 [3 RK 60/66] = Breith. 1970 S. 4 = SozSich.-Kartei Nr. 2304, IV/A zu § 183 RVO).
Der Beginn der Arbeitsunfähigkeit (hier der 1. 2. 1971) löst wegen des Nierenleidens starre Dreijahresfristen **(Blockfristen)** aus (BSG vom 17. 4. 1970 [3 RK 41/69] = BSGE 31 S. 125 = Breith. 1970 S. 997). Der erste Zeitabschnitt umfaßt die Zeit vom 1. 2. 1971 bis 31. 1. 1974, der zweite die Zeit vom 1. 2. 1974 bis 31. 1. 1977 und der dritte die Zeit vom 1. 2. 1977 bis 31. 1. 1980 usw. Innerhalb einer solchen Blockfrist hat der Versicherte jeweils Anspruch auf 78 Wochen Krankengeld für das Nierenleiden. Nutzt er innerhalb eines dieser Dreijahresfristen den Anspruch nicht aus, kann er ihn nicht auf den nächsten Zeitabschnitt übertragen.
In unserem Fall wurde der Versicherte am 29. 1. 1974 ausgesteuert. Damit verlor er zugleich seine Mitgliedschaft. Er ließ sich aber für den 30. und 31. 1. 1974 freiwillig weiterversichern (vgl. Fall Nr. 8). In dem am 1. 2. 1974 beginnenden neuen Dreijahreszeitraum erwarb er einen neuen Anspruch auf 78 Wochen Krankengeld für das Nierenleiden. Zugleich aber war er als Krankengeldbezieher bis zu seiner erneuten Aussteuerung beitragsfreies Mitglied (vgl. Fall Nr. 18).
Gehen wir davon aus, daß während der am 1. 2. 1971 eingetretenen Arbeitsunfähigkeit wegen des Nierenleidens am 30. 1. 1972 das Rückenleiden begonnen hätte, dann wäre der Versicherte auch wegen des Rückenleidens bei ununterbrochener Arbeitsunfähigkeit am 31. 7. 1972 ausgesteuert worden.

Fall Nr. 34: Versagen und Ruhen des Krankengeldes

Der Versicherte erkrankte am 5. 3. 1974. Er meldete die Arbeitsunfähigkeit seinem Arbeitgeber und auch der Krankenkasse. Nach Beendigung der Lohnfortzahlung am 16. 4. 1974 hatte er Anspruch auf Krankengeld. Als dieses am 30. 4. 1974 auf seinem Konto nicht eingezahlt war, rief er die Kasse an. Jetzt erfuhr er, daß sein Brief mit der Arbeitsunfähigkeitsbescheinigung bei der Kasse nicht eingegangen war. Noch am gleichen Tag reichte er eine neue Bescheinigung ein. Hatte die Kasse Recht, wenn sie das Krankengeld erst ab dem 30. 4. 1974 zahlte?

Lösung

Nach § 192 RVO kann die Krankenkasse den Mitgliedern das Krankengeld ganz oder teilweise für die Dauer einer Krankheit, die sie sich **vorsätzlich** zugezogen haben, versagen. Sie hat dasselbe Versagungsrecht, wenn der Versicherte trotz schriftlichen Hinweises auf die Folgen die **Vorladung zum Vertrauensarzt** nicht befolgt. Die Kasse hat den Zugang der Ladung zu beweisen (SG Speyer vom 29. 6. 1954 [Nr. I 55/54] = Breith. 1955 S. 123 = BKK 1955 S. 138). Ferner muß sie den Grundsatz der Verhältnismäßigkeit beachten. Eine Satzungsbestimmung, die in jedem Fall den völligen Entzug des Krankengeldes vorsieht, ist rechtswidrig (LSG Niedersachsen vom 6. 7. 1965 [L 4 Kr. 26/64] = Breith. 1965 S. 889).

Während bei der Versagung des Krankengeldanspruchs der Anspruch vollständig untergeht, bedeutet Ruhen, daß der Anspruch zwar dem Grunde nach besteht, aber nicht erfüllt werden kann. Aus diesem Grund wird die Zeit, in der der Krankengeldanspruch ruht, auf die Aussteuerungsfrist angerechnet (BSG vom 27. 2. 1957 [1 RA 94/56] = BSGE 5 S. 4 = SGb. 1957 S. 79).

Der § 189 RVO schreibt vor, daß das Krankengeld ruht, wenn und solange der Versicherte während der Arbeitsunfähigkeit **Arbeitsentgelt** erhält (BSG vom 30. 1. 1963 [3 RK 16/59] = BSGE 18 S. 236 = Breith. 1963 S. 569) oder Übergangsgeld bezieht (§ 183 Abs. 6 RVO). Das Ruhen tritt nach § 216 RVO auch ein, solange der Berechtigte eine Freiheitsstrafe verbüßt (hat er seine Angehörigen unterstützt, gilt das nicht), **nach** Krankheitsbeginn freiwillig ohne Zustimmung der Kasse ins Ausland sich begibt, wenn berechtigte Ausländer ausgewiesen werden und wenn Rentenberechtigte und deren Familienangehörige in einem Pflegeheim untergebracht werden (BSG vom 19. 8. 1964 [3 RK 23/60] = Breith. 1965 S. 182 = BSGE 21 S. 244).

Der wesentlichste Ruhenstatbestand ist die **Nichtbeachtung der Meldefristen**. Nach § 216 Abs. 3 RVO ruht das Krankengeld, solange die Arbeitsunfähigkeit der Kasse nicht gemeldet worden ist. In Rheinland-Pfalz, Baden-Württemberg, Berlin, Bayern und Hessen gilt eine Meldefrist von einer Woche. Das Saarland verlangt Meldung innerhalb von vier Tagen. Alle anderen Bundesländer kennen eine Frist von drei Tagen. Diese unterschiedlichen Meldefristen sind nach Auffassung des BSG noch heute geltendes Recht (BSG vom 30. 11. 1965 [3 RK 3/63] = Breith. 1966 S. 739 = SozSich. 1966 S. 20).

Der Versicherte allein trägt das **Melderisiko**. Er hat zu beweisen, daß seine Meldung innerhalb der landesrechtlichen Frist bei der Kasse eingegangen ist. Der Beweis, die Bescheinigung rechtzeitig zur Post gegeben zu haben, genügt nicht (BSG vom 24. 6. 1969 [3 RK 64/66] = BSGE 29 S. 290 = Breith. 1969 S. 1016). In unserem Fall war das Krankengeld erst ab 30. 4. 1974 zu zahlen. Es ist zulässig, daß die Meldung mündlich oder telefonisch (Namen des Sachbearbeiters notieren!) – auch ein Telegramm ist zulässig – gemacht wird.

Fall Nr. 35: Krankengeld für Rentner

Der am 27. 9. 1973 arbeitsunfähig erkrankte Versicherte erhält mit Bescheid vom 15. 10. 1974 rückwirkend ab 1. 4. 1974 Rente wegen Berufsunfähigkeit von monatlich DM 660. Die Krankenkasse kassiert die gesamte Rentennachzahlung und kürzt ab 1. 11. 1974 das Krankengeld um die Rente. Ist das richtig?

Lösung

Nach § 183 Abs. 3 RVO **endet** das Krankengeld grundsätzlich mit dem Tag, von dem an **Altersruhegeld** oder **Erwerbsunfähigkeitsrente** gezahlt werden. Endet die Rente, weil z. B. die Erwerbsunfähigkeit beendet ist, lebt allerdings der Krankengeldanspruch wieder auf, wenn die anderen Voraussetzungen erfüllt sind (BSG vom 11. 7. 1967 [3 RK 92/65] = BSGE 27 S. 66 = KVRS 2350/35). Wurde über den Bewilligungsbeginn hinaus Krankengeld gewährt, geht der Anspruch auf Rente für die Zeit, **für die zugleich Krankengeld gezahlt wurde,** auf die Kasse über. Dieser Grundsatz gilt nach § 183 Abs. 5 RVO auch für die Berufsunfähigkeitsrente. Immer dann, wenn **zuerst** die Arbeitsunfähigkeit und somit die Krankengeldzahlung und später erst die Rente beginnt, erhält die Kasse einen Anspruch auf die Rentennachzahlung. Im oben genannten Fall erwarb die Kasse den Anspruch auf die Rentennachzahlung für die Zeit vom 1. 4. bis 31. 10. 1974. Dieser Anspruch ist in der Höhe der Kassenleistungen begrenzt. Überschreitet die Rente das Krankengeld, muß dem Versicherten der überschießende Betrag ausgezahlt werden. Ist das Krankengeld aber höher als die Rente, kann der durch die Rentennachzahlung nicht abgedeckte Betrag vom Versicherten nicht zurückgefordert werden (BSG vom 26. 3. 1963 [3 RK 20/62] = BSGE 19 S. 28 = DOK 1963 S. 436).

Zugleich darf die Krankenkasse das Krankengeld um die Rente wegen Berufsunfähigkeit – nicht aber um andere Renten – kürzen (BSG vom 18. 12. 1963 [3 RK 29/63] = BSGE 20 S. 135 = Breith. 1964 S. 458). Bleiben wir bei dem uns bereits aus dem 30. Fall bekannten Regelstundenlohn von DM 8,20 und den 189 Arbeitsstunden, dann ergibt sich nach der **Grundlohnberechnung** ein täglicher Stundensatz von 6,1 Stunden (189 Stunden : 30 Tage) und ein kalendertäglicher Regellohn von DM 50,02. Es errechnet sich ein kalendertägliches Krankengeld von 80% des Regellohnes, also von DM 40,01. Die Berufsunfähigkeitsrente von DM 660 ergibt einen kalendertäglichen Betrag von DM 22, um den das Krankengeld zu kürzen ist. Ab 1. 11. 1974 erhält der Versicherte bis zu seiner Aussteuerung ein tägliches Krankengeld von DM 22,01. Nur wenn die Kasse durch die Rentennachzahlung das gesamte Krankengeld zurückerstattet bekommt, kann diese Zeit auf die Aussteuerungsfrist nicht angerechnet werden (BSG vom 11. 7. 1967 [3 RK 92/65] = BSGE 27 S. 66 = SozSich.-Kartei Nr. 2088, IV/A zu § 183 RVO).

Wird der versicherungspflichtig beschäftigte Bezieher von Altersruhegeld oder Erwerbsunfähigkeitsrente arbeitsunfähig krank, tritt also **zuerst** der Rentenfall und dann erst die Arbeitsunfähigkeit ein, hat die Kasse nach § 183 Abs. 4 RVO dem Rentner Krankengeld für **höchstens** 6 Wochen zu zahlen (BSG vom 27. 4. 1966 [3 RK 97/63] = BSGE 25 S. 9 = Breith. 1966 S. 818). Einem berufsunfähigen Rentner ist das Krankengeld in diesem Fall ungekürzt zu zahlen. Außerdem besitz die Kasse keinen Anspruch auf die Rentennachzahlung, wenn zuerst die Rente und dann erst die Arbeitsunfähigkeit beginnt.

Ist nach ärztlichem Gutachten der Versicherte als erwerbsunfähig anzusehen oder erfüllt er die Voraussetzungen für den Bezug des Altersruhegeldes und hat er das 65. Lebensjahr vollendet, so kann ihm ab 1. 10. 1974 die Kasse eine Frist von zehn Wochen setzen, innerhalb deren er einen **Rentenantrag** stellen muß. Wird der Antrag nicht gestellt, entfällt nach § 183 Abs. 7 und 8 RVO der Anspruch auf Krankengeld mit Ablauf der Frist. Ab Antragstellung lebt der Krankengeldanspruch wieder auf.

G. Krankenhaus- und Hauspflege

Fall Nr. 36: Krankenhauspflege

Der Versicherte erkrankte am 3. 10. 1972 am Herzen. Ab 4. 10. 1972 erhielt er Krankengeld bis zum 10. 4. 1974 (Tag der Aussteuerung). Am 6. 4. 1974 wurde er als Notfall in das Krankenhaus eingeliefert. Mußte die Kasse die Krankenhauspflege übernehmen?

Lösung

Ab 1. 1. 1974 wird Krankenhauspflege **ohne zeitliche Begrenzung** dem Versicherten und seinen Angehörigen gewährt. Die bis dahin bestehende Verbindung mit dem Krankengeld – nur an Stelle des Krankengeldes konnte bisher Krankenhauspflege gewährt werden – ist gestrichen. Damit findet ab 1974 keine Aussteuerung aus der Krankenhauspflege mehr statt. Die Krankenkasse muß einem mit Krankengeld ausgesteuerten Versicherten Krankenhauspflege gewähren, **wenn sie benötigt wird** (BSG vom 20. 3. 1959 [3 RK 13/55] = BSGE 9 S. 232 = NJW 1959 S. 2327). Nur das sonst neben der Krankenhauspflege zu zahlende Krankengeld entfällt nach der Aussteuerung.
Das bedeutet hier: Ab 10. 4. 1974 besteht zwar kein Krankengeldanspruch mehr; die Kasse muß aber Krankenhauspflege gewähren, wenn diese benötigt wird. Der Versicherte muß allerdings weiter Mitglied der Kasse sein. Nach § 311 RVO entfällt mit der Aussteuerung zugleich die – beitragslose – Mitgliedschaft. Das zwingt den Versicherten, wenn er ab 11. 4. 1974 weiterhin Krankenhauspflege erhalten will, sich nach § 313 RVO innerhalb von 3 Wochen weiterversichern zu lassen. Ist das geschehen, muß die Krankenkasse Krankenhauspflege über den 10. 4. 1974 hinaus gewähren.
Auch ein **Geisteskranker**, der wegen seiner kriminellen Gefährlichkeit auf strafgerichtlicher Anweisung in einer geschlossenen Anstalt untergebracht werden muß, ist ein Kranker, der, wenn seine Krankheit durch eine stationäre Behandlung – und nur durch sie – beeinflußt werden kann, der Krankenhauspflege bedarf. Die Kasse wäre nur von der Kostenübernahme befreit, wenn der Versicherte ausschließlich aus Gründen der öffentlichen Sicherheit im Krankenhaus untergebracht und dort lediglich verwahrt, nicht aber behandelt wird (BSG vom 23. 1. 1973 [3 RK 55/71] = Breith. 1973 S. 511).
Nach § 184a RVO darf die Kasse ab 1. 10. 1974 Behandlung mit Unterkunft und Verpflegung in **Kur-** oder **Spezialeinrichtungen** gewähren, wenn dies erforderlich ist, um eine Krankheit zu heilen, zu bessern oder eine Verschlimmerung zu verhüten. Voraussetzung ist, daß kein anderer Sozialversicherungsträger leistungsverpflichtet ist.
Bei stationärer Behandlung in einem Krankenhaus oder einer Kur- oder Spezialeinrichtung hat die Krankenkasse neben der Krankenhauspflege auch Krankengeld zu zahlen.
Auch für den Umfang der Krankenhauspflege gilt der Grundsatz, daß sie ausreichend sein muß; aber das Maß des Notwendigen darf nicht überschritten werden. Der Krankenkasse ist es daher verwehrt, die Kosten einer **höheren Pflegeklasse** zu übernehmen. Ist allerdings wegen der Schwere der Erkran-

kung die Pflege in der niedrigsten Klasse nicht ausreichend oder ist wegen Überfüllung der niedrigsten Klasse keine andere Unterbringung möglich, muß die Kasse – ausnahmsweise – die höheren Pflegekosten übernehmen (OVA Nürnberg vom 20. 11. 1951 [I 6079/50] = Breith. 1953 S. 786).
Der Versicherte hat grundsätzlich die **freie Wahl** unter den zugelassenen Krankenhäusern. Nimmt er allerdings ohne zwingenden Grund ein anderes als eines der nächsterreichbaren geeigneten Krankenhäuser in Anspruch, hat er die Mehrkosten nach § 184 Abs. 2 RVO zu tragen.

Fall Nr. 37: Haushaltshilfe und -pflege

Als die Ehefrau Gerda H wegen einer Hepatitis ins Krankenhaus eingeliefert wurde, wußte der Ehemann nicht, wie er den Haushalt ohne seine Frau weiterführen sollte. Vor allem das noch nicht schulpflichtige Kind konnte nicht ohne Pflege sein. Für eine Haushaltsführerin hatte der Versicherte kein Geld. Bekam er Hilfe von der Kasse?

Lösung

Ab dem 1. 1. 1974 erhalten Versicherte nach § 185b RVO **Haushaltshilfe**, wenn ihnen oder ihren Ehegatten wegen des Aufenthalts in einem Krankenhaus, einem Entbindungsheim oder einer von einem Sozialversicherungsträger gewährten Kur, die Weiterführung des Haushalts nicht möglich ist. Voraussetzung ist, daß eine andere im Haushalt lebende Person den Haushalt – z.B. wegen eigener Berufstätigkeit – nicht weiterführen kann und daß im Haushalt ein Kind lebt, das das achte Lebensjahr noch nicht vollendet hat oder das behindert und auf Hilfe angewiesen ist. Pflegebedürftigkeit wird nicht gefordert.
Als Haushaltshilfe ist eine **Ersatzkraft** zu stellen. Ist das nicht möglich oder unangebracht, sind die Kosten einer selbstbeschaffenen Ersatzkraft in angemessener Höhe dem Versicherten zu erstatten. Im oben genannten Fall fand sich eine Nachbarin bereit, den Haushalt zu führen und das Kind zu beaufsichtigen. Ihre Entlohnung übernahm die Kasse.
Läßt sich eine notwendige Krankenhausbehandlung aus irgendeinem Grund nicht durchführen – die Krankenhäuser sind z.B. mit dringenderen Fällen überbelegt – oder wenn ein wichtiger Grund vorliegt, den Kranken in seiner Familie zu belassen, dann kann die Krankenkasse mit **Zustimmung des Versicherten Hauspflege** durch Krankenpfleger und -schwestern gewähren.

Fall Nr. 38: Kinderbetreuung

Als die dreijährige Tochter der Montiererin G am 20. 12. 1974 erkrankte, bedurfte sie dringend der Pflege durch ihre Mutter. Die G beanspruchte Befreiung von der Arbeitspflicht und Zahlung von Krankengeld für die betreffende Zeit. Sind diese Ansprüche gegeben?

Lösung

Ab 1. 1. 1974 hat der oder die Versicherte nach § 185c RVO Anspruch auf Krankengeld für die Kinderbetreuung. Voraussetzung ist, daß der Versicherte zur Beaufsichtigung, Betreuung oder Pflege seines erkrankten Kindes, für das er Anspruch auf Familienhilfe hat (vgl. Fall Nr. 44), nach **ärztlichem Zeugnis** der Arbeit fernbleiben muß, weil ein anderes Haushaltsmitglied diese Verrichtung nicht übernehmen kann. Ferner darf das Kind das achte Lebensjahr nicht vollendet haben. Die Berechnung des Krankengeldes erfolgt nach dem Grundlohn (vgl. Fall Nr. 30). Der Anspruch selbst besteht längstens für 5 Arbeitstage pro Kalenderzuschläge. Der Anspruch selbst besteht längstens für 5 Arbeitstage pro Kalenderjahr. Er kann durch Vertrag weder ausgeschlossen noch eingeschränkt werden. In unserem Fall hat Frau G Anspruch auf Krankengeld für die Arbeitstage des 20., 23., 24., 27. und 30. 12. 1974. Für den 31. 12. 1974 kann sie ihren Arbeitgeber nur um Urlaub bitten. Ab 1. 1. 1975 besitzt sie einen neuen Anspruch auf fünf Tage Krankengeld für die Betreuung ihres erkrankten Kindes. Macht sie davon Gebrauch, ist ihr Anspruch am 8. 1. 1975 für das Jahr 1975 verbraucht.
Da jeder Versicherter einen eigenen Anspruch besitzt, könnte der Ehemann der G nunmehr an die Kasse mit seinem Krankengeldanspruch wegen Kinderbetreuung herantreten. Für jedes Kind unter acht Jahren ist ein gesonderter Anspruch gegeben.

H. Mutterschaftshilfe

Fall Nr. 39: Arzt- und Hebammenhilfe

Die Ehefrau D war seit dem 1. 4. 1973 als kaufmännische Angestellte bei der Firma K beschäftigt. Als sie schwanger wurde, errechnete der Arzt den 6. 5. 1974 als voraussichtlichen Entbindungstag. Hatte sie Anspruch auf Krankengeld, als sie wegen Schwangerschaftsbeschwerden am 8. 1. 1974 für zwei Wochen erkrankte?

Lösung

Obwohl die Schwangerschaft grundsätzlich kein „regelwidriger" Körperzustand und somit keine Krankheit ist, gehört Mutterschaftshilfe nach §§ 195ff. RVO zu den Kassenleistungen. Die Versicherte und die Angehörigen des Versicherten haben während der Schwangerschaft und nach der Entbindung Anspruch auf **Hilfe durch Ärzte und Hebammen.** Zur ärztlichen Betreuung gehören insbesondere Untersuchungen zur Feststellung der Schwangerschaft und Vorsorgeuntersuchungen. Bei der Entbindung wird Hilfe durch eine Hebamme oder einen Arzt gewährt. Das ist selbstverständlich, weil die Anstaltsentbindung obligatorisch ist. Bei Schwangerschaftsbeschwerden und Beschwerden im Zusammenhang mit der Entbindung werden Arznei-, Verband- und Heilmittel gewährt. Diese Beschwerden (nicht aber die Schwangerschaft selbst) sind regelwidrig und somit Krankheit. Verursachen sie Arbeitsunfähigkeit, ist die Schwangere wegen einer „Krankheit" arbeitsunfähig krank (BSG vom 30. 5. 1967 [3 RK 14/65] = BSGE 26 S. 285 = Breith. 1967 S. 912). Frau D hatte also Anspruch auf Krankengeld.

Für die im Zusammenhang mit der Entbindung entstehenden Kosten zahlt die Krankenkasse nach § 198 RVO einen **Pauschbetrag** von DM 50, den die Satzung auf DM 100 erhöhen kann. Bei Mehrlingsgeburten ist der Betrag mehrfach zu zahlen.
Erste Voraussetzung für die Gewährung der Mutterschaftshilfe ist, daß die Schwangere **versichert** ist. Ist das der Fall, dann gelten für sie die Leistungsbestimmungen des **Mutterschutzgesetzes** nicht. Dabei ist es unerheblich, ob es sich um eine Pflicht- oder freiwillige Versicherung handelt.
Solange Anspruch auf Mutterschaftsgeld besteht – die einmalige Zahlung an Familienangehörige zählt nicht dazu –, wenn das Arbeitsverhältnis mit Zustimmung der Arbeitsschutzbehörde zulässig aufgelöst worden ist und wenn das Arbeitsverhältnis für eine nicht erheblich lange Zeit (bis zu drei Wochen) unter Fortfall der Entgeltzahlung unterbrochen wurde, bleibt die Mitgliedschaft der Schwangeren zur Krankenkasse erhalten (BSG vom 30. 4. 1968 [3 RK 61/65] = SozSich. 1968 S. 213 = Breith. 1968 S. 900).
Die Kasse hat nach § 199 RVO der Schwangeren eine **stationäre Entbindung** zu ermöglichen und daher Pflege in einer Entbindungs- oder Krankenanstalt zu gewähren. Dabei kommt es nicht darauf an, ob die Anstaltsentbindung vom ärztlichen Standpunkt notwendig ist. Die Pflege in der Entbindungs- oder Krankenanstalt ist auf zehn Tage nach der Entbindung begrenzt. In dieser Zeit wird daneben keine Krankenhauspflege gewährt. Ist nach Ablauf dieser Zeit weitere stationäre Behandlung notwendig, muß die Kasse Krankenhauspflege zahlen. Zugleich besteht auch für diese Zeit Anspruch auf Mutterschaftsgeld.
Mit Zustimmung der Schwangeren kann die Kasse Hilfe und Wartung durch **Hauspflegerinnen** gewähren und dafür die Hälfte des Mutterschaftsgeldes einbehalten.

Fall Nr. 40: Mutterschaftsgeld

Die Hausfrau H hat einen befristeten Arbeitsvertrag abgeschlossen, der sie verpflichtete, in der Zeit vom 1. 10. 1973 bis zum 31. 1. 1974 als Büroangestellte zu arbeiten. Am 16. 11. 1973 wird bei ihr eine Schwangerschaft festgestellt und am 2. 5. 1974 findet die Entbindung statt. Gegen die Beendigung des Arbeitsverhältnisses wehrt sie sich mit einer arbeitsgerichtlichen Klage. Verlangt sie zu Recht Mutterschaftsgeld als Versicherte?

Lösung

Pflicht- und freiwillig versicherten Frauen, die bei **Beginn der Schutzfrist** (6 Wochen vor der Niederkunft) in einem Arbeitsverhältnis stehen oder deren Arbeitsverhältnis während der Schwangerschaft durch den Arbeitgeber **zulässig** aufgelöst worden ist, erhalten nach § 200 RVO Mutterschaftsgeld, wenn sie zwischen dem zehnten und vierten Monat – beide Monate sind mitzuzählen – vor der Entbindung **mindestens 12 Wochen lang beschäftigt waren.**
Bei Frau H ist dieser Zehnmonats-Zeitraum vom 2. 7. 1973 bis zum 1. 2. 1974. In dieser Zeit war sie fast 18 Wochen lang versicherungspflichtig tätig, so daß sie diese Voraussetzung erfüllt. Zugleich war auch die zweite Bedingung erfüllt: Sechs Wochen vor der Entbindung war sie Mitglied der Kasse, denn als Arbeits-

lose zählt sie ab 1. 2. 1974 zu den Pflichtversicherten. Daß ihre Arbeitsgerichtsklage abgewiesen wurde, weil das Mutterschutzgesetz nur die **Kündigung von Schwangeren verbietet,** hier aber das Arbeitsverhältnis allein durch Fristablauf und ohne Kündigung endete – hatte keinen Einfluß auf das Mutterschaftsgeld.
Voraussetzung ist immer, daß eine **Entbindung** stattgefunden hat. Das ist der Fall, wenn ein Kind **lebend** geboren wird. Ein Kind wird lebend geboren, wenn die natürliche Lungenatmung eingesetzt, das Herz geschlagen oder die Nabelschnur pulsiert oder wenn eine **Totgeburt** eine Länge von 35 cm erreicht hat. Liegen diese Voraussetzungen nicht vor, spricht man von einer **Fehlgeburt** (RVA, GE Nr. 5216 vom 10. 6. 1938 = AN 1938 S. 319).
Als Mutterschaftsgeld wird das **durchschnittliche kalendertägliche Nettoarbeitsentgelt** der letzten abgerechneten 13 Wochen vor Beginn der Schutzfrist gewährt. Einmalige Zuwendungen und Bummeltage bleiben außer Betracht. Sonst aber muß das **gesamte Arbeitseinkommen** – also nicht das sozialversicherungspflichtige Entgelt – berücksichtigt werden. Hat die Versicherte z. B. in den letzten 13 Wochen vor Beginn der Schutzfrist DM 2961 netto verdient, ergibt sich nach der Grundlohnberechnung (der Monat wird mit 30 Tagen angesetzt) ein täglicher Nettobetrag von DM 32,90. Ausgezahlt wird als Mutterschaftsgeld nur der **Höchstbetrag** von DM 25 pro Kalendertag, und zwar für 6 Wochen vor der Entbindung und 8 Wochen danach. Bei Früh- oder Mehrlingsgeburten erhöht sich die Bezugszeit auf 12 Wochen nach der Entbindung.
„Andere Versicherte“, die bei Arbeitsunfähigkeit Anspruch auf Krankengeld haben, erhalten Mutterschaftsgeld in Höhe des Krankengeldes. Unter diese Bestimmung fällt Frau H, die als Arbeitslose am 21. 3. 1974 (Beginn der Schutzfrist) zwar versichert war, aber nicht in einem Beschäftigungsverhältnis stand. Ihr steht also „nur“ Mutterschaftsgeld in Höhe des Krankengeldes zu, das wiederum in Höhe des Arbeitslosengeldes oder der Arbeitslosenhilfe gezahlt wird. Nach der oben genannten Berechnung erhält Frau H ein Arbeitslosengeld nach einem Einheitslohn von wöchentlich DM 300. Es beträgt in der Woche DM 134,40 oder täglich DM 19,20. Das so errechnete Mutterschaftsgeld kann das derjenigen Frauen, die als Erwerbstätige versichert waren, übersteigen. Die **Angehörigen** des Versicherten und Rentenberechtigte erhalten ein Mutterschaftsgeld in Höhe von DM 150 als einmalige Leistung. Neben dem Mutterschaftsgeld wird – auch bei Vorliegen einer Arbeitsunfähigkeit – kein Krankengeld gezahlt.

I. Sterbegeld

Fall Nr. 41: Anspruchsvoraussetzungen

Am 31. 3. 1972 wird der Versicherte A wegen eines Herzleidens arbeitsunfähig krank und scheidet am 30. 9. 1972 durch Kündigung des Arbeitgebers aus der versicherungspflichtigen Beschäftigung aus. Am 1. 9. 1973 findet trotz weiterbestehender Arbeitsunfähigkeit die Aussteuerung statt und A wird anschließend durch das Sozialamt unterstützt. Am 12. 7. 1974 verstirbt A an dem genannten Herzleiden. Besteht Anspruch auf Sterbegeld?

Lösung

Beim Tod des **Versicherten** zahlt die Kasse nach § 201 RVO als Sterbegeld das Zwanzigfache des Grundlohnes, mindestens jedoch DM 100. Die Satzung kann es bis auf das Vierzigfache und auf den Mindestbetrag von DM 150 erhöhen. Dem Tod steht die Todeserklärung gleich. Unerheblich ist, warum der Tod eingetreten ist; auch bei Freitod ist Sterbegeld zu zahlen. Beim Tod des Ehegatten, eines lebend geborenen Kindes und solcher Angehörigen, für die Anspruch auf Familienhilfe bestand, wird ein halbes Sterbegeld gezahlt. Bei Totgeburten kann die Kasse ein Sterbegeld nach § 205b RVO zubilligen. Beim Tod eines Rentenberechtigten ist Sterbegeld nach dem Grundlohn zu zahlen, der für die Beiträge maßgebend ist (RVA, GE Nr. 5203 vom 27. 4. 1938 = AN 1938 S. 225). War A, als er am 12. 7. 1974 verstarb, noch Mitglied der Kasse, dann stützt sich der Sterbegeldanspruch auf § 201 RVO.
Gehen wir hingegen davon aus, daß A von der Möglichkeit der freiwilligen Weiterversicherung am 1. 9. 1973 keinen Gebrauch gemacht hatte – z.B. infolge Nichtbeachtung der Dreiwochenfrist – und somit keine Mitgliedschaft bei der Kasse am Todestag bestand, dann ist nach § 202 RVO der Anspruch trotzdem begründet. Nach dieser Bestimmung wird Sterbegeld gezahlt, wenn ein als Mitglied Erkrankter binnen eines Jahres nach Ablauf der Krankenhilfe an derselben Krankheit stirbt und wenn bis zu seinem Tode wegen dieser Krankheit Arbeitsunfähigkeit bestanden hat. Voraussetzung ist, daß die Erkrankung während der Mitgliedschaft eingetreten ist, daß bis zum Tode ununterbrochen Arbeitsunfähigkeit bestanden und daß die zum Tode führende Krankheit auch zur Aussteuerung geführt hat. Der Jahreszeitraum ist vom Aussteuerungstag (hier der 1. 9. 1973) an zu berechnen. A verstarb innerhalb dieser Jahresfrist. Damit sind alle vom § 202 RVO geforderten Voraussetzungen erfüllt. Wäre A an den Folgen eines Arbeitsunfalls oder einer Berufskrankheit gestorben, so bestünde ein zusätzlicher Anspruch auf Sterbegeld der Unfallversicherung.

Fall Nr. 42: Bezugsberechtigte

A hatte bei seinem Tode erhebliche Schulden hinterlassen. Der Kaufmann K besaß seit längerer Zeit einen Pfändungstitel. Als er das Sterbegeld pfänden will, weigert sich der Rechtspfleger den Pfändungs- und Überweisungsbeschluß zu erlassen. Darf er das?

Lösung

Die Zahlung des Sterbegeldes ist nach § 203 RVO ausschließlich zur Bestreitung der Bestattungskosten bestimmt. Zwar ist Anspruchsvoraussetzung, daß der Versicherte Mitglied war, aber dem toten Berechtigten steht dieser Anspruch nicht zu. Das Sterbegeld ist zweckgebunden. Deswegen kann gegen den Anspruch auf Sterbegeld mit anderen Forderungen nicht aufgerechnet werden; es ist unpfändbar und kann auf andere Versicherungs- oder Sozialhilfeträger nicht übergehen. Der Rechtspfleger hatte somit Recht, als er die Zwangsvollstreckung ablehnte.
Aus der Zweckgebundenheit folgt: **Bezugsberechtigter** ist grundsätzlich derjenige, der die Bestattung besorgt, wer die Formalitäten erledigt, den Sarg bestellt

und die Beerdigung veranlaßt. Ob er mit dem Verstorbenen verwandt oder bekannt war, ist ohne jede Bedeutung. Auch ein gewerbsmäßig arbeitender Bestattungsunternehmer kann Besorger sein (OVA München vom 22. 12. 1949 [1/9 K/49] = DOK 1951 S. 316). Er ist es aber dann nicht, wenn er von den Hinterbliebenen beauftragt wurde, die Bestattung durchzuführen. In diesem Fall sind die Hinterbliebenen die Bestatter.
Vom Sterbegeld sind die **Bestattungskosten** zu bestreiten. Dazu zählen die Kosten der Leichenschau, der Todesanzeige, des Sarges, einer Urne, der Grabstätte, der Aufbewahrung, der Grabfeier, eines schlichten Grabmals sowie die Aufwendungen des Bestatters in Form von Fahrgeldern und Lohnausfall (RVA, GE Nr. 5352 vom 9. 4. 1940 = AN 1940 S. 148 und Nr. 5450 vom 26. 9. 1941 = AN 1941 S. 443).
Bleibt nach Abzug der Bestattungskosten ein **Überschuß,** sind nacheinander der Ehegatte, die Kinder, die Eltern und Geschwister bezugsberechtigt. Voraussetzung ist allerdings, daß sie mit dem Verstorbenen zur Zeit seines Todes in **häuslicher Gemeinschaft** gelebt haben. Das ist dann der Fall, wenn der Berechtigte räumlich zusammen mit dem Verstorbenen in einem gemeinsamen Haushalt auf Dauer gelebt hat (RVA, GE Nr. 5553 vom 24. 2. 1944 = AN 1944 S. 82). Daran ändert die Unterbringung in einem Krankenhaus nichts. Erst wenn der Wille eines Familienangehörigen erkennbar ist, daß die Trennung zugleich eine Loslösung vom gemeinsamen Haushalt bezwecken soll, kann man die häusliche Gemeinschaft verneinen. Die vom Gesetz genannte Reihenfolge der Berechtigten ist zwingend, so daß z. B. die Kinder nicht vor dem Ehegatten berechtigt sind.
Sind überhaupt keine Bestattungskosten entstanden, weil z. B. der Verstorbene auf Hoher See über Bord ging, er für tot erklärt wurde oder weil eine private Versicherung alle Kosten abgedeckt hat, dann gilt das gesamte Sterbegeld als Überschuß. Ist kein Berechtigter vorhanden, verbleibt der Überschuß der Kasse.

J. Familienhilfe

Fall Nr. 43: Anspruchsberechtigter

Die Ehefrau des versicherten Schlossers L ist als Chefsekretärin versicherungsfrei tätig. Als sie erkrankt, verlangt L von seiner Kasse die Übernahme der Krankenpflegekosten. Die Kasse lehnt Familienhilfe ab. Hat sie Recht?

Lösung

Nach § 205 RVO erhalten Versicherte für den unterhaltsberechtigten Ehegatten und Kinder, wenn diese sich gewöhnlich im Inland aufhalten und nicht anderweitig einen gesetzlichen Anspruch auf Krankenpflege haben, einen Anspruch auf Maßnahmen zur Früherkennung von Krankheiten und Krankenhilfe unter den gleichen Voraussetzungen und in gleichem Umfang wie Versicherte, ein Anspruch auf Krankengeld besteht aber nicht.
Anspruchsberechtigter ist allein der Versicherte, so daß die Angehörigen im eigenen Namen niemals Familienhilfe beanspruchen können (BSG vom 23. 8.

1967 [3 RK 72/65] = KVRS 2800/36 = Breith. 1968 S. 95). Mit dem Tod des Versicherten endet auch der Anspruch auf Familienhilfe; die Nachwirkung des § 214 RVO tritt nicht ein. In der Regel werden die Hinterbliebenen als Rentenberechtigte zugleich Pflichtversicherte der Krankenkasse mit einem eigenen Anspruch auf Kassenleistungen.
Seit dem Inkrafttreten des **Gleichberechtigungsgesetzes** hat die versicherte Ehefrau für ihr erkranktes Kind wie ihr versicherter Ehemann einen Anspruch auf Familienhilfe. Die **zuerst** in Anspruch genommene Kasse ist leistungsverpflichtet (BSG vom 27. 10. 1966 [3 RK 44/63] = BSGE 25 S. 222 = Breith. 1967 S. 193).
Voraussetzung für die Familienhilfe ist, daß der Angehörige **unterhaltsberechtigt** ist (BSG vom 10. 2. 1965 [3 RK 61/60] = BSGE 22 S. 252 = Breith. 1965 S. 723). Auf die tatsächliche Unterhaltsgewährung kommt es nicht immer an. Immer aber muß eine **rechtsgültige Ehe** vorhanden sein, wenn der Versicherte für die von ihm unterhaltene Frau Familienhilfe beansprucht. Mit der Rechtskraft des Scheidungsurteils oder des Urteils, das die Ehe für nichtig erklärt, endet die Ehe und damit auch der Anspruch auf Familienhilfe. Das Zusammenleben in einer eheähnlichen Gemeinschaft begründet keinen Anspruch. Das BSG hat in dem oben geschilderten Fall den Anspruch des Schlossers auf Familienhilfe trotz der vermuteten Unterhaltsberechtigung der Ehefrau verneint. Eine so gut verdienende Ehefrau könne sich nicht auf dem Umweg über die (kostenlose) Familienversicherung Zugang zur sozialen Krankenversicherung verschaffen. Das widerspreche dem Sinn und Zweck der gesamten gesetzlichen Sozialversicherung (BSG vom 2. 10. 1970 [3 RK 91/67] = BSGE 31 S. 13 = Breith. 1971 S. 187).

Fall Nr. 44: Kinder

Als der Versicherte am 26. 2. 1974 arbeitsunfähig erkrankte, beanspruchte er den Familienzuschlag für seinen nichtehelichen Sohn Uwe, für den er auch einen Anspruch auf Familienhilfe habe. In notarieller Urkunde habe er sich als der „natürliche Vater" dieses Kindes bekannt und zugleich seine Unterhaltspflicht anerkannt. Die Kasse lehnte ab, weil Uwe das eheliche Kind des versicherten E sei. Mit Recht?

Lösung

Als Kinder, für die Familienhilfe beansprucht werden kann, gelten nach § 205 Abs. 2 RVO die ehelichen Kinder, zu denen nicht nur die leiblichen, sondern auch die innerhalb einer Ehe geborenen Kinder zählen, wenn ihre eheliche Geburt nicht angefochten wird. Das war hier der Fall, so daß Uwe trotz der – unbestreitbaren Vaterschaft des anderen Versicherten – als das eheliche Kind des E gilt (BSG vom 22. 11. 1968 [11 RA 26/66] = BSGE 29 S. 32 = Breith. 1969 S. 317). Nur E hat somit Anspruch auf Familienhilfe für ihn. Weiter gehören zu den ehelichen Kindern die vom Vater bei der Eheschließung mit der Kindesmutter von ihm legitimierten Kinder und die für ehelich erklärten. Diese werden zwar außerhalb einer Ehe geboren, aber auf Antrag des Vaters für ehelich erklärt.
Auch für die an **Kindes Statt** angenommenen Kinder (Adoptivkinder) besteht der Anspruch auf Familienhilfe. Die **nichtehelichen** Kinder des oder der Ver-

sicherten haben den gleichen Anspruch. Bei einem männlichen Versicherten muß seine Vaterschaft festgestellt sein; „Zahlvaterschaft" allein genügt nicht.
Für die **Stiefkinder** und **Enkel** wird verlangt, daß der Versicherte sie vor Eintritt der Arbeitsunfähigkeit oder der Krankheit überwiegend unterhalten hat. Unter einem Stiefkind wird das in die Ehe gebrachte Kind des anderen Ehegatten verstanden. Stiefkind ist somit das nichteheliche Kind oder Adoptivkind, das die Mutter in die Ehe mit einem anderen Mann einbringt. Ein Kind, das in dem von seiner leiblichen Mutter und seinen Großeltern gemeinsam geführten Haushalt lebt, ist nicht in den Haushalt des Großvaters aufgenommen und von diesem selbst dann nicht überwiegend unterhalten worden, wenn die Kindesmutter noch minderjährig ist.
Die Satzung kann bestimmen, daß Familienhilfe auch für **Pflegekinder** gewährt wird. Voraussetzung ist, daß das Pflegekind unentgeltlich vom Versicherten voll unterhalten wird (BFH vom 14. 12. 1962 [VI 99/62 S] = NJW 1963 S. 781). Unter einem Pflegekind versteht man ein fremdes Kind, das in den Haushalt des Versicherten „wie ein eigenes Kind" auf Dauer aufgenommen worden ist und mit dem ein familienähnliches Band angeknüpft wird (BSG vom 30. 6. 1966 [12 RJ 162/64] = BSGE 25 S. 109 = SGb. 1967 S. 171). Die Tatsache, daß ein nichteheliches Kind sich bei seiner Mutter befindet, schließt grundsätzlich nicht aus, es gleichzeitig als Pflegekind des Mannes anzusehen, mit dem die Kindesmutter eine Wohn- und Lebensgemeinschaft unterhält (BSG vom 12. 9. 1963 [4 RJ 151/62] = BSGE 20 S. 26 = SozR § 1262 RVO Nr. 8).
Die Kasse kann durch die Satzung bestimmen, daß von einem bestimmten Alter des Kindes an – in der Regel ab Vollendung des 18. Lebensjahres – kein Anspruch mehr besteht.

Fall Nr. 45: Sonstige Angehörige

Die verwitwete Schwägerin des ledigen Angestellten T führt seit Jahren seinen Haushalt. Als sie erkrankt, fordert T von seiner Krankenkasse für sie Familienhilfe. Ist sein Anspruch berechtigt?

Lösung

Nach § 205 Abs. 3 RVO kann die Satzung die Familienhilfe auf „sonstige Angehörige" des Versicherten ausdehnen, die mit ihm in häuslicher Gemeinschaft leben, von ihm ganz oder überwiegend unterhalten werden und sich gewöhnlich im Inland aufhalten.
Unter sonstigen Angehörigen sind die Familienmitglieder gemeint, die in einem **rechtlich anerkannten Verwandtschaftsverhältnis** oder Schwägerschaftsverhältnis zum Versicherten stehen. Darunter fallen Eltern, Geschwister, Groß- und Schwiegereltern, Schwiegersöhne und -töchter, Schwäger und Schwägerinnen. Somit gehört auch die Schwägerin von T zu den anspruchsbegründenden sonstigen Angehörigen (BSG vom 2. 7. 1970 [3 RK 103/67] = BSGE 31 S. 219 = Breith. 1971 S. 4). Verlobte und der geschiedene Ehegatte des Versicherten sowie Personen, die mit ihm in einer eheähnlichen Gemeinschaft leben, zählen nicht zu diesem Personenkreis.

Fall Nr. 46: Unterhaltsberechtigung

Die Ehefrau des Versicherten B besitzt einen Zeitungsstand, der ihr ein monatliches Einkommen von durchschnittlich DM 1200 sichert. Als sie ärztliche Hilfe benötigt, weigert sich die Krankenkasse Familienhilfe zu gewähren. Der Ehemann, der DM 1400 pro Monat verdient, sei nicht unterhaltsverpflichtet. Stimmt das?

Lösung

Die Unterhaltsberechtigung des Angehörigen ist Voraussetzung der Familienhilfe. Sie richtet sich nach den Vorschriften des bürgerlichen Rechts. Danach sind unter dem Gesichtspunkt der **Gleichberechtigung** beide Eheleute grundsätzlich verpflichtet, sich gegenseitig zu unterhalten. Das bedeutet keineswegs, daß beide Ehegatten zugleich unterhaltsberechtigt sind. Vielmehr kann immer nur einer von ihnen unterhaltsberechtigt sein, während der andere Ehegatte unterhaltsverpflichtet ist (BSG vom 21. 5. 1969 [GS 2/67] = BKK 1969 S. 139 = BSGE 29 S. 225). **Wer unter Berücksichtigung des Wertes der geleisteten Hausarbeit mehr zum Unterhalt beiträgt als der andere, unterhält diesen** (BSG vom 30. 11. 1966 [4 RJ 137/66] = WzS 1967 S. 280). Die nichterwerbstätige Ehefrau wird regelmäßig von ihrem berufstätigen Ehemann unterhalten. Ist – wie in unserem Fall – die Ehefrau auch berufstätig oder verfügt sie über ein eigenes Vermögen, ist sie unterhaltsberechtigt, wenn ihr Einkommen **niedriger** als das ihres Mannes ist. Hier lag sie mit DM 200 unter dem Einkommen ihres Mannes, so daß dieser einen Anspruch auf Familienhilfe für sie hat.
Die **Kinder** des Versicherten sind unterhaltsberechtigt, wenn sie bedürftig sind, sich also nicht selbst unterhalten können. Es genügt, daß der Versicherte ihnen den Unterhalt zu gewähren hat. Ob er ihn auch tatsächlich zahlt, ist ohne Bedeutung. Das gilt dann nicht, wenn der Versicherte so arm ist, daß er nur sich selbst unterhalten kann.

Fall Nr. 47: Inlandsaufenthalt

Der Algerier F ist als Bauhilfsarbeiter in Bremen tätig. Als seine Ehefrau ihn besucht, erkrankt sie. Hat F Anspruch auf Familienhilfe für seine Ehefrau?

Lösung

Der Angehörige des Versicherten, für den Familienhilfe begehrt wird, muß sich gewöhnlich im Inland aufhalten. Als Ausland gilt das Staatsgebiet, das außerhalb des Geltungsbereichs des Grundgesetzes liegt. Inland ist somit identisch mit dem Geltungsbereich des Grundgesetzes.
Ein zufälliger oder **vorübergehender** Auslandsaufenthalt – z.B. während des Urlaubs – hebt den gewöhnlichen Inlandsaufenthalt nicht auf (BSG vom 24. 5. 1967 [4 RJ 201/66] = BSGE 26 S. 277 = Breith. 1968 S. 139). Umgekehrt wird der Anspruch auf Familienhilfe nicht begründet, wenn – wie in unserem Fall – der gewöhnlich im Ausland sich aufhaltende Angehörige den im Inland lebenden und arbeitenden Versicherten besucht und dabei erkrankt.

Diese Regel gilt nicht, wenn **zwischenstaatliche** Abkommen den Angehörigen von Ausländern einen Anspruch auf Familienhilfe – ohne Rücksicht auf ihren gewöhnlichen Aufenthalt – sichern. Die Staatsangehörigkeit des Versicherten und seiner Angehörigen ist sonst ohne jede rechtliche Bedeutung.

Fall Nr. 48: Anderer Anspruch

Der 15 Jahre alte Auszubildende K wurde am 15. 9. 1972 arbeitsunfähig krank. Als er am 15. 3. 1974 wegen Aussteuerung aus der Versicherung ausschied, beanspruchte sein Vater für ihn Familienhilfe von seiner Krankenkasse. Das lehnte die Kasse ab. Mit Recht?

Lösung

Nach § 205 RVO dürfen die Angehörigen keinen anderweitigen gesetzlichen Anspruch auf Krankenpflege haben. Die Familienhilfe ist wie die Krankenversicherung der Rentner **subsidiär**. Sie wird durch jeden anderen gesetzlichen – nicht aber privatrechtlichen – Anspruch auf Krankenpflege verdrängt. Der andere gesetzliche Anspruch muß auf die Sachleistungen der Krankenpflege, also auf ärztliche Behandlung, Versorgung mit Arznei, Heil- und Hilfsmittel sowie Krankenpflege, gerichtet sein. Nicht gefordert wird, daß ein Anspruch auf Krankengeld oder Lohnfortzahlung besteht. Ist der Angehörige Mitglied der Krankenversicherung der Rentner, besitzt er einen eigenen Anspruch auf Krankenpflege.
Der andere gesetzliche Anspruch darf bei Eintritt des Versicherungsfalles nicht gegeben sein. Entfällt er später, ist das ohne Bedeutung (BSG vom 10. 2. 1965 [3 RK 61/60] = BSGE 22 S. 252 = NJW 1965 S. 2075). Maßgebend ist daher in unserem Fall, ob K am 15. 9. 1972, als die Krankheit begann und der Versicherungsfall eintrat, einen anderen gesetzlichen Anspruch auf Krankenpflege hatte. Das war zweifelsfrei der Fall, denn er bezog bis zum 15. 3. 1974 auf Grund dieses eigenen Anspruchs Krankengeld. Für ihn bestand daher ab 16. 3. 1974 kein Anspruch auf Familienhilfe.
Der andere gesetzliche Anspruch kann sich nur auf eine einzige Krankheit beziehen. Das ist z. B. bei Kriegsbeschädigten (BSG vom 28. 4. 1965 [3 RK 48/62] = NJW 1965 S. 2317 = Breith. 1965 S. 1020) und Unfallversicherten der Fall. Nur hinsichtlich der anerkannten Schädigungen besteht ein anderer gesetzlicher Anspruch. Für jede andere Erkrankung hat die Kasse – wenn die anderen Voraussetzungen vorliegen – Familienhilfe zu gewähren (BSG vom 27. 3. 1968 [3 RK 50/65] = BSGE 28 S. 47 = Breith. 1968 S. 811).

K. Strafvorschriften

Fall Nr. 49: Ordnungsstrafen

Trotz ärztlichen Verbots hat der arbeitsunfähige N weiterhin Alkohol genossen. Als er deswegen in Ordnungsstrafe genommen wird, wehrt er sich mit dem Argument dagegen, Bier sei für seinen kranken Magen gut. Hat er Erfolg mit seinem Widerspruch?

Lösung

Durch Ordnungs- und Zwangsstrafen kännen die Bediensteten der Versicherungsträger, die Organmitglieder und die Mitglieder der Kassenärztlichen Vereinigungen gezwungen werden, Gesetz, Satzung und Richtlinien zu befolgen und die gesetzlich vorgeschriebenen Auskünfte zu erteilen. Eine besondere Strafandrohung richtet sich gegen **Arbeitgeber**, wenn sie die Anwendung der RVO auf ihre Arbeitnehmer ganz oder teilweise ausschließen, die gesetzlich vorgeschriebenen An- und Abmeldungen nicht vornehmen, Auskünfte nicht erteilen, Unterlagen nicht vorlegen und ihre Beitragspflicht nicht erfüllen. Bei Beitragsrückständen kann die Kasse neben der Hauptstrafe noch **Nebenstrafen** (RVA, GE Nr. 2106 II vom 14. 8. 1915 = AN 1915 S. 737) in Höhe des Ein- bis Zweifachen des Beitragsrückstandes festsetzen (§§ 530, 531 RVO).
Gegen einen **Versicherten**, der die **Krankenordnung** (BSG vom 26. 3. 1963 [3 RK 76/59] = BSGE 19 S. 21 = WzS 1963 S. 151) oder – wie in unserem Fall – die Anordnungen des behandelnden Arztes mißachtet oder der keine Auskunft über die Höhe der Bezüge macht, die er bei einer Arbeitsunfähigkeit aus einer anderen Krankenversicherung erhält, kann der Kassenvorstand gemäß § 529 RVO Strafen bis zum Dreifachen des Betrages des täglichen Krankengeldes für jeden Übertretungsfall festsetzen. Dabei ist in unserem Fall die Frage, ob Bier für einen Magenkranken gut ist, ohne jede Bedeutung.

Fall Nr. 50: Kriminalstrafen

Die Firma K hatte Beitragsschulden, die wegen Zahlungsschwierigkeiten nicht beigetrieben werden konnten. Als am 15. 3. 1974 Lohn gezahlt wurde und die Firma trotz Anmahnung am 20. 3. 1974 die Beiträge noch nicht überwiesen hatte, erstattete die Kasse Strafantrag. Ist dieser Antrag rechtswidrig, weil nach der Kassensatzung binnen einer Woche die Beiträge einzuzahlen sind?

Lösung

Die RVO kennt in den §§ 532, 533 zwei eigene Strafrechtsnormen. Wer gegen sie verstößt, wird strafrechtlich verfolgt.
Mit Geld- oder Freiheitsstrafe bis zu 6 Wochen wird nach § 532 RVO der Arbeitgeber bestraft, der **vorsätzlich** den Beschäftigten **höhere Beitragsteile** vom Entgelt **abzieht**, als es das Gesetz zuläßt oder der den Vorschriften des § 398 RVO (Anordnung der Kasse, den Arbeitnehmeranteil den Beschäftigten auszuzahlen und selbst nur den Arbeitgeberanteil zu entrichten) oder des § 402 RVO (bei Zahlungsunfähigkeit ist der Gesamt-Sozialversicherungsbeitrag spätestens binnen 3 Tagen an die Kasse abzuführen) zuwiderhandelt. Hier hatte der Unternehmer gegen diese Vorschrift verstoßen und damit die Bestrafung verwirkt.
Der Kasse sind Beiträge auch dann **vorenthalten** worden, wenn der Arbeitgeber zwar einen Geldbetrag an die Kasse abführt, der die einbehaltenen Arbeitnehmeranteile des Beitrags übersteigt, er aber tatsächlich zu wenig Arbeitnehmer oder Arbeitsstunden der Kasse meldet und so die wahren Beiträge verschleiert (OLG Hamm vom 16. 10. 1969 [2 Ss. 954/68] = BB 1969 S. 1482 und BGH vom 7. 6. 1963 [VI ZR 144/62] = SozSich.-Kartei Nr. 1698, IV/A zu § 533 RVO). Bei **Teilzahlun-**

gen sind die Beiträge zunächst auf die Arbeitnehmeranteile zu verrechnen (Hanseatisches OLG Bremen vom 5. 12. 1962 [Ss. 136/62] = BB 1963 S. 191 = WzS 1963 S. 120).
Nach § 533 RVO werden Arbeitgeber mit Freiheitsstrafe **bis zu fünf Jahren** und/oder mit Geldstrafen bestraft, wenn sie Beitragsteile, die sie den Beschäftigten einbehalten oder von ihnen erhalten haben, der Kasse **vorsätzlich vorenthalten (Beitragsunterschlagung)**. Allein die Tatsache, daß am Fälligkeitstag die Beiträge nicht an die Kasse abgeführt worden sind, erfüllt nicht den Straftatbestand der Beitragsunterschlagung. Es muß der Vorsatz nachgewiesen werden. Selbst bei grober Fahrlässigkeit ist dieser Tatbestand nicht gegeben (BGH vom 28. 6. 1960 [VI ZR 146/59] = KVRS 3890/1). Es ist ohne rechtliche Bedeutung, ob der Unternehmer annahm, die Kasse werde durch seine Tat nicht geschädigt. Vorsatz liegt auch dann vor, wenn der Unternehmer versucht, die Vollstreckung von Beitragsforderungen durch Verkauf von Vermögensteilen zu hintertreiben (BSG vom 30. 4. 1968 [3 RK 48/65] = BSGE 28 S. 61 = Breith. 1968 S. 989). In allen diesen Fällen kann die Gewerbeerlaubnis wegen Unzuverlässigkeit entzogen werden.

Fall Nr. 51: Straffestsetzung

Überraschend erhielt der Angestellte Z von seiner Krankenkasse eine Ordnungsstrafe, weil er angeblich trotz der Arbeitsunfähigkeit ein Tanzvergnügen besucht hat. Wurde ihm zu Recht die Bitte abgeschlagen, ihm den Informanten bekanntzugeben?

Lösung

Bei der Festsetzung einer Ordnungsstrafe handelt die Kasse nur dann ermessensfehlerfrei, wenn sie bei der Höhe des Strafmaßes das Verschulden des Versicherten, den entstandenen Schaden, die wirtschaftlichen Verhältnisse des Täters, den Gewinn, den dieser aus der Ordnungswidrigkeit gezogen hat und die Tatsache, daß er bereits wegen derselben Tat bestraft worden ist, berücksichtigt (LSG Hessen vom 18. 12. 1957 [L 6 Kr. 42/57] = Breith. 1958 S. 716 = BKK 1958 S. 536). Wird die Tat – wie hier vom Angestellten Z – geleugnet, und kann die Kasse den Informanten nicht nennen, ist die Bestrafung unzulässig. Nur mit Zustimmung des Informanten darf die Kasse seinen Namen dem Versicherten mitteilen.
Es steht im Ermessen des Versicherungsträgers, ob er bei einfacher Fahrlässigkeit von einer Bestrafung ganz absieht. Die Sozialgerichte können das Ermessen der Kasse nur im Hinblick auf eine Überschreitung oder eine fehlerhafte Anwendung des Rechts überprüfen. Es ist ihnen untersagt, die Strafe nach eigenem Ermessen festzusetzen (BSG vom 29. 1. 1965 [2 RU 85/59] = Breith. 1965 S. 887 = SGb. 1965 S. 118).
Im vorliegenden Fall war der Strafbescheid der Kasse wegen Mißachtung des **rechtlichen Gehörs** rechtswidrig. Auch im Verwaltungsverfahren gilt der Grundsatz, daß der Beschuldigte vor Ausspruch einer Strafe gehört werden muß, vor allem, wenn der Verwaltungsakt (Strafbescheid) echten Strafcharakter hat (LSG Niedersachsen vom 9. 3. 1965 [L 4 Kr. 14/64] = DOK 1966 S. 338 = Breith. 1965 S. 900).

Teil 2: Unfallversicherung

A. Versicherungspflicht

Fall Nr. 52: Arbeitnehmer

Als der arbeitslose Schlosser E seine Arbeitspapiere von seinem ehemaligen Arbeitgeber abholte, fragte ihn dieser, ob er für ihn gegen Entgelt Holz hacken wollte. Als E sich dabei in die Hand hackte, verlangte er von der Berufsgenossenschaft Leistungen. Wurden diese zu Recht mit der Begründung abgelehnt, E sei nicht Versicherter gewesen?

Lösung

Nach § 539 Abs. 1 Ziffer 1 RVO sind die auf Grund eines Arbeits-, Dienst- oder Ausbildungsverhältnisses Beschäftigten gegen Unfälle versichert. Im Gegensatz zu der Krankenversicherung gibt es hierbei keine Versicherungspflichtgrenzen, so daß Arbeiter wie Angestellte ohne Rücksicht auf die Verdiensthöhe und ihre betriebliche Stellung – auch der Generaldirektor ist versichert – der gesetzlichen Unfallversicherung als Versicherte angehören.

Versichert bedeutet auch hier, daß mit Abschluß eines arbeitsrechtlichen Vertrages die **öffentlich-rechtliche Versicherungspflicht** beginnt, auch wenn die Parteien vereinbaren, daß diese Tätigkeit versicherungsfrei sein soll (BSG vom 21. 4. 1959 [2 RU 38/56] = BSGE 9 S. 261). Ohne jede Bedeutung für den Versicherungsschutz ist, ob der Versicherte bei der Berufsgenossenschaft, die Trägerin der gesetzlichen Unfallversicherung ist, gemeldet ist und ob für ihn Beiträge entrichtet werden. Im Gegensatz zu allen anderen Zweigen der Sozialversicherung ist der **Unternehmer** als **Mitglied** der Berufsgenossenschaft **allein beitragspflichtig**; ihm ist es nicht erlaubt, einen Teil dieses Beitrages auf die Beschäftigten abzuwälzen.

Voraussetzung für den Versicherungsschutz ist wiederum die uns aus Fall 1 bekannte Arbeitnehmereigenschaft, wobei es hier allerdings nicht auf die persönliche oder wirtschaftliche Abhängigkeit – z.B. beim Generaldirektor – ankommt. Die Staatsangehörigkeit, das Geschlecht, Verwandtschaft oder Alter sind in der Regel ohne jede Bedeutung, so daß auch schulpflichtige Kinder und Rentner versichert sind, wenn sie als Arbeitnehmer tätig werden. Immer aber muß – von einer einzigen Ausnahme abgesehen – ein Arbeits-, Dienst- oder Ausbildungsverhältnis des bürgerlichen Rechts vorliegen (BSG vom 1. 4. 1971 [2 RU 48/68] = SozSich.-Kartei Nr. 2518, V/D zu § 539 RVO = Breith. 1971 S. 727). **Strafgefangene** sind keine Arbeitnehmer. Trotzdem sind sie, wenn sie als Arbeitnehmer tätig werden, als solche versichert.

Die Tatsache, daß der Unternehmer nicht darüber informiert ist, daß jemand in seinem Betrieb vorübergehend tätig wird, ändert nichts am Versicherungsschutz. Dabei ist allerdings Voraussetzung, daß der Arbeitnehmer in den Betrieb eingegliedert wird (BGH vom 14. 12. 1965 [VI ZR 153/64] = VersR 1966 S. 182 = NJW 1966 S. 452). In unserem Fall lebte das erloschene Arbeitsverhältnis zwar nicht wieder auf, doch wurde ein neues Arbeitsverhältnis begründet. Eine einmalige, sich auf eine verhältnismäßig kurze Zeit beschränkende Arbeitsleistung begründet auch dann ein Arbeitsverhältnis, wenn – wie hier – ein geringes Entgelt vereinbart wird oder als stillschweigend vereinbart – weil üblich – gilt (LSG Hessen vom 29. 7. 1954 [U III 259/54] = SGb. 1955 S. 115). Der Schlosser H war beim Holzhacken versichert, weil er in einem Arbeitsverhältnis stand.

Fall Nr. 53: Heimarbeiter

Frau G übernimmt auf Grund einer Zeitungsanzeige die Verpflichtung, zu Hause Kindergarnituren zu häkeln. Der Auftraggeber stellt Häkelnadeln und Wolle zur Verfügung und bezahlt der Frau G die fertigen Stücke. Als sie bei dieser Heimarbeit einen Unfall erleidet, fordert sie Versicherungsleistungen. Hat sie einen Anspruch?

Lösung

Heimarbeiter, Zwischenmeister, Hausgewerbetreibende und ihre im Unternehmen tätigen Ehegatten sowie die sonstigen mitarbeitenden Personen sind nach § 539 Abs. 1 Ziffer 2 RVO unfallversichert. Frau G als Heimarbeiterin war es auch.
Heimarbeiter ist, wer in der eigenen Wohnung oder am frei bestimmten Ort im Auftrag eines Zwischenmeisters oder anderer Gewerbetreibende in abhängiger Stellung arbeitet (BSG vom 18. 12. 1969 [2 RU 241/65] = Breith. 1970 S. 566 = SozSich.-Kartei Nr. 2395, V/D zu § 539 RVO). **Zwischenmeister** ist, wer im Auftrag eines Gewerbetreibenden oder Dritter die ihm persönlich aufgetragenen Arbeiten durch Heimarbeiter oder Hausgewerbetreibende verrichten läßt, wenn er nicht selbst mitarbeitet und selbst kein Arbeitnehmer ist. Im Gegensatz dazu arbeitet der **Hausgewerbetreibende** in eigener Werkstatt mit beliebig vielen fremden Hilfskräften im Auftrag und für Rechnung eines anderen Unternehmers. Daß er die Vergütung selbst bestimmen kann, ist ohne Bedeutung (BSG vom 13. 5. 1966 [4 RJ 607/62] = Breith. 1966 S. 891 = SozSich. 1966 S. 239). Unter „sonstigen Personen" wird jede Hilfskraft verstanden.

Fall Nr. 54: Schausteller, Bühnenkünstler, Artisten

Um sein Taschengeld aufzubessern, tritt der Amateurboxer L an jedem Wochenende als Preisboxer auf der Kirmes auf und zeigt sich dort als der „eiserne Mann". Ist er dabei gegen Unfälle versichert?

Lösung

Wer **vertraglich** zur Schaustellung oder Vorführung künstlerischer oder artistischer Leistungen als Schausteller, Bühnenkünstler oder Artist verpflichtet ist, unterliegt nach § 539 Abs. 1 Ziff. 3 RVO dem Versicherungsschutz. Dabei ist der

Wert der Darbietung ohne Bedeutung. Es genügt, daß der Betreffende eine einfache Kunstfertigkeit besitzt, die die Schau- und Hörlust des Publikums befriedigt – mag sie objektiv nur von geringer Qualität sein. Dabei wird unter Schaustellung das passive Zurschaustellen und unter einer Vorführung das aktive Präsentieren der Kunstfertigkeit von Menschen, Tieren und Gegenständen, wie z.B. von Robotern, verstanden (BSG vom 23. 6. 1959 [2 RU 83/57) = BSGE 10 S. 94 = SGb. 1959 S. 258). Da L sich verpflichtet hatte, als „Artist" aufzutreten, war er versichert.
Wird die Darbietung aber im Rahmen eines Arbeits- oder Dienstvertrags erbracht – der Bühnenkünstler ist z.B. an einem Theater fest engagiert – besteht Unfallschutz als Arbeitnehmer. Unter § 539 Abs. 1 Ziff. 3 RVO fallen somit nur **selbständige** Schausteller, Bühnenkünstler und Artisten (BSG vom 14. 12. 1960 [2 RU 18/59] = BSGE 13 S. 217 = NJW 1961 S. 750).

Fall Nr. 55: Arbeitslose und Sozialhilfeempfänger

Der Student K sucht eine Aushilfstätigkeit für die Semesterferien. Als er beim Arbeitsamt vorspricht, erhält er den Auftrag, bei der Firma P sich zu melden. Auf dem Weg dorthin erleidet er einen Verkehrsunfall. Ist K auf diesem Weg versichert?

Lösung

Arbeitslose und Sozialhilfeempfänger unterliegen nach § 539 Abs. 1 Ziff. 4 RVO dem Schutz der gesetzlichen Unfallversicherung, wenn sie sich in Erfüllung ihrer Meldepflicht bei dem zuständigen Amt melden oder auf Anordnung dieses Amt oder eine andere Stelle (BSG vom 28. 7. 1967 [2 RU 223/66] = BSGE 27 S. 84 = Breith. 1968 S. 158) aufsuchen. Weil ein Hilfsbedürftiger oder Arbeitslose gesetzlich nicht verpflichtet sind, sich beim Sozial- oder Arbeitsamt zu melden, wird der erste Weg von und zu diesen Ämtern versicherungspflichtig nicht erfaßt. Erst durch die Anmeldung wird die Meldepflicht begründet (BSG vom 22. 9. 1966 [2 RU 82/62] = BSGE 25 S. 214 = Breith. 1967 S. 518).
In unserem Fall aber war der Weg vom Arbeitsamt zur Firma P versichert, weil er auf Veranlassung des Arbeitsamtes angetreten wurde. Bereits mit der Anordnung begann der Versicherungsschutz. Er ist gegeben, wenn der Arbeitslose und der Sozialhilfeempfänger auf Anordnung dieser Behörden tätig wird, wenn er andere Behörden aufsucht, sich dem Amtsarzt vorstellt oder bei Firmen sich um Arbeit bemüht. Sucht er sich selbst eine passende Arbeit, ist er dabei nicht versichert. In jedem einzelnen Fall muß nachgewiesen werden, daß die Pflicht bestand, sich beim Amt oder einer anderen Stelle zu melden oder einen bestimmten Weg zurückzulegen. Sucht der Arbeitslose ohne Aufforderung das Arbeitsamt auf, besteht kein Versicherungsschutz. Sinn und Zweck dieser Bestimmung ist es, den Unfallschutz dieser Personen so abzugrenzen, daß Unfälle in ihrem privaten Lebensbereich nicht entschädigt werden (BSG vom 25. 5. 1965 [2 RU 111/63] = SozSich. 1966 S. 307 = Breith. 1966 S. 344).

Fall Nr. 56: Versicherte Unternehmer

Der Jagdpächter T war von seinem Nachbarn H zu einer Treibjagd eingeladen worden, damit er einen Überblick über den Wildbestand beider Forsten erhalten sollte. Als T dabei angeschossen wurde, verlangte er Versicherungsleistungen. Wurden diese zu Unrecht abgelehnt?

Lösung

Landwirtschaftliche Unternehmer, ihre Ehegatten und die im Unternehmen zum Schutz und zur Förderung der Landwirtschaft einschließlich der Selbstverwaltung und ihrer Verbände Tätigen sind nach § 539 Abs. 1 Ziff. 3 RVO gegen Unfälle versichert, wenn und soweit sie Mitglieder der landwirtschaftlichen Berufsgenossenschaft sind. Zu diesem Kreis gehören nicht nur die **Inhaber eigenständiger landwirtschaftlicher Betriebe**, sondern auch die Unternehmer von landwirtschaftlichen **Nebenbetrieben**, es sei denn, der Hauptbetrieb ist ein gewerblicher. Das Abernten eines ersteigerten Obstbaumes (BSG vom 26. 4. 1963 [2 RU 242/59] = BSGE 19 S. 117 = AP Nr. 8 zu § 537 RVO), die Hühnerhaltung eines keinen landwirtschaftlichen Betriebes (LSG Hessen vom 29. 4. 1954 [U III 425/54] = SGb. 1955 S. 18) und die Tätigkeit als Jagdpächter sind versichert (BSG vom 20. 12. 1961 [2 RU 136/60] = BSGE 16 S. 79 = SozSich. 1962 S. 58), die Teilnahme als Gast an einer fremden Jagd aber nicht (BSG vom 30. 4. 1971 [7 RU 63/70] = SozSich. 1971 S. 242 = SGb. 1971 S. 53). T hatte somit keinen Anspruch auf Leistungen aus der Unfallversicherung.
Schulkinder, die Kartoffelkäfer sammeln oder irgendwie bei der Ernte helfen, sind gegen Unfälle geschützt, weil sie zum Schutz der Landwirtschaft tätig werden.
Küstenschiffer und **-fischer** sind als Unternehmer nach § 539 Abs. 1 Ziff. 6 RVO gleichfalls gegen Unfälle versichert, wenn sie zur Schiffsbesatzung gehören oder ohne Fahrzeug fischen und wenn höchstens zwei versicherte Arbeitnehmer in ihrem Betrieb regelmäßig beschäftigt werden. Dabei gilt – nach § 552 RVO auch für die Binnenschiffahrt – die Besonderheit des **Betriebsbanns.** Danach sind Tätigkeiten, die sonst dem unversicherten privaten Lebensbereich zuzurechnen sind, unfallrechtlich geschützt, wenn dem Schiffahrtsbereich eigentümliche Gefahren sich auswirken (BSG vom 31. 7. 1964 [2 RU 8/61] = SozSich. 1964 S. 274 = BG 1965 S. 72). Das ist z. B. der Fall, wenn der Matrose in der Freiwache durch das Schlingern des Schiffes verletzt wird. Bereits beim Betreten des Kais, an dem das Schiff liegt, beginnt der Unfallschutz (LSG Hessen vom 9. 12. 1954 [U III 55/54] = SGb. 1955 S. 379 und BSG vom 14. 12. 1967 [2 RU 189/66] = BSGE 27 S. 248 = SGb. 1968 S. 65).
Die Satzung der Berufsgenossenschaft kann die Versicherung auf **weitere Unternehmer** nach § 543 RVO und ihre Ehefrauen ausdehnen. Das gilt aber nicht für Haushaltungsvorstände und die nach dem Gesetz ausdrücklich als versicherungsfrei genannten Unternehmer und Reeder, die nicht zur Schiffsbesatzung gehören. Außerdem kann die Satzung den Versicherungsschutz erweitern auf Personen, die die Mitgliedsbetriebe besuchen oder dort verkehren oder die den zivilrechtlichen Versicherungsträgern als Organmitglieder angehören (BSG vom 29. 5. 1963 [2 RU 141/60] = BG 1964 S. 36).

Der Unfallversicherung können **freiwillig beitreten** alle anderen Unternehmer mit Ausnahme der Haushaltsvorstände und versicherungsfreien Unternehmer. Besteht die Besatzung eines ausländischen Schiffes ganz oder teilweise aus deutschen Seeleuten, können diese auf Antrag des Reeders bei der See-Berufsgenossenschaft gegen Unfälle versichert werden. Die freiwillige Versicherung erlischt, wenn der Beitrag oder Beitragsvorschuß binnen zweier Monate nach der Zahlungsaufforderung nicht gezahlt wurde. Erst nach Begleichung einer Beitragsschuld wirkt eine Neuanmeldung zur freiwilligen Unfallversicherung.
Versicherungsfrei sind Personen, die nach beamtenrechtlichen oder gleichen Vorschriften Unfallfürsorge erhalten. Auch Mitglieder geistlicher Genossenschaften, Diakonissen, Schwestern des Deutschen Roten Kreuzes und ähnliche Personen sind versicherungsfrei, wenn sie aus überwiegend religiösen oder sittlichen Beweggründen tätig werden. Selbständige Ärzte – ausgenommen Tierärzte – Dentisten, Apotheker, die im Haushalt unentgeltlich beschäftigten Angehörigen des Haushaltungsvorstandes sowie Unternehmer und ihre Ehefrauen von nicht gewerbsmäßig betriebenen Binnenfischereien oder Imkereien sind nach § 542 RVO versicherungsfrei, wenn ihre Betriebe nicht Bestandteil oder Nebenbetrieb eines landwirtschaftlichen Unternehmens ist.

Fall Nr. 57: Gesundheits- und Veterinärwesen

Der Inhaber eines Beerdigungsinstituts infizierte sich bei seiner Arbeit. Als er von der Berufsgenossenschaft Leistungen verlangt, lehnt diese ab. Hatte sie Recht mit der Annahme, der Unternehmer sei nicht versichert gewesen?

Lösung

Die im Gesundheits- und Veterinärwesen oder in der Wohlfahrtspflege tätigen **Selbständigen** sind nach § 539 Abs. 1 Ziff. 7 RVO unfallversichert. Einrichtungen und Tätigkeiten im **Gesundheitswesen** sind solche, die die Beseitigung oder Besserung eines krankhaften Zustandes oder die Pflege hilfsbedürftiger Menschen oder den Schutz der Gesundheit vor unmittelbar drohender Gefahr bezwecken. Dabei muß es sich um Einrichtungen und Tätigkeiten handeln, bei denen die **Erhaltung der Gesundheit den Hauptzweck bildet.** Der Betrieb eines Labors, dessen Untersuchungsergebnisse der Humanmedizin dienen, ist eine Tätigkeit im Gesundheitswesen (BSG vom 30. 1. 1963 [2 RU 35/60] = BSGE 18 S. 231 = SGb. 1963 S. 73), nicht aber ein Beerdigungsinstitut (BSG vom 27. 10. 1961 [2 RU 115/60] = BSGE 15 S. 190 = SozSich. 1962 S. 18).
Werden diese Tätigkeiten an Tieren erbracht, dann liegt eine Tätigkeit im **Veterinärwesen** vor. Ein frei praktizierender Tierarzt ist im Veterinärwesen tätig und daher auch versicherungspflichtig. Diese Pflichtversicherung ist, wie das Bundessozialgericht bereits feststellte, rechtens (BSG vom 21. 4. 1959 [2 RU 38/56] = BSGE 9 S. 261).
Wohlfahrtspflege ist die planmäßige zum Wohl der Allgemeinheit und nicht des Erwerbs wegen ausgeübte vorbeugende oder abhelfende unmittelbare Betreuung von gesundheitlich, sittlich oder wirtschaftlich gefährdeten Menschen. Ein Kreiswohnungsamt ist auch dann keine Einrichtung der Wohlfahrtspflege, wenn sich unter den Wohnungssuchenden Personen mit ansteckenden Krankheiten

befinden (BSG vom 25. 10. 1957 [2 RU 122/54] = BSGE 6 S. 74 = SozSich. 1958 S. 376). Die Tbc-Fürsorgestelle eines Sozialamtes zählt aber dazu, mag die persönliche Anhörung und Beratung der Betreuten in der „Einrichtung" oder an einem anderen Ort stattfinden (BSG vom 26. 9. 1961 [2 RU 31/60] = BSGE 15 S. 116 = WzS 1961 S. 339). Ein erwerbsmäßig betriebenes Beerdigungsinstitut ist keine Einrichtung der Wohlfahrtspflege. Versicherungsschutz besteht hier nur bei einer freiwilligen Unternehmerversicherung (vgl. Fall Nr. 56).

Fall Nr. 58: Helfer und Lebensretter

Der Ehemann der Klägerin hatte in seinem Urlaub auf Las Palmas einen spanischen Jugendlichen vor dem Tod des Ertrinkens gerettet und war dabei selbst ums Leben gekommen. Lehnte die Berufsgenossenschaft zu Recht Hinterbliebenenrente ab, weil der Unfall im Ausland geschehen war?

Lösung

Die in einem **Unternehmen** zur Hilfe bei Unglücksfällen Tätigen sowie die Teilnehmer an den von ihnen durchgeführten Ausbildungsveranstaltungen einschließlich der dort Lehrenden sind nach § 539 Abs. 1 Ziff. 8 RVO versichert. Der Begriff „Unternehmen" umfaßt alle Einrichtungen, Tätigkeiten und Betriebe, die sich mit der Hilfe bei Unglücksfällen befassen, also die organisierte Hilfe. Unter diese Bestimmung fallen die Mitglieder des Deutschen Roten Kreuzes, der Bergwacht, der Gesellschaft zur Rettung Schiffbrüchiger, der Lebensrettungsgesellschaft, der freiwilligen oder Werksfeuerwehren usw. Die Teilnahme eines uniformierten Feuerwehrmannes an einer traditionellen Feuerwehrsveranstaltung ist somit versichert.
Versichert sind ferner Personen, die freiwillig **Luftschutzdienst** leisten oder dazu herangezogen werden oder die an einer entsprechenden Schulungsveranstaltung teilnehmen (§ 539 Abs. 1 Ziff. 12 RVO). Auch **Entwicklungshelfer** sind während ihrer Ausbildung und ihres Auslandsaufenthaltes gegen Unfälle versichert.
Im vorliegenden Fall war der Ehemann der Klägerin nicht innerhalb einer Organisation tätig geworden. Die Ziffer 9a des § 539 Abs. 1 RVO schützt aber auch Personen, die bei Unfällen oder allgemeiner Gefahr oder Not Hilfe leisten oder einem anderern aus **gegenwärtiger Lebensgefahr** oder einer erheblichen Gefahr für Körper und Gesundheit zu retten unternehmen. Voraussetzung für den Versicherungsschutz ist, daß eine individuelle oder allgemeine Gefahr oder Notlage vorhanden ist, die einen Schaden verursachen kann, also nicht muß (BSG vom 27. 6. 1968 [2 RU 56/67] = SGb. 1968 S. 321 = SozSich. 1968 S. 236). Diese Gefährdung muß sich auf Personen beziehen. Nur bei einer allgemeinen Gefahr oder Not wie z.B. Feuersbrünsten oder Überschwemmungen genügt bereits eine erhebliche Gefährdung von Sachwerten. Weiter muß die Gefahr akut sein, wobei die subjektive Anschauung des Retters, unbedingt sofort einschreiten zu müssen, maßgebend ist. Liegen diese Voraussetzungen vor, besteht auch dann Versicherungsschutz, wenn ein Deutscher bei einer entsprechenden Hilfe oder Lebensrettung im Ausland zu Schaden kommt. Die Ehefrau des Lebensretters hatte also Anspruch auf Hinterbliebenenrente (BSG vom 30. 11. 1972 [2 RU 19/70] = SozSich-Kartei Nr. 2770, V/D zu § 539 RVO).

Blutspender und Spender körpereigener Gewebe sind nach § 539 Abs. 1 Ziffer 10 RVO gleichfalls gegen Unfälle versichert. Hierbei ist die Blut- oder Gewebsentnahme nicht der versicherte Unfall, sondern die dabei auftretende Komplikation z. B. in Form einer Infektion. Ob für die Spende eine Vergütung gezahlt wird, ist ohne Bedeutung.

Fall Nr. 59: Hilfe bei Diensthandlungen

Der Schülerlotse J wird auf dem Zebrastreifen angefahren und verletzt, als er andere Schulkinder über die Straße geleiten will. Ist er gegen Unfälle versichert?

Lösung

Wird jemand zur Unterstützung bei einer Diensthandlung von einem Bediensteten des Bundes, eines Landes, einer Gemeinde oder einer Einrichtung des öffentlichen Rechts herangezogen, unterliegt er dabei nach § 539 Abs. 1 Ziffer 9b RVO dem Versicherungsschutz. Welchen Dienstrang der Bedienstete bekleidet, ob er Beamter, Angestellter oder Arbeiter ist, ist belanglos. Nur die Tatsache, daß er dem öffentlichen Dienst angehört und bei einer Dienstleistung Hilfe begehrt, ist von Bedeutung.
Die Heranziehung kann global erfolgen. Die Verkehrsregelung an sich stellt eine polizeiliche Aufgabe dar, sie ist aber global auf einen bestimmten Personenkreis – hier die Schülerlotsen – übertragen worden. J hat daher bei der „Unterstützung einer Diensthandlung" einen Unfall erlitten und war dabei versichert.
Zu diesem Kreis gehört auch der Versicherungsschutz bei der **Festnahme oder Verfolgung** einer Person, die einer strafbaren Handlung verdächtig ist (Ziffer 9c dieses Paragraphen). Bekanntlich ist jedermann berechtigt, einen anderen, der auf frischer Straftat betroffen oder verfolgt wird, vorläufig festzunehmen. Nach dem eindeutigen Gesetzestext genügt für den Versicherungsschutz bereits, daß der Verdacht einer strafbaren Handlung – und dazu zählen auch Übertretungen des Gesetzes – vorliegt (BSG vom 29. 11. 1963 [2 RU 175/62] = BSGE 20 S. 107 = Breith. 1964 S. 286). Dabei kommt es nicht darauf an, gegen wen sich die strafbare Handlung richtet. Wer z. B. bestohlen wurde, den Dieb verfolgt und dabei eine Verletzung erleidet, ist versichert (BSG vom 29. 5. 1964 [2 RU 47/61] = BSGE 21 S. 101 = Breith. 1964 S. 936). Der Verdacht, daß eine strafbare Handlung lediglich vorbereitet wird, genügt nicht.

Fall Nr. 60: Angriffsabwehr

Als der dreizehnjährige M sah, wie seine Schwester von mehreren Halbwüchsigen belästigt wurde, kam er ihr zu Hilfe. Daraufhin schlugen ihn die Angreifer so zusammen, daß er mit einem Armbruch ins Krankenhaus eingeliefert werden mußte. War M bei seiner Hilfeleistung versichert?

Lösung

Wer zum Schutz eines **widerrechtlich Angegriffenen** sich persönlich einsetzt, ist ebenfalls gegen Unfälle versichert. Es besteht aber kein Versicherungsschutz, wenn man selbst widerrechtlich angegriffen wird und sich dabei seiner Haut erwehrt. Das gilt nicht, wenn der widerrechtlich Angreifende sich von seinem Opfer abwendet und den Angriff nunmehr gegen den Helfer richtet (LSG Rheinland-Pfalz vom 22. 1. 1965 [L 3 U 4/64] = Breith. 1965 S. 991). In unserem Fall war der Angriff der Halbwüchsigen auf die Schwester gerichtet, bevor M eingriff, so daß er bei seiner Hilfeleistung unter Versicherungsschutz stand.
Der Versicherungsschutz ist nur bei widerrechtlichen Angriffen gegeben. Wer einem Verdächtigen hilft, sich dem Zugriff der Polizei zu entziehen, ist nicht geschützt. Das gilt nicht, wenn er guten Glaubens annehmen konnte, dieser Angriff sei rechtswidrig. Z. B: Der Verdächtige gibt sich fälschlich als Polizeibeamter aus und bittet als solcher um Beistand. Mit Beendigung der Angriffshandlung erlischt auch der Versicherungsschutz (LSG Bayern vom 16. 10. 1964 [L 10 U 236/63] = Breith. 1965 S. 194).

Fall Nr. 61: Arztbesuch

Frau Sch besitzt ein Lebensmittelgeschäft. Auf dem Weg zur amtlich angeordneten ärztlichen Untersuchung erleidet sie einen Unfall. Ist dieser Weg versichert?

Lösung

Dem Schutz der Unfallversicherung unterliegen nach § 539 Abs. 1 Ziff. 11 RVO auch Personen, die auf Grund von Arbeitsschutz- oder Unfallverhütungsvorschriften ärztlich untersucht oder behandelt werden. Voraussetzung ist, daß die ärztliche Behandlung oder Untersuchung durch gewerbepolizeiliche Arbeitsschutz- oder berufsgenossenschaftliche Unfallverhütungsvorschriften vorgeschrieben oder angeordnet worden sind. Die Untersuchung von Jugendlichen auf Grund des Jugendarbeitsschutzgeseztes erfüllt diese Voraussetzungen wie die Untersuchungen auf Berg- oder Seediensttauglichkeit, auf ansteckende Krankheiten wie zur Verhütung von Berufskrankheiten. Nur wenn eine Unternehmerversicherung besteht, ist Frau Sch auf dem Weg von und zu der nach dem Bundesseuchengesetz vorgeschriebenen Untersuchung versichert, weil das Bundesseuchengesetz kein Arbeitsschutzgesetz ist (LSG Bayern vom 17. 5. 1968 [L 2U 259/66] = Breith. 1969 S. 112). Wäre sie eine Verkäuferin in einem Lebensmittelgeschäft, wäre sie ebenfalls auf diesen Wegen versichert. Versichert ist z. B. auch eine Hebamme auf dem Weg zur amtsärztlichen Untersuchung vor Beginn eines gesetzlich vorgeschriebenen Fortbildungslehrgangs (SG Hamburg vom 18. 11. 1969 [24 U 280/68] = Breith. 1970 S. 297).
Nach § 555 RVO gilt als Folge eines Arbeitsunfalls auch ein Unfall, den der Verletzte auf einem Weg zu der Heilbehandlung oder der Wiederherstellung oder Erneuerung eines beschädigten Körperersatzstückes oder Hilfsmittels oder bei der Durchführung dieser Maßnahmen erleidet.

Fall Nr. 62: Zeugen

Der unfallverletzte Maurer K suchte das Versicherungsamt auf. Dort wurde er zum Unfallgeschehen vernommen. Auf dem Heimweg rutschte er auf einer Bananenschale aus und zog sich dabei eine Gehirnerschütterung zu. War dieser Unfall versichert?

Lösung

Nach § 539 Abs. 1 Ziff. 13 RVO sind gegen Unfälle versichert die Personen, die von einem Gericht, einem Staatsanwalt oder einer sonst dazu berechtigten Person oder Stelle als Zeuge zur Beweiserhebung herangezogen werden oder die ein öffentliches Ehrenamt bekleiden. Unter Zeugen versteht man eine Person, die über ihr tatsächliches Wissen vor Gericht oder einer zuständigen Behörde oder Stelle aussagen soll. Ein **sachverständiger Zeuge** wie z. B. der Arzt, der den Unfall sah, ist als Zeuge zu betrachten, der **Sachverständige** aber nicht, weil dieser in der Regel dem Gericht nur sein Fachwissen zur Verfügung stellt.
Eine Prozeßpartei oder der Angeklagte eines Strafprozesses kann in eigener Sache nicht als Zeuge auftreten. Der Maurer K war also nicht Zeuge (BSG vom 11. 11. 1971 [2 RU 152/69] = SozSich.-Kartei Nr. 2604, V/D zu § 539 RVO). Trotzdem war er auf dem Weg zum Versicherungsamt versichert, weil § 555 RVO bestimmt, daß als Folge eines Arbeitsunfalls auch der Unfall gilt, den der Versicherte auf einem Weg zu einer wegen des Arbeitsunfalls **zur Aufklärung des Sachverhalts** angeordneten Untersuchung erleidet (BSG vom 30. 1. 1968 [2 RU 51/65] = Breith. 1968 S. 562 = SGb. 1968 S. 373).
Alle Verwaltungen des öffentlichen Rechts haben die gesetzliche Pflicht, einen bestimmten Sachverhalt aufzuklären und Ermittlungen durchzuführen. Sie sind daher berechtigt, Zeugen und die Beteiligten zu vernehmen. Das gilt für alle Versicherungsträger, auch wenn sie keine Behörden sind und keine Eide abnehmen dürfen.

Fall Nr. 63: Ehrenamtlich Tätige

Als Mitglieder des Kirchenchores waren die beiden Postschaffner T und G mit dem auto zur Probe gefahren und verunglückt. Bestand auf dieser Fahrt Versicherungsschutz?

Lösung

Die für den Bund, ein Land, eine Gemeinde, einen Gemeindeverband oder eine andere Körperschaft, Anstalt oder Stiftung des öffentlichen Rechts ehrenamtlich Tätigen sind nach § 539 Abs. 1 Ziffer 13 RVO gegen Unfälle versichert. Unter diese Bestimmung fallen Abgeordnete, denen durch Gesetz keine laufende Entschädigung zur Sicherstellung ihres Lebensunterhalts gewährt wird und die Organmitglieder der Versicherungsträger. Geschützt sind ferner Vormünder und Pfleger, Beisitzer von Gerichten (Schöffen), Mitglieder von Prüfungsausschüssen der Handwerks- sowie Industrie- und Handelskammern (BSG vom 27. 9. 1968 [2 RU

138/66] = Breith. 1969 S. 388 = SGb. 1969 S. 459). Die außerhalb des öffentlichen Dienstes ehrenamtlich Tätigen sind nicht geschützt (BSG vom 25. 8. 1970 [2 RU 51/68] = BSGE 31 S. 275 = Breith. 1971 S. 194).
Zu beachten ist, daß der ehrenamtlichen Tätigkeit nicht nur die Ehre, sondern auch das Amt zu eigen ist. Die Wahrnehmung eines öffentlichen Ehrenamtes geht schon begrifflich von einem öffentlichen Amt, also einem begrenzten, institutionell geordneten Wirkungskreis im öffentlichen Bereich aus. Die Mitglieder eines Kirchenchores üben kein Amt aus, weil sie nur die Pflichten als Chormitglieder zu beachten haben (BSG vom 27. 4. 1972 [2 RU 14/69] = SozSich. 1972 S. 214 = BSGE 34 S. 163). Für T und G bestand daher kein Unfallversicherungsschutz.

Fall Nr. 64: Kinder, Schüler, Studenten

Die Schüler einer Handelsschule machten einen Klassenausflug, der sie für drei Tage ins Ausland führte. Dort erlitt ein Schüler einen Unfall. War er versichert?

Lösung

Kinder, Schüler und Studierende sind nach § 539 Abs. 1 Ziff. 14 RVO während des Besuchs von Kindergärten, allgemein bildenden Schulen und während der beruflichen Aus- und Fortbildung in Betriebs- und Lehrwerkstätten, berufsbildenden Schulen, Schulungskursen und ähnlichen Einrichtungen, sowie von Hochschulen unfallversichert. Bei einer beruflichen Fortbildung ist nicht erforderlich, daß – wie bei der Berufsausbildung – sie die „Arbeitskraft" mindestens überwiegend in Anspruch nimmt. Wer neben seiner hauptberuflichen Tätigkeit sich aus- oder weiterbildet, ist dabei versichert wie die in diesen Einrichtungen Lehrenden.
Der Versicherungsschutz umfaßt nicht nur den Unterricht und die Pausen, sondern auch schulische Veranstaltungen wie Schulausflüge und -reisen, Tätigkeiten in der Schülermitverwaltung, den Weg von und zu der Schule oder Schulveranstaltung. Deshalb war der Klassenausflug ins Ausland als eine den Schülern auferlegte, im Lehrplan vorgesehene schulhoheitliche Maßnahme versichert (BSG vom 22. 9. 1966 [2 RU 101/66] = SozSich.-Kartei Nr. 2005, V/D zu § 539 RVO = BB 1967 S. 287). Ob der Ausflug von den Schülern als Vergnügen empfunden wurde, spielt keine Rolle.
Der zu Hause durchgeführte **Fernunterrricht** ist versicherungsrechtlich nicht geschützt, weil er **nicht innerhalb einer schulischen Einrichtung** stattfindet (LSG Rheinland-Pfalz vom 12. 8. 1970 [L 3 U 74/69] = Breith. 1971 S. 274). Das ist nur der Fall, wenn sich der Lernende im Einwirkungsbereich einer ordnungsgemäßen betrieblichen oder schulischen Aufsicht befindet. Das vom Allgemeinen Studentenausschuß durchgeführte Fußballspiel unterliegt dem Versicherungsschutz, mag Sport auf dem Lehrplan auch nicht vorgesehen sein (BSG vom 28. 8. 1968 [2 RU 67/67] = BSGE 28 S. 204 = Breith. 1969 S. 393).

Fall Nr. 65: Familienheimbau

Der Techniker B beschloß, in Selbsthilfe eine Garage an sein Eigenheim im Rahmen des steuerbegünstigten Wohnungsbaues zu errichten. Sein Nachbar

D half ihm dabei. Als dieser vom Dach fiel und sich erheblich verletzte, verlangte er Unfallrente. Mit Recht?

Lösung

Wer beim Bau eines Familienheimes mithilft, ist nach § 539 Abs. 1 Ziffer 15 RVO gegen Unfälle versichert. Unter einem Familienheim versteht das Gesetz Eigenheime, Kaufeigenheime oder Kleinsiedlungen. Auch eigengenutzte Eigentumswohnungen, Kaufeigentumswohnungen oder Genossenschaftswohnungen zählen dazu.
Voraussetzung für diesen – übrigens kostenlosen – Versicherungsschutz ist, daß durch das Bauvorhaben **öffentlich geförderte oder steuerbegünstigte Wohnungen** und die nach der Verkehrsauffassung dazu gehörenden Nebenräume geschaffen und daß die Wohnflächenbegrenzungen nicht überschritten werden (BSG vom 27. 6. 1968 [2 RU 212/67] = BSGE 28 S. 122 = Breith. 1969 S. 196). Zu den Nebenräumen gehören zweifelsfrei Garagen, selbst wenn sie erst einige Jahre später als das Wohnhaus errichtet werden (BSG vom 27. 6. 1968 [2 RU 64/67] = BSGE 28 S. 131). Ebenso gehören die Aufschließung und Kultivierung des Geländes, die Herrichtung der Wirtschaftsanlagen und die Erstellung von Gemeinschaftsanlagen (z. B. innerhalb einer Siedlungsgenossenschaft) dazu.
Unter **Selbsthilfe** wird die aktive Arbeit verstanden, die zur Durchführung eines Bauvorhabens vom Bauherrn selbst, seinen Angehörigen oder fremden Personen z. B. im Wege der **unentgeltlichen Nachbarschaftshilfe** oder Gemeinschaftshilfe erbracht wird. Dabei werden nur die Arbeiten gewertet, die üblicherweise von Unternehmern des Bauhaupt- oder Baunebengewerbes geleistet werden. Die Selbsthilfe beim Abbruch eines Altbaues ist nur dann eine Tätigkeit „beim Bau eines Familienheimes“, wenn der Abbruch notwendig ist, um auf dem Grundstück unmittelbar danach ein Familienheim zu bauen (LSG Bayern vom 17. 5. 1968 [L 2 U 256/66] = Breith. 1969 S. 200).
Es genügt, daß die Selbsthilfe für die Durchführung des Bauvorhabens ursächlich ist und sie ihrem Wert nach im Verhältnis zu den Gesamtkosten des Bauvorhabens eine **erhebliche Bedeutung** hat. Das ist immer dann der Fall, **wenn der Wert der Eigenleistung insgesamt mehr als 1,5 vom Hundert der Gesamtkosten des Bauvorhabens** beträgt (BSG vom 27. 6. 1968 [2 RU 64/67] = BSGE 28 S. 131). Zu der Eigenleistung zählt auch die Arbeit der Angehörigen und der fremden unentgeltlich tätigen Helfer (LSG Schleswig-Holstein vom 11. 9. 1970 [L 1 U 50/68) = Breith. 1971 S. 818). Weil alle diese Voraussetzungen gegeben waren, stand D unter Versicherungsschutz.
Für den Versicherungsschutz wird noch gefordert, daß der Wille bestanden haben muß, das Bauvorhaben öffentlich durch staatliche Darlehen oder Steuererleichterungen fördern zu lassen. Dieser Antrag brauch am Unfalltag noch nicht bei der zuständigen Stelle eingegangen oder von ihr genehmigt worden sein (BSG vom 27. 6. 1968 [2 RU 294/67] = BSGE 28 S. 134 = Breith. 1969 S. 16).

Fall Nr. 66: Rehabilitanden

Der arbeitslose L hatte einen Antrag auf Umschulung bei der Landesversicherungsanstalt gestellt. Daraufhin erhielt er vom Arbeitsamt die Aufforderung, sich bei der dortigen Rehabilitationsabteilung zu melden. Auf dem Weg zum Arbeitsamt wurde L am 26. 9. 1974 von mehreren Betrunkenen grundlos zusammengeschlagen und schwer verletzt. Hatte er einen Arbeitsunfall erlitten?

Lösung

Ab 1. 10. 1974 sind nach § 539 Abs. 1 Nr. 17 RVO auch Personen, denen von einem Kranken- oder Rentenversicherungsträger oder einer landwirtschaftlichen Alterskasse **stationäre Behandlung** gewährt wird, gegen Unfälle versichert. Das gilt ferner für Personen, die auf Kosten eines Rentenversicherungsträgers oder der Bundesanstalt für Arbeit an einer beruflichen **Rehabilitationsmaßnahme** teilnehmen, soweit sie nicht schon gegen Unfälle versichert sind.
In unserem Fall hatte L noch nicht an einer beruflichen Rehabilitationsmaßnahme teilgenommen, so daß ein Versicherungsschutz nach § 539 Abs. 1 Nr. 14 RVO (vgl. Fall Nr. 64) nicht bestand. Die zur Vorbereitung von berufsfördernden Maßnahmen auf Anordnung eines Rentenversicherungsträgers oder des Arbeitsamtes zurückgelegten Wege sind aber erst seit dem 1. 10. 1974 gegen Unfälle geschützt. L hat somit fünf Tage zu früh den Unfall erlitten.
Trotzdem wurde sein Anspruch von der Berufsgenossenschaft anerkannt. Als Arbeitsloser hatte er auf Aufforderung des Arbeitsamtes diesen Weg angetreten. Dabei spielt es keine Rolle, daß das Arbeitsamt auf Veranlassung des Rentenversicherungsträgers tätig wurde. L war jedenfalls als Arbeitsloser nach § 539 Abs. 1 Nr. 4 RVO – wie es im Fall Nr. 55 beschrieben wird – gegen Unfälle versichert.

Fall Nr. 67: Wie Versicherte tätige Personen

Der Pensionär H sah, wie ein Lastwagenfahrer sich abmühte, seinen schweren Wagen rückwärts in eine enge Toreinfahrt hineinzufahren. Durch Winkzeichen wies er ihn ein. Dabei stolperte er und verletzte sich. War H versichert?

Lösung

Die gesetzliche Unfallversicherung umfaßt nach § 539 Abs. 2 RVO auch Personen, die „wie ein Versicherter tätig werden". Sinn und Zweck dieser Bestimmung ist es, die nicht dem Betrieb angehörenden Personen gegen Unfälle zu schützen und zu versichern, soweit sie sich zugunsten dieses Betriebes betätigen. Ob die Tätigkeit qualifiziert ist, ob dafür eine Vergütung üblicherweise vereinbart wird, ist ohne Bedeutung. Ausschlaggebend ist allein, ob es sich um eine **ernsthafte, dem Unternehmen dienende Tätigkeit** handelt, daß sie dem mutmaßlichen Willen des Unternehmers entspricht, daß diese Tätigkeit sonst nicht von Selbständigen ausgeführt wird und daß hierdurch ein innerer Kausalzusammenhang (vgl. Fall Nr. 69) mit dem Unternehmen hergestellt wird (BSG vom 28. 5. 1957 [2 RU 150/55) = BSGE 5 S. 168 = Breith. 1958 S. 219).
Alle diese Voraussetzungen erfüllt der Pensionär H, so daß er beim Einwinken des fremden Fahrzeugs versichert war.
Die versicherte Tätigkeit kann in der Erteilung eines Rates bestehen, wobei es ohne rechtlichen Wert ist, ob der Rat richtig oder falsch war, ob er befolgt wurde oder ob er gar gegen die Unfallverhütungsvorschriften verstieß (BSG vom 29. 6. 1966 [2 RU 104/65] = BSGE 25 S. 102 = Breith. 1966 S. 993).

Ohne Bedeutung ist ferner, ob ein wirtschaftliches oder persönliches **Abhängigkeitsverhältnis** besteht, und ob ohne die Hilfeleistung eine bezahlte Arbeitskraft (hier ein Beifahrer) hinzugezogen worden wäre (BSG vom 22. 4. 1959 [2 RU 245/57] = BG 1960 S. 37 = Breith. 1959 S. 985). Nur wenn der Unternehmer die Hilfeleistung ausdrücklich verboten hat, kommt der Versicherungsschutz nicht zustande.
Unter diese Bestimmung fallen endlich die sogenannten **Gefälligkeitsarbeiten**, wie z.B. das Zureiten eines Pferdes durch einen Turnierreiter (BSG vom 16. 12. 1958 [2 RU 128/56] = SozSich. 1959 S. 88 = BG 1959 S. 345), oder Arbeiten, die im Hinblick auf einen eventuell abzuschließenden Arbeitsvertrag unentgeltlich ausgeführt werden (BSG vom 23. 6. 1959 [2 RU 82/57] = SGb. 1959 S. 259 = SozSich. 1959 S. 279). Wer z.B. einem Verein beim Bau einer Kantine hilft (BSG vom 31. 7. 1962 [2 RU 110/58] = BSGE 17 S. 211 = Breith. 1963 S. 207), die Mitglieder betreut und die Vereinsbeiträge kassiert und abrechnet, wird ebenfalls wie ein Versicherter tätig (BSG vom 29. 5. 1962 [2 RU 283/58] = BSGE 17 S. 73 = SozSich. 1962 S. 206). Hierbei ist jedoch Voraussetzung, daß die Tätigkeit üblicherweise in dem Betrieb verrichtet wird. Das ist nicht der Fall, wenn ein Bastler sich bereitfindet, bei einem befreundeten Bäckermeister die Elektroinstallation durchzuführen (BSG vom 7. 3. 1969 [2 RU 181/65] = BSGE 29 S. 159 = SozSich.-Kartei Nr. 2277, V/D zu § 539 RVO).
Die **Mitarbeit von Familienangehörigen** unterliegt nur in Ausnahmefällen dem Versicherungsschutz, weil diese in der Regel nicht als Arbeitnehmer tätig werden (BSG vom 13. 3. 1959 [2 RU 206/56] = SozSich. 1959 S. 152 = SGb. 1959 S. 127). Auch der Betriebsinhaber selbst kann in seinem eigenen Betrieb nicht wie ein Versicherter tätig werden. Bringt er Kunden mit seinem Wagen nach Hause, wird er nicht wie ein Versicherter tätig (LSG Nordrhein-Westfalen vom 24. 9. 1957 [5 U 437/56] = Breith. 1958 S. 117).

B. Arbeitsunfall

Fall Nr. 68: Unfallbegriff

Wenn der Fliesenleger D längere Zeit im Knien gearbeitet hatte, stellten sich seit einigen Jahren Schmerzen im rechten Knie ein. Oft verursachten sie Arbeitsunfähigkeit. Als er sich am 22. 3. 1974 aus dem Knien aufrichtete, fiel er mit einem Aufschrei um. Im Krankenhaus wurde ein Meniskusriß festgestellt. Lag hier ein Arbeitsunfall vor?

Lösung

Nach § 548 RVO ist ein Arbeitsunfall ein Unfall, den ein Versicherter **bei einer** versicherten Tätigkeit erleidet. Der Unfallbegriff selbst fordert eine **von außen plötzlich auf den Versicherten einwirkende, die Gesundheit schädigende Gewalt, die höchstens eine Schicht lang wirkt** (BSG vom 14. 3. 1958 [2 RU 48/56] = SGb. 1959 S. 361 = NJW 1958 S. 1206). In der Schiffahrt gilt der gesamte Zeitraum, in dem der Versicherte dienstlich in Anspruch genommen wird, als Arbeitsschicht.

Im vorliegenden Fall lag überhaupt kein Unfall vor. Die Vorerkrankungen ließen den Schluß zu, daß auch bei dem am 22. 3. 1974 durchgeführten Fliesenlegerarbeiten wieder Kniebeschwerden auftreten würden. Insofern kann die Erkrankung nicht als plötzlich und unerwartet gelten. Abgesehen davon fehlt hier auch die von außen auf den Körper des Versicherten einwirkende Gewalt, die innerhalb einer Schicht beendet ist. Es mag sein, daß das erkrankte Knie durch jedes längere Knien erneut geschädigt wurde. Die einzelnen Schädigungen (Microtraumen) gelten auch in ihrer Gesamtheit nicht als Unfall (BSG vom 31. 10. 1969 [2 RU 15/69] = SozSich.-Kartei Nr. 2351, V/D zu § 548 RVO = SGb. 1969 S. 495), weil die Schädigungen (hier das Knien) insgesamt länger als eine Arbeitsschicht andauerten, bevor der Meniskus riß. Etwas anderes gilt, wenn eine dieser Schädigungen sich durch besondere Stärke so auszeichnet, daß man von einem einzigen, kurzfristigen Schadensereignis sprechen kann, das alle vorgehenden Schädigungen als unwesentlich erscheinen läßt (BSG vom 30. 7. 1965 [2 RU 57/64] = SozSich.-Kartei Nr. 1865, V/A zu § 542 RVO = BG 1966 S. 360). Das kann durchaus eine Beschimpfung durch einen Vorgesetzten sein oder ein Schock, der bei einem Beinahe-Unfall entsteht (BVerwG vom 9. 4. 1970 [II C 49/68] = NJW 1970 S. 1247).
Das **Unfallgeschehen** muß betriebsbedingt sein. Das bedeutet nicht, daß „Unfälle des täglichen Lebens", die sich während der versicherten Tätigkeit ereignen, keine Arbeitsunfälle sind (BSG vom 13. 3. 1959 [2 RU 167/57] = BSGE 9 S. 222 = AP Nr. 1 zu § 542 RVO). Sie fallen darunter, wenn die betriebliche Tätigkeit eine **außergewöhnliche**, den betrieblichen Rahmen übersteigende Arbeitsleistung darstellt (BSG vom 14. 7. 1955 [8 RV 177/54] = BSGE 1 S. 150 = SozSich. 1956 S. 80). Ein Hilfsarbeiter, der sonst leichte körperliche Arbeiten verrichtet, kann so eher einen beim Anheben einer schweren Last aufgetretenen Bruch als Arbeitsunfall anerkannt bekommen als ein Stauer, der jeden Tag schwere Gegenstände hebt und transportiert und dessen Körper sich auf die schwere Arbeit eingestellt hat.

Fall Nr. 69: Kausalität

In der Mittagspause schlenderte der Dreher F über das Werksgelände. Als er einen schwerbeladenen Handwagen auf dem Überweg der Werksbahn stehen sah, wollte er ihn zur Seite schieben. Bei dieser Kraftanstrengung erlitt er einen Herzinfarkt. Liegt ein Arbeitsunfall vor?

Lösung

Für die Anerkennung eines Arbeitsunfalls wird der Nachweis eines **doppelten Kausalzusammenhangs** gefordert (Ständige Rechtsprechung ab RVA vom 26. 2. 1914 = AN 1914 S. 411). Zwischen der versicherten Tätigkeit (hier die Arbeit als Dreher) und dem Unfallereignis (Fortschieben des Wagens) muß ein Ursachenzusammenhang bestehen und zwischen dem Schadensereignis und der Schädigung (Herzinfarkt) muß gleichfalls ein Kausalzusammenhang gegeben sein. Die Tatsache allein, daß der Unfall sich auf der Arbeitsstätte oder auf dem Weg von oder zu der Arbeit ereignet hat, daß also der **örtliche, zeitliche und persönliche Zusammenhang** mit der versicherten Tätigkeit gegeben ist, reicht nicht für den Versicherungsschutz (BSG vom 14. 1. 1965 [5 RKn. 76/60] = Breith. 1965 S. 810 = SGb. 1965 S. 118). In unserem Fall ist primär die Drehertätigkeit die versicherte Arbeit, denn diese ist auch Inhalt des Arbeitsvertrages. Wäre der Unfall bei der Arbeit als Dreher geschehen, würde kein Zweifel über die **haftungsbegründende Kausalität** herrschen; denn der Unfall wäre „bei der versicherten Tätigkeit" entstanden. F hatte geglaubt, daß er eine akute Gefahr beseitigen müßte, denn ein beladener Wagen auf den Eisenbahnschienen bildet einen Gefahrenherd. Das Tätigwerden geschah somit im mutmaßlichen Sinne des Unternehmens, war ihm förderlich und damit auch versicherungsrechtlich geschützt. Liegt keine konkrete Anweisung des Arbeitgebers vor, genügt der mutmaßliche Wille des Unternehmers, wie er sich aus der Interessenlage und dem allgemeinen Unternehmenszweck schließen läßt. Dies ist selbstverständlich, denn ein moderner Unternehmer ist auf die **Eigeninitiative seiner Mitarbeiter** angewiesen. Im vorliegenden Fall änderte auch die Tatsache, daß dieser Abschnitt der Werksbahn stillgelegt war, nichts am Versicherungsschutz.

Nach §§ 552, 838 RVO gilt die haftungsbegründende Kausalität als erfüllt, wenn in der **Binnen- und Seeschiffahrt** ein Unfall durch Elementarereignisse, hafeneigentümliche Gefahren, bei der Beförderung vom Schiff zum Land oder umgekehrt oder beim Retten und Bergen von Menschen oder Sachen geschieht. Hierbei gilt die Lehre vom Betriebsbann (vgl. Fall Nr. 56).

Weiter gilt ab 1. 10. 1974 als Folge eines Arbeitsunfalls ein Unfall, den der Verletzte bei der Durchführung einer **Heilbehandlung oder Berufshilfe**, bei der Wiederherstellung oder Erneuerung eines beschädigten Körperersatzstückes oder größeren Hilfsmittels erleidet. Das gilt auch, wenn der Versicherte den Weg zur Aufklärung eines Arbeitsunfalls oder – auf Aufforderung – zur Vorbereitung von Maßnahmen der Heilbehandlung oder der Berufshilfe angetreten hat.

Weiter muß zwischen dem Unfallereignis und der Körperschädigung ein ursächlicher Zusammenhang, die sogenannte **haftungsausfüllende Kausalität** nachgewiesen sein. Das bedeutet: Die versicherte Tätigkeit muß in der Lage gewesen sein, den Unfallschaden zu verursachen. In unserem Fall ist zu prüfen, ob durch das Fortschieben des schweren Wagens überhaupt ein Herzinfarkt entstehen kann. Dabei kommt als Ursache nicht bereits eine lose und mit dem Unfallereignis lediglich zeitlich und örtlich verbundene Tatsache in Betracht. Kausal sind vielmehr nur solche Umstände, die ein **erhebliches Gewicht** haben (BSG vom 14. 7. 1955 [8 RV 177/54] = BSGE 1 S. 150 = SozSich. 1956 S. 80). Die bloße Möglichkeit genügt selbst dann nicht, wenn außer dem Unfallereignis nur solche Schädigungsursachen in Betracht kommen, die es wohl erfahrungsgemäß gibt, die aber medizinisch nicht ausreichend erforscht sind, weil die „Beweislast" (vgl. Fall Nr. 71) beim Versicherten liegt (BSG vom 26. 6. 1959 [2 RU 158/56] = SozSich. 1959 S. 205 = SGb. 1959 S. 231). Rechtlich ist es ohne Bedeutung, ob ein Unfallgeschehen „erfahrungsgemäß" im allgemeinen unter gleichen Umständen auch bei anderen Personen den gleichen Schadenserfolg herbeigeführt hätten. Allein **die besondere individuelle Konstitution, die Belastung und Belastbarkeit des Versicherten**, ist für die Beantwortung der haftungsausfüllenden Kausalität von Bedeutung (BSG vom 11. 11. 1959 [11 RV 290/57] = BSGE 11 S. 50 = Breith. 1960 S. 145).

In unserem Fall ergab die Untersuchung, daß F an einer anlagebedingten Verkalkung der Herzschlagader (Coronarsklerose) seit Jahren litt. Diese Krankheit aber war noch nicht so weit fortgeschritten, daß der Infarkt bei jeder anderen Tätigkeit auch eingetreten wäre. Die außergewöhnliche, das übliche Maß der

Arbeitsbelastung weit überschreitende Kraftanstrengung beschleunigte wesentlich den Infarkt, so daß dieser wesentlich eher eintrat (BSG vom 29. 2. 1968 [2 RU 35/66] = SozSich.-Kartei Nr. 2168, V/D zu § 548 RVO = Breith. 1968 S. 823). Dadurch war die geforderte Kausalitätskette geschlossen und F hatte einen Arbeitsunfall erlitten. Die Kausalität ist auch zu bejahen, wenn durch den Unfall oder die Berufskrankheit der Tod des Versicherten um ein Jahr eher eingetreten ist (BSG vom 1. 12. 1960 [5 RKn. 66/59] = BSGE 13 S. 175 = NJW 1961 S. 1182).
Von dieser Regel gibt es eine wichtige Ausnahme. Ein unversicherter Privatunfall kann **mittelbare Folge eines Arbeitsunfalls** sein; z. B. die durch den Arbeitsunfall verursachte Schädigung hat bei der Entstehung des privaten Unfalls wesentlich mitgewirkt (BSG vom 14. 10. 1955 [2 RU 16/54] = BSGE 1 S. 254 = Breith. 1956 S. 703). Das ist z. B. der Fall, wenn nach einem Arbeitsunfall der frisch verheilte Arm durch einen leichten häuslichen Unfall erneut an der gleichen Stelle bricht. Der zweite Bruch ist als Folge des Arbeitsunfalls zusätzlich zu entschädigen.
Wäre der Körperschaden durch eine andere Erkrankung, die wegen des Arbeitsunfalls sich nicht auswirkte, ebenfalls eingetreten, spricht man von der überholenden Kausalität. Sie ligt z. B. dann vor, wenn bei einer durch den Arbeitsunfall notwendigen Operation des Kehlkopfes die Unfallfolgen zwar beseitigt, aber die gesunden Stimmbänder verletzt werden.

Fall Nr. 70: Mitwirkende Teilursache

Der Bankangestellte St verließ als letzter die Bank. Auf der Treppe kam er zu Fall. Erst nach langer Zeit wurde er bewußtlos aufgefunden und ins Krankenhaus eingeliefert. Wegen einer Gehirnerschütterung mit nervösen Beschwerden wurde ihm eine Rente von 25 Prozent gezahlt. Die bestehenden Kopfschmerzen und Schwindelerscheinungen seien nur zum Teil Unfallfolgen, hauptsächlich aber der schicksalsmäßig entstandenen Wirbelsäulenerkrankung (Osteochondrose) anzulasten, stellte die Berufsgenossenschaft fest. Sechs Jahre nach dem Unfall nahm sich St das Leben. War der Suicid Folge des Arbeitsunfalls?

Lösung

Das Gesetz und die Rechtsprechung verlangen **nicht**, daß die versicherte Tätigkeit die **alleinige oder überwiegende Ursache** der Körperschädigung ist; vielmehr ist im Unfallrecht von dem Ursachenbegriff der **wesentlich mitwirkenden Teilursache** auszugehen. Nur solche Tatsachen sind adäquat und von rechtlicher Bedeutung, die die Schädigung wesentlich verursacht haben (BSG vom 28. 6. 1968 [9 RV 604/65] = BSGE 28 S. 145 = Breith. 1968 S. 860). Der Unfall muß mit anderen Worten so erheblich gewesen sein, **daß ohne ihn nach den Erfahrungen des täglichen Lebens der Schaden** (hier der Freitod von St) **in gleicher Schwere oder Schnelligkeit oder überhaupt nicht eingetreten wäre oder wenn der Versicherte ein Jahr länger gelebt hätte** (BSG vom 31. 1. 1958 [2 RU 107/54] = Meso B 10/14).
In unserem Fall ist somit zu untersuchen, ob die Unfallfolgen neben der Osteochondrose von wesentlicher Bedeutung für den Freitod waren. Das ist zu bejahen, wenn sie in ihrer Bedeutung und Tragweite für den Suicid annähernd gleichwertig gewesen sind. **Überwiegt einer der Umstände** (Osteochondrose

oder Unfallfolge), **dann ist er die alleinige Ursache im Rechtssinn** (BSG vom 14. 7. 1955 [8 RV 177/54] = BSGE 1 S. 150 = SozSich. 1956 S. 80).
Die Auffassung, eine Selbsttötung könne nur dann als Folge eines Arbeitsunfalls anerkannt werden, wenn sie in einem unfallbedingten Zustand der Zurechnungsunfähigkeit ausgeführt worden sei, wurde von der Rechtsprechung aufgegeben, weil sie nur die als somatogen geltenden geistigen Erkrankungen berücksichtigte (BSG vom 18. 12. 1962 [2 RU 74/57] = BSGE 18 S. 169 = NJW 1963 S. 1691). Heute sind auch Vorgänge im Bereich des Psychischen und Geistigen hinsichtlich ihrer rechtlichen Bedeutung zu würdigen. Es ist somit zu prüfen, welche Motive zum Freitod führten, ob zum Beispiel eine reaktive Depression vorlag. Das ist ein Zustand, in dem die **Fähigkeit zur Willensbildung zwar noch vorhanden ist, diese Willensbildung aber auf eine veränderte Persönlichkeit schließen läßt** (BSG vom 29. 4. 1964 [2 RU 215/60] = SGb. 1964 S. 171 = SozSich. 1964 S. 212). Waren z.B. die durch den Unfall verursachten Schmerzen ein „hervorragender" Grund für den Freitod, war auch der Freitod Folge des Arbeitsunfalls und somit zu entschädigen (BSG vom 24. 2. 1967 [2 RU 114/65] = SGb. 1967 S. 542 = SozSich. 1967 S. 119).
Wäre ohne den Unfall die Krankheit etwa zur gleichen Zeit und bei jeder anderen Tätigkeit des täglichen Lebens im gleichen Umfang eingetreten (hätte also in unserem Fall St sich bereits auf Grund der ständigen Wirbelsäulenbeschwerden oder einer Geisteskrankheit sowieso das Leben genommen – dann war der Unfall nur die sogenannte **Gelegenheitsursache** (BSG vom 29. 2. 1968 [2 RU 35/66] = SozSich.-Kartei Nr. 2168, V/D zu § 548 RVO = Breith. 1968 S. 823). War die versicherte Tätigkeit oder – wie hier – der Unfallschaden nur der äußere Anlaß zur Entstehung oder zum Ausbruch der Krankheit, liegt kein Arbeitsunfall vor. Bei einer **Vorschädigung**, die durch den Arbeitsunfall oder die Berufskrankheit nur verschlimmert worden ist, ist der Unfall aus **innerer Ursache** entstanden. In diesem Fall wird nur die Verschlimmerung, nicht aber das Grundleiden als Unfallfolge anerkannt. Ein Arbeitsunfall „verursacht" aber eine anlagebedingte Krankheit, wenn sie zwar vor dem Unfall schon vorhanden gewesen, jedoch nicht in Erscheinung getreten ist. Bei einem **Nachschaden** wird nur der Anteil berücksichtigt, der in Form einer Verschlimmerung der anerkannten Unfallfolgen besteht (vgl. Fall Nr. 98).

Fall Nr. 71: Beweislast

Nach Schichtende wurde der Werkmeister O auf der Landstraße tot aufgefunden. Sein Fahrrad lag auf ihm; starke Bremsspuren eines Fahrzeugs und zwei Sandhaufen, wie sie bei einem Zusammenstoß von den Kotflügeln eines Autos abzufallen pflegen, wurden bei der Spurensicherung festgestellt. Der Tote selbst wies keine ernsthaften Verletzungen auf. Lag ein Arbeitsunfall vor?

Lösung

Grundsätzlich haben der Versicherte und seine Hinterbliebenen die Leistungsvoraussetzungen, also den doppelten Kausalzusammenhang, zu beweisen; sie trifft somit die **objektive Beweislast**. Ist dieser Beweis aus irgendeinem Grund nicht möglich, muß der Leistungsanspruch abgelehnt werden (BSG vom 30. 1. 1970 [2 RU 175/67] = BSGE 30 S. 278 = Breith. 1970 S. 722).

Gefordert wird nicht, daß ein absoluter Beweis geführt wird, die **Wahrscheinlichkeit** – nicht aber die bloße Möglichkeit – genügt durchaus. Der Ursachenzusammenhang ist immer dann wahrscheinlich, **wenn die dafür sprechenden Tatsachen die dagegen sprechenden überwiegen**. Eine „an Sicherheit grenzende Wahrscheinlichkeit" wird nicht gefordert (BSG vom 2. 6. 1959 [2 RU 158/56] = SozSich. 1959 S. 205 = SGb. 1959 S. 231).
Die Versicherungsträger und die Gerichte der Sozialgerichtsbarkeit haben die Pflicht, den Sachverhalt und auch den doppelten Kausalzusammenhang zu erforschen und festzustellen. Die Beweislast des Versicherten bleibt davon unberührt. Er hat zwar gleichfalls die Verpflichtung, alles zu tun, was der Sachaufklärung dient. Unterläßt er dies, so muß trotzdem der Sachverhalt weiter aufgeklärt werden, bis das Gericht sich eine fundierte Meinung bilden kann. War es trotz Ausschöpfung aller Beweismittel nicht möglich, den Kausalzusammenhang zu erforschen, geht die Beweislosigkeit zu Lasten des Versicherten und seiner Angehörigen (BSG vom 29. 3. 1963 [2 RU 75/61] = BSGE 19 S. 52 = SozSich.-Kartei Nr. 1561, V/A zu § 542 RVO).
Hier konnte nicht ermittelt werden, ob O einem Wegeunfall zum Opfer gefallen ist, denn das Herz war so schwer vorgeschädigt, daß es auch ohne einen „Beinahe-Unfall" und den damit verbundenen Schock zu einem plötzlichen Herzversagen hätte kommen können. Der Antrag auf Hinterbliebenenrente wurde daher abgelehnt.

Fall Nr. 72: Eigenwirtschaftliche Tätigkeiten

Der Steinbrucharbeiter R hatte unter glühender Hitze schwere Arbeit verrichtet. Um sich für die Weiterarbeit zu erfrischen, benutzte er die Mittagspause, um ein kurzes Bad im Wasser des Tiefbruchs zu nehmen. Dabei wurde er erheblich verletzt. Lag ein Arbeitsunfall vor?

Lösung

Versichert sind grundsätzlich nur die arbeitsvertraglich vereinbarte Arbeit oder die ausdrücklich im Gesetz genannten Tätigkeiten. Private Arbeiten, auch wenn sie auf der Arbeitsstätte mit Wissen des Arbeitgebers und mit Firmeneinrichtungen verrichtet werden, sind unversichert. Alle zum privaten Lebensbereich gehörenden Tätigkeiten – man nennt sie **eigenwirtschaftliche Tätigkeiten** – gehören grundsätzlich nicht zum versicherten Bereich, wie zum Beispiel Essen, Trinken, Schlafen usw. (BSG vom 30. 6. 1960 [2 RU 111/58] = WzS 1960 S. 248 = AP Nr. 22 zu § 543 RVO). Diese sind nur ausnahmsweise versichert, wenn sie im betrieblichen Interesse liegen. Das ist der Fall, wenn ohne sie die Weiterarbeit nicht oder nur erschwert möglich wäre. In unserem Fall wurde die eigenwirtschaftliche Tätigkeit des Badens im Hinblick auf die Erfrischung für die Weiterarbeit durchgeführt; sie war versichert (BSG vom 28. 2. 1962 [2 RU 110/59] = BSGE 16 S. 236 = SGb. 1962 S. 142).
Tätigkeiten, die die Arbeitsaufnahme erst ermöglichen, das Besorgen der Lohnsteuerkarte (BSG vom 15. 12. 1959 [2 RU 137/57] = BSGE 11 S. 154 = BG 1960 S. 204) oder der Arbeiterwochenkarte (BSG vom 26. 6. 1958 [2 RU 30/56] = BSGE 7 S. 255 = SGb. 1958 S. 255), sind nicht versichert. Das gilt auch für den Weg

zum Frisör bei weiblichen Beschäftigten des Gaststättengewerbes (LSG Rheinland-Pfalz vom 15. 9. 1971 [L 3 U 29/70] = Breith. 1972 S. 119). Der Einkauf von Arbeitskleidung gehört grundsätzlich zum unversicherten Privatbereich; anders, wenn das Tragen der Arbeitskleidung im Betrieb üblich ist oder – wie in einem Lebensmittelgeschäft – vorgeschrieben wird (BSG vom 31. 1. 1969 [2 RU 201/67] = Breith. 1969 S. 835 = DOK 1969 S. 127). Das Essen und Trinken als eigenwirtschaftliche Tätigkeiten sind ausnahmsweise versichert, wenn sie betriebsbedingt notwendig werden (BSG vom 17. 4. 1970 [2 RU 2/69] = Breith. 1971 S. 254 und vom 7. 3. 1969 [2 RU 264/66] = Breith. 1969 S. 755). Wurde längere Zeit staubige Arbeit verrichtet, ist auch das Trinken selbst versichert (BSG vom 30. 6. 1961 [2 RU 78/60] = SozSich.-Kartei Nr. 1272, V/A zu § 542 RVO = SGb. 1961 S. 278). Es liegt ein Arbeitsunfall vor, wenn der Versicherte beim Griff zur Wasserflasche verletzt wird, weil diese explodiert oder wenn durch Verwechslung eine giftige Flüssigkeit getrunken wird (BSG vom 16. 12. 1970 [2 RU 46/68] = Breith. 1971 S. 549 = SozSich. 1971 S. 56). Das Einkaufen des Frühstücks vor Arbeitsbeginn oder die Essenseinnahme nach der Arbeit ist auch dann nicht versichert, wenn ein mehrstündiger Heimweg zurückgelegt werden muß (BSG vom 29. 6. 1971 [2 RU 117/69] = SozSich. 1971 S. 282 = SGb. 1971 S. 354 und vom 30. 9. 1964 [2 RU 197/63] = SozSich. 1964 S. 342 = SGb. 1964 S. 330). Das gilt nicht für den Autofahrer, der ohne die Nahrungsaufnahme den Heimweg nicht fortsetzen kann. **Das Essen und Trinken muß also immer der Weiterarbeit dienen, wenn es versichert sein soll.**

Eine besondere Art der eigenwirtschaftlichen Tätigkeit sind die **Neckerei und Spielerei**. Sie sind grundsätzlich nicht versichert, weil sie den Betriebszwecken zuwiderlaufendes Verhalten darstellen. Dabei kommt es darauf an, **inwieweit der Versicherte die durch die betrieblichen Einrichtungen entstehenden Gefahren erkannt hat und welches Maß an Sorglosigkeit und Unvernunft in seinem Verhalten zu sehen ist** (BSG vom 29. 5. 1962 [2 RU 113/61] = Breith. 1963 S. 21 = NJW 1962 S. 1742). Es ist zu berücksichtigen, ob der Betrieb für eine ausreichende Aufsicht – vor allem bei Jugendlichen – gesorgt hat (BSG vom 29. 9. 1965 [2 RU 83/60] = SozSich. 1965 S. 340 = Breith. 1966 S. 831). Wird bei der Spielerei der Arbeitsplatz nicht verlassen und die Arbeit nicht versäumt, ist der Unfallversicherungsschutz nur dann zu versagen, wenn die Spielerei außergewöhnlich vernunftwidrig war (BSG vom 24. 7. 1962 [2 RU 113/60] = SozSich.-Kartei Nr. 1438, V/A zu § 542 RVO). Bei einer Neckerei ist der betriebliche Zusammenhang nicht gegeben, wenn der Verletzte mit der Neckerei begann und damit rechnen mußte, daß der Geneckte nicht nur ungefährliche Dinge gegen ihn einsetzen werde. Wird dabei eine betriebliche Einrichtung eingesetzt, ist der Versicherungsschutz nur zu verneinen, wenn der eine Beteiligte den anderen **bewußt** schädigt (BSG vom 14. 1. 1965 [5 RKn. 76/60] = Breith. 1965 S. 810 = SozSich.-Kartei Nr. 1757, V/A zu § 542 RVO).

Wird jemand durch eine **Schlägerei** verletzt, ist für den Versicherungsschutz allein maßgebend, ob betriebliche Gründe zur Schlägerei führten (BSG vom 30. 7. 1968 [2 RU 91/67] = SGb. 1969 S. 335 = SozSich. 1968 S. 273). Lagen private Motive vor, ist Versicherungsschutz zu verneinen; so z.B., wenn die Beteiligten sich zwar durch den Betrieb kannten, dienstlich aber miteinander nicht in Berührung kamen und auch kein Über- oder Unterordnungsverhältnis bestand (LSG Bayern vom 28. 2. 1967 [2 RU 389/65] = BG 1969 S. 196). Bei **Überfällen** genügt für den Versicherungsschutz, daß bei unbekanntem Täter der Versicherte durch seinen Dienst an den Ort des Überfalls gelangte. Kann der Täter ermittelt werden, ist sein Motiv für den Versicherungsschutz ausschlaggebend (BSG vom 29. 5. 1962 [2 RU 110/59] = BSGE 17 S. 75 = NJW 1962 S. 1793).

Fall Nr. 73: Verbotswidriges Handeln

Auf der Dienstfahrt streikte plötzlich der Personenwagen des Handelsvertreters B. Auf der anderen Fahrbahn der Autobahn befand sich ein Streckentelefon. Als B trotz der Dunkelheit und des regnerischen Wetters die Autobahn überquerte, wurde er überfahren und getötet. War B versichert?

Lösung

Nach § 548 Abs. 3 RVO schließt verbotswidriges Verhalten den Unfallschutz nicht aus. Die Tatsache allein, daß Fußgängern das Betreten oder gar Überqueren der Autobahn verboten ist, läßt somit den Versicherungsschutz nicht entfallen. Selbst wenn Unfallverhütungsvorschriften gröblich mißachtet werden und der Versicherte sich dadurch einer erhöhten Gefahr aussetzt, ändert sich an dem Versicherungsschutz nichts (BSG vom 9. 9. 1966 [5 RKn. 22/63] = SozSich. 1966 S. 345 = SGb. 1966 S. 408). Wenn das verbotswidrige Verhalten allerdings **vorsätzlich** schädigend ist und lediglich eigenwirtschaftlichen Zwecken dient, ist es dem Unternehmen nicht mehr zuzurechnen und damit unversichert (LSG Baden-Württemberg vom 27. 9. 1965 [L 10a Ua. 1551/63] = Breith. 1967 S. 661 und BSG vom 11. 12. 1963 [5 RKn. 16/60] = SozSich. 1964 S. 45 = Meso B 320/21).
In unserem Fall ist der Versicherungsschutz auch nicht mit der Begründung zu verneinen, B sei einer **selbstgeschaffenen Gefahr** erlegen. Der selbstgeschaffenen Gefahr steht eine Gefahr gegenüber, die vom Betrieb, seinen Einrichtungen und Benutzungsmöglichkeiten ausgeht. **Nur wenn das Verhalten des Versicherten in hohem Maße sorglos und unvernünftig bei der Erreichung eines betriebsfremden Zwecks war, ist der Versicherungsschutz zu versagen** (BSG vom 29. 2. 1968 [2 RU 246/64] = BSGE 28 S. 14 = SozSich.-Kartei Nr. 2184, V/D zu § 548 RVO). Der Wunsch, über das Telefon Hilfe herbeizuholen, war auf der Dienstfahrt nicht betriebsfremd. Somit haben betriebliche Belange wesentlich zu diesem Unfall beigetragen.

Merke: Der Begriff „selbstgeschaffene Gefahr" darf nur mit der größten Vorsicht benutzt werden (BSG vom 27. 6. 1969 [2 RU 289/67] = BSGE 30 S. 14 = NJW 1970 S. 77).

Fall Nr. 74: Veranstaltungen

Beim Rückweg von einem Richtfest fiel der Maurer L auf dem Baugelände in einen Graben und wurde schwer verletzt. Lag ein Arbeitsunfall vor?

Lösung

Betriebsveranstaltungen unterliegen dem Versicherungsschutz, wenn sie dazu bestimmt sind, **die Verbundenheit von Betriebsleitung und Belegschaft zu för-**

dern (BSG vom 22. 8. 1955 [2 RU 49/54] = Breith. 1956 S. 350 = BB 1956 S. 244). Zu diesen Veranstaltungen gehören Betriebsfeste jeder Art, Betriebsjubiläen, Jubilarfeiern, Betriebsausflüge, gesellige Zusammenkünfte und auch unser Richtfest (BSG vom 31. 7. 1964 [2 RU 3/62] = BSGE 21 S. 226 = Breith. 1965 S. 108). Die Veranstaltung muß für den ganzen Betrieb oder mehrere Gruppen oder Abteilungen durchgeführt und von der Betriebsleitung gefördert oder mindestens gebilligt werden. Es ist ausreichend, wenn der Betriebsrat diese Veranstaltung leitet oder durchführt (BSG vom 26. 6. 1958 [2 RU 281/55] = BSGE 7 S. 249 = NJW 1958 S. 1511 und vom 30. 8. 1962 [2 RU 15/60] = BSGE 17 S. 280). Nicht versichert ist der Besuch der Ruhrfestspiele durch einige wenige Arbeitnehmer des Betriebes, ein Kegelnachmittag einer Betriebsabteilung (BSG vom 7. 3. 1969 [2 RU 15/66] = SozSich. 1969 S. 148 = SGb. 1969 S. 173) und der Aufenthalt in firmeneigenen Urlaubsheimen (BSG vom 28. 10. 1960 [2 RU 266/57] = SozSich. 1961 S. 15 = SGb. 1960 S. 366).
Diese Grundsätze gelten auch für den **Betriebssport**, der zusätzlich noch folgende Voraussetzungen erfüllen muß: er darf nur Ausgleichs- und nicht Wettkampfsport sein; es muß regelmäßig geübt werden; im wesentlichen dürfen nur Betriebsangehörige daran teilnehmen; die Übungszeiten und die Dauer müssen dem Ausgleichszweck entsprechend in einem Zusammenhang unternehmensbezogenen Organisation, zu der sich mehrere Unternehmen z. B. in Form eines Vereins zusammenschließen können, durchgeführt werden. Fußballwettkämpfe zwischen zwei Firmenmannschaften unterliegen nicht dem Versicherungsschutz (BSG vom 28. 11. 1961 [2 RU 130/59] = BSGE 16 S. 1 = SGb. 1962 S. 16).
Versicherungsschutz besteht ferner für die Teilnahme an Veranstaltungen eines **Berufsverbandes, wenn dadurch Kenntnisse vermittelt werden, die der Versicherte – wenn auch nicht sofort – für seine versicherte Tätigkeit verwenden kann** (BSG vom 31. 1. 1970 [2 RU 228/67] = Breith. 1970 S. 662 = SozSich. 1970 S. 81). Die Teilnahme aus Repräsentationsgründen ist nicht versichert. Ob dadurch gesellschaftliche Beziehungen gepflegt werden sollen ist gleichgültig (BSG vom 21. 10. 1958 [2 RU 172/56] = BSGE 8 S. 170 = SozSich. 1959 S. 25).
Wird auf einer gewerkschaftlichen Fachveranstaltung üblicherweise über tarifliche Lohnfragen referiert, ist die Teilnahme auch dann versichert, wenn ausnahmsweise dieses Thema nicht behandelt wird. Eine Veranstaltung über die Besetzung der Gesellenausschüsse bei den Handwerkskammern ist nicht versichert (BSG vom 29. 1. 1971 [2 RU 203/67] und [2 RU 254/68] = Breith. 1971 S. 827, 550 = SozSich. 1971 S. 89, 88).

Fall Nr. 75: Lohnzahlung

Der auswärts arbeitende Montagearbeiter P beauftragte seine Ehefrau, den bargeldlos gezahlten Lohn von seinem Konto bei der Stadtsparkasse abzuheben. Auf dem Weg zur Sparkasse erlitt Frau P einen Verkehrsunfall. War sie versichert?

Lösung

Die Lohnzahlung in bar gehört seit jeher zu den Hauptpflichten des Arbeitsvertrages. Der Weg des Versicherten – auch außerhalb der Arbeitszeit oder an freien Tagen – zwecks Abholung seines Lohnes oder zur Aufklärung von Lohn-

unstimmigkeiten, ist deshalb versichert (BSG vom 1. 12. 1960 [5 RKn. 69/58] = BB 1961 S. 452 = SozSich. 1961 S. 21).
Wird der Lohn **bargeldlos** gezahlt, so ist das Abheben eines Geldbetrages bei einem Geldinstitut, dem der Arbeitgeber den Lohn oder das Gehalt überweist oder zahlt, nach § 548 Abs. 1 RVO versichert, wenn der Versicherte **erstmalig** nach Ablauf einer Lohnzahlungsperiode das Geldinstitut **persönlich** aufsucht. Auf diesem Weg ist nur der Versicherte, nicht seine Ehefrau oder eine andere bevollmächtigte Person geschützt. Das gilt auch für Frau P.
Bei wöchentlicher Lohnzahlung ist in jeder Woche der erste Weg zum Geldinstitut versicherungsrechtlich geschützt, bei Angestellten mit monatlicher Gehaltszahlung nur der erste Weg nach Ablauf des Monats, für den das Gehalt gezahlt wurde. Der Versicherte braucht bei dem Geldinstitut seinen Lohn nicht unbedingt in Bargeld abzuheben. Das Abheben kann auch durch Vorlage eines Schecks oder eines Überweisungsauftrags geschehen. Voraussetzung ist nur, daß der Versicherte dabei persönlich in Erscheinung tritt. Das erfordert nicht unbedingt ein Betreten des Bankgebäudes oder Schalterraumes; die Abfertigung am Autoschalter genügt. Wird der Bank mit der Post oder durch Einwurf eines Briefes der schriftliche Abhebungsauftrag erteilt, ist dieser Weg nicht versichert (BSG vom 28. 4. 1967 [2 RU 112/66] = BSGE 26 S. 234 = Breith. 1968 S. 108).

Fall Nr. 76: Arbeitsgerät

Der Reisende H fuhr nach Dienstschluß den von ihm benutzten Firmenwagen in die Garage seines Eigenheims. Als er ausstieg und das Gartentor schließen wollte, erlitt er auf dem Niedergang zwischen Vorgarten und Garage einen Unfall. Lehnte die Berufsgenossenschaft zu Recht Leistungen mit der Begründung ab, der Unfall sei im unversicherten häuslichen Bereich geschehen?

Lösung

Nach § 549 RVO gilt als Arbeitsunfall ein Unfall bei einer mit einer versicherten Tätigkeit zusammenhängenden Verwahrung, Beförderung, Instandhaltung und Erneuerung des Arbeitsgeräts, auch wenn es vom Versicherten gestellt wird.
Jeder Gegenstand, der von dem Versicherten den betrieblichen Erfordernissen entsprechend zur Arbeit verwendet wird, ist ein Arbeitsgerät. Obwohl in erster Linie Gerätschaften und Werkzeuge unter diesen Begriff fallen, die zur rein technischen Be- und Verarbeitung gebraucht werden, sind auch unscheinbare Gegenstände, wie Schreibgeräte aller Art, Arbeitsgeräte (RVA, GE Nr. 3386 vom 4. 12. 1928 = AN 1929 S. 155). Der Arbeitskittel einer Lebensmittelverkäuferin und das Blauzeug eines Schlossers sowie die Geldkassette, in der sich die Tageseinnahmen eines Geschäftes befinden, sind ebenfalls Arbeitsgerät (LSG Baden-Württemberg vom 6. 3. 1968 [L 2 Ua 1430/60] = Breith. 1969 S. 22).
In unserem Fall war innerhalb der normalerweise unversicherten Privatsphäre nur dann Versicherungsschutz gegeben, wenn der Unfall bei der Verwahrung eines Arbeitsgerätes (des Firmenwagens) geschah. Das firmeneigene Fahrzeug war Arbeitsgerät, wenn es seiner Zweckbestimmung nach **hauptsächlich** für die Tätigkeit im Unternehmen gebraucht wurde. Das wollen wir unterstellen. Wäre H am Unfalltag von einer Privatfahrt mit dem Firmenwagen zurückgekommen,

hätte er dennoch keinen Versicherungsschutz gehabt. Hier aber lag eine Dienstfahrt vor, so daß der Unfall in der häuslichen Sphäre versichert war (BSG vom 23. 2. 1966 [2 RU 208/64] = SozSich. 1966 S. 116 = SGb. 1966 S. 110).
Der Privatwagen eines Versicherten, mit dem dieser allein oder in Fahrgemeinschaft zur Arbeit fährt, ist kein Arbeitsgerät (BSG vom 30. 10. 1963 [2 RU 248/62] = SozSich. 1964 S. 89).

C. Wegeunfall

Fall Nr. 77: Begriff

Die bei der Firma W beschäftigten Frauen G und A gingen nach Dienstschluß gemeinsam nach Hause. Bevor sich ihre Wege trennten, unterhielten sie sich etwa zehn Minuten lang auf dem Bürgersteig. Dort wurden sie von einem schleudernden Wagen erfaßt und verletzt. Bestand Versicherungsschutz?

Lösung

Als Arbeitsunfall gilt nach § 550 RVO ein Unfall auf einem mit einer versicherten Tätigkeit zusammenhängenden Weg nach und zu dem Ort der Tätigkeit. **„Weg" bedeutet nicht die Verbindung zwischen Wohnung und Arbeitsstätte, sondern das Fortbewegen des Versicherten auf ein bestimmtes Ziel hin, das entweder durch die Arbeitsstätte oder Wohnung gebildet wird** (RVA in EuM 29 S. 228). Obwohl die beiden Frauen um keinen Zentimeter von ihrem Heimweg abgewichen waren, als sie sich an der Straßenecke unterhielten, hatten sie ihren Heimweg unterbrochen. Trotzdem genießen sie Versicherungsschutz, denn die Unterbrechung war nur geringfügig, und es lag kein Um- oder Abweg vor (BSG vom 9. 12. 1964 [2 RU 133/63] = BG 1965 S. 196) (vgl. die nächsten Fälle).
Voraussetzung für den Versicherungsschutz ist, daß der vom Versicherten zurückgelegte Weg in einem rechtlich wesentlichen ursächlichen Zusammenhang mit der versicherten Tätigkeit steht. Es genügt nicht, daß der Weg unmittelbar nach Einstellung der Arbeit angetreten wird oder unmittelbar zur Arbeitsstätte führt (BSG vom 4. 8. 1955 [2 RU 62/54] = BSGE 1 S. 171 = Breith. 1956 S. 247). Vielmehr muß der betriebliche Zweck so wesentlich sein, daß private Motive in den Hintergrund treten. Das ist dann z. B. gegeben, wenn der Versicherte zwecks Kündigung des Arbeitsverhältnisses den Arbeitgeber an einem arbeitsfreien Tag aufsucht (BSG vom 21. 10. 1958 [2 RU 135/57] = BSGE 8 S. 176 = WzS 1959 S. 340), wenn er nach dem Ausscheiden seine Arbeitspapiere vom Arbeitgeber abholt (BSG vom 30. 8. 1963 [2 RU 68/60] = BSGE 20 S. 23 = BB 1963 S. 1099, 1219) oder wenn er ohne Erlaubnis des Arbeitgebers vorzeitig nach Hause geht (LSG Niedersachsen vom 7. 3. 1961 [L 3 U 253/58] = BG 1962 S. 85 = SozSich. 1963 S. 90).
Dem Versicherten steht es grundsätzlich frei, ob er ein Verkehrsmittel, welches und wie lange er es benutzen will (BSG vom 31. 7. 1964 [2 RU 29/61] = SozSich. 1964 S. 275 = SGb. 1964 S. 299). Ohne Bedeutung ist, ob er sich auf dem linken oder rechten Bürgersteig der Straße bewegt oder die Straße überquert. Solange er sich im **„Verkehrsraum der Straße"** bewegt, genießt er den Versicherungs-

schutz (BSG vom 31. 10. 1968 [2 RU 72/66] = Breith. 1969 S. 478 = DOK 1968 S. 768). Dieser geht nicht verloren, wenn nicht der kürzeste Weg benutzt wird. Voraussetzung ist allerdings, daß mit der Zurücklegung des Weges keine andere Absicht verfolgt wird als zum Betrieb oder nach Hause zu gehen. Wie oft dieser Weg an einem Tag zurückgelegt wird, ist bedeutungslos. Wird zur Einnahme des Mittagessens die Wohnung aufgesucht, ist auch dieser Weg versichert.

Fall Nr. 78: Beginn und Ende

Der Drucker A wohnt jeden Sommer ganztags in seiner Gartenlaube. Als er von dort aus mit seinem Moped zur Arbeit fuhr und verunglückte, lehnte die Berufsgenossenschaft Verletztenrente ab, weil die Gartenlaube nicht Mittelpunkt der Lebensverhältnisse des Versicherten gewesen sei. Hatte sie Recht?

Lösung

Das Gesetz fordert nicht ausdrücklich, daß die Wege zu und von der Arbeit von und zu der Wohnung des Versicherten aus angetreten werden oder hinführen müssen. Grundsätzlich ist der Versicherte, der sich vor Arbeitsaufnahme zwecks Freizeitgestaltung außerhalb seiner Wohnung aufhält und von dort aus zur Arbeit geht, auf diesem Weg versichert (BSG vom 30. 10. 1964]2 RU 157/63] = BSGE 22 S. 60 = Breith. 1965 S. 727). Das gilt nicht, wenn dieser Weg sich wegen seiner Länge und Dauer vom üblichen Arbeitsweg **erheblich** unterscheidet. Das traf bei A nicht zu. Er war daher versichert (BSG vom 30. 8. 1963 [2 RU 243/61] = SozSich.-Kartei Nr. 1571, V/A zu § 543 RVO = SGb. 1963 S. 301).
Der versicherte Weg beginnt und endet dort, wo die Privatsphäre des Versicherten, also der **häusliche Bereich,** beginnt (BSG vom 13. 3. 1956 [2 RU 124/54] = BSGE 2 S. 239 = NJW 1957 S. 37). Das ist bei städtischen Mehrfamilienhäusern, Eigenheimen mit Einliegerwohnungen und Einfamilienhäusern die **Haustür.** Wird die Haustür – es kann auch die nach draußen führende Kellertür sein – durchschritten, beginnt und endet der Versicherungsschutz. Stolpert der Versicherte auf der untersten Treppenstufe und fällt er durch die gläserne Außenhaustür, ist er versichert, wenn er sich an den vor der Tür liegenden Glasscherben verletzt. **Der Ort der Verletzung ist für den Versicherungsschutz maßgebend** (BSG vom 12. 10. 1973 [2 RU 167/72] = SozSich. 1973 S. 373 = SGb. 1973 S. 448). Bei einem ländlichen Anwesen oder Eigenheim mit Nebengebäuden beginnt und endet der Versicherungsschutz an den Grenzen des Grundstücks.
Der versicherte Weg endet erst mit Erreichung des Arbeitsplatzes; auf dem Heimweg beginnt er hier. Unternimmt der Versicherte nach Beendigung der Arbeit auf dem Werksgelände noch private Besorgungen, dann sind diese nicht geschützt (BSG vom 18. 12. 1969 [2 RU 19/68] = Breith. 1970 S. 481 = SozSich. 1970 S. 53).

Fall Nr. 79: Umweg

Auf dem Weg zur Arbeit vermied D den kürzesten Weg, eine Hauptstraße, weil er wegen seiner Asthmaerkrankung die Auspuffgase der Autos schlecht vertragen konnte. Statt dessen benutzte er Nebenstraßen und durchquerte sogar einen Park. War er auf diesem Weg versichert?

Lösung

Nur Umwege, die im Verhältnis zu dem kürzesten Weg nicht erheblich sind, unterliegen dem Versicherungsschutz. Dabei wird unter Umweg der Weg des Versicherten verstanden, **der den Weg zu und von der Arbeitsstätte aus privaten Gründen nicht wesentlich verlängert, wenn dabei der geänderte Weg dieselbe Zielrichtung wie der übliche Betriebsweg hat** (BSG vom 22. 1. 1957 [2 RU 92/55] = BSGE 4 S. 219 = NJW 1957 S. 807).

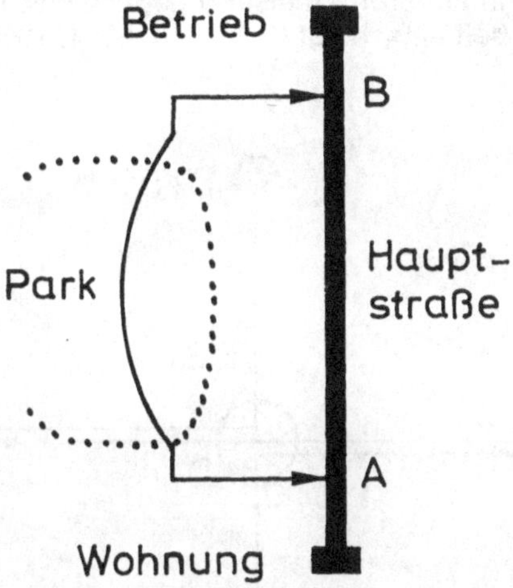

Ein geringer Umweg ist auch versichert, wenn er privaten Zwecken dient. Grundsätzlich sind die Länge und Dauer des Umwegs für den Versicherungsschutz nicht ausschlaggebend, sondern die kausale Zuordnung. Dabei hat es die Rechtsprechung abgelehnt, einen einheitlichen Umweg in einen eigenwirtschaftlichen und einen betriebsbedingten Teil zu zerlegen (BSG vom 9. 11. 1961 [5 RKn. 34/58] = AP Nr. 26 zu § 543 RVO = SozSich. 1962 S. 17). Wird die Unfallstelle nur wegen einer privaten Besorgung erreicht, so entfällt der Versicherungsschutz, mag der Umweg auch verhältnismäßig kurz gewesen sein. Er lebt aber spätestens wieder auf, wenn der Umweg beendet, der direkte Weg wieder erreicht wird (BSG vom 16. 8. 1960 [2 RU 17/59] = SGb. 1961 S. 121 = AP Nr. 23 zu § 543 RVO).
In unserem Fall ist kein Versicherungsschutz gegeben, wenn D den Umweg A–B aus privaten Gründen (z.B. Besuch der Tochter) gemacht hätte. Erst bei Erreichung des Punktes B wäre er wieder versichert gewesen. Ob der Umweg den Weg zur Arbeit nur geringfügig verlängert hat ist ohne Bedeutung. Hier war das Motiv jedoch betriebsbedingt. Der Versicherte wollte eine Gefährdung durch die Abgase der Fahrzeuge vermeiden und durch seinen Aufenthalt im Park sich zusätzlich für die Arbeit erfrischen. Beide Gründe ließen den Versicherungsschutz auf dem Umweg bestehen bleiben (BSG vom 31. 1. 1969 [2 RU 116/67] = DOK 1969 S. 127 = SozSich. 1969 S. 114).

Fall Nr. 80: Abweg

Die Maurer A, B und C gehörten einer Putzerkolonne an, die in Fahrgemeinschaft zur jeweiligen Baustelle fuhr. A als Fahrzeugbesitzer holte erst B und dann C ab.

Als er mit seinen beiden Kollegen an Bord die Straßenkreuzung D verließ, kollidierte er mit einem anderen Wagen. Bestand Versicherungsschutz?

Lösung

Unter einem Abweg wird der zusätzliche Weg verstanden, den der Versicherte aus **privaten Gründen** in anderer – meist entgegengesetzter – Richtung auf dem Weg zu und von der Arbeit einschlägt (BSG vom 26. 4. 1962 [2 RU 19/59] = SozE IV § 543 Nr. 58).

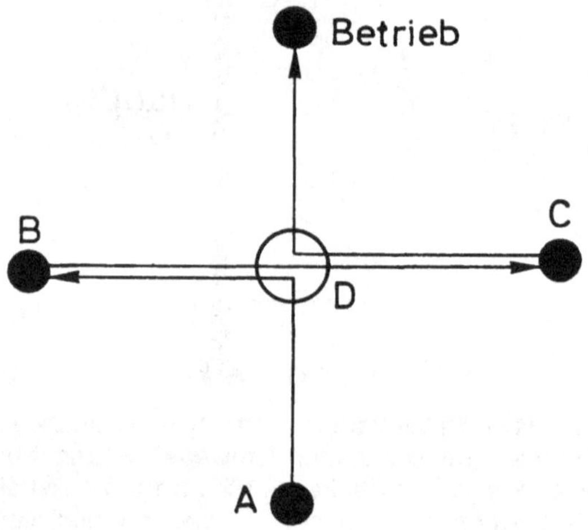

Wenn in unserem Fall A an der Straßenkreuzung D nach links abbiegt, um seinen Kollegen B und C abzuholen, befindet er sich objektiv auf einem Abweg, der erst dann beendet ist, wenn er mit seinem Wagen die Straße zum Betrieb wieder erreicht hat. Wäre das Abholen der Arbeitskollegen eine private Tätigkeit, würde kein Versicherungsschutz auf diesem Abweg bestehen.

Betrieblich bedingte Abwege sind hingegen wie die Wege versichert, die der Versicherte bei der Benutzung eines öffentlichen Verkehrsmittels zwangsweise machen muß (RVA in EuM 23 S. 169).

Durch Gesetzesänderung unterliegt ab 1. 1. 1974 auch der Um- oder Abweg dem Versicherungsschutz, den der Versicherte macht, um das mit ihm in einem Haushalt lebende Kind wegen seiner oder seines Ehegatten beruflicher Tätigkeit fremder Obhut anzuvertrauen.

Die Neufassung des § 550 RVO brachte weiterhin den Versicherungsschutz für die oben geschilderten **Fahrgemeinschaften.** Voraussetzung ist, daß Berufstätige oder Versicherte mit dem Fahrer gemeinsam den Weg zur Arbeit oder Wohnung zurücklegen. Nicht gefordert wird, daß Fahrer und Mitfahrer dem gleichen Betrieb angehören oder daß der Arbeitgeber diese Fahrten mitfinanziert oder angeordnet hat. Unsere Maurer sind daher auf dem oben geschilderten Weg versichert.

Fall Nr. 81: Unterbrechung und Lösung vom Betrieb

Auf dem Heimweg verließ der Angestellte T den Zug und suchte den Facharzt J auf. Als T nach etwa zwei Stunden seine Heimfahrt fortsetzen wollte, wurde er auf dem Umsteigebahnhof von einem Elektrowagen angefahren und verletzt. Bestand Versicherungsschutz?

Lösung

Private Tätigkeit unterbrechen grundsätzlich den Versicherungsschutz, es sei denn, die Tätigkeit wird praktisch „im Vorbeigehen" erledigt. Wer Zigaretten aus einem Automaten zieht, ist auch bei dieser Tätigkeit versichert. Betritt der Versicherte aber einen Laden, endet sofort der Versicherungsschutz. Er beginnt erst wieder, wenn das Geschäft verlassen und der Weg fortgesetzt wird (BSG vom 16. 4. 1957 [2 RU 157/55] = SozSich.-Kartei Nr. 678, V/A zu § 543 RVO = BB 1957 S. 752).

Dabei ist zu prüfen, ob der fortgesetzte Weg noch in einem inneren Zusammenhang mit der betrieblichen Tätigkeit steht. Von Bedeutung ist, ob die private Tätigkeit in einer erkennbaren Beziehung zur versicherten Tätigkeit gestanden und welche Zeit sie beansprucht hat. Wird z. B. nach Dienstschluß der Geburtstag eines Arbeitskollegen zwei Stunden lang gefeiert (BSG vom 3. 4. 1958 [2 RU 291/56] = Breith. 1959 S. 120 = BB 1958 S. 881) oder – wie in unserem Fall – ein Arzt aufgesucht, ist der Versicherungsschutz wieder hergestellt, wenn der Heimweg erreicht und fortgesetzt wird (BSG vom 28. 6. 1963 [2 RU 132/62] = SozSich.-Kartei Nr. 1547, V/A zu § 543 RVO). Mit dem Betreten des Bahnsteigs, von dem der Heimweg fortgesetzt werden sollte, war der Angestellte T wieder versichert (BSG vom 28. 2. 1964 [2 RU 41/59] = Breith. 1964 S. 760 = AP Nr. 37 zu § 543 RVO).

Der Versicherungsschutz lebt nach der Unterbrechung nicht wieder auf, **wenn Art und Dauer der Unterbrechung auf eine endgültige Lösung vom Betrieb schließen lassen** (BSG vom 28. 7. 1961 [2 RU 133/60] = SozSich. 1962 S. 17 = AP Nr. 7 zu § 542 RVO). Das ist z. B. dann anzunehmen, wenn der Versicherte aus privaten Gründen sich durch übermäßigen Alkoholgenuß arbeitsunfähig macht (BSG vom 30. 5. 1956 [2 RU 311/55] = BSGE 3 S. 116 = SGb. 1956 S. 221), wenn ein fünfstündiger Gasthausbesuch zuerst dem Betrieb, dann aber ausschließlich der Geselligkeit diente (BSG vom 28. 7. 1961 [2 RU 133/60] = SozSich. 1962 S. 17 = AP Nr. 7 zu § 542 RVO) oder wenn nach Beendigung des Betriebsausflugs der Versicherte weitere vier Stunden am Ausflugsort bleibt und sich amüsiert (BSG vom 26. 9. 1961 [2 RU 176/60] = SozSich. 1961 S. 342 = WzS 1961 S. 340).

Die Begriffe „Umweg", „Abweg" und „Lösung vom Betrieb" sind immer sorgfältig zu unterscheiden (BSG vom 16. 4. 1957 [2 RU 157/55] = SozSich.-Kartei Nr. 678, V/A zu § 543 RVO = BB 1957 S. 752). Das Aufsuchen einer Bäckerei z. B. unterbricht den Heimweg, weil der Versicherte eine andersgeartete Tätigkeit als die Fortbewegung in Richtung seiner Wohnung verrichtet. Dadurch entfällt der innere Zusammenhang mit der betrieblichen Tätigkeit (BSG vom 29. 6. 1971 [2 RU 117/69] = SozSich. 1971 S. 282 = SGb. 1971 S. 354). „Lösung vom Betrieb" bedeutet endgültigen Verlust des Versicherungsschutzes. Eine „Lösung" liegt bei einer „Unterbrechung" nicht vor, weil nach der Unterbrechung der Versicherungsschutz wiederhergestellt wird. Kraft Gesetz ist der geschützte Weg nicht unterbrochen, wenn der Ab- oder Umweg gemacht wird, um ein Kind des Versicherten fremder Obhut anzuvertrauen.

Fall Nr. 82: Alkoholgenuß

Der Zimmermann G hatte auf der Arbeit mehrere Flaschen Bier getrunken. Bei Schichtende vermißte er seine Handbohrmaschine. Als er in den Neubau zurückkehrte, stürzte er im dunklen Dachgeschoß durch eine offenstehende Luke. Im Krankenhaus wurde ein Blutalkohol von 2 Promille festgestellt. War Versicherungsschutz gegeben?

Lösung

Ein **betriebsbedingter Alkoholgenuß** wird von der Rechtsprechung nicht anerkannt, so daß das Trinken von alkoholischen Getränken immer dem privaten Lebensbereich zuzurechnen ist (BSG vom 22. 10. 1958 [2 RU 234/57] = SozE IV § 543 Nr. 14 = BB 1959 S. 491). Die auf Alkoholgenuß zurückzuführende **Arbeits- oder Fahruntüchtigkeit** schließt den Versicherungsschutz aus, wenn die betrieblichen Umstände derart in den Hintergrund treten, daß der Alkohol die rechtlich **allein wesentliche Ursache** des Unfalls ist (BSG vom 16. 8. 1960 [2 RU 60/57] = Breith. 1961 S. 13). Das war hier nicht der Fall; denn auch ein nüchterner Arbeitnehmer wäre höchstwahrscheinlich in der Dunkelheit durch die offenstehende Luke gestürzt. Beruht der Unfall z.B. sowohl auf betriebsbedingter Übermüdung als auch auf Alkoholgenuß, so ist der Versicherungsschutz zu bejahen. Der Alkohol stellt in diesem Falle nicht die alleinige Unfallursache dar.

Volltrunkenheit – sie liegt bei etwa 3 Promille – schließt immer den Versicherungsschutz aus, so daß sich weitere Ermittlungen erübrigen. Ein absolut **fahruntüchtiger** Kraftfahrer, der das Fahrzeug nicht mehr sicher lenken, aber noch fahren kann, ist grundsätzlich noch versichert (BSG vom 30. 6. 1960 [2 RU 86/56] = BSGE 12 S. 242 = Breith. 1960 S. 1059). Sein Versicherungsschutz entfällt, wenn aus der Fahrweise geschlossen werden kann, daß der Alkohol die einzige Unfallursache war (BSG vom 30. 1. 1970 [2 RU 13/66] = SozSich. 1970 S. 80 = SGb. 1970 S. 93). Hat hingegen bei dem Unfall ein betriebsbedingter Umstand als wesentliche Teilursache mitgewirkt, erübrigt sich die Beantwortung der **Frage, ob der Unfall ohne den Alkohol vermieden worden wäre** (BSG vom 30. 1. 1962 [2 RU 205/61] = BSGE 18 S. 101 = Breith. 1963 S. 305 = NJW 1963 S. 683).

Die Fahruntüchtigkeit von Kraftfahrern beginnt tatsächlich bei einem Blutalkoholspiegel von 1 Promille, obwohl der Gesetzgeber sie auf 0,8 Promille festgesetzt hat. Eine entsprechende Promillegrenze für Fahrer von Fahrrädern – auch motorisierten –, Krafträdern und Mopeds gibt es nicht (BSG vom 29. 6. 1967 [2 RU 198/64] = BSGE 27 S. 40 = Breith. 1968 S. 23). Bei ihnen muß aus allen Umständen des Einzelfalles ermittelt werden, ob der Alkohol – oder das eingenommene Rauschgift – die alleinige rechtlich wesentliche Unfallursache gewesen ist.

Fall Nr. 83: Familienheimfahrt

Die Schwesternschülerin K besaß im Schwesternheim ein Zimmer, wohnte aber weiterhin bei ihren Eltern in der gleichen Stadt. Von dort fuhr sie mit dem Bus in einer halben Stunde zum Dienst ins Krankenhaus. War dieser Weg versichert?

Lösung

Nach § 550 RVO ist der Weg von und nach der Familienwohnung versichert, auch wenn der Versicherte wegen der Entfernung seiner ständigen Familienwohnung vom Ort der Tätigkeit an diesem oder in dessen Nähe eine Unterkunft hat. Gefordert wird, daß am Beschäftigungsort eine Unterkunft vorhanden ist, und **daß die Entfernung zwischen Familienwohnung und Beschäftigungsort eine der wesentlichen Gründe für die Benutzung der Unterkunft ist** (BSG vom 4. 8. 1955 [2 RU 62/54] = BSGE 2 S. 172 = Breith. 1956 S. 247). Ist beides – wie im oben genannten Fall – zu bejahen, so ist auch eine Entfernung, die innerhalb derselben Stadt noch als Weg zur Arbeit in Betracht kommen kann, wesentlich. Ob die Entfernung wesentlich ist, richtet sich nach den jeweiligen Umständen des Einzelfalles. In unserem Fall wurde die Entfernung von 4,5 km als wesentlich angesehen und der Schwesternschülerin der Versicherungsschutz bestätigt (BSG vom 14. 12. 1965 [2 RU 201/61] = BSGE 24 S. 159 = SozSich.-Kartei Nr. 1866, V/A zu § 543 RVO).
Unter einer **Familienwohnung** wird eine Wohnung verstanden, die für längere Zeit den **Mittelpunkt des privaten Lebens des Versicherten bildet.** Das kann – muß es aber (BSG vom 26. 7. 1963 [2 RU 16/62] = Breith. 1964 S. 114 = BSGE 19 S. 257) nicht – ein möbliertes Zimmer bei den Eltern (auch im Ausland) sein. Ob der Versicherte dort polizeilich gemeldet ist, spielt wie die Tatsache, ob ein familienrechtliches Verhältnis (z. B. Verwandtschaft) zu dem Mitinhaber der Wohnung besteht, keine Rolle (BSG vom 30. 8. 1962 [2 RU 127/59] = BSGE 17 S. 270 = NJW 1962 S. 2271). Die Wohnung der Braut, der Verwandten und Bekannten kann durchaus eine Familienwohnung sein. **Sie ist es, wenn eine enge persönliche und wirtschaftliche Beziehung zwischen dem Versicherten und den anderen Bewohnern der Wohnung z. B. innerhalb eines eheähnlichen Verhältnisses besteht** (BSG vom 29. 6. 1966 [2 RU 63/62] = BSGE 25 S. 93 = SozSich. 1966 S. 245). Bei ledigen Versicherten ist zu prüfen, ob sie noch innerlich mit den Eltern und deren Wohnung verbunden sind. Ausschlaggebend ist, daß der Versicherte seine Freizeit fast immer in dieser Familienwohnung verbringt (BSG vom 15. 12. 1959 [2 RU 95/56] = SozSich. 1960 S. 21 = SGb. 1960 S. 14).

D. Berufskrankheiten

Fall Nr. 84: Begriff

Der Angestellte G des Wohnungsunternehmens K erkrankte an Tuberkulose. Er vertrat die Auffassung, daß er wiederholt beruflich mit Tbc-Erkrankten in Berührung gekommen sei, die ihn angesteckt hätten. Lag eine Berufskrankheit vor?

Lösung

Als Arbeitsunfall gilt nach § 551 Abs. 1 RVO auch eine Berufskrankheit. Darunter werden die Krankheiten verstanden, die in der Berufskrankheiten-Verordnung genannt sind und die sich der Versicherte bei der versicherten Tätigkeit zugezogen hat. Die Bundesregierung ist ermächtigt, in der Verordnung solche Krankheiten zu bezeichnen, **die nach den Erkenntnissen der medizinischen Wissenschaft durch besondere Einwirkungen verursacht wurden und denen bestimmte Personengruppen durch ihre Arbeit in erheblich höherem Grade als die übliche Bevölkerung ausgesetzt sind.** Von dem Recht zu bestimmen, daß Krankheiten nur dann Berufskrankheiten sind, wenn sie **auf einer Arbeit in bestimmten Betrieben** beruhen, hat der Gesetzgeber bei Infektionskrankheiten und Meniskusschäden Gebrauch gemacht.
Wiederholte körperliche Schädigungen, die sich über eine Arbeitsschicht hinaus gesundheitlich auswirken, gelten auch in ihrem Zusammenwirken nicht als Arbeitsunfall, sondern als eine Berufskrankheit (BSG vom 14. 3. 1958 [2 RU 48/56] = Meso B 90/6 = NJW 1958 S. 1206). Die Tbc-Erkrankung von G war also kein Arbeitsunfall, allenfalls eine Berufskrankheit. Die Rechtslage ändert sich, wenn der Nachweis eines plötzlich schädigenden Ereignisses in Gestalt einer Bazillenaufnahme innerhalb einer Arbeitsschicht gelingt. Eine wiederholte, nicht massive Bazillenaufnahme ist keine wesentlich mitwirkende Ursache, wenn sich der letzte Schub aus der Kette wiederholter Bazillenübertragungen nicht heraushebt (BSG vom 26. 9. 1961 [2 RU 191/59] = BSGE 15 S. 112 = SGb. 1961 S. 337). Das war hier nicht der Fall. Außerdem erfüllte G nicht die weitere Voraussetzung, daß er die Infektion im Gesundheitsdienst, in der Wohlfahrtspflege oder an ähnlich gefährdeten Arbeitsstellen erlitten hat. Auch konnte er eine massive Ansteckung nicht beweisen.
Für alle Berufskrankheiten gelten die für Arbeitsunfälle maßgebenden Vorschriften. Als **Zeitpunkt** des Arbeitsunfalls gilt bei einer Berufskrankheit der Beginn der Krankheit im Sinne der Krankenversicherung oder, wenn es für den Versicherten günstiger ist, der Beginn der Erwerbsminderung (BSG vom 29. 9. 1965 [5 RKn. 86/61] = BSGE 24 S. 41 = Breith. 1966 S. 109).

Fall Nr. 85: Berufskrankheiten-Verordnung

Der Arbeiter M war bei einer Firma beschäftigt, die Tankanlagen baute und reparierte. Dabei kam er häufig mit Benzol, Blei und Quecksilber in Berührung. Als sich 5 Jahre später epileptische Anfälle einstellten, beantragte M Versichertenrente wegen einer Berufskrankheit. Mit Recht?

Lösung

Für die Anerkennung einer Berufskrankheit ist grundsätzlich Voraussetzung, daß die Erkrankung in der jetzt gültigen 7. Berufskrankheiten-Verordnung (Tafel 1) aufgeführt ist. Andernfalls liegt keine Berufskrankheit vor. Die Möglichkeit, daß sie durch die Arbeit verursacht worden ist, reicht nicht aus (LSG Hessen vom 16. 8. 1960 [L 3 U 1/59] = Breith. 1961 S. 116 = SGb. 1961 S. 381).

Die Verordnung führt in Nr. 4 Gesundheitsstörungen, die durch Benzol und seine Homologen, in Nr. 6 die durch Blei und seine Verbindungen und in Nr. 15 die durch Quecksilber und seine Verbindungen entstehen, als Berufskrankheiten auf. Aus der Tatsache, daß nur die schädlichen Stoffe und nicht bestimmte Krankheiten in dieser Liste aufgeführt sind, kann nicht geschlossen werden, daß jede Krankheit als Berufskrankheit anzuerkennen ist, wenn der Versicherte mit einem dieser Stoffe in Berührung gekommen ist. Bereits die Überschriften und § 551 Abs. 1 RVO sagen eindeutig, **daß nur die durch die chemischen Stoffe verursachten Krankheiten als Berufskrankheiten gelten** (LSG Nordrhein-Westfalen vom 6. 6. 1958 [LS 14 (V) 758/54] = Breith. 1959 S. 23 = SGb. 1959 S. 67). Der doppelte Kausalzusammenhang muß also auch hier gegeben sein (BSG vom 31. 1. 1956 [2 RU 74/54] = BSGE 2 S. 178 = SozSich. 1956 S. 20).
Die akute Vergiftung mit Benzol ruft zuerst einen sogenannten Benzolrausch und dann Blutveränderungen sowie Schädigungen des blutbildenden Systems (z.B. Knochenmarks) hervor. Durch Blei können Zentralnervensystem, Leber und Nebennieren geschädigt werden. In diesen Fällen, die in unmittelbarem zeitlichen Zusammenhang mit der Vergiftung stehen, ist das Krankheitsbild ganz anders. Als Protoplasmagift kann Quecksilber in Leber und Nieren akkumuliert werden und zu Schädigungen des Zentralnervensystems führen. Alle drei chemischen Stoffe waren aber nicht geeignet, eine Epilepsie hervorzurufen; diese war somit bei M keine Berufskrankheit.

Fall Nr. 86: Neue Erkenntnisse

Bei dem Landarbeiter B wurde eine Lungenfibrose festgestellt, die nach Auffassung der Sachverständigen auf die Einatmung organischen Staubes während seiner beruflichen Tätigkeit als Drescher zurückzuführen war. Lag eine Berufskrankheit vor?

Lösung

Die Berufsgenossenschaften als Träger der gesetzlichen Unfallversicherung sollen im Einzelfall nach § 551 Abs. 2 RVO eine Krankheit, auch wenn sie nicht in der Berufskrankheiten-Verordnung bezeichnet ist oder die dort genannten Voraussetzungen nicht vorliegen, wie eine Berufskrankheit entschädigen, sofern nach neuen Erkenntnissen die übrigen Voraussetzungen – also der doppelte Kausalzusammenhang – erfüllt sind.

Tafel 1

Lfd. Nr.	Krankheiten
	A. Durch chemische Stoffe verursachte Krankheiten
1	Schleimhautveränderungen, Krebs oder andere Neubildungen der Harnwege durch aromatische Amine
2	Erkrankungen durch Arsen oder seine Verbindungen
3	Hornhautschädigungen des Auges durch Benzochinon
4	Erkrankungen durch Benzol oder seine Homologen
5	Erkrankungen durch Nitro- oder Aminoverbindungen des Benzols oder seiner Homologen oder deren Abkömmlinge
6	Erkrankungen durch Blei oder seine Verbindungen
7	Erkrankungen durch Chrom oder seine Verbindungen
8	Erkrankungen durch Fluor oder seine Verbindungen
9	Erkrankungen durch Halogenkohlenwasserstoffe oder halogenierte Alkyl-, Aryl- oder Alkylaryloxyde oder -sulfide
10	Erkrankungen durch Kadmium oder seine Verbindungen
11	Erkrankungen durch Kohlenoxyd
12	Erkrankungen durch Mangan oder seine Verbindungen
13	Erkrankungen durch Methanol (Methylalkohol)
14	Erkrankungen durch Phosphor oder seine Verbindungen
15	Erkrankungen durch Quecksilber oder seine Verbindungen
16	Erkrankungen durch Salpetersäureester
17	Erkrankungen der Zähne durch Säuren
18	Erkrankungen durch Schwefelkohlenstoff
19	Erkrankungen durch Schwefelwasserstoff
20	Erkrankungen durch Thallium oder seine Verbindungen
21	Erkrankungen durch Vanadium oder seine Verbindungen
	Zu den Nrn. 2, 4 bis 8, 10 bis 21: Ausgenommen sind Hauterkrankungen. Sie gelten als Berufskrankheiten nur insoweit, als sie Erscheinungen einer Allgemeinerkrankung sind, die durch Aufnahme der schädigenden Stoffe in den Körper verursacht werden, oder gemäß Nr. 46 zu entschädigen sind.
	B. Durch physikalische Einwirkungen verursachte Krankheiten
22	Chronische Erkrankungen der Schleimbeutel durch ständigen Druck
23	Drucklähmungen der Nerven
24	Erkrankungen durch Arbeit in Druckluft
25	Erkrankungen durch Erschütterung bei Arbeit mit Preßluftwerkzeugen oder gleichartig wirkenden Werkzeugen oder Maschinen sowie bei der Arbeit an Anklopfmaschinen
26	Lärmschwerhörigkeit und Lärmtaubheit
27	Erkrankungen durch Röntgenstrahlen, durch die Strahlen radioaktiver Stoffe oder durch andere ionisierende Strahlen
28	Grauer Star durch Wärmestrahlung
	C. Durch gemischte (chemisch-physikalische) Einwirkungen verursachte Krankheiten
29	Erkrankungen der tieferen Luftwege und der Lungen durch Aluminium oder seine Verbindungen
30	Asbeststaublungenerkrankung (Asbestose)

Lfd. Nr.	Krankheiten
31	Asbeststaublungenerkrankung (Asbestose) in Verbindung mit Lungenkrebs
32	Erkrankungen durch Beryllium oder seine Verbindungen
33	Erkrankungen an Lungenfibrose durch Metallstäube bei der Herstellung oder Verarbeitung von Hartmetallen
34	Quarzstaublungenerkrankung (Silikose)
35	Quarzstaublungenerkrankung in Verbindung mit aktiver Lungentuberkulose (Siliko-Tuberkulose)
36	Erkrankungen der tieferen Luftwege und der Lungen durch Thomasmehl (Thomasphosphat)
	D. Durch Infektionserreger oder Parasiten verursachte Krankheiten
37	Infektionskrankheiten, wenn der Versicherte im Gesundheitsdienst, in der Wohlfahrtspflege oder in einem Laboratorium tätig oder durch eine andere Tätigkeit der Infektionsgefahr in ähnlichem Maße besonders ausgesetzt war
38	Von Tieren auf Menschen übertragbare Krankheiten
39	Wurmkrankheit der Bergleute, verursacht durch Ankylostoma duodenale oder Anguillula intestinalis
	E. Durch nicht einheitliche Einwirkungen verursachte Krankheiten
40	Augenzittern der Bergleute
41	Bronchialasthma, das zur Aufgabe der beruflichen Beschäftigung oder jeder Erwerbsarbeit gezwungen hat
42	Meniskusschäden nach mindestens dreijähriger regelmäßiger Tätigkeit unter Tage
43	Erkrankungen der Sehnenscheiden oder des Sehnengleitgewebes sowie der Sehnen- oder Muskelansätze, die zur Aufgabe der beruflichen Beschäftigung oder jeder Erwerbsarbeit gezwungen haben
44	Tropenkrankheiten, Fleckfieber, Skorbut
45	Abrißbrüche der Wirbelfortsätze
	F. Hauterkrankungen
46	Schwere oder wiederholt rückfällige Hauterkrankungen, die zur Aufgabe der beruflichen Beschäftigung oder jeder Erwerbsarbeit gezwungen haben
47	Hautkrebs oder zur Krebsbildung neigende Hautveränderungen durch Ruß, Rohparaffin, Teer, Anthrazen, Pech oder ähnliche Stoffe

Mit dieser Regelung wurde der bisher starre Rahmen der Berufskrankheiten geöffnet. **Diese Öffnung ist aber nur gegeben, wenn nach neuen Erkenntnissen der Medizin eine Krankheit berufsbedingt entstanden oder verschlimmert worden ist.** Neue Erkenntnisse liegen – wie hier bei der „Drescherlunge" – bereits vor, wenn „alte" oder „frühere" Erkenntnisse nunmehr zu einem „neuen" Erkenntnisstand geführt haben (BSG vom 29. 9. 1964 [2 RU 30/64] = BSGE 21 S. 296 = Breith. 1965 S. 473). Ob diese Krankheit später in eine neue Berufskrankheiten-Verordnung aufgenommen wird, ist hingegen bedeutungslos.

Die Ausnahmeregelung ist dahin zu verstehen, daß im typischen Einzelfall eine Krankheit, die nicht in der Verordnung aufgeführt ist, oder die dort genannten Voraussetzungen – z. B. ein Meniskusschaden außerhalb des Bergbaus – nicht ausfüllt, grundsätzlich wie eine Berufskrankheit entschädigt werden muß, sofern nach neuen Erkenntnissen die übrigen Voraussetzungen vorliegen. Der Unfallversicherungsträger kann trotzdem in atypischen Fällen, die er zu beweisen hat, die Anerkennung ablehnen. Andererseits soll er in individuell besonders gelagerten Fällen, vor allem in Härtefällen, eine Entschädigung gewähren (BSG vom 20. 3. 1973 [8/7 RU 11/70] = SozSich.-Kartei Nr. 2755, V/D zu § 551 RVO = BSGE 35 S. 267).

Fall Nr. 87: Berufsaufgabe

Der angelernte Metallschleifer J litt an einer chronischen Hauterkrankung, die durch die Schmiermittel, mit denen er beruflich in Berührung kam, verursacht worden war. Sein Anspruch auf Rente wurde abgelehnt, weil er nach Auffassung der Berufsgenossenschaft keinen „Beruf" ausgeübt habe, den er wegen der Erkrankung hätte aufgeben müssen. Ist diese Auffassung richtig?

Lösung

Bei der Erkrankung der Sehnenscheiden, der Haut sowie bei Bronchialasthma muß zu dem doppelten Ursachenzusammenhang noch die **Aufgabe des Berufs** (LSG Niedersachsen vom 19. 11. 1959 [L 11 U 371/57] = Breith. 1960 S. 216) oder jeder Erwerbstätigkeit hinzukommen. Die Berufskrankheit – hier die Hauterkrankung – muß somit J gezwungen haben, seinen Beruf oder jede Erwerbstätigkeit aufzugeben. Dieser Zwang kann durch eine Behörde oder den Versicherungsträger ausgeübt werden. Dabei kommt es allein auf die berufliche Tätigkeit an, bei der sich der Versicherte die Berufskrankheit zugezogen hat; ein späterer Berufswechsel ist bedeutungslos (BSG vom 30. 10. 1962 [2 RU 19/61] = BSGE 18 S. 98 = Breith. 1963 S. 218). Das Einstellen einer handwerklichen Meistertätigkeit ist keine Berufsaufgabe, wenn die Oberaufsicht über den eigenen Betrieb noch beibehalten wird (LSG Hessen vom 6. 3. 1963 [L 3 U 61/62] = SozSich.-Kartei Nr. 1885, V/B zu Nr. 15 der 6. Berufskrankheitenverordnung).
Unter „Beruf" wird nicht nur ein erlernter Facharbeiterberuf verstanden, sondern auch eine angelernte Tätigkeit. Wenn eine an sich ungelernte Tätigkeit durch eine halbjährige Anlernung oder langdauernde Arbeit Kenntnisse, Fähigkeiten oder Fertigkeiten vermittelt, die das Unterkommen des Versicherten in Betrieben gleicher Art begünstigen und deshalb den Wert seiner Arbeitskraft auf dem allgemeinen Arbeitsmarkt erhöhen, liegt ein Beruf vor. **Dabei ist maßgebend, ob der Versicherte von einem tarifgebundenen Arbeitgeber als angelernter Arbeiter eingruppiert worden ist oder wäre** (BSG vom 29. 10. 1959 [2 RU 50/58] = BSGE 10 S. 278 = SozSich. 1960 S. 17). Hat der Versicherte jahrelang als ungelernter Arbeiter nur Tätigkeiten ausgeübt, die von jedem anderen ungelernten Arbeiter nach einer einfachen Anweisung verrichtet werden konnten, besitzt er keinen Beruf. Liegt bei ihm eine berufsbedingte Krankheit vor, kann er nur Verletztenrente erhalten, wenn die Hautkrankheit ihn zur Aufgabe jeder Erwerbstätigkeit gezwungen hat (BSG vom 13. 1. 1962 [5 RKn. 70/59] = Breith. 1963 S. 777 = BG 1963 S. 378).
Der Metallschleifer J war ein halbes Jahr lang für seine Tätigkeit ausgebildet worden. Die Firma hatte ihn als Facharbeiter beschäftigt und entlohnt. Bei ihm lag eine durch die Berufskrankheit bedingte Berufsaufgabe vor; sein Rentenanspruch war berechtigt.

Fall Nr. 88: Übergangsgeld

Frau D war als Maschinenschreiberin in einem Großraumbüro angestellt. Nachdem sie wiederholt an Sehnenscheidenentzündung erkrankt war, forderte die Berufsgenossenschaft sie auf, ihren Beruf zu wechseln. Durch Vermittlung des Arbeitsamtes erhielt sie eine Anstellung als Karteiführerin, allerdings mit einer Gehaltseinbuße von monatlich DM 80. Wer kommt für diesen Minderverdienst auf?

Lösung

Wenn sich für einen Versicherten die Gefahr abzeichnet, daß eine Berufskrankheit entsteht, wiederauflebt oder sich verschlimmert, hat der Unfallversicherungsträger **mit allen geeigneten Mitteln** dieser Gefahr entgegenzuwirken. Ist die Gefahr nicht zu beseitigen, hat er den Versicherten zu veranlassen, die gefährdende Tätigkeit aufzugeben. Folgt der Versicherte dieser Aufforderung, ist ihm zum Ausgleich der hierdurch verursachten Verdienstminderung oder sonstiger wirtschaftlicher Nachteile nach § 3 Abs. 2 der 7. Berufskrankheiten-Verordnung ein Übergangsgeld in Form eines einmaligen Betrages bis zur Höhe der Jahresvollrente zu zahlen. Zulässig ist auch, daß der Versicherungsträger eine monatliche Zahlung bis zur Höhe der Vollrente **für die Dauer bis zu 5 Jahren** erbringt. Im Gegensatz zu der sonst abstrakten Schadenersatzregulierung durch die gesetzliche Unfallversicherung ersetzt das Übergangsgeld den tatsächlichen Minderverdienst (BSG vom 29. 5. 1963 [2 RU 269/59] = BSGE 19 S. 157 = SozSich.-Kartei Nr. 1536, V/B zu § 5 der 6. Berufskrankheitenverordnung). Immer aber ist Voraussetzung, daß der Versicherte nicht aus eigenem Antrieb, sondern auf Anordnung des Versicherungsträgers oder einer Arbeitsschutzbehörde seine Tätigkeit (nicht Beruf) aufgibt (SG Gelsenkirchen vom 4. 6. 1968 [S 9 KnU 174/63] = Breith. 1969 S. 757).
Frau D hatte Anspruch auf Übergangsgeld in Höhe von monatlich DM 80. Bestand bei ihr seit dem Zeitpunkt, in dem sie die Arbeit tatsächlich aufgab, Arbeitsunfähigkeit wegen der Berufskrankheit, hatte sie bis zum 30. 9. 1974 keinen Anspruch auf Übergangsgeld, sondern auf Verletztengeld. Die Zahlung von Übergangsgeld setzte somit Arbeitsfähigkeit, die von Verletztengeld Arbeitsunfähigkeit voraus (vgl. Fall Nr. 93) (BSG vom 19. 10. 1967 [5 RKn. 121/65] = Breith. 1968 S. 289). Ab 1. 10. 1974 zahlt die Berufsgenossenschaft auch bei Arbeitsunfähigkeit Übergangsgeld.

E. Sachleistungen

Fall Nr. 89: Heilbehandlung

Bei der Amputation eines unfallverletzten Fingers war eine scharfe Kante des Knochens übersehen worden, die sich bei jeder Fingerbewegung in das Fleisch bohrte und erhebliche Schmerzen verursachte. Hat der Verletzte Anspruch darauf, daß dieser Fehler beseitigt wird?

Lösung

Bei Eintritt eines Arbeitsunfalls oder einer Berufskrankheit hat der Unfallversicherungsträger nach § 556 RVO **Rehabilitationsmaßnahmen** in Form von Heilbehandlung und Berufshilfe zu gewähren. Diese Maßnahmen sollen **mit allen geeigneten Mitteln** die durch den Arbeitsunfall verursachte Körperverletzung oder Gesundheitsstörung und die Erwerbsminderung beseitigen und/oder bessern, eine Verschlimmerung der Unfallfolgen verhüten und die Auswirkungen der Unfallfolgen erleichtern. Bei einer Tuberkulose als Berufskrankheit ist eine Heilbehandlung auch zu gewähren, wenn die Krankheit oder Erwerbsminderung nicht beseitigt oder eine Verschlimmerung nicht verhindert werden kann (BSG vom 19. 10. 1967 [5 RKn. 121/65] = Breith. 1968 S. 289). **Krankenbehandlung durch Ärzte ist zu gewähren, wenn dadurch die unfallbedingte Lage des Verletzten spürbar zu bessern ist** (RVA, GE Nr. 3865 vom 14. 10. 1930 = AN 1930 S. 438). Das war hier der Fall, so daß der Verletzte Anspruch auf Heilbehandlung hatte. Ob durch den Eingriff eine Erhöhung der Erwerbsfähigkeit zu erwarten war, ist ohne Bedeutung.

Die Heilbehandlung selbst umfaßt ärztliche Behandlung, Versorgung mit Arznei, Verband- und Heilmitteln, Bewegungs-, Sprach- und Beschäftigungstherapie sowie Belastungsproben, Arbeitstherapie und Pflege. Die Berufsgenossenschaften sind verpflichtet, den Versicherten möglichst bald nach dem Unfall einer schnellen und sachgemäßen, insbesondere einer fachärztlichen Heilbehandlung zuzuführen (LSG Schleswig-Holstein vom 23. 11. 1967 [L 2 Sp. 3/66] = Breith. 1968 S. 292 = SozSich. 1968 S. 178). **Die Behandlung ist sachgemäß, wenn sie die Körperverletzung beseitigt, Verschlimmerungen verhütet oder die Erwerbsminderung beseitigt oder reduziert.** Da nur Sachleistungen erbracht werden dürfen, die erforderlich sind, um den Erfolg der Heilbehandlung zu sichern oder die Verletzungsfolgen zu erleichtern, wird der Umfang der Rehabilitationsmaßnahmen nach oben und unten begrenzt. Allein aus der Gewährung berufsgenossenschaftlicher Heilbehandlung kann nicht die Anerkennung einer entschädigungspflichtigen Berufskrankheit oder eines Arbeitsunfalls geschlossen werden (LSG Baden-Württemberg vom 25. 1. 1967 [L 2 Ua. 1832/63] = Breith. 1967 S. 923).

Die ärztliche Behandlung wird von **Durchgangsärzten,** das sind in der Regel Fachärzte, erbracht. Der Durchgangsarzt entscheidet, ob der Verletzte in seiner Behandlung bleibt oder ob hausärztliche Behandlung ausreicht. Die Entscheidung bindet die Berufsgenossenschaft, gleichgültig ob die rechtlichen Voraussetzungen der berufsgenossenschaftlichen Heilbehandlung tatsächlich vorliegen (LSG Baden-Württemberg vom 15. 5. 1963 [L 2 Ua. 995/60] = Breith. 1964 S. 19). Falls erforderlich, wird die Heilbehandlung mit Unterkunft und Verpflegung in einem **Krankenhaus**, ab 1. 10. 1974 auch in einer **Kur-** oder **Spezialeinrichtung** in Form stationärer Behandlung gewährt.

Eine **freie Arztwahl** besteht nicht. In begründeten Fällen, z. B. bei fehlendem Vertrauen zum Arzt, genehmigen die Berufsgenossenschaften einen Arztwechsel.

Der Versicherte hat weiter Anspruch auf Versorgung mit Arznei, orthopädischen und anderen Heilmitteln und Körperersatzstücken (LSG Nordrhein-Westfalen vom 25. 4. 1961 [L 15 (16) U 148/57] = Breith. 1964 S. 1041 = Meso B 10/73). Eine wertmäßige Begrenzung – wie in der Krankenversicherung – gibt es nicht. Dem Verletzten sind ferner heilgymnastische und bewegungstherapeutische Übungen in Gruppenbehandlung unter ärztlicher Aufsicht (Versehrtenleibesübungen) sowie andere geeignete Heilmaßnahmen, wie z.B. Massagen, zu gewähren und ein durch den Arbeitsunfall beschädigtes Körperersatzstück oder größeres orthopädisches Hilfsmittel wiederherzustellen oder zu erneuern.

Fall Nr. 90: Berufshilfe

Wegen einer Chromallergie mußte der Maurer B seinen Beruf aufgeben. Die Berufsgenossenschaft zahlte ihm drei Jahre lang das Übergangsgeld, vertrat aber die Auffassung, eine Umschulung käme nicht in Frage, weil B sich inzwischen eine Arbeit als Maschinist besorgt hatte. Bestand ein Anspruch auf Berufshilfe?

Lösung

Der Unfallversicherungsträger hat gemäß §§ 556, 567 RVO dem Versicherten Berufshilfe zu gewähren, um ihm die Wiederaufnahme seines früheren Berufs oder, wenn das nicht möglich ist, ihm mit Hilfe des Arbeitsamtes die Ausübung eines neuen Berufs oder einer neuen Tätigkeit zu ermöglichen. Der neue Beruf Da § 11 RehaG alle Versicherungsträger verpflichtet, bei der Auswahl der berufsfördernden Maßnahmen die Eignung, Neigung und bisherige Tätigkeit des Behinderten angemessen zu berücksichtigen und sogar einen beruflichen Aufstieg zu fördern, hat B trotz seiner Arbeitsaufnahme den Anspruch auf Rehabilitation behalten.
Durch das am 1. 10. 1974 in Kraft getretene RehaG wurde die Berufsförderung neu geregelt. Der berufsfördernde Rehabilitationsanspruch von B umfaßt nun Hilfen zur Erhaltung oder Erlangung eines Arbeitsplatzes mit Leistungen zur Förderung der Arbeitsaufnahme, Berufsfindung, Arbeitserprobung und Berufsvorbereitung. Ihm ist eine Grundausbildung zu geben, wenn sie wegen der Behinderung notwendig ist. Er hat ferner Anspruch auf berufliche Anpassung, Fortbildung, Ausbildung und Umschulung einschließlich eines zur Teilnahme an diesen Maßnahmen erforderlichen schulischen Abschlusses sowie sonstiger Hilfen der Arbeits- und Berufsförderung. **Ziel dieser Maßnahmen muß sein, dem Versicherten eine angemessene und geeignete Berufs- oder Erwerbstätigkeit auf dem allgemeinen Arbeitsmarkt oder in einer Werkstatt für Behinderte zu ermöglichen.**
Die Berufsgenossenschaft hat die erforderlichen Unterkunfts- und Verpflegungskosten zu übernehmen, wenn B während der Rehabilitation außerhalb des eigenen oder elterlichen Haushalts untergebracht ist. Die Maßnahmen selbst sollen bei ganztägigem Unterricht nicht länger als zwei Jahre dauern, es sei denn, daß der Verletzte nur über eine längerdauernde Maßnahme eingegliedert werden kann.
Während der Teilnahme an der Berufshilfe erhält B **Übergangsgeld**, selbst wenn er noch stundenweise daneben arbeitet. Das gilt nach § 568a RVO auch für die Zeit, die zwischen dem Ende der Heilbehandlung und dem Beginn der Berufshilfe liegt, wenn der Versicherte die Unterbrechung nicht verschuldet hat. Kann B an Maßnahmen der Berufshilfe aus gesundheitlichen Gründen nicht weiter

teilnehmen, wird das Übergangsgeld bis zu sechs Wochen, längstens bis zum Tag der Beendigung der Maßnahme weitergewährt. Schließt sich Arbeitslosigkeit an die Berufshilfe an, wird das Übergangsgeld während der Arbeitslosigkeit bis zu 6 Wochen gezahlt, wenn B dem Arbeitsamt zur beruflichen Eingliederung zur Verfügung steht.
Bei Verletzten, die in den letzten drei Jahren vor Beginn der Maßnahme Arbeitsentgelt bezogen haben, errechnet sich das Übergangsgeld nach den im Fall Nr. 94 geschilderten Grundsätzen. In allen anderen Fällen oder wenn die Berechnung nach dem Erwerbseinkommen **grob unbillig** wäre, gilt als Regellohn für den Kalendertag der 450. Teil des Lohnes, der nach dem Fremdrentengesetz für das bei Beginn der Maßnahme zuletzt angegebene Kalenderjahr für die für den Verletzten in Betracht kommende Tätigkeit angegeben ist (vgl. Fall Nr. 153).
Grundsätzlich besitzt der Versicherte, der durch einen Arbeitsunfall oder einer Berufskrankheit in der Ausübung seines Berufs **wesentlich beeinträchtigt ist,** einen einklagbaren Anspruch auf Berufshilfe, sofern er ausbildungsfähig und willig ist. Das war der Maurer B. Da die Berufsgenossenschaft pflichtwidrig Berufshilfe versagt hatte, mußte sie das Übergangsgeld über den in der Regel als ausreichend anzusehenden Zeitraum von drei Jahren auf fünf Jahre verlängern. Zwischen beiden Leistungen besteht nämlich eine Wechselwirkung (BSG vom 29. 5. 1963 [2 RU 233/61] = BSGE 19 S. 169 = SozSich. 1963 S. 213).

Fall Nr. 91: Ergänzende Leistungen

Auf einer Dienstfahrt war die Propagandistin H zweihundert Kilometer von ihrem Wohnort entfernt verunglückt und in das Krankenhaus in O eingeliefert worden. Ihr erwerbstätiger Ehemann bemühte sich, den Haushalt allein weiterzuführen und die siebenjährige Tochter zu betreuen. Konnte er von dem Unfallversicherungsträger eine Haushaltshilfe und die Übernahme seiner Besuchsfahrten nach O zu seiner Frau verlangen?

Lösung

Nach §§ 569a und b RVO hat die Berufsgenossenschaft ab 1. 10. 1974 außer Übergangsgeld unserer Frau H auch ergänzende Leistungen zur Heilbehandlung und Berufshilfe zu gewähren. Dazu gehört auch die **Haushaltshilfe.** Voraussetzung ist, daß Frau H wegen der medizinischen oder beruflichen Rehabilitationsmaßnahme außerhalb des eigenen Haushalts untergebracht und ihr die Weiterführung des Haushalts nicht möglich ist, daß eine andere im Haushalt lebende Person ihn nicht weiterführen kann und daß in dem Haushalt ein Kind lebt, das das achte Lebensjahr noch nicht vollendet hat oder das behindert und auf Hilfe angewiesen ist. Welchen familienrechtlichen Status das Kind hat, ist belanglos. In unserem Fall erfüllt Frau H alle die im Gesetz genannten Voraussetzungen; ihr Anspruch auf Haushaltshilfe war berechtigt. Anspruchsberechtigt ist allerdings Frau H und nicht ihr Ehemann.
Zu den ergänzenden Leistungen gehören auch die mit der Berufshilfe in unmittelbarem Zusammenhang stehenden Kosten wie Prüfungsgebühren, Lernmittel, Arbeitskleidung und -gerät, an den Arbeitgeber zu zahlende Ausbildungszu-

schüsse. Weiter hat die Berufsgenossenschaft die Kosten eines ärztlich verordneten Behindertensports zu übernehmen, wenn er in Gruppen unter ärztlicher Betreuung stattfindet.
Nach § 569b RVO zählen die im Zusammenhang mit der Rehabilitationsmaßnahme erforderlichen **Fahr-, Verpflegungs- und Übernachtungskosten** sowie die Kosten für den Gepäcktransport zu den ergänzenden Leistungen. Ist eine Begleitperson erforderlich, müssen diese Kosten ebenfalls übernommen werden. Nimmt der Versicherte an einer Berufshilfemaßnahme teil, **können** einmal im Monat die Kosten einer **Familienheimfahrt** ersetzt werden. Bei medizinischen Maßnahmen ist die Kostenübernahme möglich, wenn die stationäre Behandlung – wie bei Frau H – länger als acht Wochen dauert.
Anstelle der Kosten für eine Familienheimfahrt können die Kosten einer **Besuchsfahrt** eines Angehörigen übernommen werden. Der Versicherungsträger hat nach pflichtgemäßem Ermessen die Übernahme der Kosten zu überprüfen. Eine gerichtliche Überprüfung ist nur hinsichtlich eines Ermessensmißbrauchs möglich.

Fall Nr. 92: Pflege

Der Uhrmacher M erlitt einen Wegeunfall. Nach Ausheilung der Rippenfrakturen wurde eine Wesensänderung festgestellt; jede Eigeninitiative war erloschen. M tat nur noch das, was ihm aufgetragen wurde. Konnte er wegen der unfallbedingten „psychischen Hilflosigkeit" Anspruch auf Pflege erheben?

Lösung

Nach § 558 RVO ist dem Verletzten Pflege zu gewähren, solange er infolge des Arbeitsunfalls oder der Berufskrankheit so **hilflos** ist, daß er nicht ohne Wartung, Pflege und Aufsicht sein kann. Mit Zustimmung des Verletzten kann auch in anderen Fällen Pflege gewährt werden. Die Pflege selbst besteht aus Hilfe und Wartung durch Krankenpfleger oder -schwestern, aus Hauspflege oder Anstaltspflege. Die Pflege kann in Geld erbracht werden.
Ein Dauerzustand wird nicht vorausgesetzt, so daß bereits unmittelbar nach dem Arbeitsunfall Anspruch auf Pflege gegeben sein kann. **Hilflos ist der Versicherte, für dessen Pflege dauernd eine fremde Hilfskraft ganz oder in erheblichem Umfang benötigt wird, weil der Verletzte in regelmäßiger Wiederkehr zahlreiche Verrichtungen des täglichen Lebens allein nicht verrichten kann** (BSG vom 28. 8. 1958 [8 RV 301/55] = BSGE 8 S. 97 = SGb. 1959 S. 57). Es genügt, daß dadurch eine fremde Person in so erheblichem Maße beansprucht wird, daß deren Hilfe einen wirtschaftlich meßbaren Wert besitzt, der durch die Rente nicht als abgegolten angesehen werden kann. Dabei sind die wirtschaftlichen Verhältnisse des Verletzten ohne jede Bedeutung (BSG vom 31. 7. 1958 [9 RV 318/55] = BSGE 8 S. 69 = SozSich. 1958 S. 341). Zu den regelmäßig wiederkehrenden Verrichtungen zählen das An- und Auskleiden, Essen und Trinken, Waschen, die notwendige und mögliche körperliche Bewegung, geistige Erholung, Verrichtung der Notdurft usw. (BSG vom 23. 2. 1960 [10 RV 1371/58] = BSGE 12 S. 20 = SGb. 1960 S. 144).

In unserem Fall ist M psychisch hilflos. Wäre er allein, würde er verwahrlosen. Deswegen liegt trotz des vorhandenen körperlichen Leistungsvermögens Hilflosigkeit vor. Eine ständige Überwachung, wie sie M benötigt, um zahlreiche täglich wiederkehrende, zur Selbsterhaltung gebotene Verrichtungen ausführen zu können, ist Wartung und Pflege (BSG vom 31. 1. 1967 [2 RU 161/65] = Breith. 1967 S. 928 = SozSich.-Kartei Nr. 2023, V/D § 558 RVO).

F. Verletzten- und Übergangsgeld

Fall Nr. 93: Voraussetzungen

Dem Kranführer T wurde Verletztengeld bis zum 29. 3. 1974 gezahlt. Ab 30. 3. 1974 bestand nach Auffassung der Berufsgenossenschaft wieder Arbeitsfähigkeit „für leichte Arbeiten zu ebener Erde" auf dem allgemeinen Arbeitsmarkt. Der Arbeitgeber setzte daraufhin T als Bote ein. War das richtig?

Lösung

Solange der Verletzte infolge des Arbeitsunfalls oder der Berufskrankheit **arbeitsunfähig im Sinne der Krankenversicherung war** (vgl. Fall Nr. 27), erhielt er bis zum 30. 6. 1974 nach § 560 RVO Verletztengeld, wenn Arbeitsentgelt nicht gezahlt wurde (BSG vom 13. 5. 1966 [5 RKn. 57/63] = Meso B 10/36 = Breith. 1967 S. 112). Bei T bestand über den 29. 3. 1974 hinaus Arbeitsunfähigkeit im Sinne der Krankenversicherung; denn er war nicht in der Lage, als Kranführer zu arbeiten. Auch ähnliche Arbeiten standen ihm nicht zur Verfügung. Ab dem 30. 3. 1974 wurde die Zahlung des Verletztengeldes eingestellt, so daß der Verletzte allein aus finanziellen Gründen gezwungen war, irgendeine Arbeit anzunehmen.
Ab dem 1. 10. 1974 wird statt des Verletztengeldes das **Übergangsgeld** gezahlt, und zwar unter den gleichen Bedingungen.
Voraussetzung der Zahlung des Übergangsgeldes ist, daß die Arbeitsunfähigkeit **infolge** eines Arbeitsunfalls oder einer Berufskrankheit entstanden ist und besteht (BSG vom 27. 10. 1967 [2 RU 229/65] = BSGE 27 S. 188 = SozSich.-Kartei Nr. 2095, V/D zu § 560 RVO). Arbeitsunfähigkeit bedeutet weiterhin, daß vor dem Unfall Arbeitsfähigkeit bestanden haben muß. Selbst wenn der Verletzte nur kurzfristig in einem versicherten Beschäftigungsverhältnis tätig war, gehört er nicht zu den Personen, die einen Arbeitsunfall völlig außerhalb jeglicher Erwerbstätigkeit erlitten haben. Auch unter dem Gesichtspunkt der **Lohnersatzfunktion** kann der Anspruch auf Verletztengeld nicht abgelehnt werden, wenn ein Student oder ein Arbeitsloser an Unfallfolgen erkrankt (BSG vom 14. 2. 1973 [2 RU 93/69] = SozSich.-Kartei Nr. 2756, V/D zu § 560 RVO = SGb. 1973 S. 257).
Bei einer **Wiedererkrankung** an Unfallfolgen oder während einer Heilbehandlung, die den Versicherten trotz bestehender Arbeitsfähigkeit an der Arbeit hindert, beginnt erneut die Zahlung des Übergangsgeldes. Der Regellohn errechnet sich dabei nach dem Verdienst des letzten, vor der Wiedererkrankung abgerechneten Lohnabrechnungszeitraumes (BSG vom 22. 6. 1973 [3 RK 90/71] = SozSich.-Kartei Nr. 2797, IV/A zu § 182 RVO). Das gilt aber nicht, wenn der Versicherte erwerbsunfähig ist.

Eine **Aussteuerung** – wie beim Krankengeld – gibt es nicht. Das Übergangsgeld endet nach § 562 RVO mit dem Tag, für den erstmals Verletztenrente gezahlt wird. Das ist in der Regel der Tag, an dem die **Arbeitsfähigkeit** wieder eintritt. Ist mit dem Wiedereintritt der Arbeitsfähigkeit nicht zu rechnen, ist das Übergangsgeld bis zum Abschluß der medizinischen oder beruflichen Rehabilitation zu zahlen. Das Übergangsgeld als ergänzende Leistung (vgl. Fall Nr. 91) wird davon nicht berührt. Die Übergangsgeldzahlung beginnt mit dem Tage, an dem Arbeitsunfähigkeit im Sinne der Krankenversicherung ärztlich festgestellt wird (vgl. Fall Nr. 29).

Fall Nr. 94: Regellohnberechnung

Nachdem der Fernfahrer K am 18. 4. 1974 einen Verkehrsunfall erlitten hatte, erhielt er ein Verletztengeld in Höhe von DM 79,53 pro Werktag und rückwirkend ab 1. 7. 1974 Übergangsgeld in Höhe von DM 68,17 pro Kalendertag. Im Februar 1974 hatte er bei 220 Arbeitsstunden DM 2167 verdient. Stimmt das Übergangs- und Verletztengeld?

Lösung

Das Übergangsgeld wird rückwirkend ab 1. 7. 1974 nach § 561 RVO bei Arbeitnehmern nach dem Regellohn mit der Maßgabe, daß es bis zum Betrag in Höhe des berücksichtigen ist, errechnet.
360. Teils des Höchstjahresarbeitsverdienstes von DM 30000 oder DM 48000 zu
Die für die Krankengeldberechnung geltenden Höchstbeträge gelten nicht für das Verletztengeld.
Der Kraftfahrer K hatte im letzten abgerechneten Lohnabrechnungszeitraum (Februar 1974) einen Verdienst von DM 2167 bei 220 Arbeitsstunden nachgewiesen; der Durchschnittsstundenlohn betrug DM 9,85. In den letzten drei Monaten hatte er 741 Stunden gearbeitet, pro Woche also 57 Stunden. Daraus errechnet sich ein werktäglicher Regellohn von 9,5 Stunden × DM 9,85 = DM 93,57. Da K verheiratet ist und zwei Kinder zu berücksichtigen sind, erhält er 85% des Regellohnes, also DM 79,53 als Verletztengeld.
Das Verletztengeld wird rückwirkend ab 1. 7. 1974 als Übergangsgeld gezahlt, allerdings nun für jeden Kalendertag. Das bedeutet für K, daß sein Übergangsgeld DM 68,17 beträgt (vgl. Fall Nr. 30–32). Durch die Neuregelung wird erreicht, daß alle Arbeitnehmer – auch die, die nicht krankenversicherungspflichtig sind – Übergangsgeld in Höhe ihres regelmäßigen Entgelts erhalten. Auch ist der Unterschied zwischen Ledigen und Verheirateten beseitigt worden.
Bei der Verletztengeldberechnung ist die Ermittlung der regelmäßigen wöchentlichen Arbeitszeit von großer Bedeutung. Ist das – zum Beispiel bei unständig Beschäftigten – nicht möglich, bleibt nur die Berechnung nach dem Ortslohn oder Jahresarbeitsverdienst (BSG vom 27. 10. 1967 [2 RU 222/65] = BSGE 27 S. 188 = SozSich.-Kartei Nr. 2107, V/D zu § 561 RVO). Bezieher von Arbeitslosenunterstützung erhalten Übergangsgeld in Höhe ihrer Unterstützung; dabei wird die Woche zu sechs Tagen gerechnet. Die **übrigen Verletzten,** die keine Arbeitnehmer sind (z. B. Selbständige) erhalten Übergangsgeld je Kalendertag in Höhe

des 450. Teils des Jahresarbeitsverdienstes. Das entspricht 80% des Regellohnes der Arbeitnehmer. Eine Begrenzung auf den Nettolohn gibt es für diesen Personenkreis nicht.
Wurde dem Verletzten Kranken- oder Übergangsgeld gezahlt und steht ihm im Anschluß daran Übergangsgeld nach § 560 RVO (vgl. Fall Nr. 93) zu, so ist bei seiner Berechnung von dem bisher zugrunde liegenden Regellohn auszugehen. Dabei ist, wie es im Fall Nr. 32 geschildert wurde, eine **Dynamisierung** nach Ablauf von 12 Monaten vorzunehmen.
Auf das Übergangsgeld werden **Geldleistungen** angerechnet, die eine öffentlichrechtliche Stelle dem Versicherten im Zusammenhang mit der Durchführung der Heilbehandlung gewährt. Diese Bestimmung gilt nach § 18 Abs. 3 RehaG für alle Versicherungsträger. Mit ihr soll eine unterschiedliche Behandlung der Rehabilitanden verhindert werden. Zahlt z.B. die Behindertenwerkstatt, die dem Versicherungsträger gehört, den beschäftigten Rehabilitanden Weihnachtsgeld, so ist dieses auf das Übergangsgeld anzurechnen. Der vom freiwillig versicherten Unternehmer selbst bestimmte Jahresarbeitsverdienst, nach dem die Beiträge gezahlt werden, ist auch für die Berechnung des Verletztengeldes dieses Personenkreises maßgebend (LSG Bremen vom 5. 10. 1967 [LU 5/67] = SozSich. 1968 S. 87 = Breith. 1968 S. 389).

Fall Nr. 95: Besondere Unterstützung

Der alleinstehende Umschüler G erhielt ein Übergangsgeld von täglich DM 11,60 oder monatlich DM 334,80. Allein an Miete für sein möbliertes Zimmer mußte er monatlich DM 165 zahlen, so daß ihm für seinen Lebensunterhalt nur DM 169,80 verblieben. Konnte G eine besondere Unterstützung oder Erhöhung seines Übergangsgeldes verlangen?

Lösung

Für die Dauer der Heilbehandlung **kann** die Berufsgenossenschaft dem Verletzten und seinen Angehörigen nach § 563 RVO eine besondere Unterstützung gewähren, wenn dies zum Ausgleich einer unbilligen Härte geboten ist. Obwohl es sich hierbei um eine Kannleistung handelt, soll sie gewährt werden, wenn sonst der Erfolg der Heilbehandlung – zum Beispiel durch vorzeitige Arbeitsaufnahme aus wirtschaftlichem Zwang – gefährdet ist und wenn – in der Unternehmerversicherung – wegen fehlender Vertretung der Betrieb des Unternehmers gefährdet wird (Lauterbach: „Unfallversicherung“ Anm. 6 zu § 563 RVO). In allen diesen Fällen wird als besondere Unterstützung Hilfe durch sogenannte Betriebshelfer gewährt, die den Unternehmer ersetzen.
Da G keine Heilmaßnahme, sondern eine Umschulung erhielt, besaß er keinen Anspruch auf eine **besondere Unterstützung.** Sein zweiter Antrag, ihm das Übergangsgeld zu erhöhen, hatte Erfolg. Nach § 568 Abs. 3 RVO findet eine Erhöhung des Übergangsgeldes statt, wenn es unbillig hart wäre, das Arbeitseinkommen der Bemessung des Übergangsgeldes zugrunde zu legen. Diese Regelung ist ab 1. 10. 1974 in Kraft.

G. Verletztenrente

Fall Nr. 96: Erwerbsminderung

Der Dachdecker N erlitt am 2. 4. 1974 auf der Arbeit eine Beinverletzung, die ihn zwang, seinen Beruf aufzugeben. Arbeitsunfähigkeit bestand bis zum 20. 7. 1974. Einen Tag später nahm er eine Arbeit als Kalfaktor bei einer Baufirma auf. Die Berufsgenossenschaft zahlte ab 21. 7. 1974 eine vorläufige Rente nach einer Erwerbsminderung von 30%. Der Versicherte verlangte eine Rente von 50%, weil er fast DM 200 im Monat weniger verdiente als vor dem Unfall. Mit Recht?

Lösung

Mit dem Tage nach dem Wegfall der Arbeitsunfähigkeit im Sinne der Krankenversicherung erhält der Versicherte nach § 580 RVO Verletztenrente, **wenn eine Erwerbsminderung von mindestens zwanzig Prozent über die 13. Woche hinaus andauert.** Arbeitsunfähigkeit wird in dieser Zeit nicht vorausgesetzt.
Ist mit dem Wiedereintritt der Arbeitsfähigkeit nicht zu rechnen, beginnt ab dem 1. 10. 1974 die Rente nach dem Tage, an dem die Heilbehandlung oder die Berufshilfe soweit abgeschlossen ist, daß der Versicherte eine geeignete Berufs- oder Erwerbstätigkeit aufnehmen kann. Das gilt nicht, wenn die Voraussetzungen für die Zahlung von Übergangsgeld nach § 568a RVO (vgl. Fall Nr. 87) vorliegen.
Diese Regelung umfaßt die Fälle, in denen der Verletzte – wie unser N – zwar weiterhin arbeitsunfähig krank als Dachdecker ist, er aber als Kalfaktor einfache körperliche Arbeiten durchaus wieder verrichten kann. Hier sollen aber – wenn der Verletzte keine sozialadäquaten Tätigkeiten mehr verrichten kann – berufliche Rehabilitationsmaßnahmen beginnen.
Die Verletztenrente beginnt nach dem Tage, an dem zu übersehen ist, daß der Verletzte insbesondere wegen der Art und Schwere der Verletzung auch durch weitere Maßnahmen der Heilbehandlung oder Berufshilfe nicht eingegliedert werden kann. Der Verletzte ist in diesen Fällen erwerbsunfähig. Abweichend vom alten Recht darf auch bei Erwerbsunfähigkeit die Verletztenrente erst beginnen, wenn die stationäre Behandlung, für die Übergangsgeld zu zahlen ist, abgeschlossen wurde.
War der Verletzte durch den Arbeitsunfall nicht arbeitsunfähig krank oder hatte er bei Beginn der Arbeitsunfähigkeit kein Arbeitsentgelt erzielt, dann beginnt die Verletztenrente mit dem Tage nach dem Arbeitsunfall.
Voraussetzung der Rentenzahlung ist, daß der Arbeitsunfall die Erwerbsfähigkeit des Versicherten erheblich mindert. Wird durch einen Arbeitsunfall oder eine Berufskrankheit das ungeborene Kind einer Schwangeren verletzt, besitzt dieses keinen Anspruch auf Leistungen der gesetzlichen Unfallversicherung, weil das Kind nicht zum Kreis der Versicherten gehört (BSG vom 23. 6. 1959 [2 RU 257/57] = Breith. 1959 S. 1081 = NJW 1959 S. 2135).
Jeder Arbeitsunfall löst einen **eigenen Leistungsanspruch** aus. Es ist unzulässig, die Folgen mehrerer Unfälle zusammenzuzählen und gemeinsam zu bewerten. Das gilt nur dann nicht, wenn der zweite Unfall die mittelbare Folge des ersten Unfalls ist oder wenn bei der sogenannten „Stützrente" beide Unfälle die geforderten zwanzig Prozent Erwerbsminderung erreichen (BSG vom 5. 4. 1960 [2 RU

129/58] = BSGE 12 S. 58 = SozSich. 1960 S. 206). War der Versicherte vor dem Unfall völlig erwerbsunfähig, kann der Arbeitsunfall keine weitere Erwerbsminderung verursacht haben; es besteht dann kein Anspruch auf Verletztenrente (BSG vom 24. 6. 1971 [5 RKnU 7/69] = SozSich.-Kartei Nr. 2555, V/D zu § 581 RVO = SGb. 1971 S. 353).

Für die Höhe der Rente ist die durch den Arbeitsunfall oder die Berufskrankheit verursachte Erwerbsminderung maßgebend. **Unter Erwerbsfähigkeit wird die Fähigkeit verstanden, Erwerb zu erzielen (Brackmann: „Handbuch der Sozialversicherung" S. 566b). Alle Tatsachen, die sich auf diese Fähigkeit positiv oder negativ auswirken, wie z. B. individuelle Kenntnisse und Fähigkeiten, Erfahrungen wie auch schulische und berufliche Bildung, sind zu berücksichtigen. Dabei ist die Erwerbsfähigkeit vor dem Unfall – auch wenn eine Vorschädigung vorliegt – immer mit einhundert Prozent zu bewerten. Der Unterschied zwischen der Erwerbsfähigkeit vor und nach dem Unfall ist dann die Erwerbsminderung.** Die verbliebene Erwerbsfähigkeit des Verletzten wird auf den allgemeinen Arbeitsmarkt bezogen (BSG vom 4. 8. 1955 [2 RU 67/54] = BSGE 1 S. 174 = Breith. 1956 S. 474). Die Tatsache, daß nach dem Unfall ein geringeres Entgelt als davor erzielt wird, ist ohne rechtliche Bedeutung. Andererseits kann die Rente auch nicht gekürzt oder gar entzogen werden, wenn der Versicherte nach dem Unfall ein höheres Entgelt bezieht. Der Minderverdienst von G allein begründete also keine höhere Verletztenrente.

Verletzungen, die keinen Einfluß auf die Erwerbsfähigkeit des Versicherten haben, wie z. B. entstellende Verbrennungsnarben eines Jugendlichen oder Verlust des Geruch- oder Geschmacksinns bei einem kaufmännischen Angestellten, werden nicht bewertet (BSG vom 26. 6. 1970 [2 RU 108/67] = SozSich. 1970 S. 250). Kann der Verletzte nur noch mit Hilfe von **Körperersatzstücken** arbeiten, ist der Grad der Erwerbsminderung unter Berücksichtigung dieser Hilfsmittel zu schätzen. Das gilt aber nicht für Hörhilfen bei berufsbedingter Schwerhörigkeit. Dabei sind Normabweichungen wie eine schlecht sitzende Prothese oder Entzündungen am Stumpf rentensteigernd zu berücksichtigen. Kann der Verletzte wegen seiner nicht funktionierenden Prothese nicht arbeiten, besteht Arbeitsunfähigkeit bis zum Abschluß der Reparatur des Körperersatzstückes.

Der Begriff der Erwerbsminderung ist ein **unbestimmter Rechtsbegriff**, der grundsätzlich nicht von den Ärzten beantwortet werden kann (BSG vom 21. 3. 1974 [8/2 RU 55/72] = SozSich.-Kartei Nr. 2854, V/D zu § 581 RVO). In der Praxis aber setzt der Arzt die Höhe der Erwerbsminderung und damit auch der Rente fest. Dazu bedient er sich der sogenannten **„Knochentaxen"**, die für glatte Unfallfolgen bestimmte Prozentsätze der Erwerbsminderung auswerfen. Im Fall unseres Dachdeckers N, der durch seinen Arbeitsunfall ein im rechten Winkel versteiftes Fußgelenk besaß, beträgt nach der Tabelle die Dauerrenten-Erwerbsminderung 20%, so daß die „Gewöhnungsrente" (vgl. Fall Nr. 103) mit 30% richtig geschätzt war.

Als Verletztenrente werden nach § 581 RVO gewährt, solange infolge des Arbeitsunfalls der Verletzte seine Erwerbsfähigkeit verloren hat, zwei Drittel des Jahresarbeitsverdienstes als **Vollrente** und wenn die Erwerbsfähigkeit des Verletzten um wenigstens ein Fünftel gemindert ist, der Teil der Vollrente, der dem Grade der Erwerbsminderung entspricht **(Teilrente)**. In unserem Fall ist N eine Verletztenrente nach einer Erwerbsminderung von 30% zu zahlen. Ist die Erwerbsfähigkeit des Verletzten **infolge mehrerer Arbeitsunfälle, Berufskrankheiten oder Kriegsverletzungen um mindestens zehn von Hundert gemindert und er-**

reichen sie insgesamt den Wert von 20%, dann ist für jeden Unfall Verletztenrente (Stützrente) zu zahlen.

Fall Nr. 97: Berufliche Nachteile

„Wenn schon die medizinische Erwerbsminderung nur 30% beträgt, dann muß mir trotzdem eine höhere Verletztenrente gezahlt werden, weil ich meinen Beruf durch den Unfall verloren habe", argumentierte der Dachdecker N vor Gericht. Ist diese Auffassung begründet?

Lösung

Bei der Bemessung der Erwerbsminderung sind nach § 581 Abs. 2 RVO Nachteile zu berücksichtigen, die der Verletzte dadurch erleidet, daß er bestimmte von ihm erworbene **besondere berufliche Kenntnisse und Erfahrungen** infolge des Unfalls oder der Berufskrankheit nicht mehr oder nur noch in vermindertem Umfang nutzen kann. Das gilt nicht, wenn die berufliche Betroffenheit durch sonstige Fähigkeiten, deren Nutzung dem Verletzten zugemutet werden kann, ausgeglichen wird.
Der zweite Senat des Bundessozialgerichts (BSG vom 25. 8. 1965 [2 RU 52/64] = BSGE 23 S. 253 = Breith. 1966 S. 120 und vom 30. 3. 1966 [2 RU 70/65] = SozSich. 1966 S. 150) vertritt die Auffassung, daß ein Facharbeiter grundsätzlich keine besonderen Kenntnisse und Erfahrungen besitzt. Verliert er somit durch den Unfall seinen Beruf, kann das nicht bei der Höhe der Erwerbsminderung berücksichtigt werden. Im Hinblick auf die abstrakte Schadensbemessung kommt es nach dieser Ansicht immer auf den Einzelfall an, ob besondere Kenntnisse und Erfahrungen zu berücksichtigen sind. Auch die Vernichtung beruflicher Aufstiegschancen eines Facharbeiters, der kurz vor dem Arbeitsunfall die Meisterprüfung abgelegt hat, soll nach Auffassung dieses Senats nicht rentensteigernd wirken (BSG vom 27. 9. 1968 [2 RU 149/66] = BSGE 28 S. 227 = SGb. 1968 S. 439). Dem Dachdecker H ist somit sein Berufsverlust nicht zu honorieren.
Wäre H aber Hauer im Bergbau gewesen, würde sich seine Rente um zehn Prozent wegen des Verlustes seines Facharbeiterberufs erhöhen. Der Knappschaftssenat des BSG steht auf dem – richtigen – Standpunkt, daß der Hauer als Facharbeiter des Bergbaus besondere Kenntnisse und Erfahrungen besitzt, deren Verlust zusätzlich zu der medizinischen Erwerbsminderung zu entschädigen ist (BSG vom 3. 5. 1966 [5 RKn. 3/64] = SozSich.-Kartei Nr. 1927, V/D zu § 581 RVO und vom 10. 9. 1971 [5 RKnU 8/68] = Breith. 1972 S. 27).

Fall Nr. 98: Vor- und Nachschaden

Durch einen Arbeitsunfall verlor der Schweißer H im Jahre 1962 die Sehkraft seines rechten Auges und bezog eine Verletztenrente nach einer Erwerbsminderung von 50%. Als 1974 das linke Auge schicksalsmäßig erblindete, forderte H eine höhere Rente. Mit Recht?

Lösung

Bei der Schätzung der Erwerbsminderung ist grundsätzlich jede **Vorschädigung** – auch wenn sie unfallunabhängig entstanden ist – zu berücksichtigen, weil ein vorgeschädigter Verletzter durch die Folgen des Arbeitsunfalls weit stärker als ein gesunder Versicherter betroffen wird. Die Rechtsprechung geht von der Erfahrung aus, daß durch die Vorschädigung der Versicherte ein vermindertes Arbeitsentgelt vor dem Unfall erzielt hat, das durch eine **Erhöhung der Verletztenrente** auszugleichen ist (BSG vom 29. 4. 1964 [2 RU 155/62] = BSGE 21 S. 63 = Breith. 1964 S. 850). Voraussetzung ist allerdings, daß die Vorschädigung für die Unfallfolgen und die Erwerbsfähigkeit wesentliche Bedeutung hat. War zum Beispiel eine Beinverletzung als Vorschaden mit einer Erwerbsminderung von 20% vorhanden und hat der Arbeitsunfall den Verlust des Beines mit einer Erwerbsminderung von 60% verursacht, dann beträgt die unfallbedingte Erwerbsminderung nicht 40 sondern 60%. Diese Einschätzung ist begründet; denn der Versicherte hat mit dem Verlust des kranken Unterschenkels alle Funktionen des Körperteils eingebüßt, mit dem er vor der Amputation – wenn auch behindert – noch gehen, laufen, tasten, springen und sich drehen konnte. Die Schädigung durch die unfallbedingte Beinamputation wirkt sich schwerer als der Vorschaden aus (BSG vom 24. 8. 1966 [2 RU 53/62] = SozSich.-Kartei Nr. 2024, V/D zu § 581 RVO).

Bei unserem Schweißer H liegt ein **Nachschaden** vor. Tritt nach dem Arbeitsunfall oder der Berufskrankheit eine neue, unfallunabhängige Krankheit hinzu, die die Erwerbsunfähigkeit reduziert, findet keine Neufeststellung der Verletztenrente statt. Auch wenn das zunehmende Alter des Versicherten die Verletzungen in einem stärkeren Maße in Erscheinung treten lassen, wird dies nicht rentensteigernd berücksichtigt (LSG Baden-Württemberg vom 28. 4. 1969 [L 10 Ua 1530/68] = Breith. 1969 S. 938). Das gilt nicht, wenn das neu hinzukommende Leiden tatsächlich schon vor dem Unfall vorhanden war, sich aber erst danach bemerkbar macht; denn tatsächlich ist in einem solchen Fall ein echter Vorschaden gegeben. Ist die neu hinzukommende Krankheit eine posttraumatische Schädigung, wird sie bei der Höhe der Erwerbsminderung berücksichtigt.

Der Anspruch des Schweißers H auf eine höhere Rente war berechtigt, da die sonst geltenden Grundsätze bei einer Blindheit nicht anzuwenden sind. Die zweite Schädigung stellt sich nicht als Verlust eines Auges, sondern als Blindheit dar. Der unfallbedingte Verlust des rechten Auges war wesentliche Bedingung und somit Mitursache für die nunmehr eingetretene völlige Erblindung; sie war als Unfallfolge anzuerkennen und mit der Vollrente zu entschädigen (LSG Saarland vom 13. 1. 1966 [LU 5/65] = SGb. 1967 S. 182).

Fall Nr. 99: Erwerbsunfähigkeit

Am 9. 8. 1973 erkrankte die Rote-Kreuz-Schwester K an Lungentuberkulose. Mit Bescheid vom 14. 2. 1974 erkannte die Berufsgenossenschaft die Tbc als Berufskrankheit an und gewährte ab 9. 8. 1973 die Vollrente unter Anrechnung des bisher gezahlten Verletztengeldes, weil ab diesem Tag die Versicherte erwerbsunfähig gewesen sei. Hatte die Klage der Schwester, mit der sie weiter Verletztengeld statt der Rente beanspruchte, Erfolg?

Lösung

Nach Eintritt des Arbeitsunfalls wird zuerst Verletztengeld, ab 1. 10. 1974 Übergangsgeld, gezahlt. Danach beginnt die Verletztenrente nach § 580 RVO mit dem Tage, von dem an der Versicherte durch den Arbeitsunfall erwerbsunfähig ist oder die Arbeitsunfähigkeit wieder eintritt (BSG vom 7. 3. 1969 [2 RU 99/66] = SozSich.-Kartei Nr. 2269, V/D zu § 580 RVO = BSGE 29 S. 161). Daß die Lungen-Tbc die Schwester K erwerbsunfähig machte, bedarf keiner Frage. Die Berufsgenossenschaft hat somit zu Recht die Vollrente mit dem 9. 8. 1973 beginnen lassen.
Der völlige Verlust der Erwerbsfähigkeit ist nicht immer identisch mit dem rentenrechtlichen Begriff der Erwerbsunfähigkeit. Während nach § 1247 RVO, § 24 AVG Erwerbsunfähigkeit nur vorliegt, wenn der Versicherte nur noch geringfügiges Entgelt erzielen kann oder einen verschlossenen Arbeitsmarkt vorfindet, hat der Unfallverletzte seine Erwerbsfähigkeit bereits dann völlig verloren, wenn er z.B. erblindet oder beide Oberschenkel verliert und immer wenn er arbeitsunfähig ist (BSG vom 26. 6. 1973 [2 RU 157/71] = SozSich.-Kartei Nr. 2810, V/D zu § 580 RVO = Breith. 1973 S. 887). Daß tatsächlich der Blinde oder doppelt beinamputierte Versicherte noch arbeitet, ist ohne rechtliche Bedeutung.
Die Rote-Kreuz-Schwester K hat keinen Anspruch auf Rente wegen Erwerbsunfähigkeit, weil sie gemäß § 1231 RVO, § 8 Abs. 3 AVG von der Versicherungspflicht befreit war. Sie fällt unter den § 582 RVO, der bestimmt, daß einem Schwerverletzten (vgl. Fall Nr. 97), der infolge des Arbeitsunfalls einer Erwerbstätigkeit **auf Dauer** nicht mehr nachgehen kann, und der keine Rente aus der Arbeiter- oder Angestelltenversicherung erhält, die Verletztenrente um 10% zu erhöhen ist.
Ab 1. 10. 1974 beginnt die Rente auch bei Erwerbsunfähigkeit erst nach **Beendigung der stationären Behandlung** und nicht mit Eintritt der Erwerbsunfähigkeit.

Fall Nr. 100: Arbeitslosigkeit

Wegen einer unfallbedingten Wirbelsäulenverletzung war der Stauer O in der Zeit vom 5. 6. 1974 bis zum 20. 12. 1974 arbeitsunfähig krank und bezog Verletzten- und Übergangsgeld. Anschließend wurde ihm eine Verletztenrente in Höhe von 30 vom Hundert gezahlt. Als er am 21. 12. 1974 seine Arbeit im Hafen wieder aufnehmen wollte, wurde er abgewiesen, denn „leichte Arbeiten überwiegend im Sitzen“, für die er nach ärztlicher Auffassung wieder tauglich war, gab es hier nicht. O wurde entlassen und arbeitslos. Was konnte er unternehmen?

Lösung

Nach § 587 RVO ist dem Versicherten, solange er infolge des Arbeitsunfalls oder der Berufskrankheit **ohne Arbeitseinkommen** ist, die Teilrente auf die Vollrente zu erhöhen. Der Verletzte braucht nicht als Arbeitsloser bei dem Arbeitsamt gemeldet zu sein, denn Arbeitslosigkeit wird nicht verlangt (LSG Hessen vom 27. 10. 1965 [L 3 U 668/64] = Breith. 1966 S. 837). Unabdingbar aber ist die Tatsache, daß die Erwerbslosigkeit **infolge** des Arbeitsunfalls entstanden ist. Wird dem Versicherten wegen Arbeitsmangel gekündigt, liegt diese Voraussetzung

nicht vor. Anders, wenn bei der Auswahl der zu Entlassenen die Unfallverletzung und Erwerbsminderung berücksichtigt wird. Dann sind beide Fakten wesentlich mitwirkende Teilursachen der Erwerbslosigkeit. Auch Umschüler und Auszubildende haben grundsätzlich Anspruch auf die Rentenerhöhung.
In unserem Fall war O entlassen worden, weil er infolge des Unfalles nicht mehr im Hafen eingesetzt werden konnte. Seine Erwerbslosigkeit war kausal auf die Unfallverletzung zurückzuführen, so daß die Teilrente von 30% auf 100% (Vollrente) zu erhöhen war. Die Erhöhung wird solange gezahlt, wie O infolge des Unfalls ohne Arbeitseinkommen ist.
Die Erhöhung der Verletztenrente wegen Erwerbslosigkeit ist nur gerechtfertigt, wenn der Verletzte für eine **vorübergehende Zeit** ohne Arbeitseinkommen ist. Rentner, die aus dem Erwerbsleben ausgeschieden sind, haben keinen Anspruch. Die Tatsache allein, daß der Verletzte das 65. Lebensjahr vollendet hat oder Rente wegen Erwerbsunfähigkeit erhält, besagt nicht, **daß die Erwerbslosigkeit in absehbarer Zeit nicht wieder behoben ist** (BSG vom 27. 8. 1969 [2 RU 195/66] = BSGE 30 S. 64 = Breith. 1970 S. 115). Die Unfallrente, die dem tatsächlichen Grad der Erwerbsminderung entspricht, wird auf das Arbeitslosengeld oder die Arbeitslosenhilfe angerechnet, nicht aber die Erhöhung. Durch die Erhöhung wird O nicht Schwerverletzter (BSG vom 16. 12. 1970 [2 RU 45/68] = BSGE 32 S. 161 = Breith. 1971 S. 641).

Fall Nr. 101: Kinderzulage

Der Stauer O, dessen Teilrente von 30% wegen Erwerbslosigkeit auf die Vollrente erhöht worden ist, beansprucht die Kinderzulagen für seine beiden schulpflichtigen Kinder. Ist sein Anspruch berechtigt?

Lösung

Solange der Verletzte eine oder mehrere Verletztenrenten von 50 oder mehr Prozent der Vollrente bezieht, erhöht sich die Verletztenrente nach § 583 RVO für jedes Kind bis zur Vollendung des 18. Lebensjahres um zehn Prozent (Kinderzulage). Diese beträgt monatlich mindestens für das zweite Kind DM 25, für das dritte und vierte Kind je DM 60 und für jedes weitere Kind DM 70. Es zählen nur Kinder, für die ein Anspruch auf Kinderzulage besteht. Erwachsene Kinder werden nicht berücksichtigt, wohl aber verheiratete Töchter des Versicherten, wenn sie das 18. Lebensjahr noch nicht vollendet haben.
Voraussetzung ist, daß der Versicherte **Schwerverletzter** ist. Er ist es, wenn seine Erwerbsfähigkeit auf Grund eines oder mehrerer Arbeitsunfälle oder Berufskrankheiten **um 50 oder mehr Prozent** tatsächlich gemindert ist. Das ist bei dem Stauer O nicht der Fall, denn seine Erwerbsminderung beträgt 30% (BSG vom 16. 12. 1970 [2 RU 45/68] = BSGE 32 S. 161 = Breith. 1971 S. 641).
Die Kinderzulage wird bis zum 25. Lebensjahr gezahlt, wenn sich das Kind in Schul- oder Berufsausbildung befindet, ein freiwilliges soziales Jahr leistet oder infolge körperlicher oder geistiger Schwäche außerstande ist, sich selbst zu unterhalten (BSG vom 1. 7. 1964 [11/1 RA 170/59] = AV 1964 S. 275 = BSGE 21 S. 185). Wurde die Berufs- oder Schulausbildung durch Erfüllung der gesetzlichen Wehr- oder Ersatzdienstpflicht des Kindes unterbrochen oder verzögert,

verlängert sich der Bezugszeitraum über das 25. Lebensjahr hinaus um die Zeit der Unterbrechung.
Werden für dasselbe Kind mehrere Kinderzulagen gewährt, gilt der Mindestbetrag als Höchstbetrag für die Summe der Zulagen. Diese sind anteilmäßig nach der Höhe der einzelnen Renten aufzuteilen und von Amts wegen – also ohne Antrag – auch für Kinder zu zahlen, die erst nach dem Unfall geboren werden.
Die Kinderzulage wird gezahlt für die ehelichen Kinder, die in den Haushalt des Verletzten aufgenommenen Stiefkinder, die für ehelich erklärten und an Kindes Statt angenommenen Kinder, die nichtehelichen Kinder eines männlichen Verletzten, wenn seine Vaterschaft oder Unterhaltspflicht festgestellt ist, die nichtehelichen Kinder einer Verletzten, für Pflegekinder, Enkel und Geschwister, wenn sie vor dem Arbeitsunfall bereits mit dem Versicherten in einem gemeinsamen Haushalt lebten und von diesem überwiegend unterhalten wurde (BSG vom 3. 12. 1964 [1 RA 263/62] = BSGE 22 S. 133 = Breith. 1965 S. 572).

Fall Nr. 102: Jahresarbeitsverdienst

Unser Stauer O erlitt den Arbeitsunfall am 5. 6. 1974. Als er am 21. 12. 1974 arbeitslos wurde, erhielt er eine dreißigprozentige Rente in Höhe von DM 326, die wegen Erwerbslosigkeit auf DM 1086,70 (Vollrente) erhöht wurde. Wie errechnete sich die Rentenhöhe?

Lösung

Alle Barleistungen – außer dem Verletzten- und Übergangsgeld – werden nach dem Jahresarbeitsverdienst berechnet. Nach § 571 RVO gilt als Jahresarbeitsverdienst **das vom Verletzten im letzten Jahr vor dem Arbeitsunfall erzielte Arbeitseinkommen** (BSG vom 30. 1. 1962 [2 RU 6/59] = BSGE 16 S. 146 = SozSich. 1962 S. 91). Bei O war der Zeitraum vom 5. 6. 1973 bis zum 4. 6. 1974 maßgebend. In diesem Jahr hatte er nur elf Monate gearbeitet und DM 17930 verdient. Im Monat Dezember 1973 war O arbeitslos, sein mutmaßlicher Verdienst von DM 1630 ist hinzuzurechnen, so daß ein Jahresarbeitsverdienst von DM 19560 zugrunde gelegt wird. Wäre O noch nebenbei – zum Beispiel als Musiker oder Kellner – tätig gewesen, müßte auch dieses Arbeitsentgelt dem Jahresarbeitsverdienst hinzugerechnet werden. Die **Vollrente** beträgt zwei Drittel des Jahresarbeitsverdienstes, also DM 13040 jährlich oder DM 1086,70 monatlich. Die **Teilrente** beläuft sich auf 30%, also auf den dreißigsten Teil der Vollrente gleich monatlich DM 326. Die Rentenberechnung war also richtig.
Bei **selbständigen Unternehmern** wird der Jahresarbeitsverdienst nach dem letzten vorliegenden Steuerbescheid berechnet. Die erstmalige Festsetzung der Dauerrente richtet sich nach dem nun vorliegenden Jahresarbeitsverdienst (BSG vom 28. 6. 1957 [2 RU 7/55] = BSGE 5 S. 222 = Breith. 1957 S. 1008 und vom 25. 6. 1964 [2 RU 86/61] = BSGE 21 S. 148). In der **landwirtschaftlichen Unfallversicherung** wird der Jahresarbeitsverdienst für die Unternehmer und ihre Ehefrauen nach Durchschnittssätzen, die die Berufsgenossenschaft aufstellt, ermittelt.
Hat der Verletzte in dem maßgeblichen Jahr überhaupt nicht oder eine lange Zeit **nicht gearbeitet,** ist das Entgelt der Tätigkeit, bei der der Unfall geschah, maß-

gebend (BSG vom 31. 10. 1968 [2 RU 139/67] = BSGE 28 S. 274 = SozSich.-Kartei Nr. 2236, V/D zu § 571 RVO). Wird der Verletzte wieder arbeitsunfähig krank, muß das Übergangsgeld nach dem Jahresarbeitsverdienst des Jahres vor der erneuten Arbeitsunfähigkeit berechnet werden.

Bei **Berufskrankheiten** gilt für die Berechnung des Jahresarbeitsverdienstes, wenn es für den Versicherten günstiger ist, als Zeitpunkt des Arbeitsunfalls der letzte Tag, an dem der Verletzte die ihn gefährdende Arbeit verrichtet hat. Die Bestimmung des § 572 RVO soll verhindern, daß der Versicherte eine Rente erhält, die nach dem durch die Berufskrankheit verminderten Jahresarbeitsverdienst vor Anerkennung der Berufskrankheit oder Eintritt des Versicherungsfalls berechnet wird. Ist der Verdienst des letzten Jahres trotz der Berufsaufgabe höher, ist dieser anzusetzen.

Befand sich der Verletzte zur Zeit des Arbeitsunfalls in einer **Schul- oder Berufsausbildung,** wird nach § 573 Abs. 1 RVO, wenn es für den Versicherten günstiger ist, der Jahresarbeitsverdienst für die Zeit nach der voraussichtlichen Beendigung der Ausbildung neu berechnet. Dabei ist das Entgelt, das in diesem Zeitpunkt für Personen gleicher Ausbildung und gleichen Alters durch Tarif festgesetzt oder ortsüblich ist, zu berücksichtigen (BSG vom 26. 7. 1963 [2 RU 13/61] = BSGE 19 S. 252 = Breith. 1964 S. 116).

War der Verletzte zur Zeit des Arbeitsunfalls **noch nicht 25 Jahre alt,** so wird, wenn es für den Versicherten günstiger ist, der Jahresarbeitsverdienst dem Arbeitsentgelt angepaßt, das zur Zeit des Arbeitsunfalls von der Vollendung eines bestimmten Lebensalters, höchstens aber des 25. Lebensjahres, für Personen mit gleichartiger Tätigkeit durch Tarif festgesetzt oder ortsüblich ist (LSG Hamburg vom 10. 7. 1969 [VI UBf. 38/68] = Breith. 1970 S. 110). Diese Bestimmung gilt für alle Verletzten, die am Unfalltag das 25. Lebensjahr noch nicht vollendet haben, also auch für ungelernte jugendliche Arbeiter. Lohnsteigerungen, die nicht auf das Lebensalter, sondern zum Beispiel auf die Dauer der Betriebszugehörigkeit abstellen, werden nicht berücksichtigt (BSG vom 27. 2. 1970 [2 RU 135/66] = BSGE 31 S. 38 = SGb. 1970 S. 170).

Der **Mindestjahresarbeitsverdienst** beträgt nach § 575 RVO das Dreihundertfache des Ortslohnes, der am Unfalltag für den Beschäftigungs- oder Wohnort festgesetzt ist. Die Rente nach dem Ortslohn ist praktisch eine **Mindestrente,** die auch Jugendlichen und Personen, die bei einer Hilfeleistung einen Unfall erlitten haben, zusteht (BSG vom 21. 10. 1958 [2 RU 81/56] = BSGE 8 S. 164 = SozSich. 1958 S. 379). Der **Höchstbetrag** des Jahresarbeitsverdienstes ist DM 30000. Von der Möglichkeit, diesen zu erhöhen, haben bereits einige Unfallversicherungsträger Gebrauch gemacht.

Für **Kinder in Kindergärten** und Schulen gilt nach § 575 Abs. 3 RVO eine Sonderregelung. Solange sie das 6. Lebensjahr noch nicht vollendet haben ist ein Viertel und bis zur Vollendung des 14. Lebensjahrs ein Drittel der durchschnittlichen Lohn- und Gehaltssumme, die für das zweite Kalenderjahr vor dem Arbeitsunfall ermittelt worden ist, der maßgebliche Jahresarbeitsverdienst. Hat z. B. das Kind den Unfall 1974 erlitten, ist die durchschnittliche Bruttolohnsumme des Jahres 1972 von DM 16842 zu berücksichtigen. Bei einem fünfjährigen Kind ist der Jahresarbeitsverdienst ein Viertel dieser Summe. Vollendet das Kind das 14. Lebensjahr, wird die Rente nach dem Ortslohn neu festgesetzt.

Für **Beamte** und **Berufssoldaten** und ihnen Gleichgestellte gilt nach § 576 RVO als Jahresarbeitsverdienst bei Unfällen, für die kein Anspruch auf beamtenrechtliche Unfallfürsorge besteht, der Jahresbetrag der ruhegehaltsfähigen Dienst-

bezüge, die der Berechnung eines Unfallruhegehaltes zugrunde zu legen wäre. Die Rente ist zu zahlen, wenn sie die Dienst- oder Versorgungsbezüge übersteigt (BSG vom 30. 10. 1964 [2 RU 114/62] = BSGE 22 S. 54 = Breith. 1965 S. 207). Bei **Soldaten auf Zeit** wird das Zwölffache der Dienstbezüge oder, wenn es für den Versicherten günstiger ist, das Arbeitseinkommen, das er im Jahr vor dem Dienstantritt in die Bundeswehr erzielt hat oder das er nach dem am Unfalltag geltenden Tarif zu beanspruchen hätte, wenn er nicht zur Bundeswehr gegangen wäre, als Jahresarbeitsverdienst angerechnet. Das gilt auch für **Wehrpflichtige.** Bei Jugendlichen sind die späteren Erhöhungen aufgrund des Alters zu berücksichtigten.
Erscheint der nach diesen Bestimmungen errechnete Jahresarbeitsverdienst in **erheblichem Maße unbillig,** so ist er nach § 577 RVO unter Berücksichtigung des Ortslohnes nach **billigem Ermessen** festzusetzen. Dabei sind außer den Fähigkeiten, der Ausbildung und der Lebensstellung des Verletzten, seine Erwerbstätigkeit zur Zeit des Arbeitsunfalls oder, wenn er nicht gegen Entgelt beschäftigt war, eine gleichartige oder vergleichbare Erwerbstätigkeit zu berücksichtigen (BSG vom 16. 12. 1970 [2 RU 239/68] = BSGE 32 S. 169 = SozSich.-Kartei Nr. 2484, V/D zu § 573 RVO).
Der Unfallversicherungsträger hat in derartigen Fällen einen großen Ermessensspielraum bei der Festsetzung des Jahresarbeitsverdienstes. Die Gerichte können die Ausübung des Ermessens nur im Hinblick auf einen Ermessensmißbrauch nachprüfen (BSG vom 26. 6. 1958 [2 RU 58/56] = BSGE 7 S. 269 und vom 30. 11. 1962 [2 RU 193/59] = BSGE 18 S. 136).
Bei Veränderungen der durchschnittlichen Bruttolohn- und -gehaltssummen werden die vom Jahresarbeitsverdienst abhängigen Geldleistungen und das Pflegegeld gemäß § 579 RVO **durch Gesetz angepaßt;** eine automatische Anpassung findet nicht statt. Die Rentenanpassung kann von dem Versicherungsträger nicht zum Anlaß genommen werden, eine zu Unrecht gezahlte Rente, die er nicht mehr entziehen kann, „einzufrieren".

Fall Nr. 103: Vorläufige und Dauerrente

Die Sekretärin U erlitt am 26. 4. 1972 einen Wegeunfall. Ab dem 23. 9. 1972 (Wiedereintritt der Arbeitsfähigkeit) zahlte die Berufsgenossenschaft eine vorläufige Rente nach einer Erwerbsminderung von 30 und ab 1. 6. 1973 in Höhe von 20 Prozent. Mit Bescheid von 14. 3. 1974 wurde Frau U informiert, daß die vorläufige Rente entzogen und die Zahlung einer Dauerrente zugleich abgelehnt werde. Dagegen wehrt sich Frau U mit dem Argument, in den Unfallfolgen (Teilversteifung des linken Schultergelenks bei freier Drehbeweglichkeit) sei keine Besserung eingetreten. Mußte die Rente weitergezahlt werden?

Lösung

Ist die Rente eines Verletzten ihrer Höhe nach noch nicht als Dauerrente feststellbar, so kann die Berufsgenossenschaft die Rente **während der ersten zwei Jahre nach dem Unfall als vorläufige Rente** gemäß § 1585 RVO feststellen und ändern. Von dieser gesetzlichen Ermächtigung wird in der Regel Gebrauch ge-

macht, weil die Entwicklung der Unfallverletzungen in der ersten Zeit nicht exakt voraussehbar ist. Spätestens mit Ablauf von zwei Jahren nach dem Unfall ist die **Dauerrente** festzusetzen. Diese Festsetzung hängt nicht von einer Änderung in den Verhältnissen ab. Die vorher getroffene Feststellung der Grundlagen für die Rentenberechnung ist nicht bindend. Nachdem § 622 Abs. 2 RVO bestimmt hat, daß die vorläufige Rente nach Ablauf von zwei Jahren seit dem Unfall eine Dauerrente wird, tritt diese Wirkung auch dann ein, wenn der Versicherungsträger untätig war (BSG vom 19. 12. 1968 [2 RU 143/66] = SGb. 1969 S. 54). Eine Dauerrente kann nach dieser Bestimmung nur in Abständen von mindestens einem Jahr **(Schutzjahr)** geändert werden. Die Frist beginnt zwei Jahre nach dem Arbeitsunfall oder mit dem letzten Dauerrentenbescheid (BSG vom 1. 3. 1963 [2 RU 114/61] = BSGE 19 S. 5 = SGb. 1963 S. 144).
Frau U irrt, wenn sie die Auffassung vertritt, bei der erstmaligen Festsetzung der Dauerrente müsse der Versicherungsträger eine Besserung in den Unfallfolgen nachweisen. Ohne Berücksichtigung der vorherigen Feststellungen ist die an diesem Tag als Dauerzustand vorhandene Erwerbsminderung zu bewerten. Dabei ist eine inzwischen eingetretene **Gewöhnung und Anpassung an die Unfallfolgen** zu berücksichtigen (BSG vom 27. 4. 1961 [2 RU 277/56] = SozSich. 1961 S. 183 = SGb. 1961 S. 179). Das bedeutet in der Praxis, daß von der bisher gezahlten vorläufigen Rente zehn Prozent abgezogen werden. Die Tabellensätze der „Knochentaxe" (vgl. Fall Nr. 96) kommen also voll zur Geltung. Danach besteht eine Dauerrenten-Erwerbsminderung von 10% infolge Teilversteifung des linken Schultergelenks bei freier Drehbeweglichkeit.
Die freie Einschätzung bei der erstmaligen Festsetzung der Dauerrente bedeutet aber nicht, daß alle **Grundlagen des Anspruchs,** die in den vorigen Bescheiden anerkannt worden sind, nunmehr in Frage gestellt werden können. Zu den unabänderlichen Grundlagen zählen das Vorliegen des doppelten Kausalzusammenhangs und vor allem die Anerkennung bestimmter Gesundheitsschäden als Unfallfolgen. Einen zu Unrecht anerkannten Bandscheibenvorfall als Unfallfolge sah das BSG als bindend festgestellt an und ließ eine Berichtigung bei der erstmaligen Festsetzung der Dauerrente nicht zu (BSG vom 29. 3. 1957 [2 RU 129/55] = BSGE 5 S. 96 = SGb. 1957 S. 111). Wird allerdings keine bestimmte Gesundheitsstörung, sondern nur „eine Berufskrankheit" anerkannt, dann ist das Anerkenntnis nicht bindend. In keinem Fall ist die Höhe der Erwerbsminderung und der bisherige Jahresarbeitsverdienst bindend; beide können somit korrigiert werden.

Fall Nr. 104: Wesentliche Änderung

Mit Bescheid vom 16. 5. 1974 wurde dem Versicherten R die bisherige Rente von 40 auf 30% mit der Begründung herabgesetzt, es sei eine wesentliche Änderung in den Unfallfolgen eingetreten. Das bestritt R und rief das Sozialgericht an. Hatte er Recht, als er von der Berufsgenossenschaft verlangte, sie müsse die behauptete Besserung beweisen und die behauptete Besserung in der Beweglichkeit des Kniegelenks von 5 Grad sei nicht wesentlich?

Lösung

Für alle Versichertenrenten gilt § 622 Abs. 1 RVO, wonach die Renten neu festzustellen sind, wenn in den Verhältnissen, die für die Feststellung der Leistung maßgebend waren, eine **wesentliche Änderung** eingetreten ist. Diese Änderung hat derjenige zu beweisen, der sie behauptet. Das ist bei einer Rentenminderung der Versicherungsträger, bei einer Verschlimmerung der Versicherte.
Der Begriff „wesentliche Änderung" der Verhältnisse muß durch Vergleich der objektiven ärztlichen Feststellungen in den Gutachten, die dem letzten Rentenbescheid zugrunde liegen, gewonnen werden (BSG vom 28. 4. 1967 [2 RU 223/63] = BSGE 26 S. 227 = SozSich.-Kartei Nr. 2067, V/A zu § 608 RVO). Bei gleichbleibenden Befunden genügt eine andere Einschätzung der Schädigungsfolgen nicht. Auch muß eine behauptete **Gewöhnung und Anpassung** vom Versicherungsträger bewiesen werden. Selbst bei einer Gehirnerschütterung müssen tatsächliche Anhaltspunkte auf eine Besserung vorhanden sein; der bloße Hinweis auf einen Zeitablauf genügt nicht (BSG vom 14. 2. 1973 [8/7 RU 74/70] = SGb. 1973 S. 256 = SozSich.-Kartei Nr. 2750, V/D zu § 622 RVO). Sind die Aktenunterlagen verlorengegangen, kann nur auf eine wesentliche Änderung geschlossen werden, wenn medizinisch-wissenschaftliche Rückschlüsse auf den früheren Zustand möglich sind (BSG vom 1. 3. 1963 [2 RU 19/62] = Breith. 1964 S. 21 = SozSich. 1963 S. 208). Wurde ohne Einholung ärztlicher Gutachten ein gerichtlicher Vergleich über die Höhe der Erwerbsminderung abgeschlossen, dann muß auf die Verhältnisse bei der ursprünglichen Bescheiderteilung zurückgegangen werden (BSG vom 28. 4. 1967 [2 RU 223/63] = BSGE 26 S. 227 = SozSich.-Kartei Nr. 2067, V/A zu § 608 RVO).
Nur eine solche Änderung des Gesundheitszustandes, die in einem gewissen Umfang nachhaltig und von Dauer ist, kann als wesentlich gelten. Eine Verschlechterung oder Besserung, die erst zwei Monate dauert, ist unwesentlich (LSG Nordrhein-Westfalen vom 3. 12. 1963 [L 15 KnU 17/61] = Breith. 1965 S. 913). Die Vollendung eines bestimmten Alters oder die Zubilligung des Altersruhegeldes sind keine wesentlichen Änderungen (LSG Baden-Württemberg vom 28. 4. 1969 [L 10 Ua 1530/68] = Breith. 1969 S. 938). Umfangmessungen an Gliedmaßen sind erfahrungsgemäß nicht exakt miteinander vergleichbar. **Liegen die Umfangdifferenzen bei 2 cm und Gradmessungen der Bewegungseinschränkungen bei etwa zehn Grad, so ist das für den Nachweis einer wesentlichen Änderung nicht ausreichend** (LSG Rheinland-Pfalz vom 29. 5. 1967 [L 1 V 72/67] = Meso B 10/142).
Mit Urteil vom 2. 3. 1971 hat das BSG unter dem Aktenzeichen 2 RU 39/70 (vgl. SozSich.-Kartei Nr. 2530, V/D zu § 622 RVO = BSGE 32 S. 245 = Breith. 1971 S. 829) die fast achtzig Jahre alte Rechtsprechung aufgegeben, daß in bestimmten Fällen eine Änderung des Grades der Erwerbsminderung von 5% für den Nachweis einer wesentlichen Änderung ausreicht. Es gilt jetzt – außer bei der erstmaligen Festsetzung der Dauerrente – der **Grundsatz: Eine Änderung unter zehn Prozent ist rechtlich ohne Bedeutung, weil sie innerhalb der Fehlerbreite ärztlicher Schätzungen liegt.** Ausnahmen werden zugelassen, wenn die Rente von oder auf zwei oder ein Drittel festgesetzt werden soll.
Der Eintritt einer wesentlichen Änderung allein genügt nicht, um die Verletztenrente zu reduzieren, zu erhöhen oder gar zu entziehen. Der Unfallversicherungsträger muß zuerst tätig werden und einen **Bescheid** – wie bei der Rentenbewilligung – erlassen. Dieser Bescheid ist ein mit der Klage vor dem Sozialgericht an-

fechtbarer Verwaltungsakt, der erst wirkt, wenn er dem Versicherten bekanntgegeben wird. Solange das nicht geschieht, hat der Versicherungsträger die Leistung auch dann weiterzuzahlen, wenn tatsächlich keine Erwerbsminderung mehr vorhanden und somit die Rentenzahlung rechtlich unbegründet ist. Nach § 623 Abs. 2 RVO wird eine Herabsetzung oder Entziehung der Rente erst mit Ablauf des auf die Zustellung des schriftlichen Bescheids folgenden Monats wirksam.
Hat der Versicherungsträger dem Verletzten mitgeteilt, daß er auf eine Nachuntersuchung verzichten werde, ist er an diesen Verzicht gebunden (BSG vom 29. 6. 1971 [2 RU 105/68] = Breith. 1972 S. 124 = SGb. 1972 S. 444).

Fall Nr. 105: Neufeststellung

Durch einen Arbeitsunfall im Jahre 1949 hatte der Schreiner P die Linse des rechten Auges verloren. Ihm war seinerzeit eine Verletztenrente nur für ein halbes Jahr gewährt worden, weil danach die objektive Erwerbsminderung 15% betrug. Als P erfuhr, daß die jetzt gebräuchlichen Rententabellen eine Linsenlosigkeit mit 20% bewerten, beantragte er die Neufeststellung einer Verletztenrente. Wird er Erfolg haben?

Lösung

Nach § 627 RVO hat die Berufsgenossenschaft die Leistungen neu festzusetzen, wenn sie sich nach erneuter Überprüfung davon überzeugt, daß sie die Leistungen zu Unrecht ganz oder teilweise abgelehnt, entzogen oder eingestellt hat. Bereits aus dem Wortlaut der Bestimmung ergibt sich, daß der Versicherungsträger von der Unrechtmäßigkeit seines damaligen Bescheides überzeugt sein muß. Dabei ist maßgebend, ob der Bescheid **im Zeitpunkt seines Erlasses** bereits unrechtmäßig war (BSG vom 29. 3. 1963 [2 RU 234/59] = BSGE 19 S. 38 = SozSich.-Kartei Nr. 1514, V/A zu § 619 RVO). 1949 war nach der damaligen Rechtsprechung für einen Linsenverlust eine Erwerbsminderung von 15 Prozent anzusetzen; seinerzeit war der Bescheid also nicht rechtswidrig.
Bei der erneuten Überprüfung hat der Unfallversicherungsträger nicht nur neue, bei der ersten Ablehnung noch nicht verfügbare tatsächliche Feststellungen, sondern auch Gesichtspunkte rechtlicher Art zu beachten. Während eine nachträgliche Gesetzesänderung unbeachtlich ist, ist ein **Wandel der Rechtsprechung** relevant; denn die Rechtsprechung will bei Wandlung ihrer Grundsätze das zum Ausdruck bringen, was eigentlich – bei schon früher geläuterter Erkenntnis – bereits in der Vergangenheit gegolten hätte (BSG vom 31. 1. 1967 [2 RU 125/65] = SozSich.-Kartei Nr. 2058, V/D zu § 627). Anders ist es, wenn die Rechtsprechung Besonderheiten des Einzelfalls gerecht werden will, ohne grundsätzliche Erkenntnisse preiszugeben. Hier hatte sich die Rechtsprechung seit 1949 gewandelt, so daß trotz damaliger Rechtmäßigkeit des Bescheides eine Neufeststellung erfolgen mußte; P wird Verletztenrente erhalten.
Liegen die gesetzlichen Voraussetzungen vor, muß der Versicherungsträger die Neufeststellung besorgen. Unstatthaft ist, daß die Gerichte die Überzeugungsbildung der Berufsgenossenschaft übernehmen. Die „Überzeugung" des Versicherungsträgers hinsichtlich der früheren unrichtigen Bescheiderteilung ist nur

dann gegeben, wenn das Unrechtmäßige der Ablehnung so offensichtlich ist, daß der Versicherungsträger es bei erneuter Prüfung vernünftigerweise hätte erkennen müssen. Ergibt sich zum Beispiel durch die Obduktion, daß die Berufsgenossenschaft die Anträge des Versicherten auf Entschädigung einer Staublungenerkrankung zu Unrecht abgelehnt hat, dann steht der Neufeststellung nicht entgegen, daß der unrichtige Bescheid nach dem Tod des ursprünglich Berechtigten zugunsten seiner Rechtsnachfolger berichtigt wird (BSG vom 13. 5. 1966 [5 RKn. 28/64] = Breith. 1966 S. 914). Die Neufeststellung selbst setzt keinen besonderen **Antrag** voraus, denn im gesamten Unfallrecht sind die Leistungen von Amts wegen festzusetzen. Ein rechtskräftiges Urteil ist auch kein Hinderungsgrund, den ablehnenden Bescheid erneut zu überprüfen.

Fall Nr. 106: Abfindung

Der verletzte H bezog eine Dauerrente von 25% gleich monatlich DM 321,20. Da sich die Möglichkeit bietet, ein altes Haus preiswert zu erwerben, beantragt er die Kapitalisierung seiner Verletztenrente. Ist das möglich?

Lösung

Wenn zu erwarten steht, daß nur eine **vorläufige Rente** – z. B. für 6 Monate – zu gewähren ist, kann der Unfallversicherungsträger den Verletzten nach Abschluß der Heilbehandlung durch eine **Gesamtvergütung** in Höhe des voraussichtlichen Rentenaufwandes gemäß § 603 RVO abfinden. Statt der monatlichen Rentenzahlung in Höhe von DM 321,20 wird in unserem Fall der Gesamtbetrag für 6 Monate in Höhe von DM 1927,20 als Gesamtvergütung gezahlt. Will der Verletzte über diesen Tag hinaus Rente haben, muß er das dem Versicherungsträger mitteilen. Lehnt dieser ab, kann das Sozialgericht innerhalb eines Monats nach Zustellung des Bescheides mit der **Klage** angerufen werden.
Auf **Antrag** des Verletzten können hingegen **Dauerrenten** sowie Witwen- und Waisenrenten abgefunden werden. Dabei wird grundsätzlich zwischen kleinen und großen Dauerrenten unterschieden. Nach § 604 RVO können **kleine Dauerrenten** nach einer Erwerbsminderung von unter 30% mit einem dem Kapitalwert der Rente entsprechenden Betrag abgefunden werden. Die Abfindung vorläufiger Renten ist überhaupt nicht möglich, wenn man von der Gesamtvergütung absieht (Lauterbach: „Unfallversicherung" Anm. 3 zu § 604 RVO). Unmöglich ist ferner die Teilabfindung einer kleinen Dauerrente; nur die gesamte Rente wird abgefunden. Mit der Abfindung **erlöschen auf Lebenszeit** alle Ansprüche des Verletzten, es sei denn, die Folgen des Arbeitsunfalls oder der Berufskrankheit verschlimmerten sich für mindestens einen Monat wesentlich, also um wenigstens zehn Prozent (§ 605 RVO) (LSG Nordrhein-Westfalen vom 13. 9. 1966 [L 15 BU 52/66] = Breith. 1967 S. 207). In diesem Fall lebt die Rente nicht in voller Höhe, sondern nur im Umfang der Verschlimmerung auf (BSG vom 31. 7. 1973 [5 RKn. 29/71] = SozSich. 1973 S. 341 = SGb. 1973 S. 396). Wird der Verletzte durch diese Verschlimmerung aber Schwerverletzter oder erleidet er einen neuen Arbeitsunfall, der ihn zum Schwerverletzten macht, so lebt auf Antrag der Anspruch auf Verletztenrente in vollem Umfang nach § 606 RVO wieder auf. Dabei ist die Abfindungssumme auf die Rente insoweit anzurechnen, als sie die Summe der

Rentenbeträge übersteigt, die dem Versicherten während der Abfindungssumme zugestanden hätte. Stirbt der Verletzte später an Unfallfolgen, ist der Witwe aus einer abgefundenen kleinen Verletztenrente Hinterbliebenenrente zu zahlen. Auch verliert der Verletzte trotz der Abfindung seinen Anspruch auf Sachleistungen nicht.

Die **Höhe der Abfindung** richtet sich nach der Verordnung vom 17. 8. 1965. Der Kapitalwert bemißt sich nach der Anzahl der zur Zeit des Unfalls vollendeten Lebensjahre des Verletzten und der seit dem Unfall vergangenen Zeit. In dem oben geschilderten Fall war H am Unfalltag 36 Jahre alt und seit dem Unfall waren vier Jahre vergangen. Aus der der Verordnung beigegebenen Tabelle ergibt sich ein Multiplikator von 15,4, mit dem die Jahresrente von DM 3854,40 zu vervielfältigen ist. H hatte einen Kapitalwert von DM 59357,40 zu beanspruchen.

Dauerrenten von 30 und mehr Prozent, also **„große" Dauerrenten,** können nach § 607 RVO auf Antrag des Verletzten zum Erwerb oder zur wirtschaftlichen Stärkung eigenen Grundbesitzes, grundstücksgleicher Rechte, eines Dauerwohnrechts nach dem Wohnungseigentumsgesetz, zum Erwerb eigener Mitgliedschaft in einem gemeinnützigen Wohnungs- oder Siedlungsunternehmen oder zur Finanzierung eines Bausparvertrages durch einen Geldbetrag abgefunden werden. Sofern es im Interesse des Versicherten liegt, kann nach § 613 RVO eine große Dauerrente zur Begründung oder Stärkung einer Existenzgrundlage abgefunden werden. Dabei wird die Hälfte der Rente ohne Kinderzuschuß mit dem Viereinhalbfachen der Jahresrente kapitalisiert; nach fünf Jahren lebt dieser Rententeil wieder auf.

Miete oder Pacht von Grundstücken oder Wohnungen ist kein Abfindungsgrund, wohl aber der Erwerb eines Miteigentums. Voraussetzung ist nach § 608 RVO weiterhin, daß der Verletzte das 21., aber nicht das 55. Lebensjahr vollendet hat. Ausnahmsweise kann auch nach dem 55. Lebensjahr eine Rente abgefunden werden. Ferner darf nicht zu erwarten sein, daß innerhalb des Abfindungszeitraumes die Rente unter 30% herabgesetzt wird oder entfällt. Für die nützliche Verwendung des Geldes muß Gewähr bestehen. Der Versicherungsträger kann die Abfindung ablehnen, wenn z. B. die Vermögens- und Familienverhältnisse des Versicherten z. B. infolge hoher Verschuldung oder Verschwendungssucht oder das Kaufobjekt ungeeignet, unzweckmäßig oder zu teuer sind.

Die **bestimmungsmäßige Verwendung** der Abfindung ist durch Auflagen zu überwachen. Der Versicherungsträger kann fordern, daß ohne seine Zustimmung keine Belastung oder kein Verkauf in den ersten 5 Jahren erfolgt oder daß für das ausgezahlte Rentenkapital eine Sicherheitshypothek eingetragen wird. Findet trotzdem keine bestimmungsmäßige Verwendung statt, muß der Versicherte nach Ablauf einer gesetzten Frist die Abfindung zurückzahlen (LSG Niedersachsen vom 4. 6. 1968 [L 3 U 94/67] = Breith. 1968 S. 1008).

Der **Abfindungszeitraum** beträgt zehn Jahre. Die Abfindung kann die Verletztenrente ohne Kinderzuschuß bis zur Hälfte umfassen. Als Abfindungssumme wird das Neunfache des der Abfindung zugrunde liegenden Jahresbetrages der Rente (§ 609 RVO) gezahlt. Bezieht der Verletzte z. B. eine Dauerrente in Höhe von 60 Prozent, gleich monatlich DM 620, dann kann er eine Abfindung für einen Rententeil von 30 von Hundert gleich monatlich DM 310 verlangen. Die Abfindungssumme beträgt das Neunfache der dreißigprozentigen Jahresrente von DM 3720, also DM 33480. Die verbliebene Rente von 30 vom Hundert wird mit den Kinderzuschüssen weitergezahlt. Kommen während des Abfindungszeitraums Kinder hinzu, dann richten sich die Kinderzuschläge nach der Rente, die der Ver-

sicherte vor der Abfindung bezogen hat. Nach Ablauf der zehn Jahre lebt die abgefundene Rente wieder auf.
Vor Ablauf des Abfindungszeitraums kann der Verletzte die Abfindung **widerrufen** mit der Maßgabe, daß die abgefundene Rente in voller Höhe wieder auflebt. Selbstverständlich ist, daß die noch nicht „verbrauchte" Abfindung zurückgezahlt werden muß. Nach Ablauf eines Jahres sind gemäß § 612 RVO 91% der Abfindungssumme zurückzuzahlen. Die Rückzahlungsverpflichtung ermäßigt sich im zweiten Jahr auf 82% und anschließend bis zum achten Jahr um weitere 10% pro Jahr. Nach Ablauf von neun Jahren sind 11% der Abfindungssumme zurückzuzahlen (LSG Nordrhein-Westfalen vom 19. 5. 1970 [L 15 BU 69/69] = Breith. 1970 S. 1014).
Unter den gleichen Bedingungen, wie sie für die großen Dauerrenten gelten, können auch Witwen- und Witwerrenten abgefunden werden. Das gilt nicht bei Abfindungen zwecks Existenzgründung. Nach § 614 RVO kann die Abfindung der Witwenrente auch in voller Höhe erfolgen. Schließt der Witwer oder die Witwe vor Ablauf von zehn Jahren eine neue Ehe, so haben sie die Abfindungssumme insoweit zurückzuzahlen, als diese die Gesamtsumme der Hinterbliebenenrente übersteigt, die bis zu ihrer Wiederverheiratung zu zahlen gewesen wäre. Wird z.B. die Wiederverheiratung 57 Monate nach der Abfindung vorgenommen, ist der Rentenbetrag von 63 Monaten zurückzuzahlen. Dieser wird dann mit der Abfindung, die bei Wiederverheiratung zu gewähren ist, verrechnet.
Wird festgestellt, daß ein **Verschollener** noch lebt, ist die Abfindung ab dem Ende des Monats, in dem diese Feststellung getroffen wird, zurückzuzahlen. Die bis dahin – zu Unrecht – gezahlte Abfindung bleibt den Angehörigen.
Geben der Verletzte und seine Angehörigen wie Hinterbliebenen ihren gewöhnlichen Aufenthalt im Inland auf oder halten sie sich gewöhnlich im **Ausland** auf, kann der Versicherungsträger nach § 616 RVO die Rente gleichfalls abfinden, wenn der Versicherte zustimmt.

Fall Nr. 107: Rückforderung von Renten

Die Verkäuferin D erhielt am 16. 8. 1973 einen Bescheid der Berufsgenossenschaft, in dem ihr mitgeteilt wurde, daß ihre vorläufige Rente ab 1. 10. 1973 nicht mehr gezahlt werde; auch die Zahlung einer Dauerrente werde abgelehnt. Noch am gleichen Tag schrieb sie der Berufsgenossenschaft einen Brief und bestand darauf, daß ihr die Rente weiterhin gezahlt werde. Der Brief mußte gewirkt haben; denn die Rente wurde weitergezahlt. Am 4. 5. 1974 allerdings erhielt sie die Nachricht, die Rente sei irrtümlich über den 30. 9. 1973 hinaus gezahlt worden; der zu Unrecht gezahlte Betrag von DM 1254,40 werde zurückgefordert. Ist der Rückzahlungsanspruch berechtigt?

Lösung

Der Träger der Unfallversicherung darf nach § 628 RVO eine Leistung zurückfordern, die er vor rechtskräftiger Entscheidung zahlen mußte (Urteilsrente) oder zu Unrecht gezahlt hat. Es sind hier zuerst die Fälle angesprochen, in denen das Sozial- oder Landessozialgericht den Versicherungsträger zur Rentenzahlung verurteilt und das übergeordnete Gericht diese Entscheidung rechtskräftig aufgehoben hat.

Eine zu Unrecht gezahlte Leistung darf nur dann zurückgefordert werden, wenn den Versicherungsträger für die Überzahlung kein Verschulden trifft und nur soweit der Leistungsempfänger beim Empfang wußte oder wissen mußte, daß ihm die Leistung nicht oder nicht in dieser Höhe zustand und soweit die Rückzahlung wegen der wirtschaftlichen Verhältnisse des Empfängers vertretbar ist.

In allen Fällen – also auch bei der sogenannten Urteilsrente – vernichtet ein Verschulden des Versicherungsträgers den Rückforderungsanspruch. Das Vertrauen des Versicherten in die Richtigkeit des Bewilligungsbescheides wird geschützt. Bei der Rückzahlung von Urteilsrenten sind beide Ausschließungsgründe aber nicht gegeben, weil der Versicherte nach entsprechender Belehrung weiß oder wissen mußte, daß ihm die Leistung nur bei einer für ihn günstigen endgültigen Entscheidung zusteht und daß er sie im anderen Fall zurückzuzahlen hat. Auf seine subjektive Erwartung vom endgültigen positiven Ausgang des Rechtsstreits kommt es nicht an; diese Hoffnung genießt keinen Vertrauensschutz (BSG vom 17. 2. 1970 [7 RU 22/69] = SozSich.-Kartei Nr. 2648, V/D zu § 628 RVO).

Hat der Versicherte die **Leistung erschlichen,** kann er sich nicht darauf berufen, daß die Rückforderung wegen seiner schlechten Einkommensverhältnisse unvertretbar sei (BSG vom 31. 7. 1973 [5 RKnU 24/71] = SGb. 1973 S. 396 = SozSich.-Kartei Nr. 2723, V/D zu § 628 RVO). Bei der Zwangsvollstreckung sind allerdings die entsprechenden Vorschriften (§§ 811 bis 813, 850 bis 852 ZPO in Verbindung mit § 115 RVO, § 5 Verwaltungsvollstreckungsgesetz) zu beachten. Dabei soll grundsätzlich eine **wirtschaftliche Verelendung** des Versicherten vermieden werden. Der Schutz des Rückzahlungsverpflichteten beginnt nicht erst – wie im Zivilprozeß – im Stadium der Vollstreckung, sondern bereits bei Erhebung der Forderung (BSG vom 29. 6. 1972 [2 RU 256/68] = Breith. 1973 S. 621 = SGb. 1973 S. 409). Gegen die Verkäuferin D besteht kein Rückerstattungsanspruch. Ihre Vermutung, die Intervention habe zur Weiterzahlung der Rente geführt, war logisch und daher zu schützen. Außerdem trifft die Berufsgenossenschaft das alleinige Verschulden an der Überzahlung; denn sie hat trotz des Entziehungsbescheides weiterhin die Rente gezahlt. Das reicht schon aus, um den Anspruch zu vernichten.

H. Hinterbliebenenrenten

Fall Nr. 108: Sterbegeld und Überführung

Ein japanischer Bergbaueleve wird durch einen Grubenunfall getötet. Seine Angehörigen verlangen die Überführung der Leiche an den Heimatort. Besteht darauf ein Rechtsanspruch?

Lösung

Bei Tod durch Arbeitsunfall oder Berufskrankheit sowie bei Verschollenheit muß die Berufsgenossenschaft als **Sterbegeld** ein Zwölftel des Jahresarbeitsver-

dienstes – mindestens aber DM 400 – gewähren (§ 589 RVO). Die Bestimmung des § 203 RVO (vgl. Fall Nr. 42) gilt auch hier. Voraussetzung ist, daß der **Tod „infolge des Arbeitsunfalls** oder der Berufskrankheit eingetreten ist" (BSG vom 20. 11. 1973 [5 RKnU 29/72] = SozSich. 1974 S. 18). Hat ein unfallunabhängiges Leiden zwar den Tod des Verletzten verursacht, ein Arbeitsunfall aber als wesentliche Teilursache zugleich den Tod um mindestens ein Jahr beschleunigt, ist der Tod infolge des Arbeitsunfalls eingetreten (BSG vom 28. 3. 1973 [5 RKnU 14/71] = SGb. 1973 S. 258 = SozSich.-Kartei Nr. 2758, V/D zu § 589 RVO).
Zur Feststellung des ursächlichen Zusammenhangs kann eine **Obduktion** gefordert werden, es sei denn, bei dem Verstorbenen war eine Berufskrankheit nach der Nummer 30, 31, 34 und 35 der Berufskrankheiten-Verordnung (vgl. Fall Nr. 85) mit einer Erwerbsminderung von mindestens 50% anerkannt. In diesem Fall gilt die gesetzliche Vermutung des Kausalzusammenhangs ausnahmsweise nicht, wenn offenkundig ist, daß der Tod nicht in ursächlichem Zusammenhang mit der Berufskrankheit steht (BSG vom 14. 3. 1968 [5 RKn. 92/66] = SozSich.-Kartei Nr. 2171, V/D zu § 589 RVO = BSGE 18 S. 38).
Der Anspruch auf Sterbegeld ist auch gegeben, wenn der Versicherte nicht beerdigt werden kann, weil er ertrank, verbrannte oder bei einem Schiffsunglück unterging oder verschollen ist. Dem Sterbegeld brauchen entsprechende Aufwendungen der Bestattung nicht gegenüberzustehen.
Die Berufsgenossenschaft hat weiterhin die Kosten für die Überführung des Verstorbenen an **den Ort der Bestattung** zu übernehmen. In unserem Fall lag der Bestattungsort in Japan, so daß die Berufsgenossenschaft auch diese Kosten tragen mußte (BSG vom 13. 4. 1967 [5 RKn. 82/66] = BSGE 26 S. 202 = Breith. 1967 S. 1014).

Fall Nr. 109: Witwen- und Witwerrenten

Die Ehefrau des Medizinstudenten G wurde durch einen Wegeunfall getötet. G beantragte Witwerrente mit der Begründung, seine Frau habe als Sekretärin seinen Unterhalt überwiegend bestritten und ihm das Studium finanziert. Ist sein Anspruch berechtigt?

Lösung

Nach § 590 RVO erhält die Witwe des Verstorbenen oder Verschollenen bis zu ihrem Tode oder ihrer Wiederverheiratung eine Witwenrente in Höhe von drei Zehntel des Jahresarbeitsverdienstes (kleine Witwenrente). Die „große" Witwenrente beträgt zwei Fünftel des Jahresarbeitsverdienstes. Sie wird gezahlt, wenn die Witwe das 45. Lebensjahr vollendet hat oder solange sie mindestens ein waisenberechtigtes Kind erzieht oder berufs- oder erwerbsunfähig ist. Die Berufsunfähigkeit muß mindestens drei Monate bestehen. Ist zu erwarten, daß die Berufs- oder Erwerbsunfähigkeit der Witwe beseitigt oder ihr Eintritt verhindert werden kann, dürfen der Witwe Rehabilitationsmaßnahmen gewährt werden. Für die ersten drei Monate nach dem Tod des Versicherten erhalten die Witwe und der Witwer, für den das oben Gesagte gleichfalls zutrifft, eine **Überbrückungshilfe** gemäß § 591 RVO in Höhe des Unterschiedsbetrages zwischen der Witwenrente und der Vollrente des Versicherten.

Unter „Witwe“ wird die Ehefrau des Verstorbenen verstanden; die von ihrem Mann ständig getrennt lebende Ehefrau ist „Witwe“, nicht aber die geschiedene Ehefrau. Wurde die Ehe erst nach dem Arbeitsunfall geschlossen, besteht nach § 594 RVO kein Anspruch auf Witwenrente, wenn der Tod **innerhalb des ersten Jahres nach der Eheschließung** eingetreten ist (BSG vom 28. 3. 1973 [5 RKnU 11/71] = BSGE 35 S. 272 = SozSich.-Kartei Nr. 2799, V/D zu § 594 RVO). Das gilt nicht, wenn nach den besonderen Umständen des Falles die Annahme ungerechtfertigt erscheint, die Versorgung der Witwe **sei der alleinige oder überwiegende Zweck der Heirat gewesen** (BSG vom 20. 11. 1973 [5 RKnU 20/72] = SozSich. 1974 S. 19).

Mit Vollendung des 45. Lebensjahres und nicht ab dem Ende des Monats beginnt die große Witwenrente. Heiratet die Witwe in dem Monat, in dem sie 45 Jahre alt wird, aber noch vor diesem Geburtstag, steht ihr die „große“ Witwenrente auch dann nicht zu, wenn ihr der Bescheid über die Rentenerhöhung vor dem Geburtstag zugestellt worden ist. Bei der Wiederverheiratung findet eine Abfindung kraft Gesetz statt. Sie entfällt, wenn die Witwe zum dritten Male heiratet. Nach Fortfall der Waisenrentenberechtigung, der Erziehung des Kindes, der Berufs- oder Erwerbsunfähigkeit der Witwe, endet die „große“ Witwenrente mit Beginn des folgenden Monats. Die Erziehungsberechtigung ist spätestens mit der Volljährigkeit, also mit dem Ende des Personensorgerechts beendet.

Nach § 593 RVO besitzt der **Witwer** Anspruch auf Hinterbliebenrente, wenn die durch den Arbeitsunfall verstorbene Ehefrau den Unterhalt der Familie **überwiegend** bestritten hat und solange sie ihn bestritten haben würde (BSG vom 25. 11. 1961 [2 RU 231/58] = BSGE 14 S. 203 = SozSich.-Kartei Nr. 1260, V/A zu § 589 RVO). Die unterschiedliche Regelung der Voraussetzungen der Witwen- und Witwerrenten (nur bei der letzten wird nach der Unterhaltsgewährung gefragt) ist verfassungsrechtlich nicht zu beanstanden. Zur Familie gehören nur die nach dem Bürgerlichen Gesetzbuch unterhaltsberechtigten Kinder sowie der Ehegatte. Bei der Prüfung der überwiegenden Unterhaltsgewährung sind auch die unmittelbaren Leistungen der Ehefrau in Form der Haushaltsführung und Kindererziehung sowie Betreuung mit dem ortsüblichen Lohn zu berücksichtigen. Dabei ist der wirtschaftliche Wert dieser Arbeit niemals höher als der Arbeitsverdienst des Mannes anzusetzen.

Eine **überwiegende Unterhaltsgewährung** liegt vor, wenn Frau G **mehr als die Hälfte des Unterhaltsbetrages ihres Mannes durch eigenes Einkommen aufgebracht hat** (Großer Senat des BSG vom 21. 5. 1969 [GS 2/67] = BSGE 29 S. 225 = Breith. 1969 S. 1030). Hatte z. B. Frau G ein monatliches Nettoeinkommen von DM 1830 und ihr Mann von DM 406, betrug das Familieneinkommen DM 2236. Die Rechtsprechung geht davon aus, daß jedem Ehegatten die Hälfte dieser Summe, also DM 1118 als Unterhalt zur Verfügung steht. Frau G hätte ihren Mann überwiegend unterhalten, wenn sie von seinem Lebensunterhalt von DM 1118 „mehr als die Hälfte“ – somit DM 559 – durch eigenes Einkommen aufgebracht hätte. Die Regelung verlangt, daß Frau G mehr als Zweidrittel des gemeinsamen Familieneinkommens aufbringen muß. Der Student ist von seiner Ehefrau überwiegend unterhalten worden; sein Anspruch auf Witwerrente ist berechtigt. Die Witwerrente wird aber nach Beendigung des Studiums entzogen, weil die Ehefrau danach den Unterhalt ihres Mannes nicht mehr bestritten hätte (BSG vom 26. 6. 1973 [8/7 RU 4/71] = SGb. 1973 S. 359 = SozSich.-Kartei Nr. 2809, V/D zu § 593 RVO).

Fall Nr. 110: Geschiedenenrente

Der Versicherte hatte sich verpflichtet, seiner geschiedenen Ehefrau, mit der er zwanzig Jahre verheiratet war, pro Monat DM 280 zu zahlen. Als er an Unfallfolgen starb, verlangten seine Witwe, die zehn Jahre mit dem Versicherten verheiratet war, und die geschiedene Frau Witwenrente. Waren beide Ansprüche berechtigt?

Lösung

Einer früheren Ehefrau des durch Arbeitsunfall oder an einer Berufskrankheit Verstorbenen, deren Ehe mit ihm geschieden, für nichtig erklärt oder aufgehoben ist, wird nach seinem Tode **auf Antrag** Witwenrente nach § 592 RVO gewährt, wenn er ihr zur Zeit seines Todes Unterhalt zu leisten hatte oder wenigstens während des letzten Jahres vor seinem Tod geleistet hat. Die Rente beginnt mit dem Tag des Antrags.
Nicht jede Geldleistung, die der Versicherte seiner ehemaligen Frau erbringt, ist eine zu berücksichtigende Unterhaltsleistung. Vielmehr muß sie einen nicht unerheblichen Teil des Unterhalts ausmachen. Das ist in der Regel der Fall, wenn der Verstorbene **etwa 25 Prozent des örtlich und zeitlich notwendigen Mindestbedarfs eines Unterhaltsberechtigten aufgebracht hat.** Die monatliche Zahlung von DM 280 erfüllte zweifellos diese Voraussetzung.
In unserem Fall haben beide Frauen Anspruch auf Witwenrente. Jede der Frauen erhält nach § 592 Abs. 2 RVO nur den **Teil der Witwenrente,** der im Verhältnis zu der anderen Berechtigten der **Dauer ihrer Ehe** mit dem Versicherten entspricht. Hier war die erste Frau zwanzig und die zweite Frau zehn Jahre mit dem Versicherten verheiratet gewesen. Die gesamte Witwenrente – mehr wird auch bei mehreren Berechtigten niemals ausgezahlt – von z. B. DM 369 wird so aufgeteilt, daß die geschiedene Ehefrau nach dem Verhältnis 2:1 zwei Drittel der Rente, also DM 246 und die Witwe ein Drittel gleich DM 123 erhält. Diese Kürzung hat auch dann zu erfolgen, wenn nach Festsetzung der Hinterbliebenenrente einer weiteren früheren Ehefrau Rente zu gewähren ist.

Fall Nr. 111: Waisenrente

R, das nichteheliche Kind des Färbers L, wurde von dem technischen Zeichner B an Kindes Statt angenommen. L starb zwei Jahre später durch einen Arbeitsunfall. B fordert Waisenrente für Renate. Bekommt er sie?

Lösung

Jedes Kind (vgl. Fall Nr. 101) des durch einen Arbeitsunfall oder an einer Berufskrankheit Verstorbenen erhält bis zur Vollendung des 18. Lebensjahres – höchstens aber (wie bei der Kinderzulage) bis zum 25. Lebensjahr – nach § 595 RVO eine Waisenrente von drei Zehntel des Jahresarbeitsverdienstes, wenn es **Vollwaise** ist, und von einem Fünftel, wenn es Halbwaise ist. Pflegekinder, Enkel und Geschwister des Verstorbenen erhalten die Waisenrente auch, wenn sie nicht in den Haushalt des Versicherten aufgenommen oder nicht überwiegend unterhalten worden sind.

Der Anspruch auf Waisenrente wird nicht dadurch berührt, daß das Kind aus einer geschiedenen Ehe stammt, daß er außerhalb der zivilrechtlichen Empfängniszeit (181. bis 302. Tag vor der Geburt) bei Verschollenheit des Versicherten geboren wird, wenn die Vaterschaft trotzdem nicht ausgeschlossen werden kann (BSG vom 13. 12. 1961 [3 RK 117/56] = NJW 1961 S. 700 = BSGE 13 S. 202), daß die Witwe erneut heiratet oder das Kind nach dem Tod des Pflegevaters zu seiner leiblichen Mutter zurückkehrt (BSG vom 30. 8. 1967 [4 RJ 547/65] = Breith. 1968 S. 137 = BSGE 27 S. 137). Auch eine Annahme der Waise an Kindes Statt – wie bei R – ist ohne Einfluß auf die Rentenzahlung.
Die Höhe der Rente bestimmt sich danach, ob das Kind Halb- oder Vollwaise ist. Unter Vollwaise wird das elternlose Kind, dessen Vater und Mutter gestorben sind, verstanden; bei einer Halbwaisen lebt noch ein Elternteil. Schließt der Witwer eine neue Ehe und verunglückt er anschließend durch einen Arbeitsunfall, dann sind seine Kinder aus erster Ehe Vollwaisen, die aus der zweiten Ehe Halbwaisen. Als Vollwaise gilt auch das Kind, dessen Mutter wegen erneuter Heirat keinen Anspruch auf Witwenrente besitzt oder wenn beim Tod der versicherten Mutter nicht feststeht, wer der leibliche Vater des Kindes ist (BSG vom 23. 7. 1959 [3 RJ 224/58] = NJW 1959 S. 2037 = Breith. 1959 S. 109) oder wenn bei einem Adoptivkind weder leibliche noch die Adoptiveltern leben.

Fall Nr. 112: Elternrente

Der ledige kaufmännische Angestellte J stellte seiner Mutter jeden Monat von seinem Gehalt DM 460 zur Verfügung, weil diese von seinem Vater nur etwa DM 170 an Unterhalt erhielt. J wird durch einen Arbeitsunfall getötet. Seine Mutter beantragt Elternrente. Der Versicherungsträger verweigert die Rente mit der Begründung, der alkoholsüchtige Vater sei durchaus in der Lage gewesen, den Unterhalt seiner Ehefrau und der Kinder durch Arbeit zu bestreiten. Mit Recht?

Lösung

Hinterläßt der durch einen Arbeitsunfall Verstorbene Verwandte der aufsteigenden Linie, also Eltern, Großeltern und Urgroßeltern, Stief- oder Pflegeeltern, die er aus seinem Arbeitsverdienst **wesentlich** unterstützt hat oder ohne den Arbeitsunfall wesentlich unterhalten würde, so ist ihnen nach § 596 RVO Elternrente von einem Fünftel für einen Elternteil, von drei Zehntel des Jahresarbeitsverdienstes für ein Elternpaar zu gewähren, solange sie ohne den Arbeitsunfall gegen den Verstrobenen eine Anspruch auf Unterhalt hätten geltend machen können. Sind mehrere Berechtigte vorhanden, gehen die näheren den entfernteren Verwandten vor.
Voraussetzung ist, daß den Eltern zur Zeit des Todes des Versicherten ein **Unterhaltsanspruch nach bürgerlichem Recht** zustand und ohne den Unfall auch weiterhin zustehen würde. Die Eltern müssen **bedürftig** sein. Vom Versicherten wird gefordert, daß gerade seine Unterstützung die Eltern über den Zustand der Bedürftigkeit hinweggeholfen hat und der Wegfall der Unterstützung diese auskömmliche Lebenshaltung gefährdet (LSG Rheinland-Pfalz vom 28. 4. 1971 [L 3 U

15/70] = SozSich. 1972 S. 148). Alle diese Voraussetzungen waren in unserem Fall gegeben, weil die Mutter zur Zeit des Todes ihres Sohnes bedürftig war und es auch weiterhin blieb. Sie verfügte über kein eigenes Arbeitseinkommen und war aus gesundheitlichen Gründen und familiären Gegebenheiten nicht in der Lage, sich durch eigene Arbeit Einkünfte zu verschaffen. Ohne die Zuwendungen ihres Sohnes war sie nicht in der Lage, ihren notwendigen Lebensunterhalt zu bestreiten. Der Versicherte hat seine Mutter so unterstützt, daß ihr persönlich – und darauf kommt es entscheidend an – über den Zustand der Bedürftigkeit hinweggeholfen wurde.

Zwar ist es zutreffend, daß der Ehemann vor den übrigen Verwandten für den Unterhalt haftet. Seine Unterhaltspflicht entfällt nur, wenn er außerstande ist, ohne Gefährdung seines angemessenen Unterhalts den Unterhalt zu leisten. Das war hier nicht der Fall. Die Unterhaltspflicht des Sohnes wird aber nach § 1608 in Verbindung mit § 1607 Abs. 1 und 2 BGB vorrangig, wenn die Rechtsverfolgung gegen den Vater im Inland ausgeschlossen oder erheblich erschwert ist. Von dem arbeitsscheuen und trunksüchtigen Vater war kein Unterhalt zu erwarten, so daß J nach bürgerlichem Recht **unterhaltsverpflichtet seiner Mutter gegenüber war.** Die Mutter war nicht gehalten, gegen ihren Mann zur Durchsetzung des Unterhaltsanspruchs mit einer Klage vorzugehen, bevor sie den nach dem Ehemann unterhaltspflichtigen Verwandten in Anspruch nahm (LSG Rheinland-Pfalz vom 26. 8. 1970 [L 3 U 106/69] = Breith. 1971 S. 374).

I. Haftung und Regreß

Fall Nr. 113: Haftungsprivilege

Der Monteur B ist von seinem Arbeitgeber beauftragt worden, mehrere Arbeitskollegen mit dem firmeneigenen Wagen zur Arbeit und zurück zu bringen. Als er am 22. 1. 1974 die Vorfahrt mißachtete und mit einem anderen Fahrzeug kollidierte, wurde der mitfahrende Vorarbeiter D getötet. Die Witwe verklagt B auf Schadenersatz, weil er – wie das Strafgericht rechtskräftig festgestellt hat – unter Alkoholeinfluß den Unfall verursacht hat. B hält sich zwar für schuldig am Tod seines Kollegen, aber nicht für schadenersatzpflichtig. Hat er Recht?

Lösung

Nach § 636 RVO ist der **Unternehmer** den in seinem Unternehmen tätigen Versicherten, deren Angehörigen und Hinterbliebenen, auch wenn sie keinen Anspruch auf Rente haben, **nach anderen gesetzlichen Vorschriften** zum Ersatz des Personenschadens, den ein Arbeitsunfall verursacht hat, nur dann verpflichtet, wenn er den Arbeitsunfall **vorsätzlich** herbeigeführt hat oder dieser bei der **Teilnahme am allgemeinen Verkehr** eingetreten ist (BAG vom 23. 9. 1969 [1 AZR 493/68] = NJW 1970 S. 442 und BGH vom 24. 10. 1967 [VI ZR 67/66] = NJW 1968 S. 250). Das gilt ferner für Ersatzansprüche Versicherter, die Beschäftigte eines weiteren Unternehmers sind.

Diese Haftungsbefreiung erstreckt sich nach § 637 RVO auf Schadenersatzansprüche eines Versicherten, seiner Angehörigen und Hinterbliebenen gegen

einen **in demselben Betrieb tätigen Betriebsangehörigen,** wenn dieser den Arbeitsunfall durch eine betriebliche Tätigkeit verursacht hat sowie auf Schadenersatzansprüche Angehöriger der Feuerwehren, der Mitglieder und Lernenden von und in Unternehmen zur Hilfe bei Unglücksfällen und des zivilen Bevölkerungsschutzes.
Die Unternehmer und Arbeitnehmer sind grundsätzlich gegen jeden Schadenersatzanspruch des Verletzten und seiner Angehörigen geschützt, wenn die Schädigung bei einer versicherten Tätigkeit geschah (BAG vom 9. 8. 1966 [1 AZR 426/65] = SGb. 1967 S. 514). Davon gibt es zwei Ausnahmen. Wurde der Arbeitsunfall **vorsätzlich** herbeigeführt, haftet der Schädiger nach bürgerlich-rechtlichen Vorschriften. Vorsatz ist der Wille zum Handeln oder Unterlassen mit dem Bewußtsein eines für einen anderen schädigenden Erfolges. Die Absicht, den anderen zu schädigen, ist dabei nicht erforderlich. Ebensowenig, daß sich der Vorsatz gegen eine bestimmte Person richtet. Vorsätzlich handelt auch, wer es nur für möglich hält, aber billigend in Kauf nimmt, daß er mit seinem Tun oder Unterlassen gegen ein Gesetz verstößt oder sonst Unrecht tut (bedingter Vorsatz) (BGH vom 22. 4. 1955 [5 StR 35/55] = NJW 1955 S. 1688 = BGHSt. 7 S. 363). Dabei kann sich der Täter nur in Ausnahmefällen darauf berufen, daß er den tatsächlichen Schaden nicht voraussehen konnte, weil ein Dritter – z. B. der Geschädigte selbst – durch seinen Leichtsinn den Schaden mitverursacht habe (BGH vom 24. 4. 1959 [VI ZR 108/58] = DB 1959 S. 655).
Grobe Fahrlässigkeit ist kein Grund, das Haftungsprivileg zu verneinen (BAG vom 14. 3. 1967 [1 AZR 310/66] = NJW 1967 S. 1925 = VersR 1967 S. 656).
Die zweite Ausnahme ist gegeben, wenn sich der Unfall bei der **Teilnahme am allgemeinen Verkehr** ereignet hat. Die ständige Beförderung von Betriebsangehörigen mit einem Firmenwagen zur Arbeitsstelle und zurück ist auch dann ein Werksverkehr, wenn dabei öffentliche Wege und Straßen benutzt werden, der Unternehmer nur einen Teil der Fahrtkosten trägt und der Fahrer ausnahmsweise sein eigenes Fahrzeug als Beförderungsmittel benutzt (BGH vom 22. 10. 1968 [VI ZR 173/67] = SozSich.-Kartei Nr. 2250, V/D zu § 636 RVO).
Daraus folgt in unserem Falle: Der Tod des Vorarbeiters D ist zwar durch das alkoholbedingte Fehlverhalten des Fahrers B, aber doch bei einer betrieblichen Tätigkeit verursacht worden. B ist somit nach § 637 RVO von der Haftung befreit. Wäre der Unfall auf der Heimfahrt von einer Betriebsfeier geschehen, läge keine betriebliche Tätigkeit vor, wenn sie dazu dienen sollte, in der Privatwohnung eines Arbeitskollegen die Zeit bis zum Beginn der Frühschicht zu verbringen. Denn nur der Weg zur eigenen Wohnung ist grundsätzlich versichert (OLG Düsseldorf vom 20. 12. 1967 [12 U 122/67] = VersR 1968 S. 852).
Der sozialversicherungsrechtliche Grundsatz, daß der Versicherungsschutz zu versagen ist, wenn Trunkenheit als die rechtlich allein wesentliche Ursache des Arbeitsunfalls anzusehen ist, ist bei der Beurteilung zivilrechtlicher Schadenshaftung nicht anwendbar (BGH vom 26. 4. 1966 [VI ZR 238/64] = SGb. 1966 S. 369 und BGH vom 19. 12. 1967 [VI ZR 6/66] = VersR 1968 S. 353). Ohne Bedeutung ist ferner, ob eine Haftpflichtversicherung den Schaden abdeckt. Der Haftungsausschuß erstreckt sich auch auf den Schmerzensgeldanspruch, stellte das Bundesverfassungsgericht fest (BVerfG vom 7. 11. 1972 [1 BvR 355/71] = SozSich. 1973 S. 111). Hat der Unternehmer schuldhaft eine Unfallursache gesetzt, die aber erst nach Übernahme seines Betriebes durch einen anderen Unternehmer zum Unfall führt, haftet der frühere Betriebsunternehmer nach zivilrechtlichen Grundsätzen (BGH vom 11. 1. 1966 [VI ZR 185/64] = SGb. 1966 S. 234). War der Ver-

letzte „wie ein Versicherter im Betrieb tätig" (vgl. Fall Nr. 67), kann sich der Unternehmer auf die Haftungsbefreiung berufen, wenn die Tätigkeit des Helfers in einem ursächlichen Zusammenhang zu dem Unternehmen steht und für dieses typisch ist (BGH vom 19. 5. 1969 [VII ZR 9/67] = NJW 1969 S. 1665 = BG 1969 S. 438). Ob der Unternehmer wußte, daß der Verletzte in seinem Betrieb tätig wurde, ist ohne Bedeutung, wenn dieser nur in den Arbeitsgang des Betriebes eingegliedert war (BGH vom 14. 12. 1965 [VI ZR 153/64] = SGb. 1966 S. 366 = NJW 1966 S. 452). Nur bei Unfällen, die sich bei der Verfolgung oder Festnahme einer strafrechtlich verdächtigen Person ereignen, ist § 636 RVO nicht anzuwenden; hier besteht ein zivilrechtlicher Anspruch nach §§ 670, 683 BGB.
Das Haftungsprivileg besteht auch zugunsten eines Arbeitnehmers, der den Arbeitsunfall durch eine betriebliche Tätigkeit verursacht hat. Der Begriff „betriebliche Tätigkeit" ist ein objektiver Begriff. Er verlangt, daß die Tätigkeit vom Betrieb angeordnet oder im Betriebsinteresse ausgeführt worden ist (BGH vom 19. 12. 1967 [VI ZR 6/66] = VersR 1968 S. 353 = BG 1968 S. 200 und BAG vom 9. 8. 1966 [1AZR 426/65] = SGb. 1967 S. 514). Die Art, wie die Arbeit geleistet wird – ob fachmännisch oder fehlerhaft, vorsichtig oder leichtsinnig – ist für diese Frage ohne Bedeutung. Alle Personen, die dem Betrieb angehören, sind von der Haftung befreit. **Betriebsfremde** zählen nicht dazu. **Leiharbeiter** und Arbeitnehmer, die ein **mehrseitiges Arbeitsverhältnis** besitzen, sind keine Betriebsfremden, wenn sie im Auftrag ihres Arbeitgebers mit den Arbeitnehmern anderer Unternehmen eine Gemeinschaftsarbeit erbringen und am gleichen Arbeitsergebnis für einen Dritten in einem einheitlichen Betrieb beteiligt sind (BAG vom 11. 2. 1969 [1 AZR 28/68]). Dazu gehören auch Arbeitnehmer, die im Auftrag ihres Arbeitgebers in einem fremden Betrieb Arbeiten verrichten, ohne dabei in ein Arbeitsverhältnis zu dem fremden Unternehmer zu treten oder die im fremden Unternehmen aufgrund vertraglicher Unternehmerverpflichtungen (bei dem Kauf einer Maschine wurde vereinbart, daß sie von Spezialisten des Herstellerwerks aufgestellt und in Betrieb genommen wird) tätig werden und sich bei **gemeinsamer Arbeit** (z. B. auf einem Gerüst bei unterschiedlichen Arbeiten) treffen.
Das Haftungsprivileg gilt auch bei **unerlaubten Handlungen** und im Verhältnis zu einem Zweitschädiger (BGH vom 10. 11. 1970 [VI ZR 104/69] = NJW 1971 S. 195), der z. B. als Monteur in einer Brauerei einen Brauereiarbeiter durch seine Arbeit verletzt. Der Verischerungsträger ist verpflichtet, dabei mitzuwirken, daß dem Mitglied und Versicherten die Haftungsbefreiung zugute kommt (BSG vom 29. 6. 1962 [2 RU 82/60] = BSGE 17 S. 153 = NJW 1962 S. 1983).

Fall Nr. 114: Regreß der Versicherungsträger

Der uns aus dem vorigen Fall bekannte Monteur B erhielt von der Berufsgenossenschaft die Aufforderung, ihr die durch die Rentenzahlung entstandenen Aufwendungen zu ersetzen. Unter Berufung auf die Haftungsbefreiung wehrt er sich dagegen. Mit Recht?

Lösung

Nach § 640 RVO haben Personen, deren Ersatzpflicht durch §§ 636, 637 RVO beschränkt ist, für alles, was der Unfallversicherungsträger nach Gesetz oder

Satzung infolge des Arbeitsunfalls aufwenden muß, zu haften, wenn sie den Arbeitsunfall **vorsätzlich oder grob fahrlässig** herbeigeführt haben. Dabei können die Berufsgenossenschaften nach billigem Ermessen – insbesondere unter Berücksichtigung der wirtschaftlichen Verhältnisse des Schädigers – ganz oder teilweise auf den Ersatzanspruch verzichten.
Dieser Regreßanspruch ist ein kraft Gesetzes bestehender Ersatzanspruch, der mit dem zivilrechtlichen aus unerlaubter Handlung (§ 823 BGB) nicht identisch ist (BGH vom 27. 11. 1956 [VI ZR 206/55] = NJW 1957 S. 384 = BG 1957 S. 121). Aus diesem Grund wirkt § 254 BGB, der die Einrede des Mitverschuldens enthält, nicht gegenüber diesem Regreß (BGH vom 3. 2. 1970 [VI ZR 177/68] = NJW 1970 S. 756).
Der Regreß entsteht nur, wenn der Arbeitsunfall vorsätzlich oder grob fahrlässig verursacht wurde. Bei einfacher Fahrlässigkeit ist er nicht gegeben. **Fahrlässig** handelt, wer die zu beobachtende Sorgfalt außer acht läßt, zu der er nach den Umständen und Fähigkeiten verpflichtet und imstande war und wer infolgedessen den Erfolg nicht vorausgesehen hat, den er bei Anwendung der pflichtgemäßen Sorgfalt hätte voraussehen können (unbewußte Fahrlässigkeit). Bewußte Fahrlässigkeit liegt dagegen vor, wenn der Täter zwar den Eintritt des Schadens für möglich gehalten, aber darauf vertraut hat, er werde nicht eintreten. Die beim Regreß geforderte **grobe Fahrlässigkeit** ist gegeben, **wenn die Sorgfaltspflicht in besonders schwerem Maße verletzt wird, wenn der Täter selbst einfachste, ganz naheliegende Überlegungen nicht angestellt hat** (BGH vom 8. 10. 1968 [VI ZR 164/67] und vom 20. 6. 1972 [VI ZR 48/71] = NJW 1972 S. 1760).
Weil B den Tod des Vorarbeiters D grobfahrlässig verursacht hat, ist die Ersatzforderung der Berufsgenossenschaft begründet.

J. Unfallverhütung

Fall Nr. 115: Unfallverhütungsvorschriften

Die Firma H war damit beauftragt, Schäden an einer Autobahnböschung zu beheben. Als ein Tankzug in den Graben fuhr und das ausfließende Öl die Böschung zerstörte, beschloß der Unternehmer, so schnell wie möglich die ölverseuchte Erde abzubaggern. Um Zeit zu sparen, wurde der Bagger auf dem Tieflader gelassen. Kurz darauf kippte dieser in den Graben; dabei wurde der Baggerführer schwer verletzt. Gegen die Ordnungsstrafe von DM 500, die wegen Mißachtung der Unfallverhütungsvorschriften gegen ihn verhängt wurde, wehrte sich der Unternehmer mit der Begründung, er sei bereits wegen Körperverletzung bestraft worden. Hat seine Klage Erfolg?

Lösung

Die Unfallversicherungsträger erlassen nach § 708 RVO Vorschriften über Einrichtungen, Anordnungen und Maßnahmen, welche die **Unternehmer** sowie über das Verhalten, das die **Versicherten** zur Verhütung von Arbeitsunfällen und Berunfskrankheiten zu beobachten haben. Diese Unfallverhütungsvorschriften bestimmen ferner, daß ärztliche Untersuchungen von Versicherten vor der Beschäftigung mit gefährlichen Arbeiten durchzuführen und Maßnahmen durch den Unternehmer zu ergreifen sind, die ihm das Gesetz über Betriebsärzte auferlegt. Sie müssen auf die Strafbestimmungen des § 710 RVO hinweisen. Danach werden gegen Mitglieder und Versicherte, die **vorsätzlich oder grob fahrlässig** gegen die Unfallverhütungsvorschriften verstoßen, Ordnungsstrafen bis zu DM 10000 festgesetzt.

Die Unfallverhütungsvorschriften sind empirisch entstanden (BGH vom 24. 6. 1953 [VI ZR 31/52] = BG 1953 S. 401 = DB 1953 S. 670). In ihnen sind die Erfahrungen der gesamten Unfallverhütung unter Berücksichtigung der ständig fortschreitenden Technik enthalten. Sie sind – wie es der Bundesgerichtshof formuliert hat – der „kraft öffentlicher Gewalt festgesetzte Niederschlag der in einem Gewerbe gemachten Betriebserfahrungen" und die Summe „einer auf Überlegung und Erfahrung aufgebauten umfassenden Voraussicht möglicher Gefahren" (RG vom 25. 3. 1929 = JW 1929 S. 1961). Rechtlich gesehen sind sie autonome Rechtsnormen. Die Rechtsprechung hat die allgemeinen Bestimmungen des § 120a Gewerbeordnung und damit auch des § 2 des allgemeinen Teils der Unfallverhütungsvorschriften als alleinigen Haftungsgrund anerkannt, wenn der Unternehmer eine gefahrenträchtige Gesamtsituation geschaffen und geduldet hat (BGH vom 28. 11. 1961 [VI ZR 130/61] = DB 1962 S. 1341). Die Unfallverhütungsvorschriften sind aber kein Schutzgesetz im Sinne des § 823 Abs. 2 BGB (BGH vom 11. 12. 1956 [VI ZR 20/56] = DB 1957 S. 235 = BG 1957 S. 343).

Sie wenden sich vordringlich an die Unternehmer und verpflichten sie, bestimmte Handlungen vorzunehmen oder zu unterlassen. Nach §§ 775, 834 RVO darf der Unternehmer diese Verpflichtungen auf Angehörige seines Betriebes, wenn er sie zur Leitung des Betriebes oder eines Betriebsteiles bestellt hat, wie auch auf Außenstehende durch schriftliche Erklärung **übertragen**. Handelt ein so Beauftragter vorsätzlich oder grob fahrlässig den Unfallverhütungsvorschriften zuwider, so trifft ihn die Strafe (LSG Hessen vom 14. 1. 1970 [L 3 U 685/69] = SozSich.-Kartei Nr. 2464, V/D zu § 708 RVO).

Auf Grund der Unfallverhütungsvorschriften ist der Unternehmer verpflichtet, alle Maßnahmen zu treffen, die ein unfallfreies Arbeiten ermöglichen. Die von ihm zu treffenden Anordnungen wenden sich auf Grund des Direktionsrechts an alle Beschäftigten seines Betriebes. Wirtschaftliche Notlage wie auch dringende Terminarbeiten sind kein Grund, die Vorschriften zu ignorieren (RG vom 22. 2. 1934 = RGZ 144 S. 36). Bereits bei der Angebotseinreichung hat der Unternehmer die Kosten der Sicherheitseinrichtungen zu berücksichtigen und bei allen Arbeiten seine Verpflichtung zu beachten sowie „vermöge seines Berufs oder Gewerbes eine **besondere Sorgfaltspflicht** zu üben". Als Mitglied der Berufsgenossenschaft besteht für ihn nicht nur die Verpflichtung, die Unfallverhütungsvorschriften zu beachten und die Beschäftigten darüber aufzuklären, sondern er hat selbständiges Denken und eigene Sorge bei der Anwendung geeigneter Maßregeln zum Zwecke der Unfallverhütung walten zu lassen (RG in AN 1910 S. 539).

Ein Verstoß gegen die Unfallverhütungsvorschriften stellt sich regelmäßig als ein Unterlassungsdelikt dar. Bei fortgesetzter Tat, die gegeben ist, wenn der Unternehmer trotz Auflagen und Anordnungen die Sicherheitsmaßnahmen nicht durchführt, ist eine **wiederholte Bestrafung** zulässig (LSG Schleswig-Holstein vom 14. 10. 1964 [L 5 U 34/64] = Breith. 1965 S. 97). Unkenntnis der Vorschriften hindert wie ein Irrtum grundsätzlich nicht die Verhängung einer Ordnungsstrafe (LSG Rheinland-Pfalz vom 16. 8. 1972 [L 3 U 163/71] = SozSich. 1973 S. 183). Ist z.B. die Bedienung bestimmter Maschinen durch Jugendliche unter-

sagt, entlastet es nicht den Unternehmer, wenn er annimmt, die Bedienung sei völlig ungefährlich. Die Ordnungsstrafe selbst ist keine Kriminalstrafe, vielmehr beruht das Sanktionsrecht der Berufsgenossenschaft ausschließlich auf einer Ordnungsfunktion, die der Versicherungsträger gegenüber seinen Mitgliedern und den Versicherten besitzt (BGH vom 24. 3. 1953 [VI ZR 31/52] = BG 1953 S. 401 = BB 1953 S. 670). Eine doppelte Bestrafung wegen Körperverletzung und wegen Verstoßes gegen die Unfallverhütungsvorschriften ist auch verfassungsrechtlich unbedenklich. Bei der Strafzumessung haben die Versicherungsträger eine Ermessensfreiheit (vgl. Fall Nr. 49 bis 51) (LSG Hessen vom 14. 1. 1970 [L 3 U 685/69] = SozSich.-Kartei Nr. 2464, V/D zu § 708 RVO).
Nicht jeder Verstoß gegen die Unfallverhütungsvorschriften löst eine Ordnungsstrafe aus. Vielmehr müssen Vorsatz (vgl. Fall Nr. 113) oder grobe Fahrlässigkeit (vgl. Fall Nr. 114) hinzukommen. Dabei wird grundsätzlich unterstellt, daß die **Mißachtung der Unfallverhütungsvorschriften ursächlich für den Arbeitsunfall ist** (BGH vom 8. 5. 1956 [VI ZR 48/55] = TSE Nr. 2303), und dieser demnach nicht entstanden wäre, wenn die Vorschrift beachtet worden wäre. Da andererseits die Kenntnis der Vorschriften grundsätzlich vorausgesetzt wird, ergibt jede Mißachtung der Unfallverhütungsvorschriften die – allerdings widerlegbare – Vermutung, daß der entstandene Schaden voraussehbar war (BGH vom 10. 11. 1954 [VI ZR 154/53] = DB 1953 S. 670).
In unserem Fall hat der Unternehmer grob fahrlässig gegen die Unfallverhütungsvorschriften verstoßen; die Ordnungsstrafe ist berechtigt. Ob die Höhe der Strafe berechtigt ist, richtet sich nach den Umständen des Falles. Die Tatsache, daß bereits eine strafgerichtliche Bestrafung stattgefunden hat, übt auf die Verwaltungsstrafe und ihre Höhe keinen Einfluß aus.

Fall Nr. 116: Unfallverhütung

Gegen den Vorwurf, die Unfallverhütungsvorschriften mißachtet zu haben, wehrt sich der Unternehmer K mit dem Argument, die Berufsgenossenschaft wie auch die Gewerbeaufsicht trügen ein erhebliches Mitverschulden an dem Arbeitsunfall. Beide Stellen hätten bei der letzten Betriebsprüfung den Fehler nicht gerügt. Kann sich K auf diese Pflichtwidrigkeit berufen?

Lösung

Die Berufsgenossenschaften haben nach § 712 RVO durch technische Aufsichtsbeamte die Durchführung der Unfallverhütung zu überwachen und die Mitglieder zu beraten. Sie sind nach § 714 RVO berechtigt, die Mitgliederunternehmen während der Arbeitszeit zu besichtigen und Auskunft über Einrichtungen, Arbeitsverfahren und Arbeitsstoffe zu verlangen. Bei Gefahr im Verzuge können sie die Maßnahmen, die zur Beseitigung der Gefahr notwendig sind, sofort vollziehen, z. B. eine Maschine stillsetzen.
Ein weiteres Instrument der **Unfallverhütung** stellen die Gewerbeaufsichtsämter dar. Sie haben die Aufgabe, für die Durchführung der staatlichen Unfallverhütungsmaßnahmen zu sorgen. Grundlage dieser Tätigkeit ist § 120a Gewerbeordnung. Er verpflichtet den Unternehmer, soweit es nach dem Stand der Technik möglich ist, alle Baulichkeiten, Arbeitsstätten, Betriebseinrichtungen, Ma-

schinen und Gerätschaften so einzurichten und zu unterhalten, daß die Beschäftigten gegen Unfälle und Berufskrankheiten geschützt sind. Einhaltung und Beachtung dieser Vorschriften können die Gewerbeaufsichtsämter nach § 139b Gewerbeordnung erzwingen. Die Ermächtigung erstreckt sich auf die Ausführung der zu erzwingenden Handlung, und zwar auf Kosten des Unternehmers (Ersatzvornahme), auf die Festsetzung eines Zwangsgeldes (Ersatzzwangshaft) sowie auf die Anwendung unmittelbaren Zwanges. Neben einer Strafverhängung können diese Zwangsmittel ausgesprochen und so lange wiederholt werden, bis der Unternehmer seine Verpflichtung aus § 120d Gewerbeordnung erfüllt hat. Nach §§ 147 Abs. 1 Ziff. 4 und Abs. 4 Gewerbeordnung ist gerichtliche Bestrafung in Form von Geldstrafen bis zu DM 10000 und von Freiheitsstrafen sowie bei akuter Gefahr außerdem noch die Stillegung von Betrieben oder Betriebsteilen zulässig. Die Gewerbeaufsicht kann darüber hinaus die Entfernung von Jugendlichen aus dem Betrieb erzwingen, die trotz der in den Gesetzen oder Verordnungen enthaltenen Verbote dort beschäftigt werden.
Die Verpflichtung, in seinem Betrieb für die Unfallverhütung zu sorgen, wird dem Unternehmer weder durch die technischen Aufsichtsbeamten der Berufsgenossenschaft noch durch die Beamten der Gewerbeaufsichtsämter abgenommen. Haben diese – wie in unserem Fall – Unfallgefahren übersehen, entlastet das grundsätzlich nicht den Unternehmer (BGH vom 3. 2. 1970 [VI ZR 177/68] = NJW 1970 S. 756). Unabhängig davon muß in solch einem Fall allerdings besonders geprüft werden, ob dem Unternehmer dann noch ein grob fahrlässiges Verschulden angelastet werden kann.

Fall Nr. 117: Sicherheitsbeauftragte

In der Kartonagenfabrik L ist ein Sicherheitsbeauftragter S bestellt worden. Die mehrmaligen Aufforderungen, sich zu einer Schulung einzufinden, hat S mit dem Bemerken abgelehnt, sein Betrieb habe ihn nicht freigestellt. Auf das Schreiben der Berufsgenossenschaft, ihm die Teilnahme an einem Kursus zu ermöglichen, antwortet die Firma, daß die Auftragslage dies auch in absehbarer Zeit nicht zulasse. Gegen die daraufhin verhängte Ordnungsstrafe wehrt sich der Unternehmer. Mit Recht?

Lösung

In Unternehmen mit mehr als zwanzig Beschäftigten hat der Unternehmer einen oder mehrere Sicherheitsbeauftragte unter Mitwirkung des Betriebsrates zu bestellen (LSG Schleswig-Holstein vom 23. 2. 1972 [L 4 U 16/71] = Breith. 1972 S. 749). **Diese haben den Unternehmer bei der Durchführung des Unfallschutzes zu unterstützen, insbesondere sich von dem Vorhandensein und der ordnungsgemäßen Benutzung der vorgeschriebenen Schutzvorrichtungen fortlaufend zu überzeugen.** Wegen der Erfüllung der ihnen übertragenen Aufgaben dürfen sie nicht benachteiligt werden. Sind mehr als drei Sicherheitsbeauftragte in dem Betrieb vorhanden, bilden sie aus ihrer Mitte einen Sicherheitsausschuß, wenn in dem Betrieb Fachkräfte für Arbeitssicherheit (Sicherheitsingenieure und -meister) und Betriebsärzte nicht bestellt sind.

Die Sicherheitsbeauftragten besitzen keine Anordnungsbefugnis. Sie können weder bestimmen, daß Sicherheitseinrichtungen angeschafft oder angebracht werden, noch bei akuter Gefahr Maschinen oder Betriebseinrichtungen stillsetzen. Sie üben – wie auch die Sicherheitsingenieure und -meister – nur eine **beratende Funktion** aus mit der Maßgabe, daß sie für die Arbeitssicherheit nicht haften. Der Unternehmer seinerseits kann sich nicht dadurch von der Verantwortung befreien, daß er Grund hatte anzunehmen, der Sicherheitsbeauftragte werde jeden Mangel unaufgefordert melden. Hat der Sicherheitsbeauftragte aber auf den Fehler hingewiesen und wurde dieser nicht beseitigt, muß das Verschulden des Unternehmers als schwerwiegender angesehen werden.
Die Berufsgenossenschaften haben nach § 720 RVO für die erforderliche **Ausbildung der Sicherheitsbeauftragten** zu sorgen und Mitglieder und Versicherte zur Teilnahme an Ausbildungslehrgängen anzuhalten. Die Ausbildungs-, Fahrt-, Unterkunfts- und Verpflegungskosten trägt die Berufsgenossenschaft. Für die Arbeitszeit, die wegen der Teilnahme an einem Ausbildungslehrgang ausfällt, hat der Versicherte Anspruch auf ungemindertes Arbeitsentgelt. Da fast alle Versicherungsträger in der Unfallverhütungsvorschrift die Verpflichtung des Unternehmers aufgeführt haben, den Sicherheitsbeauftragten vordringlich die Teilnahme an diesen Veranstaltungen zu ermöglichen, stellt sich die Verweigerung als Verstoß gegen die Unfallverhütungsvorschrift dar (LSG Rheinland-Pfalz vom 23. 2. 1972 [L 3 U 139/70] = Breith. 1972 S. 656). Die Ordnungsstrafe gegen die Firma L ist daher rechtens.

Teil 3: Rentenversicherung

A. Versicherungspflicht und -freiheit

Fall Nr. 118: Arbeiter und Angestellte

Der am Staatstheater beschäftigte Maskenbildner T vertritt die Auffassung, er sei Angestellter. Sein Antrag, die Rentenversicherungsbeiträge statt zur Arbeiter- zur Angestelltenversicherung zu leisten, wird abgelehnt. Hat seine Klage Aussicht auf Erfolg?

Lösung

Rentenversicherungspflichtig sind nach § 1227 RVO und § 2 Angestelltenversicherungsgesetz (AVG) **alle Arbeitnehmer**, die gegen Entgelt beschäftigt werden. Gehört die Arbeitnehmertätigkeit zum Kreis der Angestelltentätigkeiten, ist Versicherungspflicht in der Angestelltenversicherung gegeben. Ist das nicht der Fall, gehört der Versicherte der Arbeiterrentenversicherung an.
Zu dem Mitgliederkreis der Arbeiterrentenversicherung gehören Personen, die als **„Arbeiter"** beschäftigt werden, Deutsche, die im Ausland bei einer amtlichen Vertretung des Bundes oder als Auszubildender tätig werden, Hausgewerbetreibende und Heimarbeiter, Küstenschiffer und -fischer als Unternehmer (vgl. Fall Nr. 56), Mitglieder geistlicher Genossenschaften und DRK-Schwestern, Wehrdienst- und Zivildienstleistende, die vor der Einberufung Mitglieder der Handwerkerversicherung waren und Deutsche, die Entwicklungsdienst leisten.
Ab dem 1. 10. 1974 gehören zu den Versicherten auch die Personen, die zwölf Kalendermonate ununterbrochen Krankengeld bezogen haben für den weiteren Bezug des Krankengeldes. Die Pflichtmitgliedschaft der **Arbeitsunfähigen** tritt nur ein, wenn Kranken- oder Übergangsgeld bezogen wird, das nach einem Entgelt in Höhe von mindestens $^1/_8$ der monatlichen Beitragsbemessungsgrenze (1974 = $^1/_8$ von DM 2500 = DM 312,50) berechnet ist. – Auszubildende sind aber unbeschadet der Höhe ihres Übergangsgeldes versichert – und der Arbeitsunfähige zuletzt Mitglied der Renten- oder Handwerkerversicherung war. Diese Personen bleiben auch nach der Aussteuerung für höchstens 24 weitere Monate versichert, wenn die Arbeitsunfähigkeit fortbesteht.
Weiter besteht Versicherungspflicht, wenn das Versorgungsamt während einer medizinischen Maßnahme oder ein Rehabilitationsträger mindestens einen Monat lang **Übergangsgeld** zahlt für die Zeit des weiteren Bezugs dieser Leistung. Die Versicherungspflicht endet, wenn Versicherungspflicht wegen des Bezugs von Übergangsgeld eintritt.
Voraussetzung ist bei diesen Personen, daß sie nicht Angestellte sind. Der Begriff des Angestellten ist im AVG nicht genau definiert. Vielmehr werden im § 3 AVG nur beispielhaft bestimmte Arbeitnehmergruppen genannt, die „insbesondere" zu den Angestellten gehören. Auch die noch heute geltende Bestimmung des Reichsministers für Arbeit über die Berufsgruppen der Angestellten vom 8. 3. 1924 und der Berufskatalog der Verordnungen vom 4. 2. und 15. 7. 1927

bringen keine erschöpfende Aufzählung. Nur dann, wenn ein Beruf im Gesetz und in diesen Bestimmungen nicht als Angestelltentätigkeit genannt ist, ist die Verkehrsanschauung maßgebend. **Dabei gilt die Faustregel, daß Arbeiter überwiegend körperliche und Angestellte geistige Arbeit verrichten.** Nicht die geistige Tätigkeit ist das Kriterium der Angestelltentätigkeit (auch die simpelste manuelle Arbeit setzt eine geistige Betätigung voraus), sondern das Übergewicht gegenüber den manuellen Teilen der Arbeit. Läßt sich eine bestimmte Verkehrsanschauung nicht feststellen, ist die Gesamttätigkeit im einzelnen zu überprüfen, ob die geistige gegenüber der körperlichen Leistung im Vordergrund steht (LSG Berlin vom 29. 4. 1964 [L 9 Kr 4/63] = Breith. 1965 S. 5).

Nach § 3 AVG gehören zu den angestelltenversicherungspflichtigen Personen insbesondere **Angestellte** in leitender Stellung, technische Angestellte wie z. B. Werkmeister, Büroangestellte, soweit sie nicht mit Hilfsarbeiten (z. B. Botengängen) beschäftigt sind, Handlungsgehilfen auch außerhalb des Handelsgewerbes, Angestellte in Berufen der Erziehung, Fürsorge, Kranken- und Wohlfahrtspflege, des Unterrichts, Schiffsführer, Offiziere und Schiffsärzte sowie Bordpersonal der Zivilluftfahrt. Die Mitglieder des Vorstandes einer Aktiengesellschaft gehören nicht zu den Angestellten. Die früher bestehende **Versicherungspflichtgrenze** existiert nicht mehr, so daß Arbeiter und Angestellte ohne Rücksicht auf die Höhe ihres Einkommens versicherungspflichtig sind. Das gilt auch für selbständige Lehrer, Erzieher und Musiker, die in ihrem Betrieb keine Angestellten beschäftigen sowie für selbständige Artisten, Hebammen, Seelotsen und die in der Kranken-, Wochen-, Säuglings- und Kinderpflege selbständig Tätigen (§ 2 AVG).

Alle Personen, die nach diesen Bestimmungen nicht versicherungspflichtig sind und im Inland eine **selbständige Erwerbstätigkeit** ausüben, sind versicherungspflichtig, wenn sie innerhalb von zwei Jahren nach Aufnahme der selbständigen Erwerbstätigkeit oder dem Ende der Versicherungspflicht ihre Versicherung **beantragen.**

In unserem Fall ist festzustellen, daß der Maskenbildner nicht ausdrücklich als Angestellter genannt ist. Nach der Verkehrsauffassung und dem heutigen Stand dieses Berufes ist er den im Berufskatalog genannten Theatermalern und Kostümzeichnern, die nicht überwiegend mit nur mechanischen Arbeiten beschäftigt sind, gleichzustellen, weil auch bei ihnen die künstlerische Gestaltung im Vordergrund steht und ihrer Tätigkeit das Gepräge gibt (BSG vom 25. 4. 1962 [3 RK 12/58] = SozSich. 1962 S. 187 = SGb. 1962 S. 178). T ist somit angestelltenversicherungspflichtig.

Fall Nr. 119: Versicherungsfreiheit

Der Student A stand bereits im 27. Semester. Innerhalb der letzten sechs Semester arbeitete er überwiegend als „Werkstudent" in einer Ziegelei; für das Studium standen ihm nur acht Monate zur Verfügung. War er als Studierender versicherungsfrei?

Lösung

In allen Zweigen der Rentenversicherung ist versicherungsfrei, wer für eine Beschäftigung, die nicht zur Berufsausbildung ausgeübt wird, nur freien Unter-

halt erhält, wer während des Studiums gegen Entgelt beschäftigt ist, wer eine Nebentätigkeit (vgl. Fall Nr. 10) ausübt, wer ein Altersruhegeld bezieht, wem als Beamten, Richter oder Angehörigen einer als öffentlich-rechtlichen Körperschaft anerkannten Religionsgemeinschaft Anwartschaft auf lebenslängliche Versorgung und Hinterbliebenenversorgung gewährleistet ist und wer Polizeivollzugsbeamter auf Widerruf oder Berufs- oder Zeitsoldat bei der Bundeswehr ist. Auf Antrag können Personen, denen Versorgung nach beamtenrechtlichen Grundsätzen bewilligt ist, von der Versorgungspflicht befreit werden.
Unser Student berief sich vergebens auf die Versicherungsfreiheit als Werkstudent. Abgesehen davon, daß die Versicherungsfreiheit von Studierenden Ausnahmecharakter hat, will sie nur die Werkstudenten begünstigen, die neben ihrem Studium einer dem Studium nach Zweck und Dauer untergeordneten entgeltlichen Beschäftigung nachgehen, um sich durch Arbeit die zur Durchführung des Studiums und zur Bestreitung des Lebensunterhalts erforderlichen Mittel zu verdienen. Begünstigt sind aber nicht Vollbeschäftigte, die nebenbei studieren. Es besteht somit nur Versicherungsfreiheit für solche Personen, deren Zeit und Arbeitskraft ganz oder überwiegend durch ihr Studium in Anspruch genommen wird; die Immatrikulation allein hat keine Versicherungsfreiheit zur Folge (LSG Niedersachsen vom 9. 7. 1968 [L 4 Kr. 35/67] = Breith. 1968 S. 992).

Fall Nr. 120: Freiwillige Versicherung

Der Bundesbahninspektor L beantragte die freiwillige Versicherung bei der Bundesversicherungsanstalt für Angestellte. Dies wurde abgelehnt, weil L vor seiner Ernennung zum Beamten Mitglied der Arbeiterrentenversicherung war und außerdem keine 60 Beitragsmonate nachweisen konnte. War der Ablehnungsbeischeid richtig?

Lösung

Nach § 1233 RVO (§ 10 AVG) kann jeder, der nicht rentenversicherungspflichtig ist und der seinen gewöhnlichen Aufenthalt oder Wohnsitz im Inland (Deutsche auch im Ausland) hat, für Zeiten nach Vollendung des 16. Lebensjahrs freiwillig Beiträge entrichten. Den von der Versicherungspflicht befreiten Personen ist die freiwillige Versicherung nur dann erlaubt, wenn sie 60 Monatsbeiträge zur Rentenversicherung nachweisen können. Wann diese geleistet wurden und ob sie sich aus Pflicht- oder freiwilligen Beiträgen zusammensetzen, ist ohne Bedeutung. Hat der Betreffende bereits vor 1956 mit der sogenannten Selbstversicherung und danach mit der freiwilligen Weiterversicherung begonnen, ist er von dem Nachweis der Wartezeiterfüllung (60 Beitragsmonate) befreit. Für Angestellte, die in der Vergangenheit wegen Überschreitung der Jahresarbeitsverdienstgrenze versicherungsfrei wurden, gilt diese Voraussetzung ebenfalls nicht. Alle diese Voraussetzungen lagen bei L nicht vor, so daß die Ablehnung zu Recht erfolgte.
Die freiwillige Versicherung kann während einer Berufs- und Erwerbsunfähigkeit nur zur **Anrechnung für einen späteren Versicherungsfall** führen. Die während einer Berufsunfähigkeit eingezahlten freiwilligen – aber auch die Pflichtbeiträge – werden bei dem späteren Eintritt der Erwerbsunfähigkeit oder der Zahlung des

Altersruhegeldes oder Hinterbliebenenrente und – wenn inzwischen die Rente entzogen wurde – bei der Neuzubilligung der Rente wegen Berufsunfähigkeit rentensteigernd berücksichtigt. Nach Erreichung der Altersgrenze für ein Altersruhegeld ist die Zahlung freiwilliger Beiträge nur zulässig, wenn Altersruhegeld nicht bezogen wird. Das gilt auch für die Zeit vom Eintritt des Versicherungsfalles bis zur Bescheiderteilung.
Bei erstmaliger Versicherung steht dem Versicherten die **Wahl zwischen** der Rentenversicherung der Arbeiter und Angestellten frei. Wurden bereits Beiträge entrichtet, können freiwillige Beiträge nur zu dem Versicherungszweig entrichtet werden, zu dem der letzte Beitrag entrichtet wurde. L hatte den letzten Beitrag zur Arbeiterrentenversicherung gezahlt, so daß – wenn er die Voraussetzungen erfüllen würde – nur eine freiwillige Beitragszahlung zur Arbeiterrentenversicherung zulässig wäre.

Fall Nr. 121: Nachversicherung

Z war als Postjungbote in den Dienst der Post eingetreten. Nach einigen Jahren Dienst als Postschaffner übernahm ihn die Post als Postassistent in den mittleren Dienst. Obwohl er an sich rentenversicherungspflichtig tätig war, wurde er wegen der Anwartschaft auf Ruhegeld von der Versicherungspflicht befreit. Was geschah, als er ohne Anspruch auf beamtenrechtliche Versorgung aus dem Postdienst ausschied?

Lösung

Scheiden Personen aus der Beschäftigung, während der sie als Beamte oder ihnen Gleichgestellte versicherungsfrei waren, aus, ohne daß ihnen nach beamten- oder kirchenrechtlichen Vorschriften eine lebenslängliche Versorgung oder eine entsprechende Abfindung gewährt wird, so sind sie für die Zeit, in der sie sonst rentenversicherungspflichtig gewesen wären, nach § 1232 RVO (§ 9 AVG) nachzuversichern. Das gilt auch für ausscheidende **Berufs- und Zeitsoldaten**, die innerhalb eines Jahres nach dem Ausscheiden aus der Bundeswehr oder der ihnen danach gewährten Berufsförderung versicherungspflichtig werden oder wenn vor ihrem Eintritt in die Bundeswehr Versicherungspflicht bestand. Werden beide Voraussetzungen nicht erfüllt, genügt bereits, daß die bei der Bundeswehr verrichtete Tätigkeit an sich versicherungspflichtig war. Eine Nachversicherung findet auch dann statt, wenn satzungsgemäße Mitglieder geistlicher Genossenschaften und ähnliche Personen aus ihrer Gemeinschaft ausscheiden. Eine Beschäftigung, für die die Beiträge nachentrichtet werden, steht einer rentenversicherungspflichtigen Tätigkeit gleich.
Die Nachversicherung ist somit von zwei Voraussetzungen abhängig. Zum ersten muß der bisher versicherungsfreie Beschäftigte aus der versicherungsfreien Tätigkeit ausscheiden und zweitens darf er keinen Anspruch auf lebenslängliche Versorgung erlangt haben. Bestand zum Beispiel seinerzeit Versicherungsfreiheit wegen Überschreitung der Jahresarbeitsverdienstgrenze (vgl. Fall Nr. 118) oder weil die Tätigkeit ohne Entgeltzahlung erfolgte, findet keine Nachversicherung statt (BSG vom 18. 7. 1962 [1 RA 309/61] = BSGE 17 S. 206). Immer dann, wenn die Befreiung ausgesprochen war – die Voraussetzungen nennt Fall

Nr. 119 –, ist der Beamte oder der ihm Gleichgestellte eine „sonst pflichtversicherte Person" (BSG vom 17. 2. 1970 [1 RA 187/64] = Breith. 1970 S. 582). An dem Tag, an dem der Betreffende aus der versicherungsfreien Beschäftigung ausscheidet, darf ein Anspruch auf Versorgung nicht bestehen. Spätere Änderungen sind ohne Bedeutung (BSG vom 21. 9. 1955 [1 RA 49/55] = BSGE 1 S. 219 und vom 23. 6. 1964 [11/1 RA 70/60] = SGb. 1964 S. 234).

Z erfüllte alle Voraussetzungen (Fortfall der Versicherungspflicht wegen Anwartschaft auf beamtenrechtliche Versorgung und Verlust dieser Ansprüche durch das Ausscheiden aus dem Beamtenverhältnis), so daß er nachzuversichern war. Die Nachversicherung erfolgt nach dem bei seinem Ausscheiden aus dem Postdienst gültigen Beitragssatz unter Berücksichtigung des Mindestsatzes des § 1402 RVO, der die Beitragshöhe bestimmt (BSG vom 28. 2. 1967 [4 RJ 153/64] = BSGE 26 S. 136 = Breith. 1967 S. 759).

Selbständige, die am 19. 10. 1972 versicherungspflichtig waren oder es bis zum 31. 12. 1974 werden (vgl. Fall Nr. 118), können nach Artikel 2 § 51a Arbeiterrentenversicherungs- oder Art. 2 § 49a Angestelltenrentenversicherungs-Neuregelungsgesetz freiwillige Beiträge für die Zeit vom 1. 1. 1956 bis zum 31. 12. 1973 nachentrichten. Die zur freiwilligen Versicherung Berechtigten können für diesen Zeitraum ebenfalls Beiträge nachentrichten, wenn sie es bis zum 31. 12. 1975 beantragen. Sie dürfen einen Beitrag nur dann zahlen, wenn alle späteren Monate bereits mit Beiträgen belegt sind – sie dürfen nur rückwärts Beiträge entrichten und können nicht mit den günstigen Beiträgen des Jahres 1956 beginnen. Erst wenn für 1973 zwölf Beiträge nachentrichtet worden sind, dürfen Beiträge auch für 1972 und früher geklebt werden. Außerdem darf der Beitrag für einen Monat nicht höher sein als der geringste für einen späteren Monat nachentrichtete Beitrag. Das bedeutet, daß die Nachversicherung freiwilliger Mitglieder nur dann rechtens ist, wenn die Beitragsklasse z. B. für 1956 nicht höher ist als die niedrigste Klasse der für die Zeit von 1957 bis 1973 nachentrichteten Beiträge. Unter bestimmten Voraussetzungen sind nach Art. 2 § 46 Arbeiterrentenversicherungs-Neuregelungsgesetz auch Soldaten der Reichswehr, ehemalige Angehörige der Schutz- oder Wasserpolizei, Personen, die vor dem 1. 3. 1957 während der wissenschaftlichen Ausbildung für ihren künftigen Beruf versicherungsfrei waren, Frauen, bei denen die Beitragsnachzahlung aufgeschoben wurde, sowie Geistliche und sonstige Bedienstete, die als Mitglieder der als öffentlich-rechtliche Körperschaften anerkannten Religionsgemeinschaften in der DDR tätig waren, zur Nachentrichtung berechtigt. Dieses Recht schafft in der Angestelltenversicherung Art. 2 § 44a Angestelltenversicherungs-Neuregelungsgesetz.

Fall Nr. 122: Beitragszahlung

Der Buchdrucker S vereinbarte mit seinem Arbeitgeber die Zahlung eines Nettogehalts. Als er nach einem halben Jahr aus dem Betrieb ausschied, stellte er fest, daß für ihn keine Beiträge zur Rentenversicherung gezahlt worden waren. Eine Nachforderung durch den Versicherungsträger hatte keinen Erfolg, weil der Arbeitgeber in Konkurs ging. Konnte S die Anrechnung dieser Beschäftigungszeit verlangen?

Lösung

Die Beiträge für versicherungspflichtige Beschäftigte sind von dem Arbeitgeber gemäß § 1396 RVO (§ 118 AVG) zu entrichten; dieser ist somit der Beitragsschuldner (vgl. Fall Nr. 15). „Entrichten" bedeutet: Die Beiträge sind an die Einzugsstelle zu zahlen, unabhängig davon, ob der Arbeitnehmeranteil einbehalten wurde oder nicht. Die Beitragszahlung ist eine öffentlich-rechtliche Pflicht, die durch Strafandrohung (§ 1429 RVO) oder Zwangsmaßnahmen (§ 1400 RVO) entsprechendes Gewicht erhält (BSG vom 10. 2. 1960 [1 RA 23/59] = BSGE 11 S. 279 = SozSich. 1960 S. 88).
Arbeitgeber ist derjenige, dem die Verfügungsgewalt über den Arbeitnehmer zusteht, der also mit leitenden Weisungen in die Arbeitsausführung eingreift und dem der Erfolg der Arbeit zukommt (RVA, GE Nr. 4036 vom 13. 2. 1931 = AN 1931 S. 179).
Der Versicherte, für den der Arbeitgeber den Beitrag zu entrichten hat, muß sich bei der Lohnzahlung die Hälfte des Beitrags vom Lohn abziehen lassen; ein anderer Erstattungsweg ist nach § 1397 RVO (§ 119 AVG) nicht zulässig. Unterbliebene Abzüge dürfen nur bei der nächsten Lohnzahlung nachgeholt werden, es sei denn, daß der Arbeitgeber sie schuldlos nachentrichtet (vgl. Fall Nr. 16). Die Pflichtbeiträge werden von dem Krankenversicherungsträger (Einzugstelle) eingezogen und der Verdienst in die Versicherungskarte oder in das Nachweisheft eingetragen.
In unserem Fall hatte der Arbeitgeber seine Pflicht, die Beiträge abzuführen, nicht erfüllt, so daß diese Zeit grundsätzlich für die spätere Rentengewährung nicht angerechnet werden kann. In der Rentenversicherung genügt es nicht, daß in einer bestimmten Zeit ein versicherungspflichtiges Beschäftigungsverhältnis bestanden hat, vielmehr muß tatsächlich jeder Beitrag nachgewiesen sein.
Das gilt ausnahmsweise nicht, wenn der Arbeitnehmer glaubhaft macht, daß der Arbeitnehmerbeitrag ihm vom Lohn abgezogen wurde. In diesem Fall gilt der Beitrag ohne Rücksicht auf die tatsächliche Abführung gemäß § 1397 Abs. 6 RVO (§ 119 AVG) als entrichtet. Diese Vorschrift konnte auf unseren Fall nicht angewandt werden, weil sie voraussetzt, daß das Entgelt in die Versicherungskarte eingetragen worden ist. Ohne entsprechende Eintragung besteht der Schutz nicht (BSG vom 30. 3. 1965 [12 RJ 236/62] = SozR Nr. 1 zu § 1397 Aa 1 = SGb. 1965 S. 176).
Ab 1. 10. 1974 sind Zeiten der **Rehabilitation** Beitragszeiten; die Beiträge entrichtet nach § 1385 RVO der Träger der Rehabilitation.

Fall Nr. 123: Höherversicherung

Der technische Zeichner C hatte in den Jahren 1962 bis 1967 insgesamt 36 Beiträge zur Höherversicherung im Gesamtwert von DM 2448 entrichtet. Als er ab 1. 6. 1974 das flexible Altersruhegeld erhielt, erhöhte sich dadurch seine Rente um monatlich DM 21,80. Stimmte das?

Lösung

Neben Pflicht- oder freiwilligen Beiträgen können nach § 1234 RVO (§ 11 AVG) zusätzliche Höherversicherungsbeiträge eingezahlt werden. Voraussetzung dieser **Zusatzversicherung** ist, daß für den betreffenden Monat bereits ein Pflicht- oder freiwilliger Beitrag (Grundbeitrag) entrichtet worden ist, auf den der Höherversicherungsbeitrag „aufgepfropft" wird. Ohne den Grundbetrag ist eine Beitragszahlung zur Höherversicherung nicht möglich.

Als Zusatzversicherung hat die Höherversicherung besondere Konditionen. Gemäß § 1261 RVO (§ 38 AVG) wird für Höherversicherungsbeiträge als jährlicher **Steigerungssatz** ein bestimmter Prozentsatz berechnet, der sich nach dem Alter des Versicherten bei der Beitragszahlung richtet. Er beträgt 20%, wenn der Beitrag im Alter bis zum 30. Lebensjahr entrichtet wurde und vermindert sich in Stufen zu je 5 Jahren bis zum 50. Lebensjahr um 2 Prozent. Wird der Beitrag im Alter vom 51. zum 55. Lebensjahr gezahlt, ist ein Steigerungssatz von 11 und ab Vollendung des 56. Lebensjahres von 10% anzusetzen.

G hatte 32 Höherversicherungsmarken im Wert von je DM 68 zwischen dem 51. und 55. Lebensjahr entrichtet und insgesamt DM 2176 dafür bezahlt. Der jährliche Steigerungssatz beträgt 11% von DM 2176, also DM 239,36. Die restlichen vier Beiträge im selben Wert wurden nach Vollendung des 56. Lebensjahrs gezahlt. Der zehnprozentige Steigerungssatz des Beitragswertes von DM 272 ergibt den Wert von DM 21,76. Aus allen 36 Beiträgen errechnet sich eine jährliche Rente von DM 261,12 oder von monatlich DM 21,76, aufgerundet DM 21,80. Die Berechnung stimmte also.

Die Rente aus Höherversicherungsbeiträgen wird nach § 1272 Abs. 3 RVO (§ 49 Abs. 3 AVG) nicht angepaßt. Das ist ebenfalls ein Grund, warum die Höherversicherung so wenig erstrebenswert ist.

B. Rehabilitation

Fall Nr. 124: Voraussetzungen

Der Angestellte B beantragte bei dem Rentenversicherungsträger ein Heilverfahren. Dieses wurde mit der Begründung abgelehnt, der festgestellte Bluthochdruck werde durch eine erhebliche Fettleibigkeit verursacht. Erst wenn die Adipositas vermindert oder beseitigt sei, könne er das Heilverfahren erhalten. Konnte der Rentenversicherungsträger diese Bedingung stellen?

Lösung

Ist die Erwerbsfähigkeit eines Versicherten infolge Krankheit oder Gebrechen oder Schwäche seiner körperlichen oder geistigen Kräfte **gefährdet oder gemindert** und kann sie voraussichtlich erhalten, wesentlich gebessert oder wiederhergestellt werden, so kann der Versicherungsträger **Maßnahmen zur Erhaltung, Besserung oder Wiederherstellung der Erwerbsfähigkeit** nach § 1236 RVO (§ 13 AVO) gewähren. Das gilt auch für Bezieher von Berufs- oder Erwerbsunfähigkeits- oder erhöhten Hinterbliebenenrenten, nicht aber für Altersruhegeldbezieher. Die Rehabilitationsmaßnahmen umfassen nach §§ 1237 bis 1237b RVO (§ 14 AVG) medizinische, berufsfördernde und ergänzende Leistungen zur Rehabilitation. **Rehabilitationsmaßnahmen gehen immer einer Rentenzahlung**

vor. Das bedeutet: Es darf so lange keine Rente gezahlt werden, wie die Chance besteht, daß die Erwerbsfähigkeit gebessert oder gar wiederhergestellt werden kann.
Erste Voraussetzung ist, daß B zum Kreis der **versicherten Personen** gehört. Das RehaG hat erstmals für die Rentenversicherung den anspruchsberechtigten Personenkreis definiert. Versicherter ist danach derjenige, für den im Zeitpunkt der Antragstellung in den vorausgegangenen 24 Monaten mindestens für 6 Monate Pflichtbeträge entrichtet worden sind. Ersatz- und Ausfallzeiten werden bei der Ermittlung der 24 Monate nach § 1236 Abs. 1a RVO nicht mitgezählt. Wer bei der Antragstellung eine Versicherungszeit von 60 Kalendermonaten erfüllt hat oder bei dem die Wartezeit als erfüllt gilt (vgl. Fall Nr. 147), ist Versicherter wie derjenige, der bei der Antragstellung versicherungspflichtig ist und diese Beschäftigung innerhalb von zwei Jahren nach Beendigung der Schul- oder Berufsausbildung aufgenommen hat.
Weiter wird gefordert, daß „infolge" von Krankheit oder Gebrechen (vgl. Fall Nr. 26) oder körperlicher oder geistiger Schwäche die Erwerbsfähigkeit gefährdet oder gemindert ist. Nichtmedizinische Gründe sind unbeachtlich. Auch ist völlig belanglos, ob die Gefährdung durch einen privaten oder anerkannten Arbeitsunfall, eine Wehrdienstbeschädigung oder schicksalmäßige Erkrankung entstanden ist. Es genügt, wenn die Gefährdung der Erwerbsfähigkeit feststellbar ist. Sie braucht nicht akut zu sein; es ist durchaus ausreichend, wenn erfahrungsgemäß mit einer erwerbsmindernden Entwicklung der Krankheit gerechnet werden muß.
Die **medizinische** Rehabilitation umfaßt ab 1. 10. 1974 insbesondere ärztliche Behandlung, Arznei- und Verbandmittel, Heilmittel einschließlich Krankengymnastik, Bewegungs-, Sprach- und Beschäftigungstherapie, Ausstattung mit Körperersatzstücken, orthopädischen und anderen Hilfsmitteln, ihre Änderung, Instandsetzung und Ersatzbeschaffung sowie Ausbildung in ihrem Gebrauch. Der Rentenversicherungsträger hat die Kosten von Belastungsproben und einer Arbeitstherapie ebenfalls zu übernehmen. Die medizinische Rehabilitation soll dem Versicherten vor allem in Kur- und Spezialeinrichtungen – einschließlich der Unterkunft und Verpflegung – gewährt werden (BSG vom 29. 2. 1968 [4 RJ 423/66] = Breith. 1968 S. 669).
Sind medizinische Rehabilitationsmaßnahmen notwendig und ist zugleich Kranken-, Mutterschafts- oder Familienhilfe durch die Krankenkasse zu zahlen, kann der Rentenversicherungsträger nach § 1239 RVO die Rehabilitation übernehmen. Er ist dann verpflichtet, sie in voller Höhe zu erbringen (§ 5 RehaG); die Ansprüche des Betreuten gegen die Kasse ruhen.
Voraussetzung ist ferner, daß die Maßnahme **erfolgversprechend** erscheint. Das ist nicht nur dann der Fall, wenn aller Voraussicht nach der Rentenversicherungsträger dadurch in die Lage versetzt wird, dem Versicherten die Rente zu entziehen oder herabzusetzen; vielmehr genügt es, daß durch die Maßnahme der noch vorhandene Teil der Leistungsfähigkeit des Versicherten vielleicht erhalten bleibt (LSG Schleswig-Holstein vom 26. 4. 1966 [L 5 J 172/65]). Ist nur eine Linderung des Leidens zu erwarten, ohne daß das Leistungsvermögen dadurch beeinflußt wird, darf ein Heilverfahren nicht gewährt werden.
Die Rehabilitationsmaßnahmen sind **Kannleistungen**; sie stehen somit im Ermessen des Versicherungsträgers. Sind die gesetzlichen Voraussetzungen gegeben, stellt es einen Ermessensmißbrauch dar, wenn die Maßnahme abgelehnt wird; denn auch bei Kannleistungen bleibt die Verwaltung an die allgemeinen

Grundsätze des Rechtsstaates gebunden, vor allem an den Gleichheitssatz und an den Grundsatz, daß von jeder Ermächtigung zum Verwaltungshandeln nur im Sinne des Gesetzeszwecks Gebrauch gemacht werden darf. Ihr Ermessen ist pflichtgemäßes Ermessen (BSG vom 27. 6. 1967 [1 RA 381/65] = BSGE 27 S. 34 = Breith. 1968 S. 36).
Zur Überprüfung der Frage, ob der Versicherungsträger von seinem Ermessen pflichtgemäß Gebrauch gemacht hat, muß der Bescheid eindeutig erkennen lassen, welche einzelnen Maßnahmen der Versicherungsträger im Hinblick auf den Beruf und den Gesundheitszustand des Versicherten er als erforderlich anerkannt hat, in welchem Umfang er die Kosten übernehmen will und warum er seine Leistungen begrenzt und welche Leistungen er hierauf anrechnen will (BSG vom 24. 7. 1968 [1 RA 383/65] = SozSich.-Kartei Nr. 2205, VII/A zu § 1236 RVO). Dabei ist eine individuelle Prüfung aller Fakten vorzunehmen (BSG vom 5. 2. 1969 [11 RA 382/65] = BSGE 29 S. 133 = Breith. 1969 S. 943). Es stellt keinen Ermessensmißbrauch dar, wenn der Rentenversicherungsträger die nachträgliche Übernahme von Krankheitskosten abgelehnt, die durch eine **akute Erkrankung** entstanden sind und die durch die Krankenversicherung nicht abgedeckt werden (BSG vom 30. 4. 1971 [1/11 RA 258/69] = SozSich. 1971 S. 180 = SGb. 1972 S. 21).
Auch im Fall des Angestellten B lag keine Überschreitung des Ermessens vor; denn die angestrebte und dringend notwendige Gewichtsreduzierung konnte auch durch eine – mit geringeren Kosten verbundene – ambulante Behandlung erreicht werden (BSG vom 30. 11. 1972 [12 RJ 408/71] = SGb. 1973 S. 55 = SozSich. 1973 S. 57).
Rehabilitationsmaßnahmen werden nach § 1237c RVO **nur im Inland** erbracht. Für bestimmte Erkrankungen kann der Rentenversicherungsträger Ausnahmen zulassen, wenn der Rehabilitationserfolg durch eine inländische Behandlung nicht sichergestellt werden kann. In jedem Fall ist der Versicherte nach § 4 RehaG verpflichtet, **bei der Durchführung der Maßnahmen nach Kräften mitzuwirken; alle Maßnahmen bedürfen seiner Zustimmung.**
Wurde die nach einem Heilverfahren obligatorische Schonzeit wie ein Urlaub verbracht, darf der Arbeitgeber diese – nicht aber die Kur selbst – auf den Urlaub des Versicherten anrechnen, wenn er diese Aufrechnung vor Kurantritt ankündigt (BAG vom 1. 3. 1962 [5 AZR 191/61] und vom 23. 5. 1967 [5 AZR 465/66]).

Fall Nr. 125: Berufsförderung

Der Matrose H bestand die Aufnahmeprüfung des Studiums zum Steuermann auf Große Fahrt. Bei der Untersuchung auf Seediensttauglichkeit wurde ein beidseitiger schwerer Sehfehler festgestellt, der die Ausbildung unmöglich machte. Als H daraufhin einen Lehrvertrag als Reedereikaufmann abschloß, wurde sein Antrag, ihm Berufsförderung zu gewähren, abgelehnt, weil er noch eine Reihe zumutbarer Arbeiten wie Hafenarbeiter, Magazinverwalter usw. ohne Ausbildung verrichten könne. War die Ablehnung berechtigt?

Lösung

Die berufsfördernden Rehabilitationsleistungen umfassen nach § 1237a RVO **Hilfen zur Erhaltung oder Erlangung eines Arbeitsplatzes sowie Leistungen**

zur Förderung der Arbeitsaufnahme, Berufsfindung, Arbeitserprobung, Berufsvorbereitung einschließlich einer erforderlichen Grundausbildung sowie berufliche Anpassung, Fortbildung, Ausbildung und Umschulung bis zum erforderlichen Abschluß. Alle Maßnahmen sollen dem Versicherten eine **angemessene und geeignete Erwerbstätigkeit** auf dem allgemeinen Arbeitsmarkt oder in einer Werkstatt für Behinderte ermöglichen. Bei auswärtiger Unterbringung gehört die Übernahme der Unterkunfts- und Verpflegungskosten und der Kosten für Fahrten (einschließlich Familienheimfahrten) dazu.

Die berufsfördernden Maßnahmen sind darauf auszurichten, den Betreuten **möglichst auf Dauer** beruflich einzugliedern. Das wäre in der Regel nicht der Fall, wollte sich die berufliche Rehabilitation nur auf die Vermittlung eines Arbeitsplatzes beschränken. Bei der Auswahl der angestrebten Berufe sind vielmehr Eignung und bisherige Tätigkeit angemessen zu berücksichtigen. Die Förderung eines beruflichen Aufstiegs ist zulässig. Nach § 5 Abs. 4 RehaG muß in jedem Fall das Arbeitsamt eingeschaltet werden.

Die Berufsförderung soll für die Zeit, die üblicherweise zur Erreichung des Berufsziels aufgewendet wird, bewilligt werden. Bei ganztägigem Unterricht soll sie nicht länger als zwei Jahre dauern. Die Frist darf überschritten werden, wenn der Betreute nur durch eine längerdauernde Maßnahme eingegliedert werden kann.

Die **Zumutbarkeit** der Berufsförderung und ihre Art richten sich nach dem bisherigen Beruf des Versicherten aus. Bei ungelernten Arbeitern besteht sie nur in der Erhaltung oder Vermittlung eines geeigneten Arbeitsplatzes, während bei angelernten und gelernten Arbeitnehmern auch die soziale Stellung zu berücksichtigen ist. Das bedeutet aber keineswegs, daß die Berufsförderung erst beginnen darf, wenn sonst Berufs- oder Erwerbsunfähigkeit entstehen könnte. Die bei der Berufsunfähigkeit zu stellende Frage der Verweisung auf zumutbare Tätigkeiten ist hier deplaciert. Hier ist nicht auf die abstrakten Erwerbsmöglichkeiten des allgemeinen Arbeitsfeldes, sondern auf den bisherigen Beruf des Versicherten abzustellen (BSG vom 29. 2. 1968 [4 RJ 423/66] = BSGE 28 S. 18 = Breith. 1968 S. 669). Das bedeutet in unserem Fall, daß es gar nicht darauf ankam, ob H noch als Hafenarbeiter oder Magazinverwalter tätig sein konnte. Die Unmöglichkeit, seinen Facharbeiterberuf als Matrose weiter auszuüben, war Grund genug, ihm Berufsförderung zu gewähren.

Hat der Versicherte die Umschulung ohne ausdrückliche Zustimmung des Rentenversicherungsträgers begonnen, kann dieser wegen fehlender Zustimmung allein den Antrag auf Berufsförderung nicht ablehnen oder die Förderung nur ab Antragstellung bewilligen (LSG Hessen vom 19. 1. 1967 [L 6 J 702/65] = Breith. 1967 S. 843). Übernimmt er die so begonnene Umschulung, die alle gesetzlichen Voraussetzungen erfüllt, ist er verpflichtet, von Anbeginn und für die gesamte Zeit der Umschulung Berufsförderung zu gewähren (BSG vom 26. 11. 1970 [12 RJ 206/69] = SGb. 1971 S. 487 = SozSich.-Kartei Nr. 2455, VII/A zu § 1241 RVO).

Fall Nr. 126: Ergänzende Leistungen

Dem Zimmermann A war die Teilnahme an einem Meisterkurs als Rehabilitationsmaßnahme bis zum 31. 12. 1973 bewilligt worden. Wegen Erkrankung mehrerer Lehrer wurde die für Dezember 1973 vorgesehene Prüfung auf Januar 1974 verlegt, so daß A erst am 23. 1. 1974 die Meisterprüfung ablegen konnte. Der Versicherungsträger weigerte sich, die Zeit vom 1. bis 23. 1. 1974 kostenmäßig zu übernehmen, da in dieser Zeit weder unterrichtet wurde noch die Prüfung unmittelbar an die Ausbildung anschloß. War diese Auffassung richtig?

Lösung

Das am 1. 10. 1974 in Kraft getretene RehaG hat durch Änderung des § 1236 RVO die Rentenversicherungsträger verpflichtet, den Rehabilitanden zusätzlich ergänzende Leistungen zu gewähren. Dazu zählen das Übergangsgeld, das die Aufwendungen des Lebensunterhalts abgelten soll und die Übernahme der Kosten, die mit einer berufsfördernden Leistung in **unmittelbarem Zusammenhang** stehen, wie z.B. Prüfungsgebühren, Lernmittel, Arbeitskleidung und -geräte. Da das von A angestrebte Berufsziel nur mit der (erfolgreichen) Ablegung der Meisterprüfung erreicht werden kann, gehört die Meisterprüfung zu den Kosten, „die mit einer berufsfördernden Leistung in unmittelbarem Zusammenhang stehen", auch wenn sich die Prüfung nicht unmittelbar an den Schulbesuch anschließt (SG Bremen vom 24. 8. 1972 [SAr. 63/71]). Der Versicherungsträger war gegenüber A leistungsverpflichtet.
Die dem Rehabilitanden entstehenden notwendigen **Reisekosten und Familienheimfahrten** sind ebenfalls zu übernehmen. Kann der Betreute wegen der auswärtigen Teilnahme an einer Rehabilitationsmaßnahme seinen Haushalt nicht weiterführen und ist eine andere im Haushalt lebende Person dazu nicht in der Lage, so ist ihm ab 1. 10. 1974 **Haushaltshilfe** zu gewähren. Voraussetzung ist allerdings, daß im Haushalt des Betreuten ein Kind lebt, das das 8. Lebensjahr nicht vollendet hat oder das behindert und auf Pflege angewiesen ist.
Falls erforderlich kann der Rentenversicherungsträger die Kosten eines ärztlich verordneten **Behindertensports** übernehmen, wenn er in Gruppen unter ärztlicher Betreuung durchgeführt wird. Unter Berücksichtigung von Art und Schwere der Behinderung dürfen nach § 1242 RVO auch **sonstige Leistungen** erbracht werden, die erforderlich sind, um das Ziel der Rehabilitation zu erreichen. Findet die berufliche Rehabilitation in einem Betrieb statt, können dem Arbeitgeber **Ausbildungszuschüsse** gezahlt werden.
Als Reisekosten werden dem Versicherten nach § 1241g RVO die erforderlichen Fahr-, Verpflegungs-, Gepäcktransport- und Übernachtungskosten sowie die Kosten einer Begleitperson ersetzt. Pro Monat darf eine Familienheimfahrt gewährt werden, bei medizinischer Rehabilitation erstmalig nach acht Wochen. Anstelle der Familienheimfahrt kann die Besuchsfahrt eines Angehörigen zum Aufenthaltsort des Betreuten übernommen werden.

Fall Nr. 127: Übergangsgeld

Der städtische Beamte K hatte den letzten Beitrag zur Rentenversicherung am 4. 12. 1938 entrichtet. Als er im Mai 1974 ein Heilverfahren von der Landesversicherungsanstalt erhielt, wurde das Übergangsgeld nach dem Verdienst des Jahres 1937/38 berechnet. K fordert ein höheres Übergangsgeld. Mit Recht?

Lösung

Während der Durchführung von Rehabilitationsmaßnahmen hat der Rentenversicherungsträger dem Betreuten nach § 1240 RVO (§ 17 AVG) **Übergangsgeld** zu zahlen, wenn dieser arbeitsunfähig oder wegen der Teilnahme an der Maßnahme nicht in der Lage ist, eine ganztägige Erwerbsarbeit auszuüben. Würde der Versicherte noch vier Stunden täglich arbeiten, behielt er seinen Anspruch auf Übergangsgeld. Übergangsgeld wird auch für eine ärztlich verordnete **Schonzeit** im Anschluß an eine stationäre medizinische Maßnahme gewährt.
War der Betreute vor Beginn der Maßnahme oder Arbeitsunfähigkeit gegen Arbeitsentgelt **versicherungspflichtig** beschäftigt, wird das Übergangsgeld in Höhe von 80% des entgangenen regelmäßigen Nettoentgelts (Regellohn) gezahlt. Es wird wie das Krankengeld (vgl. Fall Nr. 30) berechnet, allerdings bis zur monatlichen Beitragsbemessungsgrenze der Rentenversicherung, die 1974 bei DM 2500 liegt. Eine Berücksichtigung von Familienangehörigen ist ab 1. 10. 1974 nicht mehr vorgesehen.
Einem **freiwillig Versicherten** oder pflichtversicherten **Selbständigen**, der vor Beginn der Maßnahme Arbeitsentgelt oder -einkommen erzielt und Beiträge entrichtet hat, wird als Übergangsgeld der 450. Teil des Betrages gezahlt, der sich aus den Verdiensten ergibt, die der Beitragsentrichtung in den letzten 12 Kalendermonaten vor Beginn der Maßnahme oder Arbeitsunfähigkeit entspricht. Dabei sind unverschuldete Fehlzeiten abzuziehen (BSG vom 30. 1. 1969 [5 RKn. 39/68] = SGb. 1969 S. 96 = SozSich.-Kartei Nr. 2256, VII/A zu § 1241 RVO). Hätte K z. B. im Bemessungszeitraum freiwillige Beiträge in der Klasse 800 geleistet, müßten pro Monat ein Entgelt von DM 800 angerechnet werden. Als Einkommen wäre ein Betrag von DM 9600 (12 × DM 800) anzusetzen, so daß K pro Kalendertag ein Übergangsgeld in Höhe von DM 21,33 (DM 9600 : 450) erhielte. Da eine „Aktualisierung" des Übergangsgeldes – also eine Anhebung auf den heutigen Lebensstandard – bis zum 1. 10. 1974 nicht vorgesehen war, waren die von K zuletzt entrichteten 52 Wochenbeiträge des Jahres 1937/38 für die Höhe des Übergangsgeldes maßgebend (BSG vom 28. 11. 1969 [1 RA 153/68] = Breith. 1970 S. 497 = DOK 1960 S. 463).
Den **Arbeitslosen** wird nur bei einer medizinischen Maßnahme Übergangsgeld in Höhe ihrer Arbeitslosenunterstützung gezahlt; eine Dynamisierung findet nicht statt. Einem **sonstigen Betreuten** wird bei einer medizinischen Rehabilitationsmaßnahme als Übergangsgeld der 600. Teil der monatlichen Beitragsbemessungsgrenze des Jahres, in dem die Maßnahme beginnt, gezahlt. Für 1974 errechnet sich so ein Übergangsgeld von täglich DM 4,16; dieses Übergangsgeld erhält auch K ab 1. 10. 1974.
Diese Berechnungsgrundsätze gelten nach § 1241 a RVO bei berufsfördernden Maßnahmen nicht, wenn der letzte Tag des Bemessungszeitraumes zu Beginn der Maßnahme **länger als drei Jahre zurückliegt** oder ein Arbeitsentgelt nicht erzielt worden ist oder wenn es unbillig hart wäre, das tatsächlich erzielte Arbeitsentgelt der Berechnung zugrunde zu legen. Es wird dann der 450. Teil des Einkommens, das nach dem Fremdrentengesetz für das bei Beginn der Maßnahme zuletzt angegebenen Kalenderjahres festgesetzt ist, berücksichtigt. Dabei ist von der Beschäftigung auszugehen, die für den Betreuten nach seinen beruflichen Fähigkeiten und seinem Lebensalter ohne die Behinderung in Betracht käme. Das gilt auch für Rentner; bei den Beziehern von Rente wegen Berufsunfähigkeit sind 50% und von Erwerbsunfähigkeitsrenten 25% dieses Betrages an-

zusetzen. Als Bemessungszeitraum gilt das Kalenderjahr.
Hat der Betreute Übergangs- oder Krankengeld bezogen und wird im Anschluß daran eine Rehabilitationsmaßnahme durchgeführt, so ist nach § 1241b RVO das Übergangsgeld nach dem bisher zugrunde gelegten Arbeitsentgelt zu berechnen. Es **erhöht** sich nach § 1241c RVO nach Ablauf von 12 Monaten nach dem Ende des Bemessungszeitraums um den Prozentsatz, um den die Renten vor diesem Zeitpunkt nach dem Rentenanpassungsgesetz angehoben worden sind (vgl. Fall Nr. 32). Dabei darf es 80% der monatlichen Bemessungsgrenze der Rentenversicherung nicht übersteigen.
Das Übergangsgeld wird **vom Beginn der Maßnahme an** gewährt (§ 1241d RVO). Wurde vor Beginn der Maßnahme Berufs- oder Erwerbsunfähigkeitsrente beantragt, so beginnt das Übergangsgeld bereits mit dem Tag, von dem an die Rente zu zahlen gewesen wäre. Während der Durchführung der Rehabilitation besteht kein Anspruch auf Rente, es sei denn, die Rente war bereits vor Beginn der Maßnahme bewilligt worden.
Ist nach Abschluß der medizinischen Rehabilitation Berufsförderung erforderlich und kann diese aus Gründen, die der Versicherte nicht verschuldet hat, nicht unmittelbar anschließend durchgeführt werden, ist das Übergangsgeld für die Zwischenzeit weiterzugewähren, wenn Arbeitsunfähigkeit ohne Krankengeldanspruch besteht oder wenn dem Betreuten eine zumutbare Beschäftigung nicht vermittelt werden kann (§ 1241e RVO). Muß der Betreute aus gesundheitlichen Gründen die Berufsförderung abbrechen oder entsteht im Anschluß an eine abgeschlossene Berufsförderung Arbeitslosigkeit, so wird das Übergangsgeld längstens für sechs Wochen weitergezahlt.
Erhält der Betreute **Arbeitsentgelt**, wird das Übergangsgeld um das Nettoarbeitsentgelt nach § 1241f RVO gekürzt. Erfolgt die Entgeltzahlung auf Grund einer Weiterarbeit, ist das Übergangsgeld um 80% des erzielten Lohnes zu kürzen. Eine Kürzung findet ferner statt, wenn eine öffentlich-rechtliche Stelle anläßlich der Rehabilitation dem Betreuten Geldleistungen erbringt. Der Bezug von Berufs- oder Erwerbsunfähigkeitsrente und von Verletztenrente löst ebenfalls eine Kürzung aus, wenn dem Übergangsgeld ein vor Beginn der Rentengewährung erzieltes Arbeitsentgelt zugrunde liegt oder wenn bei Bezug von Berufs- oder Erwerbsunfähigkeitsrente eine unbillige Doppelleistung erfolgt.

Fall Nr. 128: Tuberkulosehilfe

Während der stationären Tuberkulosebehandlung erhielt die Versicherte A bis zum 5. 6. 1971 Übergangsgeld. In der Folgezeit bestand weiterhin Arbeitsunfähigkeit, so daß Frau A bis zur Aussteuerung Krankengeld bezog. Danach wurde wieder Übergangsgeld gezahlt. Ab 1. 5. 1973 erhält Frau A Rente. Kann Frau A Rente wegen Erwerbsunfähigkeit bereits ab 6. 6. 1971 geltend machen?

Lösung

Sind Versicherte, Rentner, ihre nichtversicherten von ihnen überwiegend unterhaltenen Ehegatten oder Kinder an aktiver, behandlungsbedürftiger Tuberkulose erkrankte, so haben sie nach § 1244a RVO Anspruch auf Rehabilitationsmaß-

nahmen. **Versichert** ist derjenige, für den in den 24 Monaten, die der Feststellung der Behandlungsbedürftigkeit vorausgegangen sind, Beiträge für mindestens 6 Kalendermonate für eine versicherungspflichtige Beschäftigung entrichtet sind oder der die Anwartschaft von 60 Beitragsmonaten erfüllt hat. Diese Voraussetzungen müssen an dem Tag vorliegen, an dem die Behandlungsbedürftigkeit – auch wegen eines zuerst anderen Leidens – festgestellt wird.
Bestehen zwischenstaatliche Sozialversicherungsabkommen, sind ausländische Versicherungszeiten trotzdem nicht zu berücksichtigen, weil die Tbc-Bekämpfung keine Leistung der sozialen Sicherheit im Sinne zwischenstaatlicher Abkommen ist (BSG vom 29. 3. 1973 [4 RJ 275/72] = BSGE 35 S. 280 = SozSich. 1973 S. 182).
Diesem Personenkreis wird Heilbehandlung auch dann gewährt, wenn weder die Erwerbsfähigkeit bedroht oder eingeschränkt ist noch eine Besserungschance besteht. Ist Anspruch auf Krankenpflege oder Familienkrankenpflege aus der gesetzlichen Krankenversicherung gegeben, ruht der Anspruch auf Heilbehandlung gegen den Rentenversicherungsträger für die Dauer der ambulanten Behandlung. Das gilt nicht bei stationärer Behandlung. Versicherte und Rentner – nicht aber ihre Ehefrauen und Kinder – haben bis zur Vollendung des 60. Lebensjahres Anspruch auf Berufsförderung und nachgehende Maßnahmen. Über Art und Umfang der Leistung entscheidet der Rentenversicherungsträger nach pflichtgemäßem Ermessen.
Die vom Versicherungsträger zu gewährende Tuberkulosehilfe ist auch gegenüber dem Sozialhilfeträger **vorrangig.** Die im Gesetz genannten Personen haben einen einklagbaren Anspruch auf die Leistungen. Ist der Betreute aber wegen einer Tbc-Erkrankung in das Krankenhaus nach § 37 Bundesseuchengesetz eingewiesen worden, sind die entstandenen Kosten auch dann nicht vom Rentenversicherungsträger zu tragen, wenn die Voraussetzungen des § 1244a RVO vorliegen (BSG vom 31. 1. 1967 [4 RJ 475/65] = BSGE 26 S. 102 = SGb. 1967 S. 112). Das gilt ebenso bei stationärer Behandlung eines Geisteskranken (BSG vom 26. 6. 1973 [4 RJ 281/72]). Vorausgesetzt wird, daß die Tbc **aktiv und behandlungsbedürftig** ist. Die Tbc ist so lange aktiv, wie sich noch neue Herde bilden, die vorhandenen sich auflösen oder vernarben oder progrediente und resorbierende Vorgänge zur gleichen Zeit ablaufen. Der Morbus Boeck zählt zu den aktiven Tuberkulosen. Bei einer inaktiven nicht behandlungsbedürftigen Tbc besteht weder nach § 1236 noch nach § 1244a RVO Anspruch auf Heilverfahren.
Zu den Rehabilitationsmaßnahmen zählen nicht nur stationäre und ambulante Heilbehandlung und Berufsförderung, sondern auch stationäre Beobachtungen zur Feststellung der Notwendigkeit stationärer Behandlung oder zur Klärung diagnostischer oder therapeutischer Fragen (LSG Bayern vom 6. 2. 1969 [L 9 J 417/67] = Breith. 1969 S. 406). Versicherte und Rentner erhalten bis zur Vollendung des 65. Lebensjahres **Übergangsgeld** für die Dauer ihrer stationären Heilbehandlung und Berufsförderung. Für die Dauer der ambulanten Heilbehandlung oder der Krankenpflege nach vorangegangener Heilbehandlung wird Übergangsgeld – auch wenn die Voraussetzungen des § 1236 RVO nicht vorliegen – nur bei Arbeitsunfähigkeit im Sinne der Krankenversicherung längstens für zwei Jahre gezahlt, den Ehegatten und Kindern nur für die Dauer der stationären Heilbehandlung zur Bestreitung ihrer persönlichen Bedürfnisse.
Der Anspruch auf Übergangsgeld **ruht** während der ambulanten Behandlung, solange Anspruch auf Krankengeld besteht, es sei denn, der Rentenversicherungsträger hat die Heilbehandlung übernommen. Bei Versicherten, die Behandlungs-

ansprüche gegen die Krankenkasse und den Rentenversicherungsträger haben, hat die Leistungspflicht der Krankenkasse den Vorrang, solange die Behandlung ambulant erfolgt (BSG vom 22. 6. 1973 [3 RK 103/71] = SozSich. 1973 S. 343).
Die **Zweijahresfrist** beginnt mit dem Ende der stationären Behandlung und endet spätestens zwei Jahre danach. Wird in dieser Zeit erneut stationäre Heilbehandlung gewährt, beginnt keine neue Zweijahresfrist (BSG vom 29. 2. 1972 [4 RJ 417/70] = SozSich.-Kartei Nr. 2649, VII/A zu § 1244a RVO = SGb. 1972 S. 360).
Ein Anspruch auf Rehabilitationsmaßnahmen wegen Tbc-Erkrankung besteht nicht, wenn die Krankheit Folge eines Arbeitsunfalls oder einer ihr gleichgestellten Schädigung ist oder wenn der Erkrankte versicherungsfrei oder von der Versicherungspflicht befreit worden ist. In unserem Fall hatte Frau A für die fragliche Zeit keinen Anspruch auf Erwerbsunfähigkeitsrente. Nach dem bis zum 30. 9. 1974 geltenden § 1242 RVO war ein Rentenanspruch auch dann nicht gegeben, wenn das Übergangsgeld ruhte, weil ein Anspruch auf Krankengeld bestand. Der Krankengeldanspruch entfiel nicht, wenn zwar das Übergangsgeld nach Beendigung der stationären Behandlung dem Grunde nach zu zahlen war, es aber bei ambulanter Behandlung ruhte (BSG vom 29. 8. 1968 [4 RJ 299/66] = Breith. 1969 S. 307 = BSGE 28 S. 214). Das gilt nach § 1241 d RVO auch für das neue Recht.

Fall Nr. 129: Rehabilitationsverweigerung

Der 1925 geborene Former D war bis 1967 in seinem Facharbeiterberuf tätig, danach als Lagerarbeiter. Ab 1. Mai 1969 bezieht er auf Grund eines chronischen Bronchialleidens Rente wegen Berufsunfähigkeit. Auf Drängen des Versicherungsträgers wurde D als Spanabheber umgeschult, obwohl das Arbeitsamt diese Maßnahmen für unzweckmäßig hielt. Als D die Ausbildung nach sechs Wochen abbrach, wurde ihm die Rente für insgesamt 12 Monate entzogen. Hatte die dagegen eingelegte Klage Erfolg?

Lösung

Nach § 1545 Abs. 1 Ziffer 2 RVO muß jede Leistung der Kranken- und Rentenversicherung, also auch eine Rehabilitationsmaßnahme, bei dem zuständigen Versicherungsträger **beantragt** werden. Wird dieser Antrag abgelehnt, ist innerhalb eines Monats nach der Zustellung des schriftlichen Bescheids Widerspruch bei dem Versicherungsträger einzureichen. Bleibt der Versicherungsträger bei seiner Ablehnung, hat er einen schriftlichen Widerspruchsbescheid zu erlassen, gegen den binnen eines Monats nach seiner Zustellung Klage beim Sozialgericht einzureichen ist. Bescheid und Widerspruchsbescheid haben den Empfänger auf diese Rechtslage hinzuweisen.
Ohne **Zustimmung des Betreuten** ist nach § 4 RehaG die Durchführung einer Rehabilitationsmaßnahme nicht zulässig. Während hiernach ein Zwang, sich einer Wiederherstellungsmaßnahme zu unterziehen, nicht ausgeübt werden kann, kann es andererseits aber der Versichertengemeinschaft nicht zugemutet werden, Rentenleistungen für einen Versicherten zu erbringen, der eine vorhandene Wiederherstellungsmöglichkeit ohne triftigen Grund nicht wahrnimmt. Der Versicherte ist verpflichtet, bei der Durchführung der Rehabilitation nach Kräften mitzuwirken. Im Weigerungsfall bestimmen § 1243 RVO und § 20 AVG, daß die Rente ganz oder teilweise entzogen werden kann, wenn der Versicherte ohne

triftigen Grund sich einer beruflichen Förderung oder einem Heilverfahren entzieht und die Berufs- oder Erwerbsunfähigkeit in den nächsten drei Jahren eintritt oder wenn eine bereits bestehende Berufs- oder Erwerbsunfähigkeit durch die Maßnahme voraussichtlich beseitigt worden wäre. Der Versicherte und der Rentner sind **vorher** auf diese Folgen hinzuweisen.
Die vom Gesetz angedrohten Folgen sind Zwangsmittel zur Durchsetzung eines entsprechenden Erfolges. Unter „Entziehen" versteht man ein willkürliches Verhalten des Versicherten, das in der Nichtaufnahme der Maßnahme, in ihrem Abbruch oder in der Verhinderung des erfolgreichen Abschlusses bestehen kann. Voraussetzung ist, daß der Versicherte vorher auf die Folgen schriftlich hingewiesen wurde. Weiter wird gefordert, daß gerade durch die Entziehung der Versicherungsfall der Berufs- oder Erwerbsunfähigkeit innerhalb der nächsten drei Jahre eingetreten ist oder daß die Chance bestand, durch die Maßnahme die Berufs- oder Erwerbsunfähigkeit zu beseitigen.
Diese Sanktionen können aber nicht verhängt werden, wenn die Maßnahme dem Versicherten **unzumutbar** ist. Bei berufsfördernden Maßnahmen ist das der Fall, wenn der angestrebte Beruf nicht sozialadäquat ist und die Berufsförderung nach den gesamten – sowohl sachlichen wie auch persönlichen – Umständen von Anfang an als nicht erfolgversprechend erscheint. Das war in unserem Fall gegeben. Der bei Beginn der Maßnahme bereits 46 Jahre alte Versicherte war seit mehreren Jahren einer qualifizierten Arbeit entfremdet. Die geringe Intelligenz, die Befähigung zu allenfalls noch anspruchslosen Arbeiten, der Gesundheitszustand und die Tatsache, daß auf dem Arbeitsmarkt nur Spitzenkräfte in spanabhebenden Berufen oder für Akkordarbeiten gesucht werden, waren wichtige Gründe, die Umschulung abzulehnen oder abzubrechen (BSG vom 27. 6. 1968 [4 RJ 289/64] = Meso B 10/161).
Unzumutbar ist eine Heilbehandlung, die mit einer erheblichen Gefahr für Leben und Gesundheit des Versicherten verbunden ist. Eine Operation ist nicht zumutbar, wenn sie einen erheblichen Eingriff in die körperliche Unversehrtheit des Versicherten bedeutet. Dieser Grundsatz gilt nach § 624 RVO auch für die Unfallversicherung. Eine Operation wird als gefahrlos angesehen, wenn nach den ärztlichen Erfahrungen mit hoher Wahrscheinlichkeit der Eingriff keine Gefahr mit sich bringt (RVA in EuM 34 S. 47). Verursacht sie große Schmerzen, ist sie unzumutbar. Dabei ist allerdings zu beachten, daß das Schmerzempfinden individuell unterschiedlich ist. Stellt die Operation einen erheblichen Eingriff in die körperliche Unversehrtheit dar – z.B. Luftencephalogramm mit Entnahme von Hirnflüssigkeit – so ist sie auch dann unzumutbar, wenn sie gefahrlos und nur mit geringen Schmerzen verbunden ist (BSG vom 27. 6. 1973 [12 RJ 244/72]).

C. Berufsunfähigkeit

Fall Nr. 130: Versicherungsfälle

Der Maschinist K vollendete am 17. 12. 1973 sein 63. Lebensjahr. Als ihm mit Bescheid vom 17. 1. 1974 das flexible Altersruhegeld ab 1. 1. 1974 zugebilligt wurde, stellte er fest, daß die Rente nach den für das Jahr 1973 geltenden Werten berechnet worden war. War seine Beanstandung berechtigt?

Lösung

Die gesetzliche Sozialversicherung bietet in allen ihren Zweigen Schutz gegen bestimmte Wechselfälle des Lebens wie Krankheit, Gebrechen, Arbeitsunfähigkeit, Arbeitsunfall, Berufskrankheit, Berufs- oder Erwerbsunfähigkeit oder Erreichung eines bestimmten Alters. Diese Ereignisse stellen andererseits für den jeweiligen Versicherungsträger das Versicherungsrisiko dar. Tritt ein im Gesetz genanntes Ereignis ein, hat der zuständige Versicherungsträger Leistungen zu erbringen. Dieser „Eintritt des Versicherungsfalls" macht aus dem versicherten Beitragszahler einen Leistungsempfänger.
Grundsätzlich ist der Eintritt des Versicherungsfalls vom Willen des Versicherten unabhängig. So kann durch eine spätere Antragstellung keine höhere Leistung erreicht werden (BSG vom 25. 10. 1963 [1 RA 273/61] = BSGE 20 S. 48 = SGb. 1963 S. 366). Das gilt ausnahmsweise nicht für alle Arten des Altersruhegeldes. Nach § 1248 Abs. 6 RVO (§ 25 Abs. 6 AVG) kann der Versicherte bestimmen, daß ein späteres als das im Gesetz genannte Lebensalter für die Erfüllung der Voraussetzungen maßgebend sein soll. Andererseits tritt der Versicherungsfall unabhängig ein, wenn im konkreten Fall die Voraussetzungen für die Gewährung von Versichertenrenten vorliegen. Wird der Versicherte z. B. berufsunfähig, bevor er die Wartezeit von 60 Beitragsmonaten erfüllt hat, dann ist der Versicherungsfall eingetreten, obwohl Rente wegen Berufsunfähigkeit nicht zu zahlen ist (BSG vom 1. 12. 1964 [11/1 RA 243/63] = BSGE 21 S. 123). In diesem Fall hilft nur die versicherungspflichtige Weiterarbeit, damit bei Eintritt eines neuen Versicherungsfalls – wie z. B. der Erwerbsunfähigkeit – auch die Wartezeit erfüllt ist.
Versicherungsfall bei der Berufs- und Erwerbsunfähigkeitsrente ist der Eintritt der Berufs- oder Erwerbsunfähigkeit, bei Hinterbliebenenrenten der Tod oder die Verschollenheit des Versicherten. Bei dem vorgezogenen Altersruhegeld ist die Vollendung des 60. Lebensjahres und die einjährige Arbeitslosigkeit oder – bei Frauen – die überwiegende versicherungspflichtige Beschäftigung in den letzten zwanzig Jahren, beim flexiblen Altersruhegeld die Vollendung des 62. Lebensjahres und das Vorliegen von Berufs- oder Erwerbsunfähigkeit oder die Vollendung des 63. Lebensjahres der Eintritt des Versicherungsfalls, während bei dem „normalen" Altersruhegeld die Vollendung des 65. Lebensjahres den Versicherungsfall auslöst.
Rente auf Zeit ist kein besonderer Versicherungsfall (BSG vom 5. 3. 1965 [11/1 RA 239/61] = BSGE 22 S. 278 = Breith. 1965 S. 748). Das gilt auch für alle Arten des Altersruhegeldes. Wird z. B. ein Bezieher des vorgezogenen Altersruhegeldes 63 Jahre alt und erfüllt er die Voraussetzungen des flexiblen Altersruhegeldes, tritt kein neuer Versicherungsfall ein; die Rente wird nicht neu berechnet (BSG vom 28. 9. 1967 [12 RJ 42/66] = BSGE 27 S. 167 = SozSich. 1968 S. 50). Ganz anders ist aber der Fall, wenn ein Versicherungsfall den anderen ablöst. So kann ein Berufsunfähiger bei Verschlimmerung seiner Leiden erwerbsunfähig werden und danach wieder – bei entsprechender Besserung – zur Berufsunfähigkeit zurückkehren oder anschließend Altersruhegeld beziehen. Immer handelt es sich dann um einen neuen Versicherungsfall. Dasselbe Ereignis kann auch mehrere Versicherungsfälle zur gleichen Zeit auslösen. Macht die Krankheit den Versicherten z. B. erwerbsunfähig, ist der Versicherte zugleich berufsunfähig, weil die Erwerbsunfähigkeit auch die Berufsunfähigkeit einschließt (BSG vom 3. 12. 1964 [1 RA 263/62] = BSGE 22 S. 133 = Breith. 1965 S. 572).
Der Eintritt des Versicherungsfalls ist nach **objektiven** Merkmalen auf einen be-

stimmten Tag festzusetzen. Der Beginn der Krankheit oder das Erreichen einer bestimmten Erwerbsminderung oder eines im Gesetz genannten Alters markiert diesen Tag, der für die Anrechnung der bis zu diesem Tag entrichteten Beiträge maßgebend ist. Auch die allgemeine Rentenbemessungsgrundlage, die an diesem Tag gilt, ist maßgebend. Bei K ist der Versicherungsfall am 17. 12. 1973 eingetreten. Die an diesem Tag geltende allgemeine Rentenbemessungsgrundlage des Jahres 1973 war daher richtig angesetzt worden.

Fall Nr. 131: Erwerbsminderung

Frau D war sechzig Jahre alt, als sie einen Antrag auf Berufsunfähigkeitsrente stellte und damit begründete, sie sei so vorgealtert, daß sie den Eindruck einer „Bilderbuch-Großmutter" mache. Dieses Äußere in Verbindung mit einer Affektlabilität habe zur Folge, daß sie kein verständiger Arbeitgeber einstellen werde. War der Rentenantrag begründet?

Lösung

Nach § 1246 RVO (§ 23 AVG) ist berufsunfähig der Versicherte, dessen Erwerbsfähigkeit infolge von Krankheit oder anderen Gebrechen oder Schwäche seiner körperlichen und geistigen Kräfte auf weniger als die Hälfte derjenigen eines körperlich und geistig gesunden Versicherten mit ähnlicher Ausbildung und gleichwertigen Kenntnissen und Fähigkeiten herabgesetzt ist.
Voraussetzung ist, daß die Erwerbsfähigkeit – also die Fähigkeit, Erwerbseinkommen zu erzielen – infolge Krankheit, Gebrechen oder Schwäche der geistigen oder körperlichen Kräfte um mehr als die Hälfte herabgesetzt ist. Diese Aufzählung ist vollständig, so daß andere Gründe nicht beachtet werden dürfen (BSG vom 2. 12. 1964 [4 RJ 543/60] = SGb. 1965 S. 57). Kurzfristige Krankheitszustände führen zwar zur Arbeitsunfähigkeit, begründen aber weder Berufs- noch Erwerbsunfähigkeit (LSG Nordrhein-Westfalen vom 29. 11. 1963 [L 14 J 261/62] = SozSich. 1964 S. 375). **Krankheit** ist – wie im Fall Nr. 26 geschildert – ein regelwidriger Körper- oder Geisteszustand. Im Gegensatz zur Krankenversicherung ist dabei nicht erforderlich, daß die Krankheit behandlungsbedürftig ist oder Arbeitsunfähigkeit bedingt. Gerade die chronischen, einer Behandlung nicht mehr zugänglichen Krankheiten begründen in der Regel Berufs- oder Erwerbsunfähigkeit. Unter einem **Gebrechen** wird ein stationärer Krankheitszustand verstanden, der auf unabsehbarer Zeit besteht (BSG vom 2. 3. 1961 [4 RJ 198/59] = BSGE 14 S. 83 = SGb. 1961 S. 149). Die **Schwächen** der geistigen und körperlichen Kräfte – wie z. B. die Altersschwäche, Verschleißerscheinungen oder Vergreisungen – stellen für sich allein keinen regelwidrigen Zustand dar, denn das Altern selbst ist naturgegeben. Die Schwäche der seelischen Kraft (Psychasthenie) fällt nicht unter den Begriff der Krankheit oder anderer Gebrechen, weil nur geistige und körperliche Schwächen in Betracht kommen (LSG Nordrhein-Westfalen vom 19. 7. 1963 [L 14 J 391/58]). Auch eine mangelhafte Wettbewerbsfähigkeit und das greisenhafte Aussehen, auf das sich Frau D bei ihrem Rentenantrag stützte, ist kein zu beachtender Umstand (BSG vom 27. 5. 1959 [1 RA 34/58] = BSGE 10 S. 33 und vom 16. 12. 1964 [12 RJ 320/64] = Breith. 1965 S. 570).

Wodurch die Krankheit entstanden ist, interessiert nicht. Erheblich ist nur, in welch einem Umfang durch Krankheit, Gebrechen oder Schwäche die Erwerbsfähigkeit des Versicherten gemindert ist. Dabei muß die Gesundheitsstörung feststellbar sein. Besteht Ungewißheit darüber, ob eine bestimmte Krankheit vorliegt, darf eine vorsorgliche Rentenzahlung nicht erfolgen (BSG vom 27. 6. 1968 [4 RJ 377/67] = BSGE 28 S. 137 = SozSich.-Kartei Nr. 2207, VII/A zu § 1246 RVO).

Ist der Versicherte **mit dieser Krankheit bereits in das Erwerbsleben eingetreten** und hat sich diese in der Folgezeit nicht verschlimmert, kann sie nicht Grundlage einer Rentengewährung sein, auch denn der Versicherte bei Eintritt in die Versicherung berufs- oder erwerbsunfähig war und auf Kosten seiner Gesundheit über Jahre hinaus versicherungspflichtig tätig war.

Hat sich der Versicherte **absichtlich** berufs- und erwerbsunfähig gemacht oder sich die Berufs- oder Erwerbsunfähigkeit beim Begehen eines Verbrechens oder vorsätzlichen Vergehens zugezogen, kann nach § 1277 RVO [§ 54 AVG] die Rente ganz oder teilweise versagt werden.

Die bei Frau D vorhandene Affektlabilität beeinflußt wie eine **abnorme Erlebnisreaktion** die Erwerbsfähigkeit nicht wesentlich, wenn sie durch zumutbare Anstrengung der Willenskraft und mit Hilfe der Ärzte überwunden werden können (LSG Rheinland-Pfalz vom 31. 1. 1966 [L 1 S 64/64] = Breith. 1967 S. 574). Auch eine seelische Störung ist unbeachtlich, wenn sie durch – auch unbewußte – Begehrensvorstellungen nach einer Lebenssicherung oder die Ausnützung einer Rechtsposition geprägt wird (BGH vom 29. 2. 1956 [VI ZR 352/54] = NJW 1956 S. 1108). Eine **Psychopathie,** die nur aus Charaktermängeln besteht, ist keine Geistesschwäche oder krankhafte Störung der Geistestätigkeit, auch wenn sie in einer kriminellen Veranlagung besteht (BGH vom 17. 4. 1958 [5 StR 80/58] = NJW 1958 S. 2123). Als krankhafte Störungen der Geistesfunktion können alle Störungen der Verstandestätigkeit, sowie des Willens-, Gefühls- und Trieblebens in Frage kommen, auch wenn der Versicherte durch Entartung seiner Persönlichkeit ihr nicht ausreichend widerstehen kann (BGH vom 27. 11. 1959 [4 StR 394/59] = NJW 1960 S. 1393). Besitzt er infolge von Krankheitsvorstellungen nicht mehr die Kraft und den Willen zur Erwerbsarbeit, ist darin – rechtlich – eine Krankheit zu erblicken. Das gilt auch, wenn die Erwerbsfähigkeit durch eine vom Normalen abweichende seelische Verfassung gemindert oder aufgehoben ist (BSG vom 7. 4. 1964 [4 RJ 283/60] = Breith. 1964 S. 170 = SozSich.-Kartei Nr. 1672, VII/A zu § 1246 RVO). Dabei ist auf den Versicherten und nicht auf die normale Reaktion eines Menschen abzustellen (BSG vom 13. 3. 1956 [2 RU 124/54] = BSGE 2 S. 241 = SGb. 1956 S. 212).

Der regelwidrige Körper- oder Geisteszustand muß die Erwerbsfähigkeit von Frau D **um mehr als die Hälfte** einer gesunden Versicherten herabsetzen. Die Prüfung hat individuell zu erfolgen. **Dabei ist die Halbierung der Erwerbsfähigkeit nicht unmittelbar an Frau D und ihrem individuellen Leistungsabfall zwischen der Zeit ihrer normalen Höchstleistung und dem derzeitigen Zustand zu messen, sondern über einen Vergleich mit einer körperlich und geistig gesunden Versicherten mit ähnlicher Ausbildung und gleichwertigen Kenntnissen und Fähigkeiten** (BSG vom 16. 4. 1959 [5 RKn. 28/58] = BSGE 9 S. 254 = SozSich. 1959 S. 212). Unzulässig ist, für jedes Leiden einen bestimmten Prozentsatz der Erwerbsminderung – vielleicht gar anhand der Knochentaxen der Unfallversicherung – auszuwerfen und zu addieren (LSG Nordrhein-Westfalen vom 7. 6. 1963 [L 14 J 212/60] = SozSich.-Kartei Nr. 1604, VII/A zu § 1246 RVO). So

ist z. B. ein oberschenkelamputierter Buchhalter, der eine Unfallrente von 60% erhält, rentenrechtlich nur unbedeutend in seiner Erwerbsfähigkeit gemindert, weil er seinen Beruf und gleichwertige sitzende Beschäftigungen verrichten kann.
Die Rechtsprechung hat es abgelehnt, allein aus der Tatsache, daß ein Versicherter, der auf Grund strafgerichtlicher Anordnung in einer Heil- oder Pflegeanstalt untergebracht ist, zu schließen, daß Berufs- oder Erwerbsunfähigkeit vorliegt (BSG vom 26. 6. 1969 [12 RJ 418/66] = Breith. 1969 S. 1042 = SGb. 1969 S. 292).
Ein **Erfahrungssatz,** wonach Brustkrebs (BSG vom 28. 11. 1957 [4 RJ 166/56] = BSGE 6 S. 136 = SGb. 1957 S. 369), Magengeschwüre (LSG Nordrhein-Westfalen vom 31. 5. 1963 [L 14 J 528/60] = SozSich. 1964 S. 122), Epilepsie (BSG vom 2. 7. 1965 [5 RKn. 34/61] = Breith. 1965 S. 1002 = SGb. 1965 S. 270), Blindheit (BSG vom 25. 1. 1961 [1 RA 89/59] = SozSich.-Kartei Nr. 1211, VI/A zu § 23 AVG = SGb. 1961 S. 82) oder Beinamputation (BSG vom 5. 5. 1961 [1 RA 130/59] = SozSich. 1961 S. 184 = SGb. 1961 S. 214) immer Berufs- oder Erwerbsunfähigkeit verursachen, besteht nicht. Liegen mehrere Krankheiten zur gleichen Zeit vor oder wechselt die Krankheit in ihrer Stärke, ist immer das Gesamtbild der Erwerbsminderung zu beurteilen (LSG Nordrhein-Westfalen vom 7. 6. 1963 [L 14 J 212/60] = SozSich.-Kartei Nr. 1604, VII/A zu § 1246 RVO).
In jedem Fall ist bei Frau D die Frage nach der Höhe ihrer Erwerbsminderung durch medizinische Sachverständige zu beantworten, weil den Gerichten der Sozialgerichtsbarkeit in der Regel die entsprechenden Fackkenntnisse fehlen. Die Mißachtung dieses Grundsatzes stellt eine Überschreitung des Rechts der freien richterlichen Überzeugungsbildung dar (BSG vom 2. 6. 1959 [2 RU 20/56] = Breith. 1959 S. 1062).

Fall Nr. 132: Der bisherige „Hauptberuf"

Der 1931 geborene L erlernte den Beruf eines Maurers und war bis 1966 nebenbei noch als Hausschlachter tätig. Auf Grund eines Wirbelsäulenleidens arbeitete er anschließend als Maschinenarbeiter, Betriebsmaurer und Kontrolleur. Wonach bemißt sich die Erwerbsminderung?

Lösung

Voraussetzung ist für die Rentengewährung, daß die Erwerbsfähigkeit des Versicherten auf weniger als die Hälfte eines körperlich und geistig gesunden Versicherten mit ähnlicher Ausbildung und gleichwertigen Kenntnissen und Fähigkeiten herabgesunken ist. Dabei genügt es keineswegs, daß die Krankheit die weitere Ausübung des bisherigen Berufs – hier des Maurers – unmöglich macht. Vielmehr umfaßt der Kreis der Tätigkeiten, nach denen die Erwerbsfähigkeit eines Versicherten zu beurteilen ist, alle Tätigkeiten, die seinen Kräften und Fähigkeiten entsprechen.
Nachdem sich herausgestellt hatte, daß die vom Gesetz genannte Minderung der Erwerbsfähigkeit „um mehr als die Hälfte" kein Maßstab für die Berufsunfähigkeit sein konnte, weil der tarifliche Lohnabstand zwischen dem gelernten und ungelernten Arbeitnehmer keine 50 Prozent ausmacht, entwickelte die Rechtsprechung die sogenannte **Dreistufentheorie.** Nach dieser sind alle Tätigkeiten in drei Gruppen zu unterteilen. An der Spitze stehen die gelernten Arbeiter und Ange-

stellten. Die Spezialarbeiter, die einen anerkannten Anlernberuf besitzen, gehören der mittleren und die ungelernten Arbeitnehmer der unteren Gruppe an. Dabei ist allerdings der Lehrberuf nichts anderes als der Leitberuf der oberen Gruppe, der anerkannte Anlernberuf der der mittleren und die ungelernte Tätigkeit die der unteren Gruppe (BSG vom 11. 7. 1972 [5 RKn. 105/72] = Breith. 1973 S. 35 = SGb. 1973 S. 29). Diese Unterteilung ist – wie wir noch sehen werden – wesentlich für die Zumutbarkeit einer Verweisung.

Diese Dreistufentheorie wird erst seit etwa 1971 nicht mehr als starres System angewandt. Sie ist mit der Wirklichkeit nicht länger vereinbar. Nach dem Gesetz müssen außer Dauer und Umfang der Ausbildung zu einem Beruf gleichwertig der bisherige Beruf und seine Bedeutung im Betrieb und die an ihn etwa zu stellenden besonderen Anforderungen berücksichtigt werden. In der Regel finden alle diese Merkmale ihren Ausdruck in der **tariflichen Einstufung** (BSG vom 9. 9. 1966 [5 RKn. 9/64] = Breith. 1966 S. 1014 = BSGE 25 S. 186). Ist für einen Beruf keine Lehrzeit vorgeschrieben, so ist der Versicherte trotzdem wie ein gelernter Arbeitnehmer anzusehen, wenn er Kenntnisse und Fähigkeiten erworben hat, die denen **in einer Lehre erworbenen gleichwertig** sind. Ein Rottenführer auf einem Oberbau-Lagerplatz (BSG vom 7. 7. 1970 [5 RKn. 46/67] = Breith. 1970 S. 436 = SozSich.-Kartei Nr. 2427, VII/A zu § 1246 RVO), ein Oberfeuerwehrmann (BSG vom 19. 3. 1970 [5 RKn. 4/68] = BSGE 31 S. 106 = Breith. 1970 S. 678) und ein Lokführer für Normalspur (BSG vom 12. 11. 1970 [5 RKn. 19/68] = Breith. 1971 S. 210 = SGb. 1971 S. 64) wurden u.a. als den gelernten Arbeitnehmern gleichwertig angesehen. Hat der Arbeitnehmer z.B. jahrelang die Arbeit eines gelernten Schlossers verrichtet und wurde er als solcher entlohnt, dann ist er Facharbeiter. Darauf, daß er keine Lehre durchlaufen und keine Gesellenprüfung abgelegt hat, kommt es nicht an (BSG vom 26. 4. 1962 [5 RKn. 17/61] = BSGE 17 S. 41 = SozSich. 1962 S. 208).

Maßgebend ist der **„bisherige" Beruf** des Versicherten und seine Zuordnung zu der entsprechenden Gruppe. Unter dem „bisherigen" Beruf sind alle bis zum Rentenantrag verrichteten Tätigkeiten zu verstehen, wobei der zuletzt ausgeübten Tätigkeit gegenüber den früheren keine besondere Bedeutung zukommt. Auszugehen ist von **dem** Beruf des Versicherten, von seinem **Hauptberuf.** Wurde eine bestimmte Berufsausbildung durchlaufen und diese Arbeit nicht nur vorübergehend ausgeübt, ist in der Regel von diesem Beruf auszugehen. Dasselbe gilt, wenn der Versicherte ohne Ausbildung eine ähnliche Berufsentwicklung durchlaufen hat. Beim Fehlen dieser Merkmale, ist der „Hauptberuf" nach der Dauer der Verrichtung und dem zeitlichen Verhältnis zu den sonstigen Tätigkeiten des Arbeitslebens zu bestimmen. Dabei ist die Tätigkeit, die dem Arbeitsleben des Versicherten das Gepräge gab, der „bisherige" Beruf.

Hat der Versicherte eine für einen anderen Beruf vorgeschriebene Ausbildung ebenfalls absolviert, z.B. ein Autoschlosser, der als Kraftwagenfahrer eingesetzt ist, ist diese trotzdem nicht als Ausbildung für den „bisherigen" Beruf zu berücksichtigen, wenn dieser Beruf üblicherweise von Personen ausgeübt wird, die vorher den „ersten" Beruf erlernt und ausgeübt haben. Dieser Umstand kann aber bei der Bewertung der betrieblichen Bedeutung und der an sie zu stellenden besonderen Anforderungen berücksichtigt werden (BSG vom 9. 9. 1966 [5 RKn. 9/64) = Breith. 1966 S. 1014 = BSGE 25 S. 186).

Eine Tätigkeit, von der sich der Versicherte erkennbar **gelöst** hat, um zu einer neuen Tätigkeit überzugehen, kann bei Ermittlung des Hauptberufs nicht berücksichtigt werden. Der Umstand allein, daß ein Versicherter seinen Beruf längere

Zeit nicht ausgeübt hat, rechtfertigt vor allem dann nicht die Annahme einer Lösung vom Beruf, wenn der Versicherte wegen Arbeitsmangels oder Nachlassens der Arbeitskraft die Arbeit aufgegeben hatte. Erst wenn der Versicherte nach Beseitigung dieser Gründe nicht zu seiner eigentlichen Berufstätigkeit zurückkehrt, liegt eine endgültige Lösung vor (BSG vom 9. 2. 1956 [5 RKn. 7/55] = SozSich. 1956 S. 92 = SGb. 1956 S. 85). **Die Aufgabe des Berufes aus gesundheitlichen Gründen ist immer unbeachtlich** (BSG vom 28. 5. 1963 [12 RJ 44/61] = SozSich. 1963 S. 213 = SGb. 1963 S. 209). Das gilt ausnahmsweise nicht, wenn der gesundheitlich bedingte Berufswechsel vor Erfüllung der Wartezeit von 60 Beitragsmonaten erfolgte (BSG vom 22. 8. 1963 [5 RKn. 48/60] = BSGE 19 S. 279 und vom 12. 12. 1968 [12 RJ 64/67] = BSGE 29 S. 63).
In unserem Fall hatte L seinen Maurerberuf aus gesundheitlichen Gründen (wegen des Wirbelsäulenleidens) aufgegeben. Sein „bisheriger" Beruf war und blieb der des gelernten Arbeiters, obwohl er danach andere Arbeiten verrichtet hat. Bei ihm war die Frage der Erwerbsminderung und des sozialen Statusschutzes nach dem Kreis der Facharbeiterberufe auszurichten (BSG vom 11. 7. 1972 [5 RKn. 105/72] = Breith. 1973 S. 35 = SGb. 1973 S. 29).

Fall Nr. 133: Zumutbare Verweisungsberufe

Der uns aus dem vorherigen Fall bekannte ehemalige Maurer L beantragte Rente wegen Berufsunfähigkeit. Er macht geltend, er könne seinen Facharbeiterberuf nicht mehr ausüben. Ist sein Rentenanspruch berechtigt?

Lösung

Wir haben bereits gesehen, daß es für die Berufsunfähigkeitsrente keineswegs ausreicht, im erlernten Beruf nicht mehr einsetzbar zu sein. Maßgebend ist, ob der Versicherte in **zumutbaren anderen Berufen** noch mehr als die Hälfte eines gesunden Versicherten mit gleichen Kenntnissen und Fähigkeiten ausüben kann. **Unzumutbar ist die Ausübung einer Tätigkeit, wenn damit ein wesentlicher sozialer Abstieg verbunden ist, insbesondere, wenn sie in den Augen der Umwelt ein wesentlich geringeres Ansehen genießt.** Die Verweisung auf einen anderen Beruf ist grundsätzlich nicht untersagt. Allerdings wird eine derartige Verweisung vor allem bei qualifizierten Tätigkeiten häufig daran scheitern, daß der Versicherte mit diesen ihm fremden Tätigkeiten **überfordert** ist; ihm die Voraussetzungen für ihre ordnungsgemäße und einwandfreie Verrichtung fehlen (BSG vom 16. 4. 1959 [5 RKn. 28/58] = BSGE 9 S. 254 = SGb. 1959 S. 437).
Die Rente wegen Berufsunfähigkeit wird gewährt, weil der Versicherte nur noch **inadäquate Verweisungstätigkeiten** verrichten kann und nicht, weil sein Arbeitsverdienst um mehr als die Hälfte gegenüber einem gesunden Versicherten herabgesunken ist. Dabei ist es grundsätzlich zulässig, **einen gelernten Arbeitnehmer auf einen anerkannten Anlernberuf,** für den eine Anlernzeit von einem Jahr bis zu zwei Jahren vorgeschrieben ist, **zu verweisen.** Kann der gelernte Arbeiter oder Angestellte nur noch ungelernte Arbeiten verrichten, ist auch er dann berufsunfähig, wenn er in dem neuen Beruf etwa das gleiche Entgelt wie vorher erzielt. Etwas anderes gilt nur, wenn das Entgelt aus einer Nichtverweisungstätigkeit für

sich allein – also ohne Hinzurechnung der Rente – das Tarifentgelt eines Versicherten gleicher Art in krasser Weise übersteigt (BSG vom 11. 7. 1972 [5 RKn. 105/72] = Breith. 1973 S. 35 = SGb. 1973 S. 29) oder **wenn sich diese Tätigkeit deutlich aus dem Kreis der sonstigen ungelernten Tätigkeiten hervorhebt, indem es sich um eine besondere Vertrauensstellung oder eine besonders verantwortungsreiche Tätigkeit handelt** (BSG vom 23. 10. 1958 [4 RJ 161/57] = SozSich. 1959 S. 26). Versicherte, die eine für einen anerkannten Anlernberuf vorgeschriebene Ausbildung durchlaufen haben, stehen dem Facharbeiter im sozialen Ansehen nicht gleich. Sie müssen sich auf ungelernte Tätigkeiten verweisen lassen, die nicht zu den einfachen ungelernten Arbeiten gehören (BSG vom 28. 5. 1963 [12/4 RJ 30/60] = SozSich. 1963 S. 214 = SGb. 1963 S. 209). Ungelernte Arbeiter und Angestellte, auch wenn sie zu den gehobenen gehören, müssen sich auf jede ungelernte Arbeit verweisen lassen; sie besitzen keinen Berufsschutz (BSG vom 27. 2. 1964 [12/4 RJ 318/60] = SozSich. 1964 S. 106). Die Frage der sozialen Wertung ist in Wirklichkeit viel differenzierter und entspricht einem mittelalterlichen Ständestaat, nicht aber dem 20. Jahrhundert. Im Hinblick auf die Industrialisierung und Technisierung und die damit verbundene Mobilität vertritt neuerdings die Rechtsprechung (BSG vom 30. 11. 1972 [12 RJ 118/72] = Breith. 1973 S. 463) die Auffassung, daß grundsätzlich auch gelernte Arbeitnehmer auf ungelernte Arbeiten verwiesen werden können. Die handwerklich-manuellen Fertigkeiten würden zunehmend zurückgedrängt durch technisches Verständnis, Konzentrationsvermögen, Reaktions- und Übersichtsfähigkeit, Ausdauer, Verantwortungsbewußtsein und Zuverlässigkeit, so daß ungelernte Revisions- und Überwachungsarbeiten, Anlagenkontrollen, Meßwart- und Schalttafeltätigkeiten mittels Bedienung von Apparaten jedem Versicherten zumutbar seien. Dabei wird übersehen, daß diese Fähigkeiten Inhalt des Lehrberufs des Meß- und Regeltechnikers darstellen, so daß im Endeffekt die Rechtsprechung davon ausgeht, jedem Versicherten sei es zumutbar, ohne Lehre eine Facharbeitertätigkeit, die in der Praxis Mittlere Reife voraussetzt, auszuüben. Die „Bedienung" von Vollautomaten setzt aber die gleichen Kenntnisse und Fähigkeiten voraus, wie sie bei der Benutzung eines Waschautomaten von einer Hausfrau gefordert werden. Die Rechtsprechung muß falsch sein, weil sie den Begriff der Berufsunfähigkeit völlig eliminiert. Der Gesetzgeber hat eine Rentenart nicht geschaffen, damit sie in der Praxis nicht zugebilligt werden kann.

L erhält Rente wegen Berufsunfähigkeit, wenn er nur noch einfache ungelernte Arbeiten, die für ihn einen wesentlichen sozialen Abstieg bedeuten, verrichten kann. Der Kreis der Verweisungsberufe ist nicht beschränkt auf Bauberufe, die dem Maurer verwandt sind. Da die Verrichtung qualifizierter gelernter und angelernter Berufe besondere Kenntnisse und Fähigkeiten voraussetzt, ist eine Verweisung auf diese Tätigkeiten zulässig, wenn der Versicherte zu ihrer Verrichtung fähig ist. Besitzt er diese Fähigkeit nicht aus seiner früheren Berufstätigkeit, darf er darauf nur verwiesen werden, wenn er einen entsprechenden Arbeitsplatz innehat oder entsprechend ausgebildet worden ist. Gehobene ungelernte Tätigkeiten, die ein besonderes Verantwortungsbewußtsein oder Vertrauensverhältnis voraussetzen, sind auf dem allgemeinen Arbeitsmarkt nicht vorhanden, es sei denn, der Versicherte besitzt solche (BSG vom 11. 7. 1972 [5 RKn. 105/72] = Breith. 1973 S. 35 = SGb. 1973 S. 29). In der Regel die Verweisung eines gelernten Arbeitnehmers auf Kontrolltätigkeiten und Tätigkeiten als Lagerverwalter, Werkzeugausgeber und Prüfer zumutbar ist. L übt eine solche Tätigkeit aus. Deswegen steht ihm keine Rente zu (BSG vom 14. 3. 1963 [4 RJ 375/62]). Abgesehen davon

erhebt sich die Frage, ob der Versicherte nicht für einen gleichwertigen Beruf umgeschult werden soll.
Die Wartezeit für die Berufsunfähigkeitsrente ist erfüllt, wenn die Entrichtung von 60 Beitragsmonaten nachgewiesen wird.

D. Rente wegen Erwerbsunfähigkeit

Fall Nr. 134: Geringfügiges Entgelt

Frau K war wegen erheblicher Fehlzeiten, die auf einen vorzeitigen körperlichen Verschleiß zurückzuführen waren, entlassen worden. Nach der Aussteuerung aus aus dem Krankengeldbezug beantragte sie Rente wegen Erwerbsunfähigkeit und behauptete dazu, sie sei weiterhin arbeitsunfähig. Es bestehe keine Chance, eine neue Arbeit zu finden. Der Versicherungsträger lehnte den Antrag ab, weil Frau K noch in der Lage sei, leichte Frauenarbeiten vier bis sechs Stunden zu verrichten. War der Bescheid richtig?

Lösung

Rente wegen Erwerbsunfähigkeit erhält nach § 1247 RVO (§ 24 AVG) der Versicherte, der infolge von Krankheit oder anderer Gebrechen oder von Schwäche seiner körperlichen und geistigen Kräfte auf nicht absehbare Zeit eine **Erwerbstätigkeit in gewisser Regelmäßigkeit** nicht mehr ausüben oder nicht mehr als nur geringfügiges Entgelt durch Erwerbstätigkeit erzielen kann. Nicht erwerbsunfähig ist, wer eine selbständige Erwerbstätigkeit ausübt. Auch bei der Erwerbsunfähigkeitsrente wird eine Wartezeiterfüllung von 60 Beitragsmonaten verlangt. Neben einer Rente wegen Erwerbsunfähigkeit wird eine Berufsunfähigkeitsrente nicht gewährt.
Das Gesetz enthält alternativ zwei Tatbestände. Kann der Versicherte eine Erwerbstätigkeit in gewisser Regelmäßigkeit nicht mehr ausüben (erste Alternative), so liegt Erwerbsunfähigkeit vor. Es bedarf dann keiner weiteren Prüfung der Frage, ob der Versicherte nicht mehr als nur geringfügiges Erwerbseinkommen erzielen kann (zweite Alternative).
Kann der Versicherte eine Erwerbstätigkeit noch in gewisser Regelmäßigkeit ausüben, kommt es darauf an, ob nur noch geringfügiges Entgelt erzielt werden kann – und nicht wird (BSG vom 23. 6. 1964 [11/1 RA 84/63] = BSGE 21 S. 133 = Breith. 1964 S. 1048). **„Geringfügig" sind Einkünfte, die ein Fünftel des Bruttodurchschnittstariflohnes einer Vergleichsperson nicht erreichen** (BSG vom 28. 5. 1963 [12 RJ 142/61] = SozSich.-Kartei Nr. 1537, VII/A zu § 1247 RVO = SGb. 1963 S. 208). Läßt sich nicht feststellen, ob ein beschränkt Erwerbsfähiger – obwohl er dies will – mit der ihm verbliebenen Erwerbsfähigkeit mehr als geringfügige Einkünfte erzielen kann, so sind die Voraussetzungen ebenfalls erfüllt. Dabei spielt die Forderung, daß die Erwerbsminderung für eine nicht absehbare Zeit bestehen muß, insoweit eine Rolle, als akute Krankheiten bis zu einer Dauer von einem halben Jahr nicht berücksichtigt werden sollen.

Frau K war bei einem Leistungsvermögen von vier bis sechs Stunden pro Tag durchaus noch in der Lage, einer Erwerbstätigkeit in gewisser Regelmäßigkeit nachzugehen. Die Rechtsprechung verneint die Regelmäßigkeit, wenn die Arbeitseinsatzfähigkeit nur bis zu zwei Stunden beträgt. Bei einer Arbeitszeit von vier bis sechs Stunden konnte Frau K auch mehr als geringfügiges Entgelt erzielen. Damit erfüllte sie keine der beiden Voraussetzungen.
Die Rechtsprechung nimmt nicht den Lohn, sondern die noch mögliche Arbeitszeit als Maßstab für die Berufs- und Erwerbsunfähigkeitsrenten. Wer also nur bis zu zwei Stunden am Tag arbeiten kann, ist erwerbsunfähig, mag er auch tatsächlich – allerdings auf Kosten seiner Gesundheit – vollschichtig arbeiten. Bei einer Einsatzfähigkeit von zwei bis vier Stunden liegt Berufsunfähigkeit immer vor. Hingegen erhält ein Versicherter, der mehr als 4 Stunden, aber keine acht Stunden arbeiten kann, nur Rente, wenn er einen Berufsschutz als gelernter Arbeitnehmer genießt und nur unzumutbare unqualifizierte Tätigkeiten auszuüben in der Lage ist. Bei vollschichtigem Einsatzvermögen ist keine Rente zu zahlen. Nach diesem Schema, das allerdings die Frage des verschlossenen Arbeitsmarktes (vgl. den nächsten Fall) nicht berücksichtigt, ist Frau K nicht einmal berufsunfähig.
In unserem Fall wurde der Rentenantrag aber auf die Tatsache gestützt, daß Frau K häufig arbeitsunfähig krank und somit nicht mehr fähig sei, leichte Frauenarbeiten auf dem allgemeinen Arbeitsmarkt zu verrichten; denn kein Arbeitgeber werde sie einstellen. Der Schluß ist nicht zwingend. Es kann nicht ausgeschlossen werden, daß Frau K dennoch leichte Frauenarbeiten zu leisten vermag. Etwas anderes könnte allenfalls dann gelten, wenn die Versicherte so häufig arbeitsunfähig krank ist, daß die von ihr während eines Arbeitsjahres erbrachte Arbeitsleistung nicht mehr die **Mindestanforderungen**, welche ein vernünftig und billig denkender Arbeitgeber zu stellen berechtigt ist, erfüllt, so daß eine Einstellung oder Weiterbeschäftigung praktisch ausgeschlossen ist (BSG vom 5. 3. 1959 [4 RJ 27/58] = BSGE 9 S. 192 = SozSich. 1959 S. 208).

Fall Nr. 135: Verschlossener Arbeitsmarkt

Der 1928 geborene Arbeiter P beantragte wegen eines Beinleidens Erwerbsunfähigkeitsrente. Diese wurde abgelehnt, weil er nach den ärztlichen Feststellungen noch in der Lage war, auf dem allgemeinen Arbeitsmarkt ganztägig leichte Arbeiten im Sitzen zu leisten und einen Weg von nicht mehr als fünf Minuten bis zur Arbeitsstelle zurückzulegen. Der Versicherte hingegen stützt seinen Anspruch auf den ihm verschlossenen Arbeitsmarkt. Bekommt er Rente?

Lösung

Die Entscheidung der Frage, ob ein Versicherter berufs- oder erwerbsunfähig ist, hängt davon ab, **ob es Verweisungstätigkeiten** – mögen sie frei oder besetzt sein – **gibt und in welcher Zahl sie vorhanden sind.** Der Versicherte darf – abgesehen von seiner eingeschränkten Erwerbsfähigkeit – nur auf Tätigkeiten verwiesen werden, wenn ihm für diese **der Arbeitsmarkt praktisch nicht verschlossen ist. Das ist zu bejahen, wenn das Verhältnis der im Verweisungsgebiet vorhandenen, für den Versicherten in Frage kommenden Teilzeitarbeits-**

plätze zur Zahl der Interessenten für solche Beschäftigungen ungünstiger als 75:100 ist. Dabei muß sich der Versicherte grundsätzlich auf das Arbeitsfeld des gesamten Bundesgebietes verweisen lassen. Kann er jedoch nur bis zu vier Stunden tätig werden, ist Verweisungsgebiet der Wohnort und die nähere Umgebung des Versicherten (BSG vom 11. 12. 1969 [GS 2/68] = BSGE 30 S. 192 = Breith. 1970 S. 404).
Die **zeitliche Einschränkung** der Erwerbsfähigkeit des Versicherten ist auch für die Frage, ob und in welchem Umfang geeignete Arbeitsplätze vorhanden sind (je geringer die zumutbare Arbeitszeit, desto weniger Arbeitsplätze gibt es), von entscheidender Bedeutung. Kann ein Versicherter noch **vollschichtig** arbeiten, liegt in der Regel weder Berufs-, noch Erwerbsunfähigkeit vor. Bei Vollzeitarbeitsplätzen ist grundsätzlich davon auszugehen, daß es sie im geforderten Umfang gibt. Das gilt, wenn sie in einem Tarifvertrag erfaßt sind. Ist das der Fall, erübrigen sich weitere Ermittlungen (BSG vom 28. 7. 1970 [5/12 RJ 2/68] = BSGE 31 S. 233 = Breith. 1970 S. 1021). Wird die Arbeitseinsatzfähigkeit durch erhebliche qualitative und quantitative Beeinträchtigungen weiter eingeschränkt, kann der Arbeitsmarkt verschlossen sein z. B. der Versicherte kann den Arbeitsplatz nur unter betrieblich unüblichen Bedingungen ausfüllen oder er leidet an ekelerregenden oder ansteckenden Krankheiten (BSG vom 10. 12. 1970 [5/12 RJ 72/68] = SozSich.-Kartei Nr. 2457, VII/A zu § 1246 RVO = SGb. 1971 S. 147).
Für Versicherte, die **unter vollschichtig bis halbschichtig** tätig sein können und nur zusätzlich schematisch (Tätigkeiten im Stehen und im Freien können nicht verrichtet werden) in ihrer Erwerbsfähigkeit eingeschränkt sind, gilt folgendes: Ungelernte und angelernte Arbeitnehmer sind beim Vorhandensein eines offenen Teilzeitarbeitsmarktes weder berufs- noch erwerbsunfähig. Gelernte Arbeitnehmer und die ihnen Gleichgestellten gelten wegen fehlender Kenntnis des Teilzeitarbeitsmarktes grundsätzlich als berufsunfähig, da das Verhältnis der offenen zu den benötigten Teilzeitarbeitsplätzen noch nicht ermittelt werden kann.
Die Berufsunfähigkeit schlägt sofort zur Erwerbsunfähigkeit durch, wenn der Versicherte bei einer Arbeitseinsatzfähigkeit von unter vollschichtig bis zu vier Stunden **zusätzlich in qualitativer** (Arbeiten ohne besondere nervliche Belastung und Anforderungen an das Seh- und Hörvermögen usw.) **oder quantitativer Hinsicht** (verlangsamtes Arbeitstempo (BSG vom 27. 5. 1970 [5/4 RJ 388/67] = Breith. 1970 S. 942 = SozSich. 1970 S. 310), Umständlichkeit, Schwerbesinnlichkeit, Vergeßlichkeit und ohne Akkord usw. (BSG vom 17. 5. 1972 [12 RJ 74/71] = Breith. 1972 S. 835 = SGb. 1973 S. 326) eingeschränkt ist. Dazu zählt auch die Unmöglichkeit, den Weg zur Arbeit zurückzulegen; denn zur Erwerbstätigkeit gehört – abgesehen von der Heimarbeit – die Fähigkeit, eine Arbeitsstätte aufzusuchen. Diese Fähigkeit ist rechtserheblich eingeschränkt, wenn der Versicherte – wie P – nur 5 Minuten zu Fuß gehen kann; P ist somit zumindest berufsunfähig (LSG Bremen vom 25. 6. 1971 [LJ 71/69]).
Bei P ist Erwerbsunfähigkeit ferner anzunehmen, wenn er nur zu **unüblichen Bedingungen** auf dem Teilzeitarbeitsmarkt zwischen vier und sieben Stunden eingesetzt werden kann, z. B. unter Vermeidung von einseitigen Körperhaltungen (BSG vom 31. 10. 1962 [12 RJ 36/60] = SozSich.-Kartei Nr. 1455, VII/A zu § 1246 RVO = SGb. 1962 S. 366), von häufigem Bücken, Klettern und Leitersteigen (BSG vom 17. 5. 1972 [12 RJ 74/71] = Breith. 1972 S. 835 = SGb. 1973 S. 326) und mit der Forderung nach zusätzlichen, betriebsunüblichen Pausen. Ein **stark eingeschränktes Arbeitsfeld** löst die gleiche Rechtswirkung aus (z. B. P kann keine Wechsel- oder Nachtschicht (BSG vom 27. 5. 1970 [5/4 RJ 388/67] = Breith. 1970

S. 942 = SozSich. 1970 S. 310) leisten und nur zu ebener Erde und nicht an laufenden Maschinen (BSG vom 10. 12. 1970 [5/12 RJ 72/68] = SozSich.-Kartei Nr. 2457, VII/A zu § 1246 RVO = SGb. 1971 S. 147) arbeiten.
Von diesen Regeln gibt es zwei Ausnahmen. **Weibliche Dienstleistungskräfte** sind bei offenem Arbeitsmarkt nicht berufs- oder erwerbsunfähig, wenn sie unter vollschichtig bis halbschichtig einsetzbar sind. Nach den neuesten Ermittlungen der Bundesanstalt für Arbeit ist aber auch Frauen, die nur leichte ungelernte Arbeiten in wechselnder Körperhaltung ohne Belastung durch Zeitvorgabe verrichten können, der Arbeitsmarkt verschlossen. Männer und Frauen, die einen Teilzeitarbeitsplatz tatsächlich und nicht nur vergönnungsweise besitzen, außerdem nicht nur vorübergehend und nicht auf Kosten der Gesundheit tätig sind, fallen unter die zweite Ausnahme. Eine **vergönnungsweise Beschäftigung** z.B. aus sozialen Gründen ist anzunehmen, wenn der Versicherte die ihm übertragene Arbeit im Verhältnis zu einem gesunden Versicherten, der die gleiche Arbeit verrichtet, nicht im wesentlichen gleichwertig ausübt (BSG vom 28. 7. 1970 [5/12 RJ 2/68] = BSGE 31 S. 233 = Breith. 1970 S. 1021).
Würde P einen Teilzeitarbeitsplatz ohne berechtigten Grund ablehnen, könnte ihm die Rente verweigert werden. Verweisungsfeld für alle diese Überlegungen ist das gesamte Bundesgebiet, so daß es auf die örtlichen Verhältnisse des Arbeitsmarktes nicht ankommt (BSG vom 10. 12. 1970 [5/12 RJ 72/68] = SozSich.-Kartei Nr. 2457, VII/A zu § 1246 RVO = SGb. 1971 S. 147).
Kann P **unter halbschichtig bis zu zwei Stunden** am Tag eingesetzt werden, ist er grundsätzlich berufsunfähig. Das gilt auch für weibliche Dienstleistungskräfte. Es ist nicht erforderlich, daß bei den Versicherten zusätzliche qualitative und quantitative Einschränkungen vorliegen. Dabei ist auf die Verhältnisse des **örtlichen Arbeitsmarktes** abzustellen. Eine Wochenendpendelei oder ein Umzug in eine andere Stadt ist nur den Versicherten zuzumuten, die über eine Leistungsfähigkeit von mehr als vier Stunden pro Tag verfügen. Ohne jede Ausnahme ist der Versicherte erwerbsunfähig, der nur noch bis zu zwei Stunden täglich einsetzbar ist.
Diese Grundsätze der konkreten Verweisung verlangen von den Versicherungsträgern und Sozialgerichten eine Überprüfung der jeweiligen Arbeitsmarktlage und der individuellen Einsatzfähigkeit des Versicherten. Sie haben dazu geführt, daß in der Praxis der Versicherungsfall der Berufsunfähigkeit oft zur Erwerbsunfähigkeit wegen eines verschlossenen Arbeitsmarktes „durchschlägt". Folgerichtig stellt die Erwerbsunfähigkeitsrente den größten Teil der Frührenten dar.

E. Altersruhegeld

Fall Nr. 136: Arbeitslose

Der pensionierte Polizeibeamte H meldete sich im Alter von 60 Jahren am 2. 4. 1973 bei seinem zuständigen Arbeitsamt als Arbeitsloser. Sein Antrag, ihm ab 1. 5. 1974 vorgezogenes Altersruhegeld wegen einjähriger Arbeitslosigkeit zu gewähren, wurde abgelehnt, weil H nicht „berufsmäßig als Arbeitnehmer" tätig und nicht ernsthaft arbeitswillig gewesen sei. Hat er durch die Meldungen beim Arbeitsamt seine Arbeitswilligkeit ernsthaft unter Beweis gestellt?

Lösung

Vorgezogenes Altersruhegeld erhält nach § 1248 Abs. 2 RVO (§ 25 Abs. 2 RVO) auf Antrag der Versicherte, der das 60. Lebensjahr vollendet, die Wartezeit von 180 Beitragsmonaten erfüllt hat und nach einer Arbeitslosigkeit von mindestens 52 Wochen innerhalb der letzten eineinhalb Jahre arbeitslos ist.
Für die Beurteilung der Arbeitslosigkeit sind die Bestimmungen der §§ 100ff. des Arbeitsförderungsgesetzes sinngemäß heranzuziehen. Danach ist arbeitslos, wer als Arbeitnehmer vorübergehend nicht in einem Beschäftigungsverhältnis steht oder nur eine geringfügige Beschäftigung ausübt. Zum Kreis der Arbeitnehmer gehört auch, wer sich erstmals um die Erlangung unselbständiger Arbeit bemüht und zu ihrer Aufnahme entschlossen ist. H als pensionierter Beamter zählt wie langjährig nicht beschäftigte Ehefrauen und Selbständige grundsätzlich zu diesem Personenkreis (BSG vom 4. 2. 1965 [1 RA 142/63] = Breith. 1965 S. 920 = SGb. 1965 S. 144); auch ein Berufsunfähiger kann ihm angehören (LSG Rheinland-Pfalz vom 9. 10. 1963 [L 1 J 73/63]).
Die Voraussetzung, daß der Arbeitslose sich bei einem deutschen Arbeitsamt gemeldet hat und sich nach Aufforderung dort meldet, gilt nicht für die hier zu beurteilende Arbeitslosigkeit. So ist es durchaus zulässig, daß der Versicherte ohne Meldung beim Arbeitsamt nachweist, daß er sich ernsthaft um Arbeit bemüht hat (LSG Nordrhein-Westfalen vom 2. 9. 1965 [L 2 Kn. 47/63] = MRKn. 1966 S. 100).
Die **ernsthafte Arbeitsbereitschaft** und der Wille, jede zumutbare Beschäftigung unter den üblichen Bedingungen des allgemeinen Arbeitsmarktes anzunehmen, sind unabdingbare Voraussetzungen der Arbeitslosigkeit. Bei Arbeitslosen, die vor Beginn der Arbeitslosigkeit ständig als Arbeitnehmer gearbeitet haben, ist die ernsthafte Arbeitsbereitschaft grundsätzlich durch die Meldung beim Arbeitsamt nachgewiesen. Anders ist die Rechtslage bei bisher versicherungsfreien Personen wie Hausfrauen, Beamten oder Selbständigen. Sie müssen durch objektive Umstände ihre ernsthafte Arbeitsbereitschaft so darlegen und beweisen, daß diese keinem vernünftigen Zweifel unterliegt. Der Versicherte muß sich selbst zusätzlich um Arbeit bemühen und seine Bemühungen belegen (BSG vom 12. 1. 1966 [1 RA 305/63] = SGb. 1966 S. 71). Bei Hausfrauen ist zu prüfen, ob keine häuslichen Bindungen einer hauptberuflichen Arbeitsaufnahme entgegenstehen (BSG vom 15. 3. 1962 [4 RJ 210/59] = SozSich. 1962 S. 207 = SGb. 1962 S. 142). Eine erhebliche Änderung der Lebensverhältnisse (Scheidung oder Tod des Ehemannes) kann eine Hausfrau zwingen, eigenes Arbeitseinkommen zu erzielen (BSG vom 14. 6. 1962 [4 RJ 246/59] = SGb. 1962 S. 237 = SozSich.-Kartei Nr. 1382, VII/A zu § 1248 RVO). Ein ähnlicher Zwang kann bei Selbständigen, deren Vermögen verfallen ist und die kein ausreichendes Einkommen besitzen, vorhanden sein. Wer sich nur mit dem Willen, eine Rente zu erhalten, beim Arbeitsamt gemeldet hat, besitzt – wie unser Pensionär – keinen Anspruch auf vorgezogenes Altersruhegeld.
Der Arbeitswille ist bei einem ehemaligen Arbeitnehmer grundsätzlich auch dann anzunehmen, wenn er vorher einen Antrag auf Erwerbsunfähigkeitsrente gestellt und dabei behauptet hat, er könne überhaupt keine Arbeit mehr leisten (LSG Bayern vom 1. 2. 1966 [L 5 J 887/63] = SozSich.-Kartei Nr. 1913, VII/A zu § 1248 RVO). Der Antrag, hilfsweise Erwerbsunfähigkeitsrente zu gewähren, macht den Hauptantrag auf vorgezogenes Altersruhegeld nicht unschlüssig (LSG Niedersachsen vom 1. 9. 1965 [L 2 J 730/63] = Breith. 1967 S. 176).

Fall Nr. 137: Altersruhegeld für Frauen

Frau B war selbständige Handwerkerin. Am 1. 5. 1972 vollendete sie das 60. Lebensjahr. In den voraufgehenden zwanzig Jahren hatte sie 140 Pflichtbeiträge zur gesetzlichen Rentenversicherung geleistet. Als sie am 1. 8. 1974 ihren Gewerbebetrieb aufgab und vorgezogenes Altersruhegeld beantragte, wurde ihr die Rente verweigert. Sie sei in der Zeit vom August 1964 bis Juli 1974 nur 118 Monate – also nicht überwiegend – versicherungspflichtig beschäftigt gewesen. Erfüllte Frau B diese Voraussetzung?

Lösung

Altersruhegeld erhält nach § 1248 Abs. 3 RVO (§ 25 Abs. 3 AVG) auf Antrag die Versicherte, die das 60. Lebensjahr vollendet und die Wartezeit von 180 Beitragsmonaten erfüllt hat, wenn sie in den letzten 20 Jahren überwiegend eine rentenversicherungspflichtige Beschäftigung oder Tätigkeit ausgeübt hat. Die Entrichtung freiwilliger Beiträge genügt nicht.
Dieses vorgezogene Altersruhegeld gilt nur für Frauen, die in den letzten zwanzig Jahren überwiegend – also mindestens 121 Monate – eine versicherungspflichtige Beschäftigung ausgeübt haben, jetzt aber nicht mehr. Maßgebend ist der Wille der Versicherten, ab einem bestimmten Zeitpunkt die Beschäftigung aufzugeben. Wann die offizielle Kündigung des Arbeitsverhältnisses ausgesprochen wird, ist ohne Belang (BSG vom 20. 12. 1960 [4 RJ 303/59] = BSGE 13 S. 263 = SozSich. 1961 S. 23). Da das vorgezogene Altersruhegeld den weiblichen Versicherten das Erwerbseinkommen ersetzen, jedoch keine zusätzliche Einnahme sein soll, steht einer Versicherten, die trotz des Rentenbezugs weiterbeschäftigt – vielleicht versicherungsfrei – bleibt, die Rente nicht zu (BSG vom 25. 5. 1965 [1 RA 350/61] = BSGE 23 S. 67 = Breith. 1965 S. 833).
Zum Versicherungsfall des vorgezogenen Altersruhegeldes für Frauen gehört die Aufgabe der versicherten Beschäftigung und die Vollendung des 60. Lebensjahres, nicht der Rentenantrag, obschon er materielle Anspruchsvoraussetzung ist (BSG vom 28. 4. 1964 [12 RJ 294/61] = SozSich. 1964 S. 187 = SGb. 1964 S. 174). Demgemäß wird der Zwanzigjahreszeitraum grundsätzlich von der Vollendung des 60. Lebensjahres rückwirkend errechnet. Es genügt somit, daß Frau B am 1. 5. 1972, als sie das 60. Lebensjahr vollendete, überwiegend versicherungspflichtig tätig gewesen war. Die Weiterarbeit über diesen Tag oder eine spätere Rentenantragstellung ändern daran nichts (BSG vom 13. 11. 1969 [4 RJ 71/69] = BSGE 30 S. 132 = Breith. 1970 S. 309). Wenn erst durch die Weiterarbeit – z.B. bis zum 62. Lebensjahr – die Voraussetzung der überwiegenden versicherungspflichtigen Beschäftigung in den letzten zwanzig Jahren geschaffen wird, beginnt die Rente mit dem 62. Lebensjahr, wenn alle Voraussetzungen erfüllt sind.
Die überwiegende rentenversicherungspflichtige Beschäftigung wird nachgewiesen durch Beiträge, die in dieser Zeit entrichtet worden sind oder als entrichtet gelten (BSG vom 3. 3. 1964 [4 RJ 17/61] = BSGE 20 S. 231 = SozSich.-Kartei Nr. 1641, VI/A zu § 25 AVG). Unterblieb zum Beispiel wegen Überschreitung der Jahresarbeitsverdienstgrenzen eine Beitragszahlung, ist diese Zeit nicht zu berücksichtigen.

Fall Nr. 138: Flexibles Altersruhegeld

Der 62 Jahre alte Heizer T beantragte das flexible Altersruhegeld mit der Begründung, er sei zumindest berufsunfähig. War der Antrag berechtigt?

Lösung

Nach § 1248 Abs. 1 RVO (§ 25 Abs. 1 AVG) erhält der Versicherte auf Antrag das flexible Altersruhegeld, wenn er das 63. Lebensjahr vollendet hat und 35 anrechnungsfähige Versicherungsjahre mit einer Beitragsentrichtung von mindestens 180 Monaten nachweisen kann. Bereits mit 62 Jahren kann diese Rente gezahlt werden, wenn der Versicherte anerkannter Schwerbehinderter im Sinne des § 1 Schwerbehindertengesetzes oder berufs- oder erwerbsunfähig ist. Der Anerkennungsbescheid der Verwaltungsbehörde, der Berufsgenossenschaft oder des Versorgungsamtes genügen zum Nachweis der Schwerbehinderteneigenschaft. Nach dem Gesetz sind alle Personen, deren Minderung der Erwerbsunfähigkeit mindestens 50 vom Hundert beträgt begünstigt. Die Gleichstellung reicht nach dem Gesetz nicht aus.
Es wird nicht gefordert, daß der Versicherte bereits Berufs- oder Erwerbsunfähigkeitsrente bezieht. Die Tatsache allein, daß der Rentenbewerber berufs- oder erwerbsunfähig ist, wenn er das 62. Lebensjahr vollendet, reicht aus. Da der Heizer T noch keine Rente bezieht, hat der Versicherungsträger zuerst die Vorfrage zu klären, ob der Versicherte berufs- oder erwerbsunfähig ist. Wird die Frage bejaht, erhält T statt der Berufs- oder Erwerbsunfähigkeitsrente das flexible Altersruhegeld.
Da im Gegensatz zu der Berufs- oder Erwerbsunfähigkeitsrente der Gesundheitszustand des Versicherten bei allen Arten des Altersruhegeldes ohne Bedeutung ist, kann es für den Versicherten allein im Hinblick auf eine nach dem 63. Lebensjahr mögliche Besserung seines Gesundheitszustandes und der dann drohenden Rentenentziehung durchaus vorteilhaft sein, statt der Erwerbsunfähigkeitsrente das in gleicher Höhe gezahlte Altersruhegeld zu beanspruchen. Bezieht P statt einer Berufsunfähigkeitsrente das flexible Altersruhegeld, so ist damit sogar eine Rentenerhöhung um die Hälfte verbunden, da die Berufsunfähigkeitsrente nur $^{2}/_{3}$ der Erwerbsunfähigkeitsrente oder des Altersruhegeldes beträgt (vgl. Fall Nr. 155).

Fall Nr. 139: „Normales" Altersruhegeld

Der Buchhalter G feierte am 1. Januar 1974 seinen 65. Geburtstag. Als er kurz darauf seinen Rentenbescheid über das bewilligte Altersruhegeld bekam, stellte er fest, daß die Rente erst ab 1. Februar 1974 zugebilligt war. War die Auffassung des Versicherten, er habe bereits am 31. 12. 1973 um Mitternacht das 65. Lebensjahr vollendet und deshalb müsse ihm die Rente ab 1. 1. 1974 gezahlt werden, richtig?

Lösung

Das „normale" Altersruhegeld erhält nach § 1248 Abs. 5 RVO (§ 25 Abs. 5 AVG) der Versicherte, der das 65. Lebensjahr vollendet und die Wartezeit von 180 Bei-

tragsmonaten erfüllt hat. Das 65. Lebensjahr wird mit dem Ablauf des Tages, der der 65. Wiederkehr des Geburtstages, also des 66. Geburtstages, vorausgeht, vollendet. Der Buchhalter G vollendete somit am 31. 12. 1973 um Mitternacht sein 65. Lebensjahr (BSG vom 31. 7. 1969 [4 RJ 451/68] = BSGE 30 S. 38 = Breith. 1969 S. 45). Damit trat an diesem Tag auch der Versicherungsfall ein; die Rente ist ab 1. 1. 1974 zu zahlen.
Konsequenterweise sind die beim Eintritt des Versicherungsfalles maßgebenden Werte – wie die allgemeine Bemessungsgrundlage – der Rentenberechnung zugrunde zu legen. Das ab 1. 1. 1974 zu zahlende Altersruhegeld des G errechnet sich also nach der allgemeinen Rentenbemessungsgrundlage des Jahres 1973. Obwohl dadurch die Rente niedriger ist, ergibt sich der finanzielle Vorteil einer zusätzlichen Rentenzahlung für den Monat Januar 1974. Diese Monatsrente ist höher als die Rentendifferenz bis Juni 1974. Ab 1. Juli 1974 wird die Rente durch das 17. Rentenänderungsgesetz auf den Stand von 1974 angehoben.

Fall Nr. 140: Nebenverdienste

Der Bautischler O beantragte das flexible Altersruhegeld ab 1. 2. 1974. Zu seiner Überraschung wurde der Antrag abgelehnt, weil er über diesen Tag hinaus in ungekündigter Stellung tätig war und dadurch die Verdienstgrenze überschritten hatte. Ist die Ansicht von O, er könne 3 Monate lang weiterarbeiten und in unbeschränkter Höhe hinzuverdienen, berechtigt?

Lösung

Anspruch auf **flexibles Altersruhegeld** besteht nach § 1248 Abs. 4 RVO (§ 25 Abs. 4 AVG) bis zur Vollendung des 65. Lebensjahres neben einer entgeltlichen Beschäftigung nur, wenn diese **nur gelegentlich, insbesondere zur Aushilfe** für eine Zeitdauer, die im Laufe eines Jahres seit dem erstmaligen Beginn der Rente auf nicht weniger als 3 Monate oder insgesamt 75 Arbeitstage nach der Natur der Sache beschränkt zu sein pflegt oder im voraus durch Vertrag beschränkt ist. Wer – wie unser Bautischler O – in einem unbefristeten Arbeitsverhältnis verbleibt, erfüllt auch dann nicht die Rentenvoraussetzungen, wenn er das Arbeitsverhältnis drei Monate nach dem Rentenbeginn beenden will.
Zulässig ist, daß O ab Rentenbeginn ein auf drei Monate befristetes Arbeitsverhältnis beginnt. Für Selbständige gilt diese Regelung nicht; ihnen steht keine Rente zu, wenn sie – zeitlich begrenzt – voll weiterarbeiten. Der Jahreszeitraum, in dem O eine Nebentätigkeit ausüben kann, beginnt mit dem Altersruhegeldbezug.
Das Gesetz stellt für die ständige Nebenarbeit eine **Verdienstgrenze** auf. Eine **laufende oder wiederkehrende abhängige oder selbständige Beschäftigung** gegen Entgelt beeinflußt den Rentenanspruch nicht, wenn im Durchschnitt drei Zehntel der für Monatsbezüge geltenden Beitragsbemessungsgrenze nicht überschritten werden. Im Jahre 1974 beträgt die monatliche Verdienstgrenze DM 750. Es ist zulässig, daß O in jedem Rentenjahr (nicht Kalenderjahr) zuerst drei Monate lang befristet voll arbeitet und danach unter Beachtung der jeweiligen Verdienstgrenzen regelmäßig weiterarbeitet.
Bezieher des **vorgezogenen Altersruhegeldes** wegen Arbeitslosigkeit (Fall

Nr. 136) oder überwiegender Beschäftigung in den letzten zwanzig Jahren (Fall Nr. 137) haben ebenfalls die Möglichkeit, drei Monate voll tätig zu sein. Sie dürfen, wenn sie regelmäßig oder wiederkehrend weiterarbeiten, nur ein Achtel der monatlichen Beitragsbemessungsgrenze, das sind 1974 monatlich DM 312,50, rentenunschädlich hinzuverdienen. Vollendet der Bezieher eines vorgezogenen Altersruhegeldes das 63. Lebensjahr und erfüllt er die Voraussetzungen des flexiblen Altersruhegeldes, kann er im Jahre 1974 statt DM 312,50 nunmehr DM 750 pro Monat hinzuverdienen. Wird das 65. Lebensjahr vollendet, entfällt jede Verdienstbeschränkung.
Überschreitet der Bezieher von vorgezogenem oder flexiblem Altersruhegeld die Dreimonatsfrist oder die jeweils für ihn geltende Verdienstgrenze, entfällt die Rente rückwirkend mit dem Beginn des Monats, in dem dieser Fall eintritt. Endet die Beschäftigung, ist das Altersruhegeld auf Antrag ab Beginn des nächsten Monats gemäß § 1290 Abs. 3 RVO (§ 67 Abs. 3 AVG) erneut zu gewähren. Der Versicherte ist verpflichtet, die Aufnahme und Ausübung einer Beschäftigung dem Versicherungsträger zu melden, wenn diese die Zeit- oder Verdienstgrenze überschreitet.

F. Hinterbliebenenrenten

Fall Nr. 141: Witwenrente

Vor einem dazu nicht ermächtigten spanischen Geistlichen wurde eine spanische Gastarbeiterin mit einem Landsmann kirchlich getraut. Die Trauung wurde noch im gleichen Jahr als kanonische Eheschließung in das Zivilregister des spanischen Generalkonsulats eingetragen. Vor einem deutschen Standesamt fand keine Eheschließung statt, auch ist die Trauung in ein deutsches Standesregister nicht eingetragen worden. Als der Ehemann an den Folgen eines Arbeitsunfalls starb, lehnte der deutsche Rentenversicherungsträger Witwenrente ab, weil die Hinterbliebene nicht die Witwe des Verstorbenen sei. Ist die Ablehnung berechtigt?

Lösung

Nach dem Tode des versicherten Ehemannes erhält nach § 1264 RVO (§ 41 AVG) **seine Witwe** eine Witwenrente. Voraussetzung ist, daß zur Zeit des Todes eine in der Bundesrepublik Deutschland gültige Ehe bestand. Das war in unserem Fall zu verneinen; denn Geistliche der römisch-katholischen Kirche sind allein auf Grund ihrer kirchlichen Trauungsbefugnis nicht ermächtigt, in Deutschland bei zivilen Eheschließungen spanischer Staatsangehörigen katholischen Glaubens mitzuwirken. Dazu ist eine besondere Ermächtigung erforderlich. Die Registrierung einer kirchlichen Trauung im spanischen Zivilregister vermag die vom Ehegesetz geforderte Ermächtigung nicht zu ersetzen. Da es auf den Zeitpunkt der Trauung ankommt, hat eine nachträgliche Ermächtigung keine rückwirkende Kraft. Die kirchliche Trauung war somit keine nach deutschem Recht gültige Eheschließung. Die Spanierin ist nicht die Witwe des Versicherten (BSG vom 24. 11. 1971 [4 RJ 215/70] = BSGE 33 S. 219 = SGb. 1972 S. 95), so daß der Versicherungsträger Witwenrente zu Recht verweigert hat.

Die ehemalige Frau des Versicherten aus einer geschiedenen oder für ungültig erklärten Ehe ist ebenfalls nicht die Witwe des Versicherten. Das gilt auch, wenn die Ehe durch ein DDR-Gericht geschieden, das Urteil öffentlich zugestellt und die Scheidung auf politische Meinungsverschiedenheiten als Ursache der ehelichen Verfremdung gestützt ist (BSG vom 16. 4. 1964 [11/1 RA 26/61] = BSGE 21 S. 10 = SozSich.-Kartei Nr. 1656, VII/A zu § 1264 RVO).
Die Witwenrente beträgt 60% der Rente des verstorbenen Versicherten, die ihm – ohne Berücksichtigung der Zurechnungszeit (vgl. Fall Nr. 152) – bei Berufsunfähigkeit zugestanden hätte. Hat die Witwe das 45. Lebensjahr vollendet oder ist sie selbst berufs- oder erwerbsunfähig oder erzieht sie ein waisenrentenberechtigtes Kind, erhält sie 60% der Erwerbsunfähigkeitsrente des Verstorbenen. Für die ersten drei Monate nach dem Tode des Versicherten wird die Witwenrente in Höhe der Rente des Versicherten nach § 1268 RVO (§ 45 AVG) voll ausgezahlt.

Fall Nr. 142: Witwerrente

Die Eheleute K bezogen seit Vollendung des 65. Lebensjahres Altersruhegeld. Die Ehefrau erhielt, als sie im Februar 1974 starb, eine Rente in Höhe von DM 311,30, während die Rente des Mannes DM 305,20 im Monat betrug. Außerdem erhielt Frau K seit 1973 vom Sozialamt ein Pflegegeld in Höhe von DM 120. Steht dem Ehemann Witwerrente zu?

Lösung

Nach § 1266 RVO (§ 43 AVG) erhält der Ehemann Witwerrente nach dem Tode seiner versicherten Ehefrau, wenn die Verstorbene den Unterhalt ihrer Familie **überwiegend** bestritten hat. Unter „Bestreiten des Unterhalts“ sind das Zurverfügungstellen von Unterhaltsmitteln, die Führung des Haushalts und die Fürsorge für die Familienangehörigen zu verstehen. Bei einer aus Mann und Frau bestehenden Familie hat der Ehegatte den Unterhalt überwiegend bestritten, der in dem maßgeblichen Zeitraum zum ehelichen Aufwand tatsächlich – und im Einzelfall nachprüfbar – **mehr als die Hälfte beigetragen hat** (BSG vom 14. 2. 1964 [1 RA 203/60] = Breith. 1964 S. 584 = SGb. 1964 S. 208).
Der maßgebende Zeitraum, in dem die Versicherte den Unterhalt ihrer Familie überwiegend bestritten haben muß, ist der letzte wirtschaftliche Dauerzustand vor ihrem Tod. Dieser beginnt mit der Änderung der Einkommensverhältnisse eines Familienmitglieds mit Dauerwirkung bis zum Tode der Versicherten oder mit dem Beginn der zum Tode führenden Krankheit (BSG vom 23. 3. 1961 [4 RJ 13/60] = BSGE 14 S. 129 = SGb. 1961 S. 214).
In unserem Fall war der Anspruch auf Witwerrente begründet; denn Frau K hatte ihre Familie überwiegend unterhalten. Ihre Rente war höher als die ihres Ehemannes. Auch das ihr gezahlte Pflegegeld war ein Betrag, der dem Unterhalt zuzurechnen ist. Es trat an die Stelle der der Versicherten als Ehefrau obliegenden Haushaltsführung. Insofern war das Pflegegeld keine Drittleistung wie zum Beispiel die allgemeine Hilfe zum Lebensunterhalt nach dem Bundessozialhilfegesetz (BSG vom 1. 12. 1972 [12 RJ 226/62] = SozSich. 1973 S. 59 = SGb. 1973 S. 58).

Fall Nr. 143: Geschiedenenrente

Der 52 Jahre alte Buchhalter Sch war im Jahre 1969 als allein schuldig von seiner drei Jahre jüngeren Ehefrau geschieden worden. Eine Unterhaltsverpflichtung bestand nicht, weil seine Frau über eigenes Erwerbseinkommen verfügte. Sch verfiel dem Trunk und verschuldete. Sein Mietshaus übertrug er seiner früheren Frau, um die Zwangsvollstreckung zu vermeiden. Bis zu seinem Tode im April 1974 bewohnte er in dem Haus ein Zimmer. Unterstützt wurde er vom Sozialamt. Hat der Antrag auf Geschiedenenrente Aussicht auf Erfolg?

Lösung

Einer früheren Ehefrau des Versicherten, dessen Ehe mit dem Versicherten geschieden, für nichtig erklärt oder aufgehoben worden ist, wird nach dem Tode des Versicherten **ohne Rücksicht auf seine Wiederverheiratung** Hinterbliebenenrente nach § 1265 RVO (§ 42 AVG) gewährt, wenn ihr der Versicherte zur Zeit seines Todes Unterhalt nach den Vorschriften des Ehegesetzes oder aus sonstigen Gründen zu leisten hatte oder tatsächlich geleistet hat. Dabei ergibt sich die Unterhaltsverpflichtung des Mannes nicht bereits aus der Tatsache, daß er allein oder überwiegend schuldig geschieden worden ist. Sie hängt zusätzlich ab von der Leistungsfähigkeit des Mannes und der Unterhaltsbedürftigkeit der Frau. Kann der Mann nur seinen notwendigen Lebensbedarf bestreiten, ist er nicht unterhaltsverpflichtet. Die Frau hingegen ist nur unterhaltsberechtigt, wenn sie ihren Unterhalt – z. B. durch selbständige Erwerbsarbeit – nicht selbst bestreiten kann. Eine Unterhaltsverpflichtung des Mannes zur Zeit seines Todes begründet den Anspruch auf Geschiedenenrente. Wurde Unterhalt gewährt, kommt es nicht darauf an, ob die Zahlungen auf Grund einer Rechtspflicht erfolgten. Ein vollstreckbarer Unterhaltstitel ist ein „sonstiger Grund", der der Unterhaltspflicht gleichsteht (BSG in SozR RVO § 1265 Nr. 19). Nur eine Zahlung, die 25% des zeitlichen und örtlichen Mindestbedarfs der Geschiedenen erreicht, gilt als Unterhalt (BSG vom 27. 6. 1963 [GS 5/61] = BSGE 20 S. 1 = SGb. 1964 S. 278).
Anders ist die Rechtslage, **wenn der Versicherte nicht wieder geheiratet hat,** eine Witwenrente somit nicht zu zahlen ist. In diesem Fall kann die geschiedene Frau Hinterbliebenenrente auch dann erhalten, wenn ihr der frühere Ehemann keinen Unterhalt schuldete oder gezahlt hat, weil seine Vermögens- oder Erwerbsverhältnisse eine Unterhaltszahlung nicht zuließen oder eine Unterhaltsverpflichtung des Mannes wegen der eigenen Erwerbstätigkeit der Frau nicht gegeben war. **Unterhaltsfähigkeit und -bedürftigkeit sind unschädlich, wenn keine Witwenrente zu zahlen ist.**
Bestand keine Unterhaltsbedürftigkeit, weil die geschiedene Frau ausreichende Einkünfte aus Grundbesitz oder Vermögen besaß, ist keine Geschiedenenrente zu zahlen. Das ist hier anzunehmen, denn im letzten Jahr vor dem Tod des Versicherten bestritt Frau Sch ihren Unterhalt überwiegend aus den Mieteinnahmen des Hauses und einer geringen Erwerbstätigkeit. Die Überlassung des Hauses selbst stellt keine Unterhaltszahlung dar, denn sie erfolgte nur, um die Zwangsvollstreckung zu vereiteln (BSG vom 5. 5. 1961 [1 RA 49/59] = SGb. 1961 S. 214 = SozSich. 1961 S. 180). Etwas anderes würde gelten, wenn das Haus oder eine fixe Summe als Unterhaltszahlung geleistet worden wäre.

Unterstellen wir, daß Frau Sch wegen ausreichenden Erwerbseinkommens nicht unterhaltsberechtigt gewesen ist, so müßte sie noch zwei weitere Voraussetzungen erfüllen. Im **Zeitpunkt der Scheidung** mußte sie das 45. Lebensjahr vollendet oder mindestens ein Kind unter 18 Jahren, für das beim Tod des Versicherten Waisenrente zu zahlen gewesen wäre, erzogen haben. Eine kinderlose Frau unter 45 Jahren besitzt keinen Anspruch auf Geschiedenenrente. Die Rente selbst beginnt nicht mit dem Tod des Versicherten, sondern erst mit Vollendung des 60. Lebensjahres der Geschiedenen. Eine frühere Zahlung ist möglich, wenn die Frau selbst berufs- oder erwerbsunfähig ist oder ein waisenberechtigtes Kind erzieht.
Die Aufteilung der Hinterbliebenenrenten zwischen einer Witwe und der geschiedenen Frau geschieht nach den gleichen Grundsätzen, die im Fall Nr. 110 geschildert wurden.

Fall Nr. 144: Kinderzuschuß und Waisenrente

Nach dem Tode seines Vaters erhielt der Verwaltungsangestellte D Waisenrente bis zur Vollendung des 18. Lebensjahres. Sein Antrag, ihm die Rente bis zum Abschluß der Ausbildung für den gehobenen Dienst weiterzuzahlen, wurde abgelehnt, weil er während dieser Zeit das Gehalt eines Sekretärs bezog. Ist die Ablehnung berechtigt?

Lösung

Die Renten der Versicherten erhöhen sich um den **Kinderzuschuß**, der in Höhe von einem Zehntel der allgemeinen Rentenbemessungsgrundlage gezahlt wird. Nach dem Tod des Versicherten erhalten – unter den gleichen Bedingungen – seine Kinder nach den §§ 1267 RVO, 44 AVG) **Waisenrente** bis zur Vollendung des 18. Lebensjahres. Die Rente und der Kinderzuschuß werden längstens bis zum 25. Lebensjahr gezahlt, wenn sich das Kind in Schul- oder Berufsausbildung befindet oder wenn es ein freiwilliges soziales Jahr leistet. Das gilt auch für Kinder, die infolge körperlicher oder geistiger Gebrechen außerstande sind, sich selbst zu unterhalten. Im Falle der Unterbrechung oder Verzögerung der Ausbildung durch Erfüllung der Wehr- oder Ersatzdienstpflicht werden die Leistungen auch für einen der Zeit dieses Dienstes entsprechenden Zeitraum über das 25. Lebensjahr hinaus verlängert. Die Waisenrente beträgt nach § 1269 RVO (§ 46 AVG) bei Halbwaisen ein Zehntel, bei Vollwaisen ein Fünftel der Erwerbsunfähigkeitsrente des Verstorbenen ohne Kinderzuschuß (vgl. Fall Nr. 112).
Die Leistungen werden gewährt, wenn sich das Kind über das 18. Lebensjahr hinaus in Schul- oder Berufsausbildung befindet. Nicht jede Ausbildung löst die Bezugsverlängerung aus. Das Kind oder die Waise müssen vielmehr **infolge der Ausbildung gehindert sein, einen ausreichenden Lebensunterhalt zu verdienen.** Vollzieht sich die Ausbildung im Rahmen einer Erwerbstätigkeit, die den vollen Unterhalt des Kindes sichert, so daß es daneben auf keine andere Erwerbstätigkeit angewiesen ist, besteht kein Anspruch auf die Verlängerung der Leistungen über das 18. Lebensjahr hinaus.
D bereitete sich bei voller Weiterzahlung seiner beamtenrechtlichen Bezüge auf den gehobenen Dienst vor und erfüllte somit nicht die Voraussetzungen der

verlängerten Kinderzuschuß- und Waisenrentenzahlung (BSG vom 23. 11. 1966 [11 RA 329/65] = S. 289 = Breith. 1967 S. 581).
Die Rechtsprechung hat eine Berufsausbildung bei einem Jungdienstgrad der Seeschiffahrt auf den vorgeschriebenen Fahrtzeiten (BSG vom 22. 11. 1962 [4 RJ 371/60] = BSGE 18 S. 115 = SozSich. 1963 S. 23) und bei einem Novizen, der sich auf den Beruf eines Priesters in einem Mönchsorden vorbereitete, bejaht (LSG Rheinland-Pfalz vom 26. 8. 1963 [L 1 J 4/63] = Breith. 1963 S. 130).
Die Waisenrente und der Kinderzuschuß sind über das 18. Lebensjahr hinaus zu zahlen, wenn das Kind nach abgeschlossener Berufsausbildung für einen weiteren Beruf ausgebildet wird (BSG vom 7. 7. 1965 [12 RJ 180/62] = BSGE 23 S. 166 = Breith. 1966 S. 135). Die Teilnahme an einem Lehrgang der Heimvolkshochschule mit ganztägigem Unterricht von 50 Wochenstunden ist Schulausbildung, wenn das Kind dadurch Wissenslücken ausfüllen will, die durch häufiges, krankheitsbedingtes Fehlen in der Volksschule entstanden sind (BSG vom 25. 5. 1966 [12 RJ 420/64] = BSGE 25 S. 44 = Breith. 1966 S. 1045).
Lungentuberkulose kann ein Gebrechen sein, das die Leistungen über das 18. Lebensjahr verlängert (BSG vom 2. 3. 1961 [4 RJ 198/59] = BSGE 14 S. 83 = SozSich. 1961 S. 124), sofern das Gebrechen bereits bei Vollendung des 18. Lebensjahres vorlag (BSG vom 26. 4. 1962 [5 RKn. 32/60] = BSGE 17 S. 35 = SozSich. 1962 S. 180). Wird die Ausbildung nach Vollendung des 18. Lebensjahres durch ein entstehendes Gebrechen unterbrochen, sind die Waisenrente und der Kinderzuschuß nicht weiterzuzahlen. Besteht das Gebrechen über das 25. Lebensjahr hinaus, endet der Kinderzuschuß und die Waisenrente trotzdem mit Vollendung des 25. Lebensjahres (BSG vom 28. 9. 1961 [4 RJ 155/60] = BSGE 15 S. 134 = SGb. 1961 S. 338).

Fall Nr. 145: Verschollenheitsrente

Als der Maschinist Z am 21. 1. 1973 seinen Dienst antreten sollte, wurde er an Bord vermißt. Eine Durchsuchung des Naßbaggers, der in der Wesermündung eingesetzt war, blieb wie die anschließende mehrtägige Suchaktion der Wasserschutzpolizei und anderer Behörden ohne Ergebnis. Alles sprach dafür, daß Z über Bord gegangen und anschließend im ablaufenden Wasser ertrunken war. Der Antrag seiner Frau, ihr Hinterbliebenenrente zu zahlen, wurde erst ein Jahr später erfüllt. War es richtig, daß der Versicherungsträger den 23. 1. 1974 als Todestag festsetzte und die Rente ab 1. 2. 1974 zahlte?

Lösung

Ist ein Versicherter verschollen und ist sein Tod nicht zweifelhaft, kann nach dem Verschollenheitsgesetz der Ehegatten oder ein anderer Antragsberechtigter den Tod und den Todeszeitpunkt des Verschollenen durch gerichtliche Entscheidung feststellen lassen. Nach den Umständen des Einzelfalls müssen ernstliche Zweifel an dem Weiterleben des Versicherten bestehen. Das ist anzunehmen, wenn nach menschlichem Ermessen und der allgemeinen Lebenserfahrung ein Weiterleben ausgeschlossen ist. Theoretische Erwägungen ohne konkreten Anhaltspunkt, sind unbeachtlich. Es genügt, daß kein vernünftig denkender Mensch Zweifel am Tod des Versicherten haben kann. Wäre Z zum Beispiel auf hoher See über Bord

gegangen, stünde der Annahme seines Todes nichts im Wege. Die gerichtliche Feststellung des Todes und des Todeszeitpunkts ist auch für den Versicherungsträger maßgebend. Er muß mit dem Beginn des auf die Todeserklärung folgenden Monats Hinterbliebenenrente zahlen.
In unserem Fall war nicht ganz auszuschließen, daß Z trotz der starken Strömung das rettende Ufer erreicht hatte oder von einem auslaufenden Schiff an Bord genommen worden war. Diese Hoffnung bewog auch Frau Z, die Todeserklärung nicht zu betreiben. Deswegen ist hier der besondere Verschollenheitsbegriff des § 1271 RVO (§ 48 AVG) anzuwenden. Nach dieser Bestimmung wird Hinterbliebenenrente gewährt, wenn der Versicherte verschollen ist. Er gilt als verschollen, wenn während eines Jahres keine glaubhaften Nachrichten von ihm eingegangen sind und die Umstände seinen Tod wahrscheinlich machen. Von den Hinterbliebenen kann die eidesstattliche Erklärung verlangt werden, daß sie von dem Leben des Verschollenen keine anderen als die angezeigten Nachrichten erhalten haben. Den Todestag setzt der Versicherungsträger nach billigem Ermessen fest.
Der Versicherungsfall der Verschollenheit ist der vom Versicherungsträger nach billigem Ermessen festzustellende Todestag des Versicherten. Das Gesetz geht von der Vermutung aus, daß Z erst ein Jahr nach der Verschollenheit gestorben ist, in dem abgelaufenen Jahr also noch gelebt hat. Hat ein Gericht den Todestag von Z ohne Ermittlungen allein auf Grund des Verschollenheitsänderungsgesetzes festgestellt, dürfen der Versicherungsträger und das Sozialgericht keine eigenen Feststellungen über den Zeitpunkt des Todes des Verschollenen treffen (BSG vom 11. 5. 1960 [GS 3/59] = BSGE 12 S. 139). Hingegen ist die nach pflichtgemäßem Ermessen zu treffende Feststellung des Todestages durch den Versicherungsträger von den Gerichten der Sozialgerichtsbarkeit nachprüfbar (LSG Bayern vom 15. 3. 1955 [J 492/54e] = Breith. 1955 S. 954). Die Feststellung gilt nur für die gesetzliche Sozialversicherung (BSG vom 11. 5. 1960 [GS 1/60] = BSGE 12 S. 147). Sie ist z. B. nicht dafür maßgebend, ob die den Rentenanspruch erhebende Waise ein eheliches oder ein scheineheliches Kind des Verschollenen ist.

G. Versicherungszeiten

Fall Nr. 146: Beitragszeiten

Frau J hatte nur bis zum Jahre 1923 insgesamt 261 Wochenbeiträge zur Arbeiterrentenversicherung nachgewiesen. Die letzte Aufrechnungsbescheinigung wies aus, daß der letzte Beitrag für die Woche vom 31. 12. 1923 bis zum 6. 1. 1924 entrichtet worden war. Der Versicherungsträger lehnte die Rentenzahlung wegen Berufsunfähigkeit ab, weil die Beitragszahlung nicht anerkannt werden könne. Sind die Beitragszeiten auf die Wartezeit anzurechnen?

Lösung

Auf die Wartezeit für die Rentenzahlungen sind nach § 1249 RVO (§ 26 AVG) grundsätzlich nur die Versicherungszeiten anzurechnen, die nach dem 1. 1. 1924

liegen. Die vor diesem Tag nachgewiesenen Beitragszeiten werden nur angerechnet, wenn mindestens ein sogenannter „Brücken"-Beitrag in der Zeit vom 1. 1. 1924 bis zum 30. 11. 1948 oder bis zum Ablauf von drei Jahren nach Beendigung einer nach dem 31. 12. 1923 zurückgelegten Ersatzzeit (vgl. Fall Nr. 148) entrichtet worden ist. Hätte Frau J vor dem 1. 1. 1924 mindestens eine Versicherungszeit von 180 Beitragsmonaten oder mit Beiträgen nach dem 30. 11. 1948 eine 15 jährige Versicherungszeit nachgewiesen, würde ihre vor 1924 geleistete Beitragszahlung ebenfalls angerechnet werden.
Läßt sich – wie in unserem Fall – nicht feststellen, ob der „Brückenbeitrag" tatsächlich nach dem 1. 1. 1924 entrichtet worden ist, geht die Ungewißheit zu Lasten von Frau J. Der Rentenversicherungsträger hat somit wegen Nichterfüllung der Wartezeit die Rente zu Recht abgelehnt (BSG vom 28. 2. 1963 [12 RJ 280/60] = SozSich. 1963 S. 119 = SGb. 1963 S. 104).
Bei einer Witwenrente kommt es auf den Nachweis des Brückenbeitrags nicht an, wenn die Anwartschaft aus Beiträgen des Versicherten durch die Halbdeckung (vgl. Fall Nr. 151) oder Rentenbezugszeiten des Verstorbenen (Fall Nr. 149) erhalten war, weil einmal angerechnete Beiträge während des Rentenbezugs nicht verfallen können (BSG vom 7. 4. 1964 [4 RJ 191/61] = BSGE 20 S. 282 = SozSich.-Kartei Nr. 1653, VII/A zu § 1249 RVO).
Anrechnungsfähige Versicherungszeiten sind für alle Versicherten nach § 150 RVO (§ 27 AVG) Zeiten, für die nach Bundesrecht oder früheren reichtsgesetzlichen Vorschriften Beiträge rechtswirksam entrichtet worden sind oder als entrichtet gelten und Ersatzzeiten. Es werden nur die tatsächlich gezahlten Beiträge gewertet. Das gilt nach § 1297 Abs. 6 RVO (§ 119 Abs. 6 AVG) ausnahmsweise für Beiträge ab 28. 6. 1942 nicht, wenn der pflichtversicherte Arbeitnehmer glaubhaft machen kann, daß ihm der Arbeitnehmerbeitrag vom Verdienst abgezogen und die Beitragsentrichtung in die Versicherungskarte eingetragen wurde. Pflichtbeiträge und freiwillige Beiträge sind **unwirksam** entrichtet, wenn sie nach Ablauf von zwei Jahren nach Schluß des Kalenderjahres, für das sie gelten sollen, entrichtet werden. Im Jahre 1974 dürfen somit Beiträge für 1972 und 1973 nachentrichtet werden. Sie können binnen zwei weiteren Jahren nachgezahlt werden, wenn den Versicherten an der Nichtzahlung kein Verschulden trifft. Nach § 1418 RVO (§ 140 AVG) kann dem Versicherten in Fällen besonderer Härte ein noch größerer Nachentrichtungszeitraum eingeräumt werden.
Nach Eintritt des Versicherungsfalls dürfen Beiträge für vorhergehende Zeiten nicht entrichtet werden. Die nach Eintritt der Berufsunfähigkeit entrichteten Beiträge sind nicht mehr für diese Rente, wohl aber für eine später zu zahlende Erwerbsunfähigkeitsrente oder für das Altersruhegeld zu berücksichtigen. Das gilt nicht, wenn der Versicherte sich vor Eintritt des Versicherungsfalls bereit erklärt hat, die Beiträge nachzuentrichten.
Wenn auf der rechtzeitig umgetauschten Versicherungskarte Beschäftigungszeiten, die nicht länger als ein Jahr von dem Ausstellungstag der Karte liegen, ordnungsgemäß bescheinigt oder Beitragsmarken ordnungsgemäß verwendet sind, gilt nach § 1423 RVO (§ 145 AVG) die Vermutung, daß während dieser Zeit ein versicherungspflichtiges Beschäftigungs- oder Versicherungsverhältnis vorgelegen hat. Nach Ablauf von zehn Jahren nach Aufrechnung der Versicherungskarte können die Richtigkeit der Eintragungen sowie die Rechtsgültigkeit der Beitragsmarkenentrichtung vom Versicherungsträger nicht mehr angefochten werden.
Frau J hätte noch eine Chance, die vor 1924 gezahlten Beiträge angerechnet zu

bekommen, wenn sie trotz fehlender Versicherungsunterlagen eine weitere Versicherungszeit nach 1924 glaubhaft machen könnte. Sind Versicherungsunterlagen beim Rentenversicherungsträger und Versicherten **verloren gegangen, zerstört oder unbrauchbar geworden,** können sie nach der Verordnung vom 3. 3. 1960 **erneuert** werden. Ist eine Beschäftigung glaubhaft gemacht, jedoch nicht nachgewiesen, daß auf Grund dieser Beschäftigung Beiträge entrichtet worden sind, werden für das einzelne Jahr fünf Sechstel als Beitragszeit angerechnet. Eine volle Anrechnung erfolgt, wenn der Versicherte mindestens zehn Jahre lang ununterbrochen bei demselben Arbeitgeber beschäftigt war. Dabei zählen nur Zeiten, in denen auch tatsächlich Arbeit geleistet wurde. Zeiten, in denen wegen Militärdienstes das Arbeitsverhältnis ruhte, sind auf die Zehnjahresfrist nicht anzurechnen (BSG vom 15. 12. 1972 [5 RKn. 69/69]). Ist die Höhe des Entgelts unbekannt, werden die der Verordnung beigefügten Tabellenwerte angerechnet.

Fall Nr. 147: Wartezeiten

T wurde ab 1. 8. 1971 als Schlosser ausgebildet. Nach einem Arbeitsunfall am 12. 1. 1974 wurde er für drei Jahre erwerbsunfähig. Bis zum Unfalltag hatte er für 29 Monate Pflichtbeiträge zur Arbeiterrentenversicherung entrichtet. Stand ihm Rente zu?

Lösung

Für die Berufs- und Erwerbsunfähigkeitsrente wird die Erfüllung einer Wartezeit von mindestens 60 Beitragsmonaten, für das vorgezogene und das „normale" Altersruhegeld von 180 Monaten gefordert. Das flexible Altersruhegeld setzt voraus, daß der Versicherte mindestens 35 Versicherungsjahre mit mindestens 180 Beitragsmonaten nachweist.
Nach § 1252 RVO (§ 29 AVG) **gilt die Wartezeit als erfüllt,** wenn der Versicherte infolge eines Arbeitsunfalls, einer Wehrdienstbeschädigung, eines Unfalls während des Ersatzdienstes oder durch Verfolgung oder Vertreibung berufsunfähig oder gestorben ist. In unserem Fall ist T infolge eines Arbeitsunfalls nicht nur berufs-, sondern sogar erwerbsunfähig geworden. Für ihn galt somit die Fiktion der Wartezeiterfüllung; denn es genügt, daß für den Versicherten zur Zeit des Unfalls mindestens ein gültiger Rentenversicherungsbeitrag entrichtet war. Ferner muß am Unfalltag ein wirksames Rentenversicherungsverhältnis bestanden haben. T erhält Zeitrente (vgl. Fall Nr. 162) mit einer Zurechnungszeit (Fall Nr. 152) ab 24. 7. 1974 (BSG vom 5. 11. 1965 [5 RKn. 32/62] = BSGE 24 S. 85 = MRKn. 1966 S. 122). Die Tätigkeit, bei der der Unfall geschah, braucht aber nicht rentenversicherungspflichtig gewesen sein. Wird zum Beispiel der Versicherte bei einer Hilfeleistung (vgl. die Fälle 58 bis 60) verletzt und mindestens berufsunfähig, ist die gesetzliche Wartezeit ebenfalls erfüllt (BSG vom 11. 2. 1960 [4 RJ 201/58] = BSGE 11 S. 295 = SozSich. 1960 S. 90). Die in der Kriegsopferversorgung und im Unfallrecht geltende Kausalitätsnorm im Sinne der wesentlichen Teilursache muß auch bei der fiktiven Wartezeiterfüllung beachtet werden (BSG vom 13. 3. 1958 [4 RJ 184/56] = SozSich. 1958 S. 153 = SGb. 1958 S. 138). Die im Gesetz genannten Schädigungen müssen zumindest eine wesentliche Teil-

ursache der Berufs- oder Erwerbsunfähigkeit sein. Ab dem 1. 1. 1973 gilt die fiktive Wartezeiterfüllung auch dann, wenn der Versicherte vor Ablauf von 6 Jahren nach Beendigung einer Ausbildung infolge eines Unfalls erwerbsunfähig geworden oder gestorben ist und in den dem Versicherungsfall vorausgegangenen 24 Kalendermonaten mindestens für 6 Kalendermonate Beiträge auf Grund einer versicherungspflichtigen Beschäftigung oder Tätigkeit entrichtet hat. Unter Ausbildung wird auch eine Schulausbildung verstanden. Wäre T auf Grund eines Privatunfalls erwerbsunfähig geworden, hätte ihm die Rente gleichfalls zugestanden. Bei Berufsunfähigkeit wäre die Wartezeitfiktion bei einem Privatunfall nicht gegeben.

Fall Nr. 148: Ersatzzeiten

Im Juni 1939 war der Maurer D zur Organisation Todt dienstverpflichtet worden. Dort war er bis zu seiner Einberufung zur Wehrmacht am 27. 4. 1943 tätig. Da ihm diese Zeit nicht rentensteigernd angerechnet wurde, beschritt D den Klageweg. War sein Arbeitseinsatz „militärähnlicher Dienst" und somit anrechnungsfähige Ersatzzeit?

Lösung

Für die Erfüllung der Wartezeit werden nach § 1251 RVO (§ 28 AVG) angerechnet **Zeiten des militärischen oder militärähnlichen Dienstes,** der auf Grund gesetzlicher Dienst- oder Wehrpflicht oder nach dem 8. 5. 1945 im Mienenräumdienst zurückgelegt wurde sowie die Zeiten einer anschließenden Kriegsgefangenschaft, Krankheit oder unverschuldeten Arbeitslosigkeit. Von dieser Bestimmung ist jeder Dienst erfaßt, der auf Grund der Notdienst-Verordnung – auch wenn er nicht für die Wehrmacht geleistet wurde – verrichtet wurde (BSG vom 26. 11. 1957 [10 RV 475/55] = BSGE 6 S. 129). Der freiwillige Arbeitsdienst erfüllt diese Voraussetzung nicht. Zivilangestellte der Wehrmacht haben nur dann militärähnlichen Dienst geleistet, wenn ein unmittelbares Vertragsverhältnis mit der Wehrmacht bestand (BSG vom 24. 4. 1960 [10 RV 420/57] = Breith. 1960 S. 912); das Mitglied einer Pferdebeschaffungskommission erfüllt diese Voraussetzung nicht (BSG vom 6. 5. 1959 [11/9 RV 1172/56] = BSGE 10 S. 4). Anders ist der Dienst bei der Organisation Todt zu betrachten. Er stand auch im Dienst der Wehrmacht, selbst wenn er vor Kriegsausbruch und im Rahmen einer Beschäftigung bei einem privaten Bauunternehmer beim Westwallbau abgeleistet wurde (BSG vom 16. 12. 1959 [9 RV 340/56] = BSGE 11 S. 190).
Wäre D anerkannter Heimkehrer, wären Zeiten der **Internierung oder Verschleppung** wie Zeiten, in denen ein Versicherter während oder nach Beendigung eines Krieges, ohne selbst Kriegsteilnehmer zu sein, durch feindliche Maßnahmen an der Rückkehr aus dem Ausland oder aus den unter fremder Verwaltung stehenden deutschen Ostgebieten verhindert gewesen oder dort festgehalten worden ist, weitere Ersatzzeiten. Die im Inland erfolgte Internierung durch die Alliierten ist keine Ersatzzeit (BSG vom 20. 9. 1973 [11 RA 3/73] = SozSich. 1974 S. 20). An der Rückkehr aus dem Ausland ist auch derjenige Versicherte gehindert worden, der als deutscher Staatsangehöriger im Ausland geboren ist und der – ohne vorher in Deutschland gelebt zu haben – während des Krieges durch die gleichen feindlichen Maßnahmen im Ausland wie ein im Inland geborener Versicherter

festgehalten wurde (BSG vom 23. 6. 1965 [11 RA 26/64] = SGb. 1965 S. 236 = MRKn. 1966 S. 34).

Als weitere Ersatzzeiten könnte D auch Zeiten der **Freiheitsentziehung** im Sinne des Bundesentschädigungsgesetzes sowie die bis zum 31. 12. 1946 anschließenden Zeiten einer Arbeitslosigkeit oder Arbeitsunfähigkeit und **Zeiten eines Auslandsaufenthalts** bis zum 31. 12. 1949, sofern die Arbeitslosigkeit oder der Auslandsaufenthalt durch Verfolgungsmaßnahmen hervorgerufen wurden und der Versicherte als politisch Verfolgter anerkannt ist, rentensteigernd angerechnet bekommen. Die Anrechnung eines Auslandsaufenthaltes als Ersatzzeit kann z.B. einem verfolgten Arzt nicht mit der Begründung abgelehnt werden, ohne die Verfolgung hätte er frei praktiziert; er wäre somit nicht versicherungspflichtig und freiwillig versichert gewesen (BSG vom 27. 7. 1972 [1 RA 27/72] = Breith. 1973 S. 129 = SozSich. 1972 S. 375). Ein politisch Verfolgter, der durch die Gründung des Staates Israel zwangsweise israelischer Staatsbürger wurde, war nicht durch „feindliche Maßnahmen" an der Rückkehr verhindert; sein Auslandsaufenthalt ist über den 31. 12. 1949 hinaus keine Ersatzzeit (BSG vom 21. 9. 1971 [12/11 RA 142/70] = SozSich. 1971 S. 375 = SGb. 1971 S. 429). Auch eine Hausfrau kann verfolgungsbedingt arbeitslos gewesen sein (BSG vom 31. 1. 1973 [12 RJ 334/71] = SozSich. 1973 S. 153).

Zu den anzurechnenden Ersatzzeiten zählen auch Zeiten des **Gewahrsams** und einer anschließenden Krankheit oder Arbeitslosigkeit im Sinne des Häftlingshilfegesetzes. Eine Inhaftierung aus politischen Gründen z.B. in Litauen in den Jahren 1934 bis 1937 ist keine Ersatzzeit (BSG vom 7. 12. 1972 [1 RA 97/72] = BSGE 35 S. 99 = Breith. 1973 S. 555).

Wäre D Vertriebener, würden die Zeit vom 1. 1. 1945 bis zum 31. 12. 1946 sowie die außerhalb dieses Zeitraums liegenden Zeiten der **Vertreibung, Flucht, Um- oder Aussiedlung** und einer anschließenden Krankheit oder Arbeitslosigkeit im Sinne des Bundesvertriebenengesetzes ihm als Ersatzzeit angerechnet werden, wenn in dieser Zeit Versicherungspflicht bestanden hätte. Die entfernte Möglichkeit, daß ein 13 Jahre alter Junge in Beschäftigung gestanden hätte, reicht nicht aus (BSG vom 13. 5. 1970 [4 RJ 301/68] = SozSich. 1970 S. 215 = SGb. 1972 S. 451). Nicht nur die Zeit der Vertreibung, sondern auch die Zeit vom 1. 1. 1945 bis zum 31. 12. 1946 ist als Ersatzzeit anzurechnen, wenn die Vertreibung nach dem 21. 12. 1946 stattfand (BSG vom 25. 4. 1963 [4 RJ 491/61] = BSGE 19 S. 109).

Die oben genannten Ersatzzeiten werden D für die Erfüllung der Wartezeit angerechnet, **wenn eine Versicherung vorher bestanden hat und während der Ersatzzeit** nicht gegeben war. Sie werden ferner anerkannt, wenn innerhalb von 3 Jahren nach Beendigung der Ersatzzeit oder einer durch sie aufgeschobenen oder unterbrochenen Ausbildung eine rentenversicherungspflichtige Beschäftigung oder Tätigkeit aufgenommen worden ist oder wenn der Verfolgte innerhalb von 3 Jahren, nachdem er seinen Wohnsitz in der Bundesrepublick begründet hat, eine rentenversicherungspflichtige Beschäftigung aufgenommen hat. Diese Voraussetzung gilt als erfüllt, wenn die versicherungspflichtige Beschäftigung nach Ablauf von drei Jahren aufgenommen worden ist und die Zeit vom Eintritt in die Versicherung bis zum Versicherungsfall mindestens zur Hälfte, jedoch nicht unter 60 Monaten mit Pflichtbeiträgen belegt ist (vgl. Fall Nr. 151). Eine rentenversicherungspflichtige Beschäftigung liegt nur vor, wenn hierfür auch Beiträge entrichtet worden sind (BSG vom 18. 2. 1964 [4 RJ 217/61] = BSGE 20 S. 184 = SGb. 1964 S. 105).

Fall Nr. 149: Ausfallzeiten

Nach zweijährigem Kampf hatte E die Rente wegen Erwerbsunfähigkeit ab 1. 10. 1968 vor dem Sozialgericht erstritten. Als er am 1. 4. 1974 das Altersruhegeld erhielt, stellte er fest, daß die Arbeitsunfähigkeit vom 1. 10. 1968 bis zum 31. 3. 1974 nicht als Ausfallzeit angerechnet worden war, obwohl er eine entsprechende ärztliche Bescheinigung vorgelegt hatte. Ist seine Klage auf Anerkennung dieser Ausfallzeit begründet?

Lösung

Ausfallzeiten sind nach § 1259 RVO (§ 36 AVG) Zeiten, in denen eine versicherungspflichtige Beschäftigung oder Tätigkeit durch eine infolge Krankheit oder Unfall bedingte **Arbeitsunfähigkeit, oder durch Rehabilitationsmaßnahmen, Schwangerschaft oder Schlechtwettergeldbezug** mindestens einen Kalendermonat unterbrochen worden ist. Ab 1. 10. 1974 sind Rehabilitationszeiten Beitragszeiten; die Beiträge entrichtet nach § 1385 RVO der Träger der Rehabilitation. Die Unterbrechungen müssen in den Versicherungskarten oder sonstigen Nachweisen bescheinigt sein. Einer Ausfallzeit wegen Unterbrechung der Beschäftigung durch **Arbeitslosigkeit** ist anzurechnen, wenn der bei einem deutschen Arbeitsamt als Arbeitssuchender gemeldete Versicherte Arbeitslosengeld, Arbeitslosenhilfe, Unterstützung aus öffentlicher Fürsorge oder Familienunterstützung bezogen hat oder diese Leistungen wegen Zusammentreffens mit anderen Bezügen, wegen eines Einkommens oder Vermögens nicht gewährt worden sind. Zeiten der Arbeitslosigkeit werden aber nicht als Ausfallzeiten angerechnet, wenn in dieser Zeit vorgezogenes Altersruhegeld wegen einjähriger Arbeitslosigkeit gezahlt wird; nur die nach dem Rentenbeginn liegende Zeit wird nicht angerechnet.
Ein Beschäftigungsverhältnis ist bereits dann **unterbrochen,** wenn die Ausfallzeit der versicherungspflichtigen Beschäftigung unmittelbar nachfolgt. Grundsätzlich wird nicht verlangt, daß sich an die Ausfallzeit wiederum eine versicherungspflichtige Beschäftigung oder Tätigkeit anschließt, die Ausfallzeit also von versicherungspflichtigen Beschäftigungen „eingerahmt" wird (BSG vom 18. 1. 1962 [1 RA 21/61] = Breith. 1962 S. 314). Auch eine Arbeitsunfähigkeit, deren Beginn mit dem Eintritt der Berufsunfähigkeit zusammenfällt, kann bei einem nachfolgenden Versicherungsfall als Ausfallzeit angerechnet werden (BSG vom 13. 5. 1966 [4 RJ 115/65] = BSGE 15 S. 16 = Breith. 1966 S. 852).
In allen diesen Fällen ist aber Voraussetzung, daß der Versicherte nicht endgültig aus dem Kreis der versicherten Beschäftigten ausgeschieden ist. Wenn – wie in unserem Fall – die Erwerbsunfähigkeitsrente später in das Altersruhegeld umgewandelt wird, ohne daß der Rentenempfänger vorher wieder erwerbstätig geworden ist, so ist seine rentenversicherungspflichtige Beschäftigung durch die Arbeitsunfähigkeit nicht unterbrochen, sondern beendet worden (BSG vom 3. 5. 1968 [1/12 RJ 440/67] = Breith. 1968 S. 847 = BSGE 28 S. 68). In diesem Fall findet keine Anrechnung der Ausfallzeit statt.
Zum Begriff der Arbeitslosigkeit gehört nicht die Arbeitslosmeldung. Sie ist nur insofern rechtserheblich, als Zeiten, die vor der Meldung beim Arbeitsamt liegen, nicht als Ausfallzeiten anzurechnen sind, da die Meldung beim Arbeitsamt Anrechnungsvoraussetzung ist (BSG vom 16. 4. 1964 [11/1 RA 272/62] = BSGE 21 S. 21 = SGb. 1965 S. 23).

Zu Recht waren E die Zeiten seiner nach Vollendung des 16. Lebensjahres liegenden abgeschlossenen nicht versicherungspflichtigen oder versicherungsfreien **Lehrzeit** angerechnet worden. Auch eine weitere **Schulausbildung oder eine abgeschlossene Fach- oder Hochschulausbildung** wäre – wenn E sie nachgewiesen hätte – als Ausfallzeit berücksichtigt worden. Dabei werden Schul- oder Fachschulausbildungen höchstens für vier und Hochschulausbildung bis höchstens 5 Jahre anerkannt.

Der Besuch einer Heimvolkshochschule (BSG vom 26. 6. 1969 [12 RJ 430/68] = BSGE 30 S. 3 = Breith. 1970 S. 37) oder eine Promotionszeit, die sich an eine das Hochschulstudium beendende Diplomprüfung anschließt, sind keine Ausfallzeiten (BSG vom 27. 8. 1970 [11 RA 109/68] = SozSich. 1970 S. 340). Das trifft auch dann zu, wenn der Versicherte sich privat auf die Reifeprüfung mit Hilfe eines Fernunterrichtslehrgangs (BSG vom 5. 7. 1973 [11 RA 254/72] = SozSich.-Kartei Nr. 2795, VII/A zu § 1259 RVO) vorbereitet oder wenn vor dem Hochschulstudium eine Praktikantenzeit zurückgelegt worden ist (BSG vom 21. 10. 1971 [11 RA 59/71] = SGb. 1973 S. 142 und vom 6. 7. 1972 [11 RA 79/72] = SozSich. 1972 S. 310). Die Höchstdauer der Schul-, Fach- oder Hochschulausbildung errechnet sich vom Beginn des Schulbesuchs an (BSG vom 1. 2. 1972 [11 RA RA 19/71] = SozSich.-Kartei Nr. 2650, VII/A zu § 1259 RVO). Bei einem Abiturienten, der sein Studium aufnehmen will, ist die zwischen der Schulentlassung und der Studiumaufnahme liegende Zeit von zwei Monaten als Ausfallzeit zu berücksichtigen (BSG vom 16. 2. 1966 [1 RA 310/63] = BSGE 24 S. 241 = MRKn. 1966 S. 122).

Wäre E vor Vollendung seines 55. Lebensjahres Rentner gewesen, so wäre ihm die **Rentenbezugszeit** als Ausfallzeit anzurechnen. Die Anrechnung erfolgt, wenn und soweit die Rentenzahlung mit einer Zurechnungszeit (vgl. 152. Fall) zusammenfällt und nur für einen späteren Versicherungsfall, wenn er nach Vollendung des 55. Lebensjahres eintritt. Das gilt auch für eine Invalidenrente nach altem Recht, die vor Vollendung des 55. Lebensjahres und vor dem 1. 1. 1957 weggefallen ist, wenn danach ein neuer Versicherungsfall eintritt. Sinn und Zweck dieser Bestimmung ist es zu verhindern, daß die spätere Rente infolge weniger Versicherungsjahre niedriger als die frühere wird. Der Bezug eines Übergangsgeldes, das nach § 1241 RVO (§ 18 AVG) anstatt der Rente zu zahlen ist, (vgl. Fall Nr. 127) steht dem Rentenbezug nicht gleich; ist keine Ausfallzeit (BSG vom 13. 3. 1968 [12 RJ 440/64] = BSGE 28 S. 29 = SozSich.-Kartei Nr. 2174, VII/A zu § 1259 RVO). Das gilt nicht für Zeiten ab 1. 10. 1974.

Könnte E **mehrere Ausfallzeiten** der Arbeitsunfähigkeit, Arbeitslosigkeit oder des Schlechtwettergeldbezuges **unmittelbar** aufeinanderfolgend nachweisen, so wären sie Ausfallzeiten, wenn sie **zusammen mindestens einen Kalendermonat andauerten.** Liegt z.B. zwischen einer beendeten Arbeitsunfähigkeit und der Meldung beim Arbeitsamt ein Zeitraum von 15 Tagen oder wird die Arbeitslosigkeit um diesen Zeitraum unterbrochen, dann ist die Arbeitslosigkeit noch unmittelbar der Arbeitsunfähigkeit gefolgt oder die Arbeitslosigkeit nur geringfügig und somit unschädlich unterbrochen worden.

Fall Nr. 150: Pauschale Ausfallzeit

Die am 16. 5. 1914 geborene Frau K war am 2. 5. 1928 in die Versicherung eingetreten. Bis zum 30. 10. 1934 hatte sie 74 Monatsbeiträge zur Angestelltenversicherung entrichtet. Sie war noch während des Krieges vom 4. 3. 1940 bis zum 4. 4. 1945 für 62 Monate und danach noch einmal vom 1. 3. 1952 bis zum 31. 8. 1953 für 18 Monate versicherungspflichtig tätig. Außerdem konnte sie im Anschluß an das letzte Arbeitsverhältnis eine Arbeitslosigkeit von 26 Monaten bis zum 31. 10. 1955 nachweisen. Welche Ausfallzeiten sind zu berücksichtigen?

Lösung

Durch die Arbeiter- und Angestelltenversicherungs-Neuregelungsgesetze vom 23. 2. 1957 wird bestimmt, daß bei der Berechnung der Rente für die Zeit vor dem 1. 1. 1957 eine pauschalierte Ausfallzeit anzurechnen ist, wenn der Berechtigte nicht längere Ausfallzeiten (hier die 26 Monate Arbeitslosigkeit der Frau K) nachweist. Voraussetzung ist, daß die Zeit zwischen dem Eintritt in die Versicherung und dem 1. 1. 1957 mindestens zur Hälfte mit Beiträgen belegt ist (vgl. Fall Nr. 151). Die Zeit vom Beginn des Kalendermonats, in dem der erste Pflichtbeitrag (hier der 2. 5. 1928) oder der Vollendung des 16. Lebensjahres bis zur Entrichtung des letzten Pflichtbeitrages vor dem 1. 1. 1957 (hier war es der 31. 8. 1953) ist zu ermitteln. Diese Gesamtzeit beträgt bei Frau K 303 Monate.
Von der Gesamtzeit ist nun die Versicherungszeit abzuziehen. Sie beträgt bei Frau K 154 mit Beiträgen belegte Monate. Die verbleibende Fehlzeit von 149 Monaten ist bis zu einem Viertel der Versicherungszeit (hier 39 Monate) zu berücksichtigen. **Nach der Formel: Versicherungszeit (154) mal Fehlzeit (39) geteilt durch die Gesamtzeit (303)** errechnet sich eine pauschale Ausfallzeit von 20 Monaten. Da Frau K aber 26 Monate Ausfallzeit nachweisen kann, werden diese berücksichtigt, wenn die Halbdeckung erfüllt ist.

Fall Nr. 151: Halbdeckung

Wir hatten bei Frau K verschwiegen, daß sie in den Jahren 1962 und 1963 noch zusätzlich 14 Monate lang versicherungspflichtig tätig geworden war. Für die pauschale Ausfallzeit ist das unerheblich. Als sie ab 1. 2. 1974 Rente wegen Berufsunfähigkeit erhielt, wurde ihr nur die pauschale Ausfallzeit angerechnet. Die Berücksichtigung der 26 Monate Ausfallzeit wegen Arbeitslosigkeit und weitere 11 Monaten wegen Krankheit ab Dezember 1963 lehnte der Versicherungsträger mit der Begründung ab, die Halbdeckung fehle. Stimmt das?

Lösung

Die nachgewiesenen Ausfallzeiten werden nach § 1259 Abs. 3 RVO (§ 36 Abs. 3 AVG) angerechnet, sofern die Halbdeckung vorhanden ist. Das ist der Fall, wenn die Zeit vom Eintritt in die Versicherung bis zum Versicherungsfall **mindestens zur Hälfte,** jedoch nicht unter 60 Monaten, mit Beiträgen für eine rentenversicherungspflichtige Beschäftigung belegt ist. Der Eintrittsmonat und der Monat, in dem der Versicherungsfall eingetreten ist, werden nicht mitgezählt, wohl aber die hierfür entrichteten Pflichtbeiträge. Die Ersatzzeiten, Ausfallzeiten – auch die pauschalierten – sowie Rentenbezugszeiten (auch wenn sie nach dem 55. Lebensjahr liegen) werden abgezogen. Übertragen wir diese Bestimmungen auf den Fall der Frau K, dann ergibt sich folgendes Bild. Frau K war am 2. 5. 1928 in die Versicherung eingetreten. Der Versicherungsfall der Berufsunfähigkeit wurde auf den 7. 1. 1974 festgesetzt. Ohne den Eintrittsmonat (Mai 1928) und den Monat Januar 1974, in dem der Versicherungsfall eingetreten ist, umfaßt der Zeitraum 547 Kalendermonate. Frau K war 26 Monate arbeitslos und 11 Monate krank. Deshalb sind 37 Monate von der Gesamtzeit abzuziehen. Die Hälfte der verbliebenen Gesamtzeit von 510 Monaten, also 255 Monate, muß mit Beiträgen belegt sein, wenn die Halbdeckung erfüllt sein soll. Unsere Frau K kann nur 168 Beitragsmonate nachweisen und erfüllt damit nicht die Voraussetzungen zur Anrechnung der nachgewiesenen 37 Ausfallzeitmonate. Das hat zur Folge, daß nur die pauschale Ausfallzeit von 20 Monaten berücksichtigt wird.

Fall Nr. 152: Zurechnungszeit

Als der am 7. 3. 1956 geborene T, der uns aus dem 147. Fall bekannt ist, am 23. 1. 1974 wegen eines Arbeitsunfalls erwerbsunfähig auf Zeit wurde, hatte er nur für 29 Monate Pflichtbeiträge zur Arbeiterrentenversicherung entrichtet. Welche Versicherungszeit ist ihm bei der Rente anzurechnen?

Lösung

Nach § 1260 RVO (§ 37 AVG) ist bei Versicherten, die **vor Vollendung des 55. Lebensjahres** berufs- oder erwerbsunfähig geworden sind, bei der Ermittlung der anrechnungsfähigen Versicherungsjahre die Zeit vom Kalendermonat, in dem der Versicherungsfall eingetreten ist bis zur Vollendung des 55. Lebensjahres den zurückgelegten Versicherungs- und Ausfallzeiten hinzuzurechnen. Voraussetzung für die Anrechnung der Zurechnungszeit ist, daß entweder von den letzten 60 Kalendermonaten vor Eintritt des Versicherungsfalls mindestens 36 Kalendermonate mit Beiträgen für eine versicherungspflichtige Beschäftigung belegt sind oder die Halbdeckung erfüllt ist.
T kann zwar keine 36 Beitragsmonate in den letzten 60 Kalendermonaten vor Eintritt des Versicherungsfalls nachweisen, er erfüllt aber die zweite Alternative der Halbdeckung. Die Zeit vom Eintritt in die Versicherung (1. 8. 1971) bis zum Versicherungsfall (23. 1. 1974) umfaßt hier 28 Kalendermonate, die voll mit Beiträgen belegt sind. Deshalb ist die Zeit von Januar 1974 bis zum 4. 3. 2011 in Höhe von 448 Monaten als Zurechnungszeit auf die Wartezeit anzurechnen. Die Rentenberechnung hat bei T von 479 Monaten auszugehen.

Fall Nr. 153: Ausländische Versicherungszeiten

Der Verkäufer G ist 1960 aus der DDR geflohen. Sein Versicherungsbuch weist aus, daß er dort bis zur Flucht in seinem Beruf versicherungspflichtig tätig gewesen ist und Rentenversicherungsbeiträge entrichtet hat. Wie und in welchem Umfang ist die DDR-Versicherungszeit auf die Rente anzurechnen?

Lösung

Das Fremdrenten- und Auslandsrenten-Neuregelungsgesetz (FANG) des Jahres 1960 geht davon aus, daß nur Zeiten, die bei einem nichtdeutschen oder nach dem 30. 6. 1945 bei einem außerhalb des Bundesgebietes oder des Landes Berlin befindlichen deutschen Rentenversicherungsträger zurückgelegt worden sind, Fremdrenten sind. Das bedeutet bei G, daß die von ihm nach ehemaligen reichsgesetzlichen Vorschriften bis zum 30. 6. 1945 geleisteten Beiträge den in der Bundesrepublik entrichteten gleichgestellt sind. Die in der DDR bis 1960 geleisteten Beiträge sind hingegen Fremdrentenzeiten. Zeiten, die ab 1. 10. 1938 im Sudetenland, ab 1. 1. 1940 in Oberschlesien und ab 1. 1. 1942 in den unter deutscher Verwaltung stehenden Ostgebieten entrichtet wurden, zählen zum deutschen Rentenrecht, weil in ihnen nach reichsgesetzlichen Bestimmungen bis Kriegsende Beiträge entrichtet worden sind.
Da G anerkannter DDR-**Flüchtling** ist, fällt er unter das FANG. Das Gesetz gilt aber auch für ehemalige DDR-Bewohner, die nicht zu den Flüchtlingen zählen. **Vertriebene** im Sinne des Bundesvertriebenengesetzes, Deutsche und **frühere deutsche Staatsangehörige,** denen in der Zeit vom 30. 1. 1933 bis 8. 5. 1945 die deutsche Staatsangehörigkeit aus politischen, rassischen oder religiösen Gründen entzogen worden war und **Personen deutscher Volkszugehörigkeit** und ihre Abkömmlinge fallen unter das Gesetz, wenn sie in der Bundesrepublik leben und ihren früheren ausländischen Rentenversicherungsträger nicht mehr in Anspruch nehmen können. Wurden Deutsche nach dem 8. 5. 1945 zur Arbeitsleistung in ein ausländisches Staatsgebiet (hauptsächlich von Ostpreußen nach Polen) gebracht, handelt es sich ebenfalls um eine Fremdrentenzeit. **Heimatlose Ausländer** im Sinne des Gesetzes über die Rechtsstellung heimatloser Ausländer, die am 30. 6. 1950 ihren Aufenthalt im Bundesgebiet oder im Land Berlin genommen haben, gehören auch zum begünstigten Personenkreis.
Bei G werden die nach dem 30. 6. 1945 außerhalb der Bundesrepublik und des Landes Berlin zurückgelegten Beitragszeiten als Fremdrentenzeiten berücksichtigt, da sie bei einem deutschen oder – bei späterer Überleitung auf die deutsche Rentenversicherung – bei einem nichtdeutschen Rentenversicherungsträger zurückgelegt worden sind. Als deutsche Versicherungsträger sind diejenigen anzusehen, die ihren Sitz innerhalb des Deutschen Reiches nach dem Stand vom 31. 12. 1937 hatten oder haben. Unserem G und dem oben genannten Personenkreis werden auch die Beitragszeiten angerechnet, die bei einem nichtdeutschen Versicherungsträger (z.B. nach Kriegsende in den von Polen verwalteten ehemaligen deutschen Ostgebieten) zurückgelegt wurden. Vertriebene oder Flüchtlinge deutscher Staats- oder Volkszugehörigkeit erhalten die nach dem 16. Lebensjahr vor der Vertreibung oder Aussiedlung auf Grund einer abhängigen Beschäftigung in Estland, Lettland, Litauen, Sowjetrußland, Polen, Tschechoslowakei, Ungarn, Rumänien, Bulgarien, Jugoslawien, Albanien und China zurückgelegten Versicherungszeiten gleichfalls angerechnet. Beitragszeiten, die in Danzig oder in den ehemaligen deutschen Ostgebieten zurückgelegt wurden, werden nach FANG angerechnet, wenn sie in der Zeit vom 10. 1. 1920 bis 31. 12. 1939 und nach dem 8. 5. 1945 liegen.
Ausnahmsweise werden diese Zeiten nicht angerechnet, wenn sie auf Grund eines zwischenstaatlichen Sozialversicherungsabkommens, einer EWG-Vorschrift bei einem Rentenversicherungsträger des anderen Landes anerkannt werden, sie eine beamtenrechtliche Versorgung begründen, diese Zeit nachver-

sichert wurde oder wenn es sich um eine ehemalige versicherungsfreie Tätigkeit im Dienste der NSDAP handelt. Da auch Ersatzzeiten im Fremdrentenrecht anerkannt werden, ist einem Flüchtling z.B. auch der Dienst in der DDR-Volksarmee anzurechnen.
Die von G nachgewiesenen Beitragszeiten werden in vollem Umfang angerechnet, weil das Versicherungsbuch die Beitragszeiten beweist. Bei fehlenden Unterlagen werden nur glaubhaft gemachte Versicherungszeiten zu fünf Sechstel angerechnet. Die Zeit einer mindestens zehnjährigen ununterbrochenen Beschäftigung bei demselben Arbeitgeber läßt die Kürzung entfallen. Aus der Zeit vor dem 1. 1. 1957 wird auch die pauschalierte Ausfallzeit errechnet.
Um eine gleiche Behandlung aller Fremdrentenzeiten trotz unterschiedlicher Verdienste und Währungen zu ermöglichen, wird bei den G anzurechnenden Fremdrentenzeiten eine Beitragshöhe oder ein Arbeitsverdienst unterstellt, das dem Durchschnittseinkommen eines Arbeitnehmers derselben Berufsart oder derselben Zeit im Bundesgebiet entspricht. **Unser G wird also so gestellt, als ob er von 1945 bis 1960 entsprechende Versicherungszeiten in der Bundesrepublik zurückgelegt hätte.** Die Durchschnittsverdienste sind in Tabellen, die dem FANG beigegeben sind, aufgeführt.
Die Tabellen unterscheiden bei Arbeitern Tätigkeiten innerhalb und außerhalb der Land- und Forstwirtschaft. Eine weitere Differenzierung wird nach der Berufsstellung vorgenommen. Zur Leistungsgruppe 1 gehören Arbeiter, die Facharbeiter oder ihnen gleichgestellte Personen sind. Zur Gruppe 2 sind die anerkannten Anlernberufe und zur Gruppe 3 die kurzfristig angelernten oder ungelernten Arbeiter zu rechnen.
Bei Angestellten umfaßt die Gruppe 1 Angestellte über 45 Jahre in leitender Stellung mit Aufsichts- und Dispositionsbefugnis. In die Leistungsgruppe 2 gehören Angestellte mit besonderen Erfahrungen und selbständigen Leistungen in verantwortlicher Tätigkeit mit eingeschränkter Dispositionsbefugnis, die Angestellte anderer Tätigkeitsgruppen einzusetzen und verantwortlich – z.B. als Bilanzbuchhalter – zu unterweisen haben. Die Gruppe 3 umfaßt Angestellte mit mehrjähriger Berufserfahrung oder besonderen Fachkenntnisse und Fähigkeiten, die nach allgemeinen Anweisungen – z.B. als Bibliothekar, Meister, Techniker usw. – selbständig arbeiten. In der Gruppe 4 sind Angestellte wie z.B. Ingenieure unter 30 Jahren, Werkstattschreiber usw. aufgeführt, die ohne eigene Entscheidungsbefugnis in einfacher Tätigkeit, deren Ausübung eine abgeschlossene Berufs- oder eine andere Ausbildung voraussetzt. Zu dieser Gruppe gehört auch G. Angestellte in einfacher schematischer oder mechanischer Tätigkeit sind in der Leistungsgruppe 5, wenn ihre Arbeit keine Ausbildung voraussetzt.

H. Rentenberechnung

Fall Nr. 154: Rentenbemessungsgrundlage

Der am 7. 2. 1911 geborene Werkmeister H trat am 5. 8. 1925 in die Arbeiterrentenversicherung ein. Am 29. 11. 1931 wurde er angestelltenversicherungspflichtig. Ab 1. 3. 1974 steht ihm das flexible Altersruhegeld zu. Nach welchen Regeln errechnet sich die Rentenbemessungsgrundlage und die Rente?

Lösung

Für die Höhe aller Versichertenrenten sind nach §§ 1253ff. RVO (§§ 30ff. AVG) zwei Größen wesentlich, nämlich die persönliche Rentenbemessungsgrundlage des Versicherten und die durch die jeweilige Rentenart und Versicherungsdauer beeinflußten Steigerungsbeträge. Stellen wir also zuerst die Höhe der persönlichen Rentenbemessungsgrundlage unseres Werksmeisters fest. Dazu bedienen wir uns des Rentenbogens auf Tafel 2. Die in Klammern aufgeführten Ziffern verweisen ebenfalls auf diesen Rentenbogen, dessen freien Stellen zur Berechnung der eigenen Rente bestimmt ist.

Tafel 2

Rentenberechnung

A) Arbeiterrentenversicherung				B) Angestelltenversicherung			
Kl.	Wochen	Wert	Summe	Kl.	Monate	Wert	Summe
1. Beiträge der ersten 5 Kalenderjahre							
II	156	x 0,55%	= 85,80			x ...%	=
IV	72	x 1,22%	= 87,84			x ...%	=
Insg. 228	Wochen		= 173,64	Insg.	Monate		=
2. 1. 1. 1924 – 31. 12. 1933							
I		x 0,29%	=	A		x 1,51%	=
II		x 0,55%	=	B		x 4,21%	=
III		x 0,89%	=	C		x 8,35%	=
IV	19	x 1,22%	= 23,18	D	4	x 13,80%	= 55,20
V	82	x 1,64%	= 134,48	E	7	x 19,75%	= 138,25
VI	52	x 2,23%	= 115,96	F	3	x 24,41%	= 73,23
VII		x 2,67%	=	G	2	x 29,96%	= 59,92
				H	4	x 35,75%	= 134,00
				J		x 39,82%	=
				K		x 45,13%	=
Insg. 153	Wochen		= 273,62	Insg. 21	Monate		= 471,11
3. 1. 1. 1934 – 27. 6. 1942							
I		x 0,26%	=	A		x 1,36%	=
II		x 0,45%	=	B		x 3,89%	=
III		x 0,76%	=	C		x 7,61%	=
IV		x 1,08%	=	D		x 12,65%	=
V		x 1,38%	=	E		x 17,76%	=
VI		x 1,69%	=	F		x 22,91%	=
VII		x 2,00%	=	G	40	x 28,16%	= 1126,40
VIII		x 2,40%	=	H	27	x 33,32%	= 899,84
IX		x 2,67%	=	J	20	x 38,44%	= 768,80
X		x 2,92%	=	K		x 43,57%	=
Insg.	Wochen			Insg. 87	Monate		= 2794,84

4. Lohnabzugsverfahren ab 28. 6. 1942

Jahr	Entgelt des Versicherten	Durchschnitt aller Vers.		Werteinheiten	Beitrags-monate	Ersatz-zeit	Ausfall-zeit
1942	2755	: 2310 RM	=	119,24	6	. . . .	. . . .
1943	. . . .	: 2324 RM	=	. . . .	. . . .	12	. . . .
1944	. . . .	: 2292 RM	=	. . . .	. . . .	12	. . . .
1945	. . . .	: 1778 RM	=	. . . .	. . . .	12	. . . .
1946	1970	: 1778 RM	=	110,80	12	. . . .	. . . .
1947	580	: 1833 RM	=	31,64	3	. . . .	9 . . . . . .
1948	2450	: 2219 DM	=	110,41	12	. . . .	. . . .
1949	3120	: 2838 DM	=	109,94	12	. . . .	. . . .
1950	3200	: 3161 DM	=	101,23	12	. . . .	. . . .
1951	3819	: 3579 DM	=	106,73	12	. . . .	. . . .
1952	4701	: 3852 DM	=	122,01	12	. . . .	. . . .
1953	1868	: 4061 DM	=	46,05	4	. . . .	8 . . . . . .
1954	3295	: 4234 DM	=	77,82	10	. . . .	2 . . . . . .
1955	5130	: 4548 DM	=	112,80	12	. . . .	. . . .
1956	5756	: 4844 DM	=	118,81	12	. . . .	. . . .
1957	5999	: 5043 DM	=	118,95	12	. . . .	. . . .
1958	6248	: 5330 DM	=	117,22	12	. . . .	. . . .
1959	6993	: 5602 DM	=	125,83	12	. . . .	. . . .
1960	7812	: 6101 DM	=	144,44	12	. . . .	. . . .
1961	8187	: 6723 DM	=	121,77	12	. . . .	. . . .
1962	9006	: 7328 DM	=	122,90	12	. . . .	. . . .
1963	9437	: 7775 DM	=	121,38	12	. . . .	. . . .
1964	10223	: 8467 DM	=	120,74	12	. . . .	. . . .
		Insgesamt:		2160,72	215	36	19

5. Aus allen Beiträgen bis 1964

Aus Nr. 1:	228	Wochen =	53	Monate =	173,64	. . . . %
Nr. 2:	153	Wochen =	36	Monate =	273,62	. . . . %
Nr. 2:	. . . .	Wochen =	21	Monate =	471,11	. . . . %
Nr. 3:	. . . .	Wochen =	87	Monate =	2794,84	. . . . %
Nr. 4:	. . . .	Wochen =	215	Monate =	2160,72	. . . . %
	Insgesamt:		411	Monate =	5873,93	%

5873,93%: 411 Monate ergibt einen Monatsdurchschnitt von 14,29%. Ohne die ersten 5 Jahre (Nr. 1): 5700,29% : 359 Monate = 15,87 monatlicher Durchschnitt . . . . % : . . . . . Monate = ...%

6. Pauschale Ausfallzeitberechnung

Vom Eintritt in die Versicherung (5. 8. 1925) oder Vollendung des 16. Lebensjahres bis 31. 12. 1956	= . . . . . . 377 Monate
Versicherungszeit (Beitrags- und Ersatzzeiten)	= . . . . . . 342 Monate
Es fehlen	= . . . . . . 35 Monate
Berechnet werden höchstens $^1/_4$ der Versicherungszeit (hier von 342 Monaten = 85 Monate)	= . . . . . .
Versicherungszeit (342 x Fehlzeit (35) : Kalenderzeit (377)	= . . . . . . 32 Monate
. . . . x . . . . :	= . . . . . .

Monate pauschale Ausfallzeit

7. Beitragslose Zeiten bis 31. 12. 1964

Die ersten 5 Kalenderjahre	=	53 Monate
Inflationsbeiträge	=	. . Monate
Ersatzzeit	=	36 Monate
Ausfallzeit bis 1956	=	32 Monate
Ausfallzeit bis 1964	=	. . Monate
Insgesamt:		121 Monate × dem höchsten Wert

aus Nr. 5 von 15,87% . . . . . = ... 1920,27%.

8. Versicherungszeiten ab 1. 1. 1965

Jahr	Entgelt	Durchschnitt	Werteinheiten	Beitragsmonate	Ersatzzeit	Ausfallzeit
Übertrag Nr. 5			5700,29 . . .	359 . . .		
Übertrag Nr. 7			1920,27 . . .	121 . . .		
1965	11723 . . . . . :	9229 DM =	127,02 . . .	12 . . .	. . .	. . .
1966	12044 . . . . . :	9893 DM =	121,74 . . .	12 . . .	. . .	. . .
1967	12589 . . . . . :	10219 DM =	123,19 . . .	12 . . .	. . .	. . .
1968	13108 . . . . . :	10842 DM =	120,90 . . .	12 . . .	. . .	. . .
1969	14077 . . . . . :	11839 DM =	118,99 . . .	12 . . .	. . .	. . .
1970	15861 . . . . . :	13343 DM =	118,87 . . .	12 . . .	. . .	. . .
1971	18370 . . . . . :	14931 DM =	123,01 . . .	12 . . .	. . .	. . .
Aus allen Beiträgen:			8536,39	: 564		= 15,11%
6 Ausfallmonate : 6×15,11%		=	90,66	6		
1972	10146 . . . . . :	16335 DM =	62,12 . . .	6 . . .	. . .	. . .
1973	13903 . . . . . :	16335 DM =	85,13 . . .	12 . . .	. . .	. . .
1974	5234 . . . . . :	16335 DM =	32,06 . . .	2 . . .	. . .	. . .
1975	. . . .	. . . . DM =	. . .	. . .	. . .	. . .
1976	. . . . :	. . . . DM =	. . .	. . .	. . .	. . .
Aus allen Beiträgen:			8744,33	: 590	= 14,79	

× 12 = 177,48% . . . .

9. Persönliche Rentenbemessungsgrundlage

. . . . . . 177,48% der für 1974 . . . . geltenden **allgemeinen** Rentenbemessungsgrundlage von 14870 DM . . . . = ... 26391 DM

10. Berechnung der Rente

. . . . . . 590 Monate = 49 Jahre, 2 Monate . . . . × jährlichem Steigerungssatz von 1,5% (bei Berufsunfähigkeitsrente 1%) = ... 73,8% von der persönlichen Bemessungsgrundlage . . . . 26391 DM = ... 19479,64 DM Jahresrente oder monatlich . . . . 1623,30 DM.

Zuerst sind die Beiträge nach den beiden Versicherungszweigen zu trennen. Beitragsmarken zur Arbeiterrentenversicherung sind als Wochenbeiträge und die zur Angestelltenversicherung als Monatsbeiträge entrichtet worden. Weil darüber hinaus auch der Wert der Beiträge von der Zeit bestimmt wird, in dem sie entrichtet wurden, sind die Beiträge auf die Zeiten zu verteilen. Der erste Zeitraum,

der nach der Inflation mit dem 1. 1. 1924 beginnt und mit dem 31. 12. 1933 endet, weist wie der zweite Zeitraum, der am 27. 6. 1942 endet, gleiche Beitragswerte auf. So hat z.B. jeder Wert in Klasse D der Angestelltenversicherung einen Wert von 13,80%, wenn er in der Zeit vom 1. 1. 1924 bis zum 31. 1. 1933 entrichtet worden ist.
In unserem Fall ergibt sich, daß in den ersten fünf Kalenderjahren nach Eintritt in die Versicherung, die vom 5.8.1925 bis zum 31.12.1929 reichen, H 228 Wochenbeiträge zur Arbeiterrentenversicherung entrichtet hat ①. Für diese Beiträge sind die in ② genannten Beitragswerte anzusetzen, weil sie in der Zeit von 1924 bis 1933 entrichtet worden sind. Ab 1. 1. 1930 kann der Versicherte noch 19 Wochenbeiträge in der Klasse IV, 82 Beiträge in der Klasse V und 52 Beiträge in der Klasse VI nachweisen ②. **Jeder Beitrag ist mit dem entsprechenden Tabellenwert zu multiplizieren.** Das ergibt bei den 19 Wochenbeiträgen aus Nr. 2 einen Wert von 23,18% und bei den 7 Monatsbeiträgen der Klasse E einen Wert von 138,25%. Zum Abschluß werden die in den entsprechenden Zeiträumen entrichteten Wochen und Monate und ihre Werte zusammengezählt. Das ergibt in unserem Fall in der Rentenversicherung der Arbeiter 381 Wochenbeiträge mit einem Wert von 447,26% ① + ② und in der Angestelltenversicherung 108 Monatsbeiträge, mit einem Wert von 3265,95% ② + ③.

Seit dem 28. 6. 1942 ④ findet für Versicherungspflichtige das Lohnabzugsverfahren statt. Von diesem Tag an werden keine Beitragsmarken mehr entrichtet. Die Einzugsstellen (Krankenkassen) ziehen seit diesem Tag den Gesamtsozialversicherungsbeitrag ein und zugleich wird der Jahresverdienst des Versicherten in die Versicherungskarte eingetragen. **Dieser individuelle Jahresverdienst wird nun mit dem Durchschnittsverdienst aller Arbeitnehmer des betreffenden Jahres verglichen.** In unserem Fall hat H z.B. im Jahre 1946, als er aus der Kriegsgefangenschaft zurückkehrte, RM 1970 verdient. Im gleichen Jahr betrug das Durchschnittsentgelt aller Arbeitnehmer RM 1778. Werden nun RM 1970 durch RM 1778 geteilt, ergibt sich ein Wert von 110,80%. H hat also im Jahre 1946 10,80 von Hundert über dem Jahresdurchschnitt verdient und somit auch entsprechend höhere Beiträge entrichtet. Diese Berechnung wird für jedes Jahr durchgeführt, wobei am 31. 12. 1964 eine Zäsur zu machen ist.

Der Berechnungsbogen zeigt, daß H bis zum 31. 12. 1964 ⑤ insgesamt 411 Beitragsmonate nachweisen kann und diese einen Wert von 5873,93 Werteinheiten (Prozenten) haben. Das ergibt einen Monatsdurchschnitt aus allen Beiträgen von 14,29%. Da erfahrungsgemäß die ersten fünf Jahre nach Eintritt in die Versicherung nur niedrige Beiträge aufweisen, die den persönlichen Durchschnitt mindern würden, schreibt § 1255 Abs. 4 RVO (§ 32 Abs. 4 AVG) vor, daß sie bei der Berechnung außer Betracht bleiben, wenn sie vor dem 1. 1. 1965 enden und es für den Versicherten günstiger ist. Enden sie später, so sind sie mit einem Zwölftel der Bruttoarbeitsentgelte der Leistungsgruppe 3 der Arbeiter und Angestellten zu bewerten. Bei H sind die ersten 5 Jahre abzuziehen. Wenn die verbliebenen 5700,29 Werteinheiten durch die 359 Monate geteilt werden, folgt daraus ein monatlicher Beitragsdurchschnitt von 15,87%.

Die beitragslosen Ersatz- und Ausfallzeiten, die ersten 5 Versicherungsjahre und die Inflationsbeiträge sind mit dem in Nr. 5 ermittelten höheren Betrag (hier 15,87) zu vervielfältigen. Die Berechnung ⑥ ergibt, daß eine pauschale Ausfallzeit von 32 Monaten für die Zeit bis zum 31. 12. 1956 anzurechnen ist, weil der Versicherte nur 19 Ausfallzeitmonate nachweisen kann (vgl. Fall Nr. 150). Dazu

kommen die 53 Monate der ersten 5 Versicherungsjahre und die Ersatzzeit von 36 Monate, die einen Gesamtwert von 1920,27 Prozent ⑦ haben.
Die ab 1. 1. 1965 nachgewiesenen Entgelte werden wiederum durch die entsprechenden Durchschnittsverdienste geteilt ⑧. Unser Fall weist aber 1972 eine Besonderheit auf, denn der Versicherte war vom 28. 6. 1972 bis zum 4. 1. 1973 arbeitsunfähig erkrankt. Diese Ausfallzeit von sechs Monaten wird mit dem Durchschnittswert aller bis zum Vorjahr (hier 1972) erzielten Werte berechnet. Das ergibt einen Wert von 15,11% pro Ausfallmonat. Die Monate Juni 1972 und Januar 1973 sind Beitragsmonate, weil für sie Beiträge entrichtet worden sind. Die Entgelte der letzten beiden Jahre vor Eintritt des Versicherungsfalls (hier 1973 und 1974) werden mit dem letzten bekannten Durchschnittswert – also des Jahres 1972 von DM 16335 – verglichen. H erreicht insgesamt 8744 Werteinheiten, die durch 590 Beitragsmonate zu teilen sind. Der Monatsdurchschnitt beträgt 14,79% und der Jahresdurchschnitt 177,48% ⑨. H hat in seinem Arbeitsleben regelmäßig 77,48 Prozent über dem Durchschnitt verdient und entsprechende Beiträge zur Rentenversicherung entrichtet. Aus diesem Grund übersteigt auch seine persönliche Rentenbemessungsgrundlage die allgemeine um 77,48 Prozent.
Bisher hatten wir es nur mit einer Prozentrechnung zu tun. Die Umwandlung in einen Geldbetrag erfolgt durch die allgemeine Rentenbemessungsgrundlage, die für alle Versicherungsfälle des Jahres 1974 DM 14870 beträgt. Sie errechnet sich aus dem Durchschnittsverdienst der letzten drei Jahre, hier also der Jahre 1970 bis 1972. Da H eine persönliche Bemessungsgrundlage von 177,48 Prozent erreicht, ist dieser Wert mit der allgemeinen Rentenbemessungsgrundlage zu multiplizieren, so daß sich eine persönliche Rentenbemessungsgrundlage von DM 26391 errechnet.
Würde die persönliche Rentenbemessungsgrundlage von H 200% – z.B. um 15% übersteigen, so wäre von jedem ganzen Wert ein Prozent, der den Satz von 200% übersteigt (bei H also 15) mit der Anzahl der Kalendermonate (hier sind es 590), die der Berechnung zugrunde liegen, zu vervielfältigen. Bei H sind es $15 \times 590 = 8850$ Werteinheiten. Wäre H Rente wegen Berufsunfähigkeit zu zahlen, würde ihm pro Wert 2 Pfennig, also 17700 Pfennig zu der Jahresrente angerechnet werden. Bei der Erwerbsunfähigkeitsrente und beim Altersruhegeld werden 3 Pfennig pro Werteinheit als Jahresbeitrag angesetzt. Eine Dynamisierung dieses Betrages findet nicht statt.
Die Höhe der Rente wird im nächsten Fall errechnet.

Fall Nr. 155: Steigerungsbeträge

Werkmeister H überlegte, ob er zum 28. 2. 1974 aus der versicherungspflichtigen Beschäftigung ausscheiden sollte und ob sich eine Weiterarbeit lohne. Das ist von der Rentenhöhe und den Steigerungsbeträgen abhängig. Welche Rente hat er jetzt und welche bei einer Weiterarbeit zu erwarten?

Lösung

Der Jahresbetrag der **Rente wegen Berufsunfähigkeit** beläuft sich nach § 1253 RVO (§ 30 AVG) für jedes anrechnungsfähige Versicherungsjahr auf **ein vom Hundert** der für den Versicherten maßgebenden persönlichen Rentenbemessungsgrundlage. Für die Erwerbsunfähigkeitsrente und das Altersruhegeld beträgt der Steigerungssatz 1,5% pro Versicherungsjahr. Bei Ermittlung der anrechnungsfähigen Versicherungsjahre sind für je 13 Wochen drei Kalendermonate anzusetzen und der Rest auf volle Monate aufzurunden. Je 12 Monate ergeben nach § 1258 RVO (§ 35 AVG) ein volles Versicherungsjahr. Verbleibt ein Rest, so wird für jeden Monat ein Zwölftel Versicherungsjahr angesetzt. Dieses ist in eine Dezimalzahl umzurechnen.

Gehen wir davon aus, daß Paul H nicht Altersruhegeld, sondern Berufsunfähigkeitsrente beantragt hätte, dann würde seine Jahresrente bei den nachgewiesenen 49 Versicherungsjahren und den zwei Monaten 49,18% der persönlichen Rentenbemessungsgrundlage von DM 26391, also DM 12950 betragen. Der Jahresbetrag der Erwerbsunfähigkeitsrente wie des Altersruhegeldes ist bei einem Steigerungssatz von 1,5% pro Jahr 73,8% der persönlichen Bemessungsgrundlage von DM 26391, also DM 19479,64 oder monatlich DM 1623,30.

Die Frage, ob sich eine Weiterarbeit lohnt, beantwortet sich wie folgt. Nach § 1254 RVO (§ 31 AVG) erhöht sich der Jahresbetrag des Altersruhegeldes um einen Zuschlag, wenn der Versicherte das „normale" Altersruhegeld, obwohl er die Voraussetzungen erfüllt, nicht in Anspruch nimmt. Das bedeutet zuerst einmal, daß für die Weiterarbeit über das 63. Lebensjahr hinaus kein Zuschlag gezahlt wird. Erst der Verzicht auf das Altersruhegeld und die Weiterarbeit zwischen dem 65. und 67. Lebensjahr löst die Zuschlagzahlung aus. Die Weiterarbeit über das 63. Lebensjahr hinaus wird also grundsätzlich nicht honoriert. Es muß daher geklärt werden, ob der zweijährige Verzicht auf das flexible Altersruhegeld – in unserem Fall in Höhe von DM 39000 – zu empfehlen ist.

Die Weiterarbeit bis zum 65. Lebensjahr würde – wenn sich die persönliche Rentenbemessungsgrundlage nicht ändert – die Versicherungszeit um 24 Monate auf 611 Monate und die Werteinheiten um zweimal 177,48% auf 9098,43% erhöhen. Gehen wir davon aus, der Versicherte beabsichtigt, bis zum 66. Lebensjahr weiterzuarbeiten. Er schiebt den Rentenbeginn um 12 weitere Monate hinaus. Diese 12 Monate, in denen Beiträge entrichtet werden müssen, sind mit 0,6%, also auf 7,2% zu verfielfältigen. Die bis zum 65. Lebensjahr zurückgelegten Versicherungsmonate (hier 614) sind mit diesem Wert (hier 7,2) zu multiplizieren und das Ergebnis von 614 Monaten × 7,2 = 45 Monate den Versicherungsjahren hinzuzurechnen. Sie werden mit dem bis zur Vollendung des 65. Lebensjahres errechneten monatlichen Beitragsdurchschnitt (hier von 14,78%) bewertet, so daß 666,25 Werteinheiten anzusetzen sind. Die zwölfmonatige Weiterarbeit soll – geschätzt – zusätzlich noch 142,83 Werteinheiten erbringen. Das Altersruhegeld würde sich dann wie folgt (bezogen auf den Stand des Jahres 1974) berechnen:

Bis zum 65. Lebensjahr nachgewiesen	9098,43% = 611 Monate
Zuschlag	666,35% = 45 Monate
Weiterarbeit	142,83% = 12 Monate
Insgesamt	9907,51% : 668 Monate = 14,83% × 12 = 177,96%.

Dieser Wert ist die neue persönliche Rentenbemessungsgrundlage des H. Bezogen auf das Jahr 1974 würde sich eine Bemessungsgrundlage von DM 26457,15 ergeben. Bei nunmehr 55,7 Versicherungsjahren oder 668 Monaten ergibt sich ein Steigerungssatz von 83,55% der persönlichen Rentenbemessungsgrundlage. Es errechnet sich eine jährliche Rente von DM 21367,37 oder von monatlich DM 1780,70. Die monatliche Rente hat sich durch die dreijährige Weiterarbeit über das 63. Lebensjahr somit um monatlich DM 157,40 erhöht. Demgegenüber beträgt der Rentenverlust aber etwa DM 39000. Er steht somit in keinem akzeptablen Verhältnis zu der Rentenerhöhung.

Fall Nr. 156: Mindestrente

Frau G hatte bis zum 31. 8. 1972 27 Jahre lang als Verkäuferin gearbeitet – nach ihrer Eheschließung allerdings nur halbtags. Als sie das vorgezogene Altersruhegeld wegen überwiegender Beschäftigung in den letzten 20 Jahren beantragte, konnte sie mit freiwilligen Beiträgen und Ausfallzeiten insgesamt 32 Versicherungsjahre nachweisen. Durch die Halbtagsarbeit hatte sie ein Entgelt erzielt, das um durchschnittlich 67 Prozent unter dem Durchschnitt aller Versicherten lag. War hier eine Mindestrente zu gewähren?

Lösung

Streng genommen gibt es keine Mindestrenten, sondern nur Leistungsrenten, die von der jeweiligen Verdiensthöhe und den Versicherungsjahren beeinflußt werden. Daher sind Renten unter 20 DM monatlich nicht selten.
Ab 1. 1. 1973 gibt es **Renten nach Mindesteinkommen**. Bei Versicherungsfällen ab 1. 1. 1972 ist für Versicherte, die mindestens 25 anrechnungsfähige Versicherungsjahre ohne Zeiten der freiwilligen Versicherung und Ausfallzeiten nachweisen, die maßgebliche Rentenbemessungsgrundlage so zu ermitteln, daß für jeden Monat vor dem 1. 1. 1973, für den ein Pflichtbeitrag gezahlt ist, ein Wert von 6,25% zugrunde gelegt wird, wenn der tatsächliche Wert geringer ist. Auf Ersatz- und Ausfallzeiten und freiwillige Beiträge findet diese Bestimmung keine Anwendung.
Das bedeutet für Frau G, daß für jedes Versicherungsjahr, in dem sie Pflichtbeiträge entrichtete, ein Wert von 75 Prozent anzurechnen ist, obwohl sie in dieser Zeit im Durchschnitt nur 33 Prozent erreichte. Dieser echte Durchschnittswert wird für die Ausfallzeit und Ersatzzeit verwendet. Die freiwilligen Beiträge werden mit ihrem echten Wert angerechnet. Beitragszeiten ab 1. 1. 1973 nehmen an dieser Erhöhung nicht teil.

J. Rentenbeginn und Änderungen

Fall Nr. 157: Rentenbeginn

Der Steinmetz D erlitt am 13. 1. 1974 einen Herzinfarkt. Am 25. 4. 1974 beantragte er Versicherungsrente. Mit Bescheid vom 16. 8. 1974 wurde ihm die Rente wegen Erwerbsunfähigkeit ab 1. 4. 1974 zugebilligt. D verlangt die Rente bereits ab 1. 2. 1974.

Lösung

Grundsätzlich beginnen nach § 1290 RVO (§ 69 AVG) alle Renten **mit Ablauf des Monats**, in dem ihre Voraussetzungen erfüllt sind. Das gilt auch für das vorge-

zogene und flexible Altersruhegeld. Sie sind wie die Renten wegen Berufs- oder Erwerbsunfähigkeit **mit Beginn des Antragsmonats zu gewähren, wenn der Antrag später als drei Monate nach dem Eintritt des Versicherungsfalls gestellt wird.** Die Dreimonatsfrist beginnt mit dem Eintritt des Versicherungsfalls und nicht mit dem Monatsersten, der dem Versicherungsfall folgt oder vorangeht (LSG Scheswig-Holstein vom 16. 4. 1964 [L 4 J 262/68]). In unserem Fall endet die Frist am 13. 4. 1974; der Rentenantrag wurde somit außerhalb der Dreimonatsfrist gestellt. Die Rente begann richtig ab 1. 4. 1974.
Wird eine Berufsunfähigkeitsrente auf Antrag in eine Rente wegen Erwerbsunfähigkeit innerhalb der Dreimonatsfrist umgewandelt, weil z.B. der Versicherte unmittelbar nach Eintritt der Berufsunfähigkeit durch einen Herzinfarkt erwerbsunfähig wird, ist die Erwerbsunfähigkeitsrente erst ab Antragsmonat zu zahlen, weil es sich um eine Rentenerhöhung handelt (BSG vom 18. 2. 1964 [4 RJ 225/62] = BSGE 20 S. 188 = SozSich.-Kartei Nr. 1666, VII/A zu § 1267 RVO).
Würde D erst nach Vollendung des 65. Lebensjahres durch Weiterarbeit die Wartezeit von 180 Monaten erfüllen, könnte das Altersruhegeld frühestens mit Ablauf des Monats gezahlt werden, in dem die Wartezeit erfüllt ist (BSG vom 14. 1. 1965 [5 RKn. 75/63] = BSGE 22 S. 208 = SGb. 1965 S. 120). **Dabei wird ein Anspruch auf Rentenleistung immer frühestens mit der Antragstellung fällig** (BSG vom 20. 12. 1963 [3 RJ 96/59] = SozSich. 1964 S. 45 = SGb. 1964 S. 70).
Eine Erhöhung oder Wiedergewährung der Rente könnte nur vom Beginn des Antragsmonats an beansprucht werden. Das gilt nicht, wenn ein Empfänger von Rente wegen Berufs- oder Erwerbsunfähigkeit das 65. Lebensjahr oder eine Witwe das 45. Lebensjahr vollendet hat. Eine Waisenrente wird nicht „wiedergewährt", wenn ihre Voraussetzungen – z.B. Verschollenheit des Vaters und eigene Schulausbildung – zum ersten Mal nach Vollendung des 18. Lebensjahres erfüllt sind (BSG vom 25. 6. 1964 [4 RJ 151/63] = BSGE 21 S. 162 = SozSich.-Kartei Nr. 1667, II zu § 1531 RVO). Unabhängig von der Antragstellung beginnt sie mit Ablauf des Monats, in dem ihre Voraussetzungen erfüllt sind. Befindet sich die Waise am Todestag ihres versicherten Vaters bei der Bundeswehr, beginnt die Waisenrente mit Ablauf des Monats, in dem sie aus der Bundeswehr entlassen wird (BSG vom 28. 9. 1967 [12 RJ 568/63] = SozSich.-Kartei Nr. 2098, VII/A zu § 1290 RVO).
Ist das flexible Altersruhegeld (vgl. Fall Nr. 138) wegen Überschreitung der Verdienstgrenzen entfallen und endet die Beschäftigung wieder oder wird die Verdienstgrenze unterschritten, so ist das Altersruhegeld auf Antrag mit dem Ersten des Monats erneut zu gewähren, in dem der Versicherte eine Beschäftigung nicht mehr ausübt oder die Verdienstgrenze nicht mehr überschreitet. In diesem Fall ist das Altersruhegeld mindestens in Höhe des Betrages zu zahlen, der sich bei ununterbrochener Rentenzahlung ergeben würde. Der Besitzstand des Versicherten wird also gewahrt.

Fall Nr. 158: Ruhen der Rente

Der uns aus Fall Nr. 157 bekannte Steinmetz D erhielt am 1. 4. 1974 eine Erwerbsunfähigkeitsrente nach einer persönlichen Rentenbemessungsgrundlage von DM 17393 in Höhe von monatlich DM 853,60. Da er zugleich eine Verletztenrente aus der Unfallversicherung nach einer Erwerbsminderung von 50%, der ein Jahresarbeitsverdienst von DM 19412 zugrunde lag, in Höhe von DM 539,30 bezog, wurde seine Rente wegen Erwerbsunfähigkeit um DM 17,70 monatlich gekürzt. Ist die Kürzung berechtigt?

Lösung

Trifft eine Rente wegen Berufs- oder Erwerbsunfähigkeit oder ein Altersruhegeld mit einer Verletztenrente zusammen, so ruht nach § 1278 RVO (§ 55 AVG) die Rente aus der gesetzlichen Rentenversicherung der Arbeiter und Angestellten insoweit, als die ohne Kinderzuschuß zusammen mit der Verletztenrente sowohl **85 Prozent des Jahresarbeitsverdienstes oder der persönlichen Rentenbemessungsgrundlage übersteigt**. Das Ruhen der Rente beschränkt sich auf den Betrag, um den beide Renten zusammen den Betrag übersteigen, der ohne Anwendung der Ruhensvorschriften allein aus der gesetzlichen Rentenversicherung zu zahlen wäre. Die Witwen- und Witwerrenten dürfen 60 Prozent dieses Betrages, die Halbwaisenrenten ein Fünftel und die Vollwaisenrenten drei Zehntel dieses Betrages nicht übersteigen.
Die Kürzung tritt auch dann ein, wenn an Stelle der Verletztenrente eine Abfindung oder Anstaltspflege gewährt wird. Erhält der Versicherte die Verletztenrente jedoch für einen Unfall, der sich nach Eintritt der Berufs- oder Erwerbsunfähigkeit oder Gewährung des Altersruhegeldes ereignet hat, findet keine Kürzung statt. Ebenso ist es, wenn die Verletztenrente (bei versicherten Unternehmern) auf eigener Beitragsleistung des Versicherten oder seines Ehegatten beruht oder wenn die Verletztenrente ein Ruhen nach den Bestimmungen des Bundesversorgungsgesetzes bereits herbeiführt.
Die Leistungen aus der gesetzlichen Rentenversicherung werden ungekürzt bis zum Ende des Monats gewährt, in dem die Verletztenrente oder Abfindung zum ersten Male ausgezahlt wird. Hat der Unfallversicherungsträger zuerst Verletzten- oder ab 1. 7. 1974 Übergangsgeld und Vorschüsse auf die Unfallrente gewährt, dann aber rückwirkend Verletztenrente unter Anrechnung der bisher gewährten Leistungen bewilligt, gelten diese Leistungen als Verletztenrente von Anfang an (BSG vom 22. 10. 1971 [5 RKn. 5/70] = SozSich. 1971 S. 376 = SGb. 1972 S. 241).
Da in unserem Fall der für die Berechnung der Verletztenrente maßgebliche Jahresarbeitsverdienst (DM 19412) die persönliche Rentenbemessungsgrundlage (DM 17392) übersteigt, ist der Jahresarbeitsverdienst dem Vergleich zugrunde zu legen. Beide Renten dürfen 85% von DM 19412, also DM 16502,20 nicht übersteigen. Von diesem Betrag ist die gesamte Jahresrente der Unfallversicherung von DM 6471,60 (12 × DM 539,60) abzuziehen. Für die Erwerbsunfähigkeitsrente verbleiben somit jährlich DM 10030,60 oder monatlich DM 835,90. Da die Rente DM 853,60 beträgt, ruht der überschießende Betrag von DM 17,70.
Überwiegend für Witwen gilt eine besondere Regel. Trifft eine Rente, die auf eigener Beitragszahlung beruht, mit einer Witwen-, Witwer- oder einer Geschiedenenrente zusammen, wird von zwei Zurechnungszeiten die für den Versicherten günstigere nach § 1280 RVO (§ 57 AVG) berücksichtigt. Nach der gleichen Bestimmung wird bei Zusammentreffen mehrerer Waisenrenten oder einer Waisenrente mit einer eigenen Versichertenrente die höchste Rente gezahlt; die übrigen Renten ruhen.
Nach § 1283 RVO (§ 60 AVG) würde bei D die Versichertenrente ruhen, wenn sie mit einem Arbeitslosengeldbezug zusammentreffen würde. Wenn ein Berufsun-

fähiger nach Beginn der Rente eine versicherungspflichtige Beschäftigung von mindestens 26 Wochen ausgeübt hat, gilt das nicht. Die Rente ruht ferner nach § 1315 RVO (§ 94 AVG), solange ein rentenberechtigter Ausländer sich freiwillig im Ausland aufhält oder wenn gegen ihn ein Aufenthaltsverbot besteht. Bei einem Deutschen ruht die Rente, solange er sich für längere Zeit im Ausland aufhält. Zwischenstaatliche Sozialversicherungsabkommen können das Ruhen der Leistungen bei Auslandsaufenthalt ausschließen.

Fall Nr. 159: Umwandlung der Rente

Über drei Jahre hatte G Rente wegen Erwerbsunfähigkeit erhalten. Mit Bescheid vom 6. 9. 1973 war ihm die Rente entzogen worden. Als G im Februar 1974 einen neuen Rentenantrag stellte, wurde festgestellt, daß Berufsunfähigkeit vorliegt – und zwar im Anschluß an die Erwerbsunfähigkeit. Kann der Versicherte verlangen, daß ihm die Rente wegen Berufsunfähigkeit rückwirkend ab 1. 11. 1973 gezahlt wird?

Lösung

Die Rente wegen Erwerbsunfähigkeit wird nach § 1286 RVO (§ 63 AVG) in eine Berufsunfähigkeitsrente umgewandelt, wenn der Berechtigte infolge Änderung seiner Verhältnisse nicht mehr erwerbs- aber noch berufsunfähig ist. Unterläßt der Versicherungsträger – wie hier – die Prüfung, ob nach Fortfall der Erwerbsunfähigkeit der Versicherte noch berufsunfähig ist, hat er seine Fürsorge-, Betreuungs- und Auskunftspflicht verletzt. Es gehört zu den Pflichten der Versicherungsträger, in diesen Fällen den Versicherten über die Rechtslage nach § 1276 RVO und gegebenenfalls auch auf die Stellung eines neuen Rentenantrags aufmerksam zu machen. Eine Verletzung der Betreuungspflicht hat zur Folge, daß der Versicherte so gestellt werden muß, als hätte er rechtzeitig den Antrag auf Gewährung einer Berufsunfähigkeitsrente gestellt (BSG vom 17. 5. 1973 [12 RJ 354/72] = SozSich.-Kartei Nr. 2762, VII/A zu § 1276 RVO = SGb. 1973 S. 262). Dem G steht die Rente wegen Berufsunfähigkeit somit ab 1. 11. 1973 zu.

Erfüllt G die Voraussetzungen für ein Altersruhegeld, so ist die Rente nach § 1254 Abs. 3 RVO (§ 31 AVG) von Amts wegen in das „normale" Altersruhegeld umzuwandeln, wenn G nicht ausdrücklich etwas anderes bestimmt. Eine Umwandlung in das flexible oder vorgezogene Altersruhegeld wird nur auf Antrag des Versicherten durchgeführt.

Fall Nr. 160: Rentenanpassung

Bei der Anpassung des Altersruhegeldes stellte der Rentenversicherungsträger im Jahre 1973 fest, daß er dem Versicherten A die zu hohe Beitragszeit von 13 Monaten angerechnet hatte. Ist es zulässig, diesen Fehler nachträglich zu korrigieren und die Rente nach der berichtigten Rentenhöhe anzupassen?

Lösung

Bei Veränderungen der allgemeinen Bemessungsgrundlagen werden nach § 1272 RVO (§ 49 AVG) die Renten alljährlich zum 1. Juli durch Gesetz angepaßt; eine automatische Rentenerhöhung findet nicht statt. Sinn und Zweck dieser Rentenanpassungen ist es, ein stabiles Rentenniveau zu sichern. Durch die Dynamisierung der Bestandsrenten sollen die Renten aus allen Zweigen der gesetzlichen Rentenversicherung an die gestiegenen Lebenshaltungskosten angeglichen werden.
Angepaßt werden nur die sogenannten Bestandsrenten, die im Vorjahr oder früher zugebilligt wurden. So nahmen die Renten des Jahres 1973 und die noch älteren an der Rentenanpassung teil, die am 1. 7. 1974 stattfand. Eine Anpassung der im Jahre 1974 zugebilligten Renten wird erst am 1. 7. 1975 durchgeführt.
Die Rentenanpassung geht von dem Grundsatz aus, daß die Rentenleistungen so anzuheben sind, daß sich eine Rente ergibt, wie sie sich ergeben würde, wenn die Rente im Jahre 1974 zugebilligt worden wäre. Durch die am 1. 7. 1974 durchgeführte Rentenanpassung werden die allgemeine Rentenbemessungsgrundlage des Jahres 1974 also auch für die Bestandsrenten maßgebend. Es macht daher keinen Unterschied aus, ob es sich um eine Bestandsrente oder um eine neu zugebilligte Rente handelt. Nur die ab 1. 1. 1975 neu zugebilligten Renten werden wieder gegenüber den Bestandsrenten einen Vorsprung durch die höhere allgemeine Rentenbemessungsgrundlage des Jahres 1975 haben.
Die Rentenanpassungsgesetze lassen im § 5 ausdrücklich zu, daß unrichtig festgesetzte oder umgestellte Renten berichtigt werden können. Wäre diese gesetzliche Ausnahmebestimmung nicht vorhanden, würde einer Berichtigung die Rechtskraft des Rentenbescheides entgegenstehen. So aber ist eine Änderung zugelassen mit der Maßgabe, daß die Rentenanpassung vom berichtigten Rentenbetrag auszugehen hat. Gegen die Berichtigung seiner Rentenhöhe kann A somit nichts unternehmen.

Fall Nr. 161: Neufeststellung

Der Antrag des L, ihm die Versicherungszeit von 1926 bis 1934 anzurechnen, ist von der zuständigen Landesversicherungsanstalt im Jahre 1961 mit der Begründung rechtskräftig abgelehnt worden, diese Zeit sei nicht glaubhaft gemacht. Als L am 1. 7. 1974 das Altersruhegeld erhielt, stellte er fest, daß ihm diese Jahre fehlten. Es gelingt ihm, einen ehemaligen Arbeitskollegen zu benennen, der als Zeuge seine damalige Arbeit bestätigt. Hat eine Klage auf Abänderung des rechtskräftigen Bescheids aus dem Jahre 1961 Aussicht auf Erfolg?

Lösung

Grundsätzlich werden nach § 77 Sozialgerichtsgesetz Verwaltungsakte – also die Bescheide eines Sozialversicherungsträgers – für die Beteiligten bindend, wenn gegen sie kein oder erfolglos ein Rechtsmittel (Widerspruch, Klage, Berufung oder Revision) eingelegt wird. Der Ablehnungsbescheid des Jahres 1961 war bindend geworden, weil Albert L seinerzeit nichts gegen ihn unternommen hatte.
Die §§ 1300 RVO und 79 AVG durchbrechen ausnahmsweise die Bindungswirkung eines Verwaltungsaktes. **Überzeugt sich der Rentenversicherungsträger**

bei erneuter Prüfung, daß eine Leistung zu Unrecht abgelehnt, entzogen, eingestellt oder zu niedrig festgestellt worden ist, so hat er sie neu festzusetzen. Dieser Grundgedanke gilt auch für die Unfall- (vgl. Fall Nr. 105) und Krankenversicherung (BSG vom 16. 8. 1973 [3 RK 94/72] = SozSich.-Kartei Nr. 2803, VII/A zu § 1300 RVO = SGb. 1973 S. 151). Die Neufeststellung erfordert keinen Antrag des Versicherten (LSG Berlin vom 12. 10. 1961 [LG 137/60]), so daß der neue Bescheid voll an die Stelle des früheren Verwaltungsaktes tritt, wenn der Versicherungsträger eine neue Feststellung trifft. Der Versicherungsträger braucht dem neuen Bescheid keine Rückwirkungskraft zu verleihen (BSG vom 23. 4. 1963 [1 RA 15/60] = BSGE 19 S. 93 = SGb. 1963 S. 177). Ausnahmsweise darf sich der Versicherungsträger nicht auf Verjährung berufen, wenn er die zu geringe Rentenzahlung oder sonstwie den unrichtigen Bescheid durch unterlassene Ermittlungen verursacht hat (BSG vom 31. 10. 1968 [12 RJ 390/66] = BSGE 28 S. 282 = SozSich.-Kartei Nr. 2239, VII/A zu § 1300 RVO). Auf jeden noch so unbegründeten Antrag des Versicherten braucht der Träger keine erneute Überprüfung vorzunehmen und einen neuen Bescheid zu erteilen (LSG Nordrhein-Westfalen vom 25. 6. 1968 [L 15 Kn. 79/67] = MBKn. 1970 S. 93). Stützt sich der Antrag auf keine wesentlich anderen Tatsachen, als sie bei Erlaß des früheren Bescheids berücksichtigt worden sind, besteht keine erneute Überprüfungspflicht (BSG vom 31. 7. 1968 [11 RA 244/67] = BSGE 28 S. 173 = AV 1968 S. 336). Änderung der höchstrichterlichen Rechtsprechung ist ein Grund für neue Feststellung (BSG vom 27. 6. 1968 [4 RJ 41/68] = BSGE 28 S. 141 = SozSich.-Kartei Nr. 2211, VII/A zu § 1300 RVO).

Der Begriff „Überzeugung" enthält ein subjektives Element, das die Gerichte bei ihrer Prüfung und Entscheidung zu respektieren haben. Die Gerichte dürfen nicht durch ihre eigene Überzeugung die des Versicherungsträgers ersetzen. Es ist daher nicht entscheidend, ob das Gericht von der Unrichtigkeit des ersten Bescheids überzeugt ist, sondern darauf, ob die gegenteilige Überzeugung des Versicherungsträgers unter keinem tatsächlichen oder rechtlichen Gesichtspunkt zu halten ist. Das ist der Fall, wenn die Fehlerhaftigkeit des früheren Bescheids so offensichtlich erscheint, daß auch der Versicherungsträger zu der Überzeugung von der Rechtswidrigkeit des früheren Bescheids hätte gelangen müssen.

Handelt es sich um die Feststellung von Tatsachen, so steht **die Unrichtigkeit nur dann fest, wenn jede auch fern liegende Möglichkeit ausscheidet, daß ein angenommener Vorgang, wie z.B. ein Arbeitsunfall oder eine Krankheit, sich anders ereignet hat.** War eine Tatsache angenommen worden, wie z.B. die Erfüllung der Anwartschaft, darf kein Zweifel bestehen bleiben, daß in Wirklichkeit die Tatsache nicht vorliegt. Es reicht nicht aus, daß nach den Regeln der freien Beweiswürdigung das Gericht eine Tatsache oder einen Vorgang als erwiesen ansieht, weil dafür eine an Gewißheit grenzende Wahrscheinlichkeit spricht, denn dieser hohe Grad an Wahrscheinlichkeit schließt jede andere denkbare Möglichkeit nicht aus (BSG vom 20. 8. 1970 [1 RA 153/69] = Breith. 1971 S. 336 = SozSich.-Kartei Nr. 2496, VII/A zu § 1300 RVO). Das gilt vor allem hinsichtlich der Beurteilung von Gesundheitsstörungen oder der Leistungsfähigkeit des Versicherten. Der Nachweis, daß die höchstrichterliche Rechtsprechung durch den Bescheid mißachtet worden ist beweist, daß der frühere Bescheid unrichtig war (BSG vom 19. 3. 1969 [5 RKn. 6/68] = SGb. 1969 S. 175 = SozSich. 1969 S. 182).

In unserem Fall mußte der Rentenversicherungsträger in die erneute Überprüfung eintreten, weil L neue Tatsachen in Form eines Zeugen präsentierte. Bestätigt der Zeuge die Angaben des Versicherten in einer Weise, daß kein Zweifel an der versicherungspflichtigen Beschäftigung bestehen bleibt, ist die Unrichtigkeit des früheren Bescheides nachgewiesen.
Die Klage von L auf Erlaß eines neuen Bescheides ist eine Verpflichtungsklage. Diese ist nur zulässig, wenn ein Vorverfahren (Widerspruchsverfahren) durchgeführt worden ist. Vor Klageerhebung muß L zuerst Widerspruch gegen den Ablehnungsbescheid einlegen (BSG vom 18. 2. 1964 [11/1 RA 90/61] = BSGE 20 S. 199 = Breith. 1964 S. 902).
Gegenüber einem bindend gewordenen Verwaltungsakt – also einem Rentenbescheid – kann L eine neue Prüfung nach § 1744 RVO beantragen oder vom Versicherungsträger durchgeführt werden, wenn eine Urkunde, auf die sich der Bescheid stützt, fälschlich angefertigt oder verfälscht war oder der Zeuge oder Gutachter vorsätzlich oder fahrlässig die Eidespflicht verletzt hat. Weitere Gründe sind, wenn L oder sein Vertreter den Verwaltungsakt durch eine strafbare Handlung, wie z.B. arglistige Täuschung erwirkt oder wesentliche Tatsachen behauptet oder vorsätzlich verschwiegen hat. In allen diesen Fällen ist Voraussetzung, daß eine strafgerichtliche Verurteilung erfolgt ist oder das Strafverfahren aus anderen Gründen als wegen Mangel an Beweisen nicht eingeleitet oder durchgeführt werden konnte. Ist ein Strafgerichtsurteil, auf das sich der Bescheid stützt, durch ein anderes rechtskräftiges Urteil aufgehoben worden, kann eine neue Prüfung erfolgen. Ebenso ist es, wenn L nachträglich eine Urkunde, die einen für ihn günstigeren Rentenbescheid herbeigeführt haben würde, auffindet oder benutzen kann.

K. Fortfall der Rente

Fall Nr. 162: Rente auf Zeit

E erlitt am 13. 7. 1972 einen Herzinfarkt, der Erwerbsunfähigkeit bis zum 31. 7. 1973 verursachte. Das wurde ihm mit Bescheid vom 11. 1. 1973 mitgeteilt. Im Anschluß daran wurde Rente wegen Berufsunfähigkeit mit Bescheid vom 10. 8. 1973 auf unbestimmte Zeit gezahlt. Der Versicherungsträger zahlte die Rente wegen Erwerbsunfähigkeit ab der 27. Woche, also ab 12. 1. 1973. E verlangt mit der Klage die Rente ab 1. 9. 1972 (Antragsmonat). Ist der Anspruch berechtigt?

Lösung

Besteht begründete Aussicht, daß die Berufs- oder Erwerbsunfähigkeit in absehbarer Zeit behoben sein wird, so ist die Rente nach § 1276 RVO (§ 53 AVG) vom Beginn der 27. Woche an, jedoch nur auf Zeit und längstens für zwei Jahre von der Bewilligung an, zu gewähren. Sie kann wiederholt zugebilligt werden, jedoch nicht über die Dauer von vier Jahren seit dem ersten Rentenbeginn hinaus, wenn sich die Bezugszeiten unmittelbar anschließen. Die Rente fällt mit Ablauf des im Rentenfeststellungsbescheid zu bestimmenden Zeitraums weg, **ohne daß es eines Entziehungsbescheides bedarf**.

Voraussetzung dieser Zeitrente ist die begründete Aussicht, daß die Berufs- oder Erwerbsunfähigkeit in absehbarer Zeit behoben sein wird. Ob das der Fall ist, muß anhand der ärztlichen Erfahrung beantwortet werden. Jedenfalls ist es unzulässig, auch für einen Gesundheitszustand eine Zeitrente zu gewähren, der sich wohl bessern kann, der aber erfahrungsgemäß die Berufs- oder Erwerbsunfähigkeit nicht aufheben wird. Zulässig ist es hingegen, für einen ausschließlich in der Vergangenheit liegenden Zeitraum Zeitrente zu gewähren, wenn zu jener Zeit Aussicht auf Behebung der Berufs- oder Erwerbsunfähigkeit bestanden, die schließlich zur Gewißheit geworden ist (BSG vom 29. 6. 1967 [4 RJ 35/66] = BSGE 26 S. 52 = Breith. 1968 S. 223 und vom 12. 3. 1969 [4 RJ 395/67] = MRKn. 1970 S. 61).
Die Zeitrente beginnt mit Ablauf von 26 Wochen nach Eintritt des Versicherungsfalls. Unter Versicherungsfall ist auch hier der Eintritt der Berufs- oder Erwerbsunfähigkeit zu verstehen. Der Leistungsaufschub von 26 Wochen ist nicht Bestandteil des Versicherungsfalles. Die Rente ist somit nach der allgemeinen Rentenbemessungsgrundlage, die bei Eintritt des Versicherungsfalls maßgebend war, zu berechnen (BSG vom 26. 10. 1967 [4 RJ 265/66] = SozSich. 1967 S. 378 = SGb. 1967 S. 536).
In unserem Fall lag zwar Erwerbsunfähigkeit auf Zeit, zugleich aber Berufsunfähigkeit auf Dauer vor. Deswegen stand E in den ersten 26 Wochen kein Anspruch auf Erwerbsunfähigkeitsrente zu; eine Rente wegen Berufsunfähigkeit konnte er aber fordern und zwar für die Zeit vom 1. 9. 1972 bis zum 11. 1. 1973 (BSG vom 26. 5. 1964 [4 RJ 464/64] = BSGE 21 S. 88 = SGb. 1964 S. 197).
In sinnvoller Auslegung verlangt die Rechtsprechung, daß bei einer Zeitrente die Dreimonatsfrist für die Antragstellung mit Ablauf der 26. Woche beginnt (BSG vom 14. 12. 1966 [12 RJ 56/63] = MRKn. 1968 S. 115 = SGb. 1967 S. 64).
Die Befristung der Zeitrente auf längstens zwei Jahre wurde bei E nicht mit der Rentenzahlung, sondern mit dem Tag, an dem die Rente festgestellt, der Bescheid also erteilt wird, beginnen (BSG vom 18. 5. 1966 [11 RA 330/65] = BSGE 25 S. 29 = Breith. 1966 S. 972). Das war hier der 11. 1. 1973. Unzulässig wäre es, die Zeitrente von vornherein auf mehr als zwei Jahre zu befristen, sie würde dann zu einer Dauerrente. Das gleiche Ergebnis tritt ein, wenn bei der wiederholten ununterbrochenen Rentengewährung der Vierjahreszeitraum überschritten würde. Die Zeitrente von E wurde nicht durch Bescheid entzogen, denn sie war von vornherein nur für einen bestimmten Zeitraum bewilligt (LSG Nordrhein-Westfalen vom 12. 7. 1963 [L 14 J 15/63] = SozSich. 1964 S. 375). Daher brauchte der Versicherungsträger auch bei E keine Änderung in den Verhältnissen nachzuweisen, als er die Erwerbsunfähigkeitsrente einstellte. Derselbe Gesundheitszustand kann in der Praxis somit einmal die Rentenzahlung und – nach Ablauf der festgestellten Zeit – die Verweigerung begründen. Eine Zeitrente kann aber wegen wesentlicher Änderung noch vor Ablauf der Frist, bis zu der sie bewilligt wurde, entzogen werden. Dazu bedarf es aber einer Bescheiderteilung (BSG vom 3. 8. 1966 [4 RJ 447/64] = BSGE 25 S. 133 = Breith. 1967 S. 134).
Vertritt E die Auffassung, er sei über den 31. 7. 1973 hinaus erwerbsunfähig, hat er gegen den Bescheid vom 11. 1. 1973 zu klagen. Wartet ein Rentner den Ablauf der Rente ab, so hat er einen neuen Rentenantrag zu stellen, wenn er die Rente über diesen Zeitpunkt hinaus beziehen will. Sein erster Rentenantrag war durch die Bewilligung der Zeitrente „verbraucht". Die Klage muß damit begründet werden, daß über den Bewilligungszeitraum hinaus Berufs- oder Erwerbsunfähigkeit besteht.

Fall Nr. 163: Rentenentzug

Am 28. 3. 1972 war die Stenotypistin S mit erheblichen Kreislaufstörungen ins Krankenhaus eingeliefert worden. Auf ihren Antrag hielt sie ab 1. 10. 1972 Rente wegen Berufsunfähigkeit. Diese Rente wurde mit Bescheid vom 1. 3. 1974 entzogen. Eine Überprüfung nämlich ergab, daß Frau S, der die Rente wegen eines Herzinfarktes zugebilligt worden war, keinen Infarkt erlitten hatte. Konnte die auf Grund einer Fehldiagnose gezahlte Rente entzogen werden?

Lösung

Ist der Empfänger einer Rente wegen Berufs- oder Erwerbsunfähigkeit infolge einer Änderung in seinen Verhältnissen nicht mehr berufs- oder erwerbsunfähig, so wird nach § 1286 RVO (§ 63 AVG) die Rente entzogen oder umgewandelt (vgl. Fall Nr. 154). Voraussetzung ist eine Änderung in den Verhältnissen, die zur Rentengewährung geführt haben. Nicht jede Änderung ist rechtlich bedeutsam; sie muß vielmehr die Berufs- oder Erwerbsunfähigkeit beseitigen. Wurde – wie in unserem Fall – auf Grund einer falschen Diagnose eine Rente gezahlt, liegt keine Änderung vor, denn eine Krankheit, die niemals vorgelegen hat, kann sich nicht ändern. Die Rente durfte nicht entzogen werden (BSG vom 21. 11. 1958 [5 RKn. 30/57] = BSGE 8 S. 241 = SGb. 1959 S. 348).
Eine Rente darf nicht gewährt werden, wenn der Verdacht einer Krankheit besteht. Ist die Rente trotzdem gezahlt worden, darf sie weder entzogen noch umgewandelt werden, wenn der Versicherte dem Bescheid nicht entnehmen konnte, daß sie auf Verdacht gezahlt wird (BSG vom 22. 10. 1971 [5 RKn. 72/69] = SGb. 1972 S. 13 = SozSich. 1971 S. 376).
Zu den Änderungen, die den Entzug der Rente ermöglichen, gehören nicht nur medizinische Tatsachen, sondern z. B. auch der Erwerb neuer Kenntnisse und Fähigkeiten, der Einsatz eines Kraftfahrzeugs bei einem Beinamputierten (BSG vom 30. 11. 1965 [4 RJ 101/62] = BSGE 24 S. 142 = Breith. 1966 S. 398) und ein Wohnortwechsel (BSG vom 29. 10. 1958 [3 RJ 171/56] = SGb. 1958 S. 383).
Für die Frage, ob eine unbefristete Rente entzogen werden kann, kommt es darauf an, ob eine **objektive,** die Entziehung rechtfertigende Änderung eingetreten ist. Die Entscheidung kann nur auf Grund eines Vergleichs mit den Verhältnissen zur Zeit der Rentengewährung getroffen werden (BSG vom 3. 6. 1958 [4 RJ 15/57] = BSGE 7 S. 215). Eine Änderung in den Verhältnissen nach Eintritt des Versicherungsfalls wird nicht gefordert. **Maßgebend ist derjenige Zeitpunkt, in dem der Versicherungsträger die Rentenvoraussetzungen bejaht hat.** War zu diesem Zeitpunkt Berufs- oder Erwerbsunfähigkeit nicht mehr gegeben, kann die Rente wegen Fehlens einer Änderung nicht mehr entzogen werden (BSG vom 7. 7. 1966 [1 RA 231/63] = SozSich.-Kartei Nr. 1951, VII/A zu § 1286 RVO = SGb. 1966 S. 309). Wurde die Rente infolge falscher Rechtsanwendung gezahlt, kann sie nur entzogen werden, wenn eine wesentliche Änderung eingetreten ist (BSG vom 28. 3. 1973 [5 RKn. 37/71] = BSGE 35 S. 277 = SGb. 1973 S. 215). In unserem Fall lag – wie bereits gesagt – keine Änderung vor.
Eine Weiterarbeit von Frau S wäre grundsätzlich kein Entziehungsgrund, vor allem, wenn sie auf Kosten der Gesundheit durchgeführt wird (BSG vom 30. 10. 1968 [4 RJ 177/64] = SozSich.-Kartei Nr. 2235, VII/A zu § 1247 RVO = BSGE 28 S. 271), wenn es sich um eine sozial unzumutbare, eine einmalige und zufällig

günstige Arbeitsgelegenheit handelt (BSG vom 28. 1. 1963 [12 RJ 24/58]) oder wenn Frau S vergönnungsweise beschäftigt wird (BSG vom 10. 12. 1970 [12 RJ 72/68] = SGb. 1971 S. 147 = SozSich.-Kartei Nr. 2457, VII/A zu § 1246 RVO). Wäre bei ihr eine Rente wegen Erwerbsunfähigkeit in die Berufsunfähigkeitsrente umgewandelt worden, könnte diese nur entzogen werden, wenn seit der Umwandlung eine weitere Änderung eingetreten wäre, die zum Fortfall der Berufsunfähigkeit geführt hätte (BSG vom 13. 2. 1969 [12 RJ 184/66] = SozSich.-Kartei Nr. 2271, VII/A zu § 1286 RVO). Eine unter Vorbehalt gezahlte Rente ist rechtswidrig und daher zu entziehen (BSG vom 17. 12. 1969 [5 RKn. 25/67] = BSGE 30 S. 218 = Breith. 1970 S. 441).
Bei erneuter Heirat der Witwe oder des Witwers endet die Hinterbliebenenrente am Ende des Heiratsmonats. Dabei wird das Fünffache der zuletzt bezogenen Jahresrente als **Abfindung** gezahlt. Wird die zweite Ehe geschieden, lebt die Hinterbliebenenrente wieder auf. Das gilt nicht bei der dritten Ehe.

Fall Nr. 164: Rückforderung von Leistungen

Frau O bezieht je eine Witwenrente aus der gesetzlichen Renten- und Unfallversicherung. Die Berufsgenossenschaft teilte der Landesversicherungsanstalt mit, daß sich die Unfallrente ab 1. 1. 1973 erhöhe. Erst mit Bescheid vom 8. 8. 1973, der inzwischen bindend geworden ist, wurde rückwirkend die Witwenrente gekürzt und die Überzahlung zurückgefordert. Ist die Rückforderung berechtigt?

Lösung

Der Rentenversicherungsträger braucht eine Leistung zur Erhaltung seines Rückforderungsrechts nach § 1301 RVO (§ 80 AVG) nicht zurückzufordern, die er vor rechtskräftiger Entscheidung zahlen mußte. Damit sind die sogenannten Urteilsrenten gemeint (vgl. Fall Nr. 103). Das Gesetz geht davon aus, daß der Versicherungsträger vom Versicherten die vor rechtskräftiger Entscheidung gezahlten Leistung zusteht, ohne weiteres zurückfordern kann. Sonst hätte er die Rückforderung nicht in das Ermessen des Versicherungsträgers stellen können. Ein Versicherungsträger, der gegen seinen Willen in Erfüllung seiner gesetzlichen Pflicht die Urteilsrente gezahlt hat, hat die Überzahlung niemals schuldhaft verursacht (BSG vom 25. 9. 1969 [12 RJ 334/68] = Breith. 1970 S. 269 = SozSich.-Kartei Nr. 2344, VII/A zu § 1301 RVO).
Hat der Versicherungsträger die Leistung zu Unrecht gewährt, darf er sie nur zurückfordern, wenn ihn an der Überzahlung kein Verschulden trifft und soweit der Leistungsempfänger bei Empfang wußte oder wissen mußte, daß ihm die Leistung nicht oder nicht in der gewährten Höhe zustand. Hat der Versicherungsträger – wie im Fall unserer Frau O – schuldhaft Überzahlungen geleistet und hat der Versicherte gleichzeitig seine Mitteilungspflicht über die Erhöhung der Verletztenrente nicht erfüllt, kommt es für die Rückzahlung darauf an, **wem das wesentliche Verschulden anzulasten ist**. War das Verschulden des Versicherten im Verhältnis zum Versicherungsträger nur unwesentlich, entfällt die Rückzahlungspflicht. Das war bei Frau O der Fall, denn dem Versicherungsträger war durch die Mitteilung der Berufsgenossenschaft bekannt, daß sich die Unfallrente erhöht hatte. Frau O war vom Rückzahlungsanspruch freizustellen (BSG vom

29. 9. 1965 [5 RKn. 38/62] = Breith. 1966 S. 137 = MRKn. 1966 S. 50). Hat der Versicherte zwei Verletztenrenten bezogen und der Versicherungsträger bei der Berechnung des im Fall Nr. 153 behandelten Höchstbetrages irrtümlich nur eine berücksichtigt, überwiegt das Verschulden des Versicherten (BSG vom 28. 1. 1972 [5 RKn. 51/70] = Breith. 1972 S. 621 = SGb. 1972 S. 133).

Die Frage, ob der Versicherte wußte oder wissen mußte, daß ihm die Leistung ganz oder teilweise nicht zusteht, ist unter Berücksichtigung seiner Persönlichkeit und seines gesamten Verhaltens im Einzelfall zu entscheiden (BSG vom 31. 7. 1957 [9 RV 372/54] = BSGE 5 S. 267 = SozSich. 1957 S. 281).

Das Rückzahlungsverlangen ist unberechtigt, wenn es wegen der wirtschaftlichen Lage des Versicherten nicht vertretbar erscheint. Hat der Versicherte die Leistung erschlichen, kann er sich nicht darauf berufen, die Rückzahlung sei wirtschaftlich nicht vertretbar (BSG vom 29. 6. 1972 [2 RU 256/68] = SozSich.-Kartei Nr. 2692, V/D zu § 628 RVO = Breith. 1973 S. 621).

Sachverzeichnis

J. Schweitzer Verlag · Berlin

Privatrecht
Lehrbuch für Fachhochschulstudenten

Band I:

Grundlagen des bürgerlichen Rechts mit Hinweisen auf den Zivilprozeß

Von Horst Hartwig, Richter am Oberlandesgericht, Dozent an der Fachhochschule Dortmund. Groß-Oktav. X, 125 Seiten. 1973. Kartoniert DM 12,80 ISBN 3 8059 0273 5

Aus dem Inhalt: Überblick über die Rechtsordnung in der BRD – Rechtssubjekte – Rechtsobjekte – Rechtshandlungen – Willensmängel – Bedingungen – Gesetzliche und rechtsgeschäftliche Vertretung – Verjährung. (80 Fälle)

Band II:

Allgemeines Schuldrecht mit Hinweisen auf den Zivilprozeß

Von Horst Hartwig, Richter am Oberlandesgericht, Dozent an der Fachhochschule Dortmund. Groß-Oktav. VIII, 93 Seiten. 1973. Kartoniert DM 9,80 ISBN 3 8059 0308 1

Aus dem Inhalt: Grundbegriffe des Schadensersatzrechts – Ort und Gegenstand der Leistung – Leistungsstörungen – Aufrechnung – Abtretung – Schuldübernahme. (64 Fälle)

Band III:

Besondere Schuldverhältnisse mit Hinweisen auf den Zivilprozeß

Von Horst Hartwig, Richter am Oberlandesgericht, Dozent an der Fachhochschule Dortmund. Groß-Oktav. VIII, 74 Seiten. 1973. Kartoniert DM 9,80 ISBN 3 8059 0309 X

Aus dem Inhalt: Kauf – Eigentumsvorbehalt – Gewährleistungsansprüche – Gattungskauf – Leasing – Abzahlungskauf – Werkvertrag – Werklieferungsvertrag – Sonstige Schuldverhältnisse – Unerlaubte Handlungen. (40 Fälle)

Band V:

Gesellschaftsrecht mit Hinweisen auf den Zivilprozeß

Von Dr. Hubert Klingberg, Vorsitzender Richter am Landgericht, Dozent an der Fachhochschule Dortmund. Groß-Oktav. VIII, 86 Seiten. 1974. Kartoniert DM 12,80 ISBN 3 8059 0372 3

Aus dem Inhalt: Gesellschaft bürgerlichen Rechts – OHG – Geschäftsführung und Vertretung – Liquidation – KG – GmbH – GmbH & Co. KG – Stille Gesellschaft – Darlehensvertrag – Aktienrechtliche/konzernrechtliche Fragen. (21 Fälle)

Band VI:

Wettbewerbsrecht mit Hinweisen auf den Zivilprozeß

Von Dr. Hubert Klingberg, Vorsitzender Richter am Landgericht, Dozent an der Fachhochschule Dortmund. Groß-Oktav. VIII, 77 Seiten. 1974. Kartoniert DM 12,80 ISBN 3 8059 0300 6

Aus dem Inhalt: Gewerbliche Schutzrechte – Verhältnis Wettbewerbsrecht / gewerbliche Schutzrechte – Generalklausel des § 1 UWG – Vergleichende Werbung – Irreführende Werbung – § 3 UWG – Sonderverkaufsveranstaltungen – Preisempfehlungen – Aufgaben des Bundeskartellamtes. (24 Fälle)

Juristische Arbeitsblätter

Für Ausbildung und Examen

Herausgeber Professor Dr. Hermann Blei, Freie Universität Berlin; Professor Dr. Dieter Henrich, Universität Regensburg; Professor Dr. Roman Herzog, Verwaltungshochschule Speyer; J. Schweitzer Verlag Berlin

Das JA-PACKAGE vermittelt Studenten und Referendaren aus der steigenden Flut von Literatur und Rechtsprechung den examensrelevanten Stoff inhaltlich und in der Gestaltung für ihre Zwecke aufbereitet. Mehr über dieses Ausbildungsprogramm erfahren Sie aus den **JA**-Studien-Bogen und aus **JA**-Probeheften, die Ihr **Buchhändler** für Sie bereit hält.

1.

JA

Aktuelle Information und ständiges Hilfsmittel zur eigenen systematischen Examensvorbereitung.

Jedes Heft enthält 68 Seiten im Format DIN A 4 und erscheint am 20. eines jeden Monats. Einzelhefte DM 7,50; Abonnement halbjährlich DM 44,—. Studenten und Referendare (gegen Vorlage einer Ausbildungsbestätigung) DM 33,—. Nachbezug: Jahrgang (12 Hefte + Register) 1969 + 1970 + 1971 je DM 12,–; 1972 DM 16,–; 1973 DM 32,—, 1974 DM 46,—, Sammelbände **Zivilrecht, Strafrecht** und **Öffentliches Recht** je Band und Jahrgang 1969 + 1970 DM 12,—, 1971 + 1972 DM 14,—, 1973 DM 16,—, 1974 DM 18,—.

2.

JA — *Sonderhefte*

ergänzen die JA und dienen der Vertiefung spezieller juristischer Problemkreise.

Blei/Henrich/Herzog, Sonderheft für Studienanfänger. 3. Aufl. DIN A 4. IV, 81 S. 1975. Brosch. DM 10,—. **Herzog/Yersin, Staatsakte.** DIN A 4. ca. 80 S. 1975. Brosch. ca. DM 10,—. **Baumgärtel/Mes, Einführung in das Zivilprozeßrecht mit Examinatorium.** 3. Aufl. DIN A 4. IV, 92 S. 1973. Brosch. DM 10,—. **Steinmüller, EDV und Recht, Einführung in die Rechtsinformatik.** DIN A 4. IV, 129 S. 1970. Brosch. DM 12,—. **Berg, Zivilrechtliche und zivilverfahrensrechtliche Fälle sowie Vorträge zur Vorbereitung auf die 2. jur. Staatsprüfung.** 2. Aufl. DIN A 4. IV, 81 S. 1973. Brosch. DM 12,—. **Schmidt, Einführung in das Strafprozeßrecht mit Examinatorium.** In Vorb. **Raiser, Einführung in die Rechtssoziologie.** 2. Aufl. DIN A 4. XVI, 113 S. 1973. Brosch. DM 14,—. **Berg, Typische BGB-Klausuren im Referendar-Examen.** 2. Aufl. DIN A 4. Ca. 88 S. 1974. Brosch. ca. DM 13,—. **Wahlfachgruppen.** DIN A 4. VI, 120 S. 1972. Brosch. DM 12,80. **Blei, Strafgesetzbuch mit Reformgesetzen in synoptischer Gegenüberstellung.** DIN A 4. IV. 135 S. 1973. Brosch. DM 16,—. **Ferid, Internationales Privatrecht.** DIN A 4. XX, 320 S. 1975. Brosch. DM 44,—.

3.

RENGAW-Sammlung

führt vom Leitsatzdenken zu detaillierter Kenntnis der Rechtsprechung.

Wagner, BGB Allgemeiner Teil. 1970. DM 17,50. **John, BGB Schuldrecht Allgemeiner Teil.** 1972. DM 18,—. **Wagner, BGB Schuldrecht Besonderer Teil I (§§ 433—811).** 1970. DM 16,—. **Eilsberger, BGB Schuldrecht Besonderer Teil II (§§ 812–822).** 1972, DM 10,—. **Eilsberger, BGB Schuldrecht Besonderer Teil III (§§ 823—853).** 1972. DM 16,—. **Wagner, BGB Sachenrecht.** 1971. DM 16,—. **Wagner/Müller-Gugenberger, BGB Familien-/Erbrecht.** 1970. DM 16,—. **Wermelskirchen, Strafrecht Allgemeiner Teil.** 1970. DM 14,—. **Wermelskirchen, Strafrecht Besonderer Teil I (§§ 113—244).** 1971. DM 15,—. **Wermelskirchen Strafrecht Besonderer Teil II (§§ 246—346).** 1971. DM 15,—. **Würtenberger, Probleme der VwGO.** 1971. DM 16,—. **Würtenberger, Polizei- und Ordnungsrecht.** 1974. DM 19,80. **Stolterfoht, Handelsrecht.** 1973. DM 26,—. Sonderangebot: RENGAW-Sammlung komplett (12 Hefte) DM 130,—.

4.

Sammlung STOBER

will herkömmliche Lehr- und Lernmittel sinnvoll ergänzen, aber nicht ersetzen.

Poth, Wertpapierrecht. DIN A 4. VI, 72 S. 1974. Brosch. DM 12,80. **Noack, Liegenschaftsrecht.** DIN A 4. VI, 77 S. 1975. Brosch. DM 14,80. **Stober, Kommunalrecht.** DIN A 4. X, 197 S. 1974. Brosch. DM 19,80.

J. Schweitzer Verlag · Berlin

Vierteljahresschrift für Sozialrecht (VSSR)

Herausgeber: Ministerialdirektor Otto Fichtner, Bundesministerium für Jugend, Familie und Gesundheit, Bonn; Professor Dr. Wolfgang Gitter, Ruhr-Universität Bochum; Dr. Hermann Heußner, Richter am Bundessozialgericht, Kassel; Professor Dr. Elisabeth Liefmann-Keil, Universität des Saarlandes, Saarbrücken; Professor Dr. Theo Mayer-Maly, Universität Salzburg; Professor Dr. Dr. Detlef Merten, Hochschule für Verwaltungswissenschaften, Speyer (Geschäftsführender Herausgeber); Professor Dr. Hans F. Zacher, Universität München.

Themen der ersten Hefte:

Carl Hermann Uhle, Zur verfassungsrechtlichen Zulässigkeit einer sozialversicherungsrechtlichen Lösung der Beamtenversorgung – Hans-Jürgen Papier, Verfassungsschutz sozialrechtlicher Rentenansprüche, -anwartschaften und „-erwerbsberechtigungen" – Detlef Merten, Auskunftsanspruch und Auskunftsbescheid im Sozialrecht – Hans-Rudolf Horn, Auf dem Weg zu einer funktionsgerechten Krankenhausverfassung – Alfred Maurer, Probleme der schweizerischen Sozialversicherung – Bernhard Rüther, Das Gesetzeswerk zur Krankenhausreform – Otto Fichtner, Jugendhilfe in der Bundesrepublik Deutschland – Hans F. Zacher, Soziale Sicherung in der sozialen Marktwirtschaft – Harald Bogs, Staatliche Regulierung von Arbeitskampf-Risiken (§§ 116, 70 AFG). Öffentlichrechtliche Betrachtungen zur Neutralitäts-Anordnung der Bundesanstalt für Arbeit vom 11. März 1973 – Wito Hadré, Rechtshandlungen Privater im Rahmen des Verwaltungsverfahrens eines Sozialgesetzbuches? – Wolfgang Stump, Sozialpolitik im kaiserlichen Deutschland – Theodor Maunz, Krankenhausreform als sozialrechtliche Gestaltung – Rupert Scholz, Soziale Dienste und Verwaltungsreform – Horst Peters, Die Krankenversicherung und die Kodifikation des Sozialrechts – Karl Hauck, Der Allgemeine Teil und die Gesamtkodifikation des Sozialgesetzbuches – Bernd von Maydell, Die dogmatischen Grundlagen des inter- und supranationalen Sozialrechts – Bruno Rauscher und Otto Ernst Krasney, „Kollisionsnormen" des Internationalen Sozialrechts und die Auswirkungen der Verträge der Bundesrepublik mit Polen und der DDR. (Alle Beiträge mit deutscher und englischer Zusammenfassung).

Erscheinungsweise und Bezugsbedingungen:

Die Zeitschrift erscheint bandweise, ein Band besteht aus 4 Heften zu je 96 Seiten. Format: 17×24 cm. Im Bedarfsfall werden zwei Hefte zu einem Doppelheft zusammengefaßt. Jährlich soll ein Band erscheinen. Abonnementspreis pro Band in Heften DM 178,–; gebunden DM 200,–. Vorzugspreis für Studenten und Referendare (gegen Vorlage einer Ausbildungsbescheinigung) DM 136,–. Einzelheft DM 52,–; Doppelheft DM 104,–. Einbanddecke DM 12,–. Im Erscheinen: Band 3/1975.

FSC
www.fsc.org
MIX
Papier | Fördert
gute Waldnutzung
FSC® C083411

Kolibri 360 GmbH
Ferdinand-Jühlke-Straße 7
99095 Erfurt, Deutschland
produktsicherheit@kolibri360.de